GERHARD TÖTSCHINGER

AUF DEN SPUREN DER HABSBURGER

MIT EINEM GELEITWORT VON
OTTO VON HABSBURG

Mit 180 Abbildungen

AMALTHEA

In Zusammenarbeit mit der ÖSTERREICH WERBUNG, die ihr umfangreiches Bildmaterial zur Verfügung stellte.

Bildnachweis:
Alle Abbildungen aus dem Archiv der ÖSTERREICH WERBUNG
(u.a. von den Fotografen Bohnacker, Gottfried, Herzberger,
Kalmar, Kneidinger, Markowitsch, Mühr, Ramstorfer, Reber, Simoner,
Trumler, Wiesenhofer), außer den Schwarzweiß-Abbildungen, die aus dem
Privatarchiv des Autors stammen.

© 1992 by Amalthea Verlag GesmH, Wien–München
Alle Rechte vorbehalten
Umschlaggestaltung: Wolfgang Heinzel unter Verwendung
eines Signets der ÖSTERREICH WERBUNG
Layout und Herstellung: Andrea Cobré
Satz: Concept GmbH, Höchberg bei Würzburg
Gesetzt aus: 10/13 Goudy Old Style
Übersichtskarten: Christl Aumann, München
Reproduktionen: reproteam Siefert, Ulm
Druck und Binden: Wiener Verlag, Himberg bei Wien
Printed in Austria
ISBN 3-85002-316-8

Zum Geleit

Eines der ermutigendsten Zeichen unserer Zeit ist das Interesse, das viele Völker wieder für ihre Vergangenheit zeigen. Die Kenntnis der Geschichte ist die Vorbedingung einer guten und richtigen Politik. Es ist daher von entscheidender Bedeutung, daß man sich auch in Österreich wieder mit der eigenen Tradition befaßt und diese zu vertiefen versucht, anstatt nur von ihr zu leben.

In diesem Sinne ist das Buch »Auf den Spuren der Habsburger« von Gerhard Tötschinger ein wertvoller Beitrag.

Ich wünsche diesem Buch sehr viel Erfolg.

Otto von Habsburg

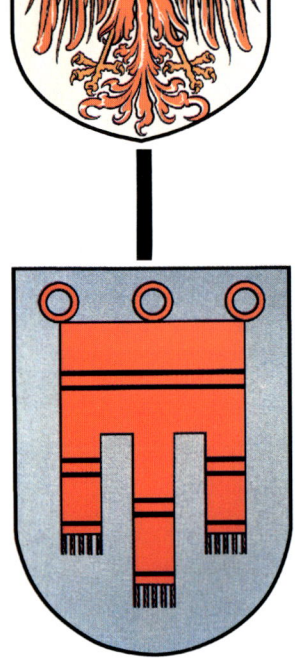

Inhalt

Vorwort

Österreich von einer anderen Seite zu zeigen, hat dieses Buch sich zum Ziel gesetzt. Es will Lust auf einige kurze Reisen auslösen – oder auf eine lange Reise vom Bodensee bis zum Beginn der ungarischen Tiefebene. Dieses Buch will den Österreichern und ihren Gästen, will den Europäern anhand eines Beispiels in der Größe von 84.000 Quadratkilometern zeigen, wie nah einander die Länder Europas in ihrer Geschichte sind, wie leicht man dem eigenen Land plötzlich und unerwartet begegnen kann, selbst wenn man von weither kommt.

Das Thema ist unerschöpflich. Die Hauptziele alleine bieten Stoff für umfangreiche Bibliotheken. Nun ist es aber eine der erklärten Absichten dieses Buchs, auf Nebenwege zu führen, in Orte, die man vielleicht nicht von vornherein auf seine Reiseroute setzen würde. Also findet der Leser hier manchen Ort, von dem er noch nicht gehört haben wird. Auf den Spuren der Geschichte nun eine Reise zu planen und dann festzustellen, daß man auch noch vieles andere bei solcher Gelegenheit erleben kann, auch das ist eine der Absichten dieses Buches.

Weil das Thema unerschöpflich ist, gibt es noch genügend Gelegenheit, selbst weiterzuentdecken. Vom Altarbild in Bregenz, in dem sich eine Darstellung von Kaiserin Maria Theresia verbirgt, bis zum Beichtstuhl, den Kaiser Maximilian I. der Kirche von Rottenmann gestiftet hat, und von den Hochzeitstruhen der Kaiserin Eleonore von Portugal im Dom von Graz bis zum Steireranzug, einer Spur von Erzherzog Johann, reicht der Bogen der Entdeckungsmöglichkeiten. Dieses Buch versucht, eine Fülle auf engem Raum zu bieten, damit man es auf Reisen mitnehmen kann.

Der Reisepraxis dienen nicht nur die Hinweise, sondern auch die Landkarten. Von einer Auflistung der Museumsöffnungszeiten haben wir abgesehen – dazu gibt es einerseits in jedem Ort genügend Unterlagen, andererseits unterliegen solche Zeiten Änderungen.

Dieses Buch kann man einfach von vorne zu lesen beginnen und am Ende aufhören – oder man wählt jene Kapitel, die man gerade für eine geplante Reise braucht oder für die man sich im Moment interessiert. Deshalb ist manches, zwar mit anderen Worten, aber doch ein zweites Mal zu finden – eine Erklärung zu einer Person, ein Detail einer Entwicklung.

Seit dem Beginn des Tourismuszeitalters hat sich vieles geändert. Die Verkehrsmittel sind andere, die Wege sind andere, die Menschen sind anders. Der Boden, aus dem die Mythen kommen, ist zubetoniert. Deshalb finden sich in diesem Buch auch Briefstellen, Anekdoten, Geschichten zur Geschichte, die auch für diejenigen Reisenden gedacht sind, die ihren Spaziergang durch die Vergangenheit und Gegenwart nur im Kopf erleben wollen.

Gerhard Tötschinger

ÖSTERREICH

DEUTSCHLAND

SCHWEIZ

ITALIEN

Donau

Inn

Salzach

Rhein

Bregenz

Dornbirn

Hohenems

Feldkirch

Bludenz

VOR-
ARLBERG

Reutte

Landeck

Finstermünz

TIROL

Inn

Stams

Zirl

Hall in Tirol

Innsbruck

Achensee

Tratzberg

Rattenberg

Schwaz

Kufstein

Mariastein

Kitzbühel

Salzb

Werfen

SALZBU

Bad Gastein

OST
TIROL

KÄ

ÖS

TSCHECHOSLOWAKEI

OBER-

NIEDER-

Hardegg

Weitra

Großwetzdorf

Dürnkrut

Donau

Deutsch Wagram

Klosterneuburg

WIEN

Linz

Artstetten

Melk

St.Pölten

Mauerbach

Eckartsau

Persenbeug

Luberegg

Laxenburg

Wels

ÖSTERREICH

Gumpoldskirchen

Baden bei Wien

Bruckneudorf

Steyr

Mayerling

Gutenstein

Halbturn

Gaming

Eisenstadt

Gmunden

Wiener Neustadt

BURGENLAND

Wolfgang

Seebenstein

Forchtenstein

Bad Ischl

Mariazell

Neuberg
an der Mürz

Thernberg

Bad Aussee

Hallstatt

Mürzsteg

UNGARN

Enns

Vordernberg

Bruck an der Mur

Güssing

Leoben

Stift Seckau

STEIERMARK

Mur

Judenburg

Stift Rein

Graz

N

Stainz

W

O

Millstatt

St.Veit an der Glan

Hochosterwitz

St.Paul
im Lavanttal

S

Zollfeld

Völkermarkt

Villach

Klagenfurt

Drau

Drau

Mur

JUGOSLAWIEN

Vorarlberg

TSCHECHOSLOWAKEI
DEUTSCHLAND
NIEDER-
ÖSTERREICH
OBER-
ÖSTERREICH
WIEN
Linz
St. Pölten
Salzburg
SALZBURG
STEIERMARK
Graz
KÄRNTEN
Klagenfurt
OST TIROL
TIROL
Innsbruck
BURGENLAND
Eisenstadt
Bregenz
VORARLBERG
UNGARN
SCHWEIZ
ITALIEN
JUGOSLAWIEN
N
W
O
S

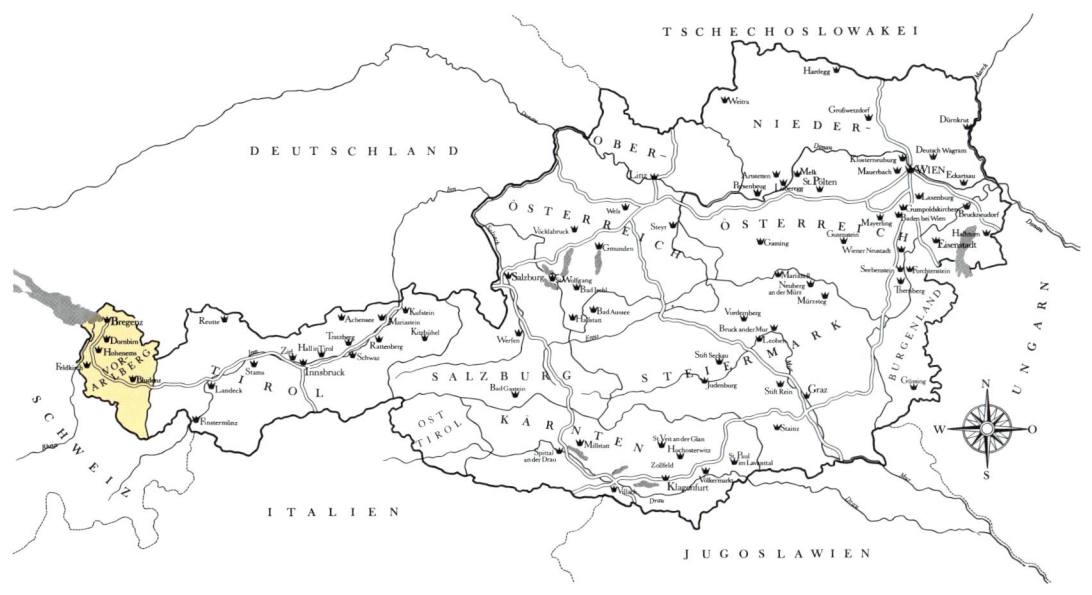

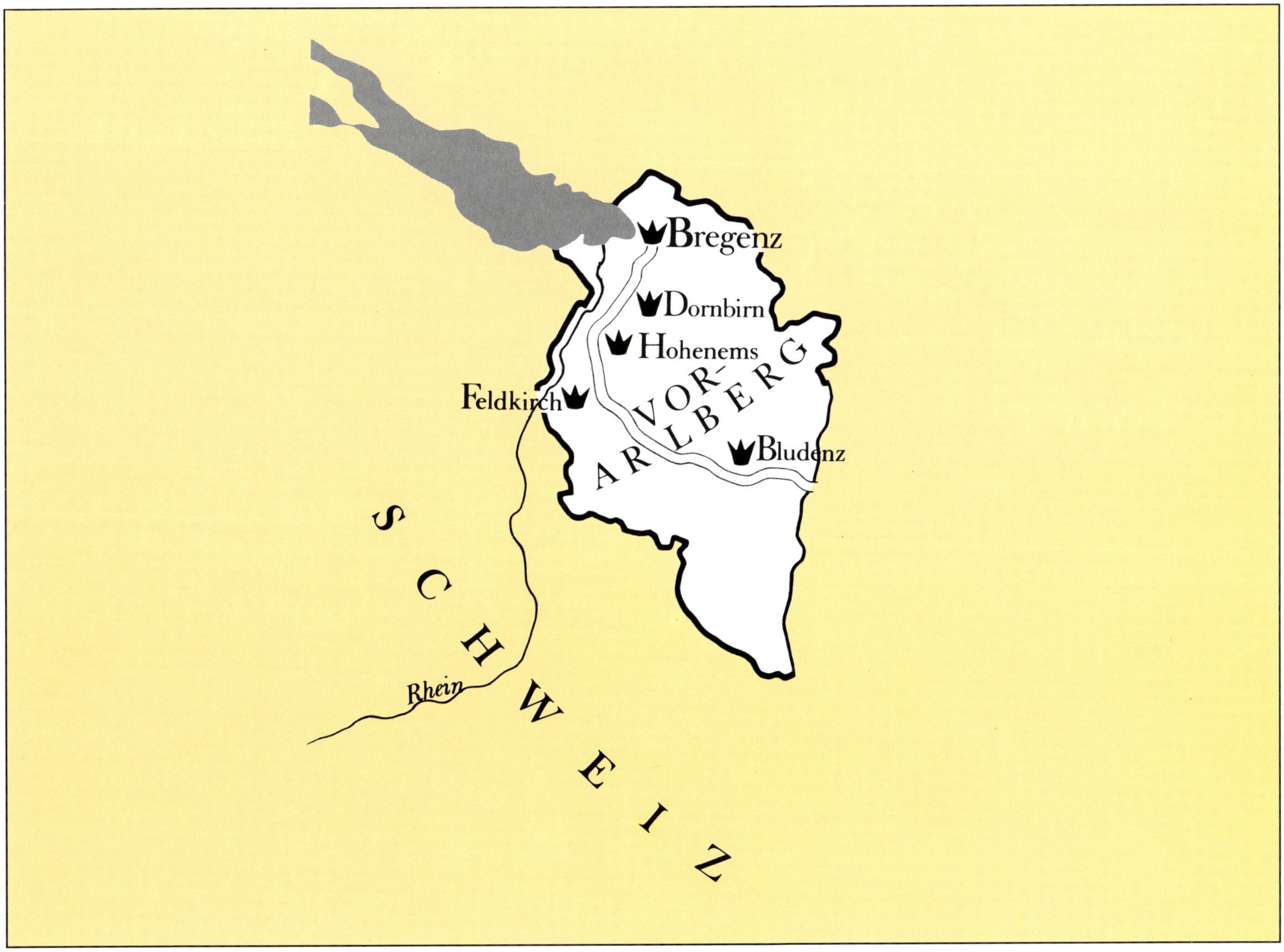

Bregenz
Dornbirn
Hohenems
Feldkirch
Bludenz
VOR-
ARLBERG
SCHWEIZ
Rhein

Vorarlberg

Bregenz

Unter den Bundesländern Österreichs nimmt Vorarlberg in jeder Hinsicht eine besondere Stellung ein, auch in historischer, und unter den Landeshauptstädten ist jene von Vorarlberg ebenfalls eine Ausnahme. Bregenz hat sich Österreich schrittweise genähert.

Schon das stimmt nicht – von anderen Städten läßt sich das vielleicht sagen, von Triest oder von Innsbruck – nicht Bregenz hat sich Österreich genähert, umgekehrt ist es.

Im 12. Jahrhundert treten die Grafen von Montfort in die Geschichte von Bregenz ein, sie gelten als die eigentlichen Stadtgründer. Im Jahr 1409 kommt es zur Aufteilung von Bregenz zwischen Hugo von Montfort und seinem Neffen Wilhelm. 1451 erwirbt Herzog Sigmund die eine Hälfte der Stadt, womit also halb Bregenz österreichisch wird. Wieder vergehen 72 Jahre, dann erwerben die Habsburger auch die zweite Hälfte. 1523 – während der Regierungszeit von Kaiser Karl V. – wird sein Bruder Ferdinand der neue Landesherr. Er verleiht Bregenz sein Wappen, das an die ältere Geschichte anschließt, das Wappen der Udalrichinger, die bis zu ihrem Aussterben die Grafen von Bregenz gewesen waren. Bregenz nimmt gemeinsam mit Feldkirch nun den ersten Platz im Lande ein und erlebt einen wirtschaftlichen Aufstieg. 1750

schließlich läuft die Stadt ihrer Konkurrentin den Rang ab, Bregenz wird zum Sitz der Verwaltung des Landes gemacht. Der Aufstieg von Bregenz geht weiter – unterstützt durch die Zollbestimmungen der Monarchie, die ausländische Firmen zwingen, sich auf österreichischem Boden niederzulassen.

Am deutlichsten tritt dem Besucher die Geschichte von Bregenz in der kleinen, aber geschlossenen Oberstadt mit ihrer dichten Atmosphäre entgegen. Das Wahrzeichen überragt die Dächer, der Martinsturm. Er hat seine heutige Form von Benedetto Prato, der aus Roveredo stammte, einem Ort in Graubünden, dessen Söhne immer wieder eine Rolle in der Kunstgeschichte Österreichs gespielt haben. In den oberen Stockwerken ist eine landeskundliche Ausstellung untergebracht, die sich auch der Militärgeschichte widmet, in der wir also auch »des Kaisers Rock« begegnen.

Während das Untergeschoß einst als Speicher diente, beherbergte der obere Teil schon unter den Grafen von Montfort eine Kapelle, die Martinskapelle. Zwischen 1599 und 1601 wurde der Turm aufgestockt und mit der charakteristischen hölzernen Kuppel bekrönt. 1701 wurde die Kapelle ausgebaut und 1705 zur Kirche geweiht.

Von der Oberstadt ist die Pfarrkirche St. Gallus nur durch

Der Martinsturm in der Oberstadt von Bregenz – frühes Baudenkmal des Barock, Museum, Wahrzeichen

einen Graben und einen kurzen Spaziergang getrennt und auch dieser Weg lohnt sich nicht nur wegen des Zieles. Die Kirche steht auf ältestem Siedlungsboden, hier war eine römische Siedlung und St. Gallus ist die älteste Pfarrkirche im Vorarlberger Unterland.

Der wunderbare Hochaltar bringt eine Begegnung mit Maria Theresia: Die Kaiserin hat für den Altar, der in ihren ersten Regierungsjahren geschaffen wurde, 1500 Gulden gestiftet, zum Dank ist sie selbst auf einer »Anbetung der Könige« von Franz Georg Herrmann zu sehen. Das Hirtenmädchen – rechts im Hintergrund – trägt ihre Züge.

Über dem Altar sieht man den Herzogshut und die Farben Österreichs. Das war schon zu der Zeit so, als Napoleon Österreich besiegt hatte und nun bayerische Truppen nach Tirol und Vorarlberg kamen. Da mußte also diese rot-weiß-rote Provokation verschwinden und so geschah es auch, die österreichischen Farben wichen dem bayrischen Weiß-Blau. Der Pfarrer aber war zuversichtlich und ahnte künftige europäische Entwicklungen voraus. Unter einer weiß-blauen Abdeckung hatte der Bindenschild Österreichs in den Jahren der Besetzung weiterbestanden, die wiederhergestellte politische Ordnung ließ sich mit einem Handgriff dokumentieren! Im rechten Querschiff von St. Gallus erinnert ein Grabstein an einen Feldobristen namens Kaspar Schoch, der unter Kaiser Leopold I. gedient hat, der 1672 gestorben ist.

Schon Kaiser Maximilian ist gerne nach Bregenz gekommen, der Bregenzer Jakob Mennel gehörte zu seinen Räten. Und die Stadt war dem Kaiser so wichtig, daß er sie in seinem »Triumphzug« symbolisch darstellte.

Dieser Triumphzug hat niemals wirklich stattgefunden, er besteht als eine Idee, dargestellt in einer langen Reihe von Holzschnitten aus der Hand von Hans Burgkmair, Albrecht Dürer und anderen Künstlern des Kaiserhofs. In einer großen Gruppe von Herolden erkennt man nicht nur die Bannerträger von Böhmen und Mähren, Triest und Kärnten, sondern auch das Wappen von Bregenz und auch jenes von Feldkirch.

Wie ein Sprung vom Mittelalter in die Gegenwart wirkt der Weg vom Martinsplatz in der Oberstadt zum Kornmarkt im Zentrum. Zu Beginn dieses Jahrhunderts hat man das Vorarlberger Landesmuseum erbaut, sein Stil erinnert, trotz einer Modernisierung im Jahr 1960, noch ein wenig an österreichische Amtsgebäude in vielen anderen Städten der Monarchie. Die umfangreiche Sammlung des Landesmuseums informiert über die Urgeschichte dieses Raums und

über das römische Brigantium, bewahrt Schätze aus der Gotik, widmet sich der Volkskunst. Und da nun finden wir den Doppeladler auf Zunfturkunden und Trommeln, auf Ofenkacheln und Schützenfahnen, auf den Fahnen der Schützengesellschaften von Götzis, Schruns, Lauterach. Ein großes Prunkglas schmückt sich mit dem Goldenen Vlies, ein prächtiger Tisch aus dem Besitz der berühmten Bregenzer Familie Deuring trägt das Familienwappen und den Doppeladler.

Der dritte Stock alleine verlangt von seinem Besucher genügend Zeit und Ruhe, diese Sammlung hat ein Recht darauf. Hier finden sich gotische Altarschreine, Kunstwerke aus karolingischer Zeit, flämische Tapisserien und auch etliche Werke von Angelika Kauffmann. Auch ihr Vater war Maler, er stammte aus Schwarzenberg im Bregenzerwald. Einen großen Teil ihres Lebens hat sie in Rom verbracht, dort ist sie auch gestorben. In Goethes Schriften wird sie häufig genannt – sie erscheint nicht nur in Tagebuchaufzeichnungen, sondern auch in der Farbenlehre und in der »Botanik«. Goethe besuchte – es wurde ihm zum Sonntagsbrauch – mit Angelika Kauffmann Museen und Gemäldesammlungen,

Das Banner von Bregenz zwischen Saulgau und Freiburg

und er vermerkt in der »Italienischen Reise« am 22. Juli 1787: »Mit Angelika ist es gar angenehm Gemälde zu betrachten, da ihr Auge sehr gebildet und ihre mechanische Kunstkenntnis so groß ist. Dabei ist sie für alles Schöne, Wahre, Zarte empfindlich und unglaublich bescheiden.«

Zwei Porträts von Angelika Kauffmann in diesem dritten Stockwerk des Museums zeigen König Ferdinand IV. von Neapel und seine Gemahlin Maria Carolina, eine Tochter Maria Theresias. Die Bilder sind Vorstudien zu einem großen Familienbild, es ist im Besitz des Museo Capodimonte in Neapel. Von den beiden Dargestellten haben wir sehr konkrete Schilderungen, die durch diese Porträts ergänzt werden. Bei seinem Besuch bei der Schwester läßt Josef II. kaum ein gutes Haar an diesem Schwager, die Briefe nach Wien verraten uns das. 1798 mußte die Königsfamilie vor Napoleon fliehen, bei der Flucht nach Neapel war Admiral Nelson jener Frau behilflich, die wir hier auf dem Bilde sehen. Zu dieser Zeit regierte in Wien schon längst Franz II., ein Neffe also von Maria Carolina, und auch sein Porträt ist im Vorarlberger Landesmuseum zu sehen.

Eine Darstellung von Maria Theresia, ein Mosaik, befindet sich an der Fassade des Bregenzer Rathauses. Hier sehen wir auch den Herzog Sigmund, der den ersten Teil der Stadt gekauft hat, und Kaiser Franz Joseph I.. Unter seiner Regierung wurde Bregenz Sitz des Vorarlberger Landtags und der Landesregierung.

Dornbirn

Wenige Jahre nach den ersten habsburgischen Erwerbungen im späteren Land Vorarlberg ging Dornbirn mit dem hinteren Bregenzerwald, mit Langenegg und Staufen in den Besitz der Habsburger über. Bedingung war, daß die alten Freiheiten der Bewohner auch von den künftigen Herren zu garantieren seien. Die Vielzahl solcher Vertragsbestandteile und Forderungen hat schließlich die ganz spezielle Stellung des Landes zwischen Arlberg und Bodensee im Habsburgerreich ergeben.

Die Urkunde dieses Besitzerwechsels trägt das Datum 9.1.1380 – damals regierte Herzog Leopold III. Er war ein jüngerer Bruder von Rudolf IV., dem Stifter. Während dessen Regierung gelang der Herrschaft Habsburgs der Sprung aus dem Osten zurück in die Richtung des heimatlichen Westens – die Erwerbung von Tirol. Und Leopold, der nach Rudolfs Tod mit dem dritten Bruder, Albrecht III., den Teilungsvertrag von Neuberg an der Mürz geschlossen hatte, war ein wirklicher »Mehrer« seines Reiches.

Leopold III. ist nur 35 Jahre alt geworden. In den wenigen Jahren, die ihm nach der Machtteilung mit dem Bruder Albrecht noch blieben, gelang ihm manche Erwerbung, deren Folgen noch heute spürbar sind. Nicht nur weite Teile des Vorarlberger Landes kamen damals zu Österreich, auch Teile des Trentino, das Gebiet von Treviso und eine Stadt, die bis 1918 eine wesentliche Rolle in Österreich gespielt hat: Triest.

Sein starkes Engagement in diesem Teil, dem jüngsten, seines Reichs, wurde Leopold III. schließlich zum persönlichen Verhängnis. Bei Sempach, in der Nähe von Luzern, verlor er 1386 nicht nur eine Schlacht, sondern auch das Leben. Mit diesem Sieg der verbündeten Luzerner, Urner, Schwyzer und Unterwaldner ging ein Stück der Herrschaft Habsburgs im ursprünglichen Stammland verloren.

Die Leiche Leopolds, das sei noch berichtet, bevor wir nach Dornbirn zurückkehren, wurde in Königsfelden, im Hauskloster der Familie Habsburg beigesetzt. Das Kloster hatte 1308 die Witwe Albrechts I. begründet. Nach dem Verlust der letzten Besitzungen Habsburgs und im Zuge der Reformation wurde Königsfelden 1528 aufgehoben. Die Särge der dort beigesetzten Habsburger kamen 1770 nach St. Blasien im Schwarzwald und als auch dieses Kloster im Jahr 1809 aufgehoben wurde, nahmen die Mönche die Särge mit in ihre neue Heimat, nach Kärnten. So liegt nun der eigentliche Begründer von Vorarlberg in St. Paul im Lavanttal begraben. Weniges erinnert in Dornbirn an die Zeit im Habsburgerreich. Eine direkte Spur allerdings ist das Wappen der Stadt. Es zeigt einen Bindenschild mit einem Birnbaum und stammt aus dem 17. Jahrhundert. Damals versuchten die Grafen von Ems, das ganze Gebiet zu erwerben, Teile besaßen sie ja bereits. Die Vorarlberger Stände setzten sich zur Wehr, mit Erfolg. Erzherzog Ferdinand Karl verlieh den Dornbirnern als Symbol des Danks für die Treue ihr Wappen.

Seit dem 18. Jahrhundert spielt die Textilindustrie hier eine allererste Rolle. Zuerst wurde in den Familien gearbeitet, in den Häusern, zu Beginn des Industriezeitalters entstanden um die Wende vom 18. zum 19. Jahrhundert dann auch hier die ersten Fabriken. Damals begann jene Entwicklung, die dazu führte, daß heute vom Land Vorarlberg der Bedarf Österreichs an Textilien zu einem ungewöhnlich hohen Prozentsatz gedeckt wird – 82 % aller Trikotstoffe, 100 % aller Stickereien kommen aus Vorarlberg.

Eine politische Entscheidung des 19. Jahrhunderts hat sehr zu diesem Aufschwung beigetragen: Während der Regierungszeit Kaiser Franz Josephs wurden ausländische Textilien mit hohen Zöllen belegt.

Übrigens, wer die größte Stadt Vorarlbergs besucht, sollte nicht versäumen, sich das Wahrzeichen von Dornbirn anzusehen – das Rote Haus. 1634 ist es errichtet worden, seine Form ist typisch für die Häuser des Rheintals.

Hohenems

Die Emser Grafen waren eine Familie, wie man sie selten findet. Aus einfachem Ministerialadel stammend, verstanden sie es, in einem über Jahrhunderte währenden Aufstieg eine Stellung zu erlangen, die ihnen Macht und Ehre gab. Die Emser waren mit Päpsten und Großfürsten verwandt, stellten einen Heerführer, einen Kardinal, einen Fürsterzbischof und haben einen Heiligen in ihrer Familie.

Der Abstieg kam schnell. 1759 starb der letzte Emser – das Haus war im Mannesstamm erloschen und Maria Theresia erbte den Titel einer Reichsgräfin von Hohenems. Die weitervererbte Würde ging hundert Jahre später auf Kaiserin Elisabeth über und unter diesem Namen unternahm sie auch Reisen. Als der italienische Anarchist Luigi Lucheni sie in Genf in der Schweiz ermordete, war Elisabeth inkognito unterwegs gewesen – als Gräfin von Hohenems.

Wer den Schloßhof von Hohenems betritt und sich, nachdem er sich über das Maß und die Gestaltung dieses Hofes gefreut hat, mit der Freskenzier befaßt, weiß mehr über die familiären Bezüge der Emser. Da sieht man vor allem das familieneigene Symbol – den Steinbock. Aber zwischen vielen anderen Wappen erkennt man auch die sechs Kugeln der Medici und über die Medici waren die Emser mit den Borromeo verwandt. Und damit ist dieses Schloß in Vorarlberg eingebunden in einen gesamteuropäischen Bezug: Carlo Borromeo war Kardinal von Mailand, heiliggesprochen beschützt er die Menschen vor der Pest. Sein Wirken hat noch heute in seinem einstigen Bistum einen guten Ruf, und daß sein Neffe Federigo Borromeo ebenfalls Kardinal war und ein großer Kirchenfürst und Menschenfreund, hat diesen guten Ruf verstärkt.

Die allererste Kapelle, die irgendwo in der Welt San Carlo Borromeo geweiht wurde, gehört zu Schloß Hellbrunn in Salzburg – errichtet von Fürsterzbischof Markus Sittikus von Hohenems. Und die Hohenemser Kirche, gleich neben dem Schloß und mit diesem durch einen Gang verbunden, ist ebenfalls dem Heiligen Karl Borromäus geweiht. Seine Beziehung zu Österreich ist eng. Das stellt man nicht nur in Salzburg fest, wo er ja gleich zwei Verwandte als Fürsterz-

Hohenems – der Schloßhof

bischöfe hatte – Markus Sittikus und dessen Vetter und Vorgänger Wolf Dietrich von Raitenau, sondern auch in anderen Städten – die Karlskirche in Wien etwa ist eine »seiner« Kirchen.

San Carlo Borromeo hat freilich auch etwas zustande gebracht, das dem Menschen nur selten gelingt – er war in Politik und Verwaltung tätig, er war Staatssekretär des Kirchenstaats und – er wurde heiliggesprochen. Bis heute ist er der einzige heiliggesprochene Staatssekretär des Vatikans.

Wir könnten lange bei der Familie der Grafen von Ems verweilen, sie bietet Stoff für Bücher. Alleine der Kardinal Markus Sittikus von Altemps – auch in dieser Form begegnet man dem Namen, er war in Italien gebräuchlich – hat genügend Spuren hinterlassen. In Rom, in Trastevere, kann man seiner gedenken, aber auch hier in Hohenems – immer wieder liest man seinen Namen in den steinernen Türrahmen.

Kaiser Joseph II. verkaufte das Erbe der Hohenemser an die Einwohner der Stadt, aber das Schloß blieb im Besitz der weiblichen Familienmitglieder und kam schließlich durch Heirat an die Grafen Waldburg-Zeil. Im Besitz dieser Familie ist Hohenems heute noch. Im 19. Jahrhundert erwarben die Grafen Waldburg-Zeil wieder die Jahrzehnte zuvor verkauften Burgen Alt-Ems und Neu-Ems. Die auf dem Schloßberg gelegene Burg Alt-Ems, im 18. Jahrhundert zum Abbruch freigegeben, ist freilich nur eine Ruine. Neu-Ems, auch Burg Glopper genannt, ist während des Aufstands gegen den Abt von St. Gallen und den mit ihm verbündeten Herzog Friedrich IV., im Appenzeller Krieg, zerstört worden. Danach aber wurde sie wiedererrichtet und in dieser Form steht sie heute noch vor dem Besucher – als eine eindrucksvolle spätgotische Burganlage.

Wer durch die Kaiser-Franz-Joseph-Straße zum Rathaus geht, wird noch einmal mit dem heiligen Karl Borromäus zusammentreffen: Das Rathaus ist als Gästehaus im Auftrag von Kardinal Markus Sittikus erbaut worden, sein Neffe Kaspar von Hohenems widmete die danebenliegende Kapelle dem Familienpatron.

Welch seltsame Wege die Geschichte manchmal geht, darauf stößt man wieder einmal, wenn man bedenkt, daß die Hohenemser einen Teil ihres Besitzes einst getauscht haben und dafür Länder erhielten, die in der heutigen Tschechoslowakei liegen. Was sie dafür gaben, ist heute ein eigener Staat – das Fürstentum Liechtenstein.

Feldkirch

Am 22.5.1375 kaufte der Habsburger Herzog Leopold III. die Grafschaft Feldkirch und den inneren Bregenzer Wald. Die Übergabe an die neuen Herren erfolgte nach dem Tode des Grafen von Montfort, Rudolfs IV. So gilt also dieses Datum als der Anfang der Geschichte des Landes »vor dem Arlberg«.

Noch von den Montfortern, kurze Zeit nur nach dem Vertragsabschluß mit Herzog Albrecht, bekam Feldkirch den »großen Freiheitsbrief«. 1377 mußte der Vertrag erneuert werden, die Rechte der Bürger von Feldkirch wurden nun auch von Leopold III. bestätigt. Die Vertragssumme betrug 30 000 Gulden.

Und wieder ein Jahr später wurde in einem neuen Vertragszusatz festgehalten, daß die neuen Herren keinen Teil der Herrschaft Feldkirch von den übrigen durch Verkauf oder Verpfändung trennen dürften.

Damit gelang Leopold III. auf dem Vertragswege, was Rudolf I., vor seiner Wahl zum deutschen König und römischen Kaiser, nicht gelungen war. 1270 hatte er Feldkirch belagert. 1405 bildete sich der »Bund ob dem See«. Zusammen mit anderen Vorarlberger Gemeinden und mit Untertanen des Klosters St. Gallen erhoben sich auch die Feldkircher gegen die Herrschaft. Feldkirch war das Zentrum des Aufstands. Die Bewegung schwoll an und im Juni 1405 wurde Herzog Friedrich IV. bei Altstätten von den verbündeten Bauern geschlagen.

Im September 1407 standen die Aufständischen vor Bregenz. Erst in dieser bedrängten Situation schloß sich die süddeutsche Ritterschaft zusammen und wurde wieder Herr der Lage. Der Friede von Konstanz machte dem langen Krieg im April 1408 ein Ende.

Trotz der unruhigen Zeit erlebte Feldkirch eine gedeihliche Entwicklung. 1409 wurde hier schon in einer Lateinschule die Grundlage zu einer humanistischen Bewegung gelegt, die Feldkirch weithin Ruhm verschaffen sollte. Zwischen 1501 und 1524 studierten 150 Feldkircher an der Universität von Wittenberg. 1649 begründeten die Jesuiten ein Gymnasium in Feldkirch, das bis 1979 bestand und sich hohen Ruhm erwarb.

Feldkirch – die Schattenburg

warb, die »Stella matutina«. Zu ihren Schülern zählte Arthur Conan Doyle, der Schöpfer von Sherlock Holmes, zu ihren Lehrern der Isländer Ion Svensson, dessen Kinderromanfigur »Nonni« zum festen Repertoire der Buben des Fin de siècle gehörte.

Aus Feldkirch stammten die Humanisten Achilles Pirmin Gasser und Georg Rheticus (1514–1574), der Schüler Melanchthons und später Professor in Wittenberg war.

Kaiser Maximilian I. hat dem Humanismus außerordentlich aufgeschlossen gegenübergestanden. Er war seit 1498 einem Vorarlberger eng verbunden, der diese Richtung glänzend vertrat: Jakob Mennel. Der Bregenzer Mennel hatte in Tübingen studiert, wurde 1496 Stadtschreiber von Freiburg im Breisgau und promovierte 1507, mit fast 60 Jahren, zum Doctor Juris. Um 1525 ist Jakob Mennel gestorben.

Die umfangreiche »Fürstliche Chronick, genannt Kaiser Maximilians Geburtsspiegel« ist Jakob Mennels Hauptwerk. 1512 hat Kaiser Maximilian ihm den Auftrag dazu gegeben, 1518 ist das Werk abgeschlossen. Unter anderem wird hier die Abstammung der Habsburger von den Merowingern hergeleitet und die Abfolge der Generationen bis zu Erzherzog Karl erklärt, dem späteren Kaiser Karl V.

Eine liebenswürdige Spur Maximilians findet sich, in ganz anderem Zusammenhang, am einstigen Gasthof Post. Hier hat der Kaiser 1510 die Bürger in den Gastgarten eingeladen und hat eine Zeche von 10 Gulden beglichen.

Zu dieser Zeit war Feldkirch für den Wahltiroler Maximilian schon ein beliebtes Reiseziel – um 1500 hatte der Kaiser die Schattenburg, das Wahrzeichen der Stadt, erneuern lassen. Die Schattenburg ist die kleine Mühe wert, die der Aufstieg macht, ihre äußere Schönheit setzt sich im Inneren fort. Vor allem der Burghof trägt der Romantiksehnsucht Rechnung. Steile Stiegen führen von hier in den ersten Stock, dort wird man durch eine Gastwirtschaft und durch ein umfangreiches Heimatmuseum für seine Neugier belohnt.

Neben Bildern und Plastiken zeigt das Museum in der Schattenburg vor allem Wohnformen des 17., 18. und 19. Jahrhunderts, eine Sammlung von Schlosserarbeiten und im ältesten Teil der Burganlage, im Bergfried, eine große Waffensammlung.

Wer sich für einen speziellen Aspekt der österreichischen Geschichte interessiert, für das Finanzwesen, sollte die »finanz- und zollgeschichtliche Sammlung in der Finanzlandesdirektion für Vorarlberg in Feldkirch« besuchen. Hier gibt es Uniformen zu sehen, k.u.k. Amtsschilder und das Zinsbuch

des letzten Montforters vor der Übergabe der Herrschaft Feldkirch an die Habsburger.

Wenn Kaiser Maximilian nach Feldkirch kam, so nicht nur, um die Bürger in Gasthofgärten freizuhalten. Er muß hin und wieder auch einen sogenannten charmanten Grund gehabt haben. Um 1500 ist der Ansitz Amberg entstanden, man findet ihn an der Reichsstraße, nahe dem alten Siechenhaus und der Magdalenskirche. Wenige Jahre später hat Maximilian I. das Gebäude erworben. Bewohnt freilich hat es nicht er, sondern seine Geliebte Anna von Helfenstein. 1510 brachte sie einen Sohn zur Welt, dessen Vater der Kaiser war. Der Sohn hieß Friedrich Max von Amberg und war auch Besitzer des gleichnamigen Ansitzes.

Maximilian I. hat auf vielfältige Weise an Feldkirch gedacht. In seinem »Triumphzug« – wir werden dem Buch noch einige Male begegnen –, ist das Banner von Feldkirch neben den Bannern von Ortenburg und Sunnenberg zu sehen. Beim Spaziergang durch die Altstadt sieht man alle möglichen Wappen – an einem der Türme, die von der Stadtbefestigung geblieben sind, am Wasserturm Ecke Montfortgasse/Graf-Hugo-Wuhr-Gang, ist der österreichische Bindenschild zu sehen.

Schattenburg – der Burghof

Das Habsburger-Wappen schmückt, neben den Wappen der Stadt und dem Wappen der Montfort, die Decke der Klosterkirche der Dominikanerinnen im Ortsteil Altenstadt.

Das Wappen der Grafen von Montfort ist seit 1923 das Landeswappen. Sein Vorgänger ist dem Land von Kaiser Franz Joseph I. im Jahr 1863 verliehen worden, er zeigte nicht nur die Farben der Montforts, er trug auch die Symbole von Bregenz und Bludenz, von Dornbirn und Hohenems und anderen wichtigen Städten und Landesteilen, wie dem Montafon. Von Feldkirch wollen wir uns nicht verabschieden ohne eines Abschieds zu gedenken, der in die große europäische Literatur Eingang gefunden hat.

In seinem Buch »Die Welt von gestern« erzählt Stefan Zweig von seiner Reise in die Schweiz im Jahre 1918. Ein Jahr später ist er, im Frühjahr 1919, in das geschlagene, klein gewordene Österreich heimgekehrt. Auf dem Bahnhof von Feldkirch hat Stefan Zweig damals ein Stück europäischer Geschichte miterlebt: »Schon beim Aussteigen hatte ich eine merkwürdige Unruhe bei den Grenzbeamten und Polizisten wahrgenommen. Sie achteten nicht besonders auf uns und erledigten höchst lässig die Revision: offenbar warteten sie auf etwas Wichtiges. Endlich kam der Glockenschlag, der das Nahen eines Zuges von der österreichischen Seite ankündigte. Die Polizisten stellten sich auf, alle Beamten eilten aus ihren Verschlägen, ihre Frauen offenbar verständigt, drängten sich auf dem Perron zusammen; insbesondere fiel mir unter den Wartenden eine alte Dame in Schwarz mit ihren beiden Töchtern auf, nach ihrer Haltung und Kleidung vermutlich eine Aristokratin. Sie war sichtlich erregt und fuhr immer wieder mit dem Taschentuch an ihre Augen.

Langsam, ich möchte fast sagen, majestätisch rollte der Zug heran, ein Zug besonderer Art, nicht die abgenutzten, vom Regen verwaschenen gewöhnlichen Passagierwaggons, sondern schwarze, breite Wagen, ein Salonzug. Die Lokomotive hielt an. Eine fühlbare Bewegung ging durch die Reihen der Wartenden, ich wußte noch immer nicht, warum. Da erkannte ich hinter der Spiegelscheibe des Waggons hochaufgerichtet Kaiser Karl., den letzten Kaiser von Österreich und seine schwarzgekleidete Gemahlin, Kaiserin Zita. Ich schrak zusammen: der letzte Kaiser von Österreich, der Erbe der habsburgischen Dynastie, die siebenhundert Jahre das Land regiert, verließ sein Reich! Obwohl er die formelle Abdankung verweigert, hatte die Republik ihm die Abreise unter allen Ehren gestattet oder sie vielmehr erzwungen. Nun stand der hohe ernste Mann am Fenster und sah zum letztenmal die Berge, die Häuser, die Menschen seines Landes.«

Aus der Schweiz war Rudolf von Habsburg in die österreichische Geschichte gekommen und hier erlebte nun Stefan Zweig, wie Rudolfs später Nachfahre in die Schweiz zurückkehrte – in ein freilich ganz anderes Land. Schon 1474 hatten die Habsburger formell auf alle Ansprüche in der Schweiz verzichtet. Erzherzog Sigmund hat diesen Schritt getan – in Feldkirch.

Wer von hier weiterfährt nach Tirol, kann zwischen wenigstens zwei Wegen wählen: über den Arlberg oder durch den Arlberg oder durch das Montafon, über die Silvrettahochalpenstraße. Bahnfahrer und Flieger haben diese Wahl nicht, aber alle anderen Reisenden haben die Möglichkeit, bei der Fahrt durch das Montafon – bei Bludenz zweigt die Straße ab – den Ort Partenen zu passieren. Ein Kind dieses Ortes hat als katholischer Priester Karriere gemacht: Franz Josef Rudigier wurde 1852 Bischof von Linz. Viele Jahre vorher war er einer der Lehrer der kleinen Erzherzoge Franz Joseph und Ferdinand Maximilian – die beide auf ihre Weise später Kaiser geworden sind.

Bludenz

Wo sich Montafon und Klostertal vereinen, liegt Bludenz. Seine besondere Lage hat dem Ort einen wichtigen strategischen Wert gegeben, und so ist an dieser Stelle schon zu Ende des ersten Jahrtausends eine Feste, inmitten einer Siedlung, entstanden. 1394 erwarb Herzog Leopold III. die Herrschaft Bludenz von den Grafen von Montfort. Der neue Herr garantierte den Bludenzern ihre alten Rechte, und daß Habsburg sich an dieses Versprechen gehalten hat, sollte später Friedrich IV. zugutekommen.

Dieser Herzog, Begründer der älteren Tiroler Linie, hatte einen turbulenten Lebensweg. Von allen Seiten war sein Land Tirol bedroht und auch im Inneren blieb es nicht ruhig. Aber Friedrich IV. vermochte alle Schwierigkeiten zu meistern, die Gefahr eines Aufstands des Tiroler Adels, den Krieg gegen Venedig, die Verteidigung des Nordens gegen die Wittelsbacher. Als aber Papst Johannes XXIII. auf dem Konzil von Konstanz (1414–1418) abgesetzt wurde – deswegen konnte es ja mehr als 500 Jahre später einen anderen Johannes XXIII. geben – hatte das auch für Friedrich IV. fatale Folgen: Da der Habsburger dem Papst zur Flucht verholfen hatte, wurde er mit Reichsacht und Gefangennahme bestraft. Aber Friedrich, der aus dieser Zeit den Beinamen »mit der leeren Tasche« hatte, gelang es aus Konstanz zu fliehen. Auf dem Weg in sein Land Tirol gab er sich in Bludenz seinem Volk zu erkennen, wo er begeisterte Aufnahme fand; die Bludenzer unterstützten ihren Herrn trotz Acht und Bann.

Inmitten der heutigen modernen Stadt, in der Fußgängerzone, steht man plötzlich vor dem einstigen Gasthaus »Zur Krone«. Immer noch wird man hier bewirtet, wenngleich in anderer Atmosphäre als in den vergangenen Jahrhunderten. Hier hat Friedrich trotz »der leeren Tasche«, Station machen können, in diesem Hause hat man sich nicht an Reichsacht und päpstlichen Bannstrahl gehalten, die ja doch nur Mittel der Politik waren. Wenige Jahre später hat das alles ganz anders ausgesehen. Zwischen 1415, dem Jahr, in dem Papst Johannes XXIII. abgesetzt worden war, und 1425 konnte Herzog Friedrich seine Herrschaft konsolidieren – die alten Gebiete in der Schweiz, auch die Habsburg selbst, waren freilich verloren.

An einer der romantischsten Stellen der Stadt Bludenz befindet sich das Museum – im Oberen Tor. An dieser Stelle ist Friedrich IV. in die Stadt gekommen, dieses Tor hat ihm Schutz geboten.

Zwei Stiegen prägen die Umgebung des Tores – die eine, gedeckte, führt hinauf zur Pfarrkirche, die andere, viel kürzere, bringt den Besucher in das Museum. Dort steht man gleich im ersten Raum vor einem Zeugnis der habsburgischen Herrschaft: vor einem Wirtshausschild. Ein eiserner »Schwarzer Adler« ragt hier aus der Wand. Und ein »Adlerwirt« hat bewiesen, wie sehr die Stadt ihren Herren verbunden war. 1775 ist Josef Christian Müller zur Welt gekommen, der »Adlerwirt«. Wie viele seiner Berufskollegen hat auch er sich im Kampf um die Freiheit von Tirol und Vorarlberg verdient gemacht – wie die Wirte Peter Mayr oder Andreas Hofer. Er büßte seine Heimatliebe mit Flucht und Besitzverlust. Müller konnte nicht mehr nach Bludenz zurückkehren, 1851 ist er in Preßburg gestorben. Im ersten Stock des Museums steht sein Porträt vor uns.

Ein ähnliches Schicksal hatte Bernhard Riedmiller. Er stammte aus Illerbachen bei Memmingen, wo er 1757 zur Welt kam. 1789 ist er nach Bludenz gezogen, wo eine Schwester seiner Frau lebte, und hat den Gasthof »Zur Krone« erworben, die erste Wirtschaft am Platz. Riedmiller wurde Hauptmann der Freiwilligen-Kompanie von Bludenz, Major der Landesschützen und wurde später von Andreas Hofer zum Kommandanten des Oberinntals ernannt. Er hat zwar nicht das Schicksal von Andreas Hofer erlebt, aber auch er büßte seine Treue zu Kaiser Franz und Österreich mit dem Verlust seines Besitzes. 1832 ist er in Wien gestorben. Sein Denkmal läßt ihn wiederaufleben – in Uniform, dynamisch, inmitten des städtischen Verkehrs von Bludenz.

Das Museum zeugt von der Verbundenheit der Stadt mit dem Herrscherhaus. Da finden wir eine schwarz-gelbe Fahne des Bludenzer Militär-Veteranenvereins und Urkunden mit dem Siegel von Kaiser Karl VI. und von Maria Theresia. Sie bestätigen die alten Rechte der Stadt. Aus dem Jahre 1420 stammt der Bestätigungsbrief der Privilegien von Bludenz durch Herzog Friedrich IV., der wenige Jahre nach seiner Flucht den Bludenzern nicht vergessen hatte, was Treue bedeutet.

Tirol

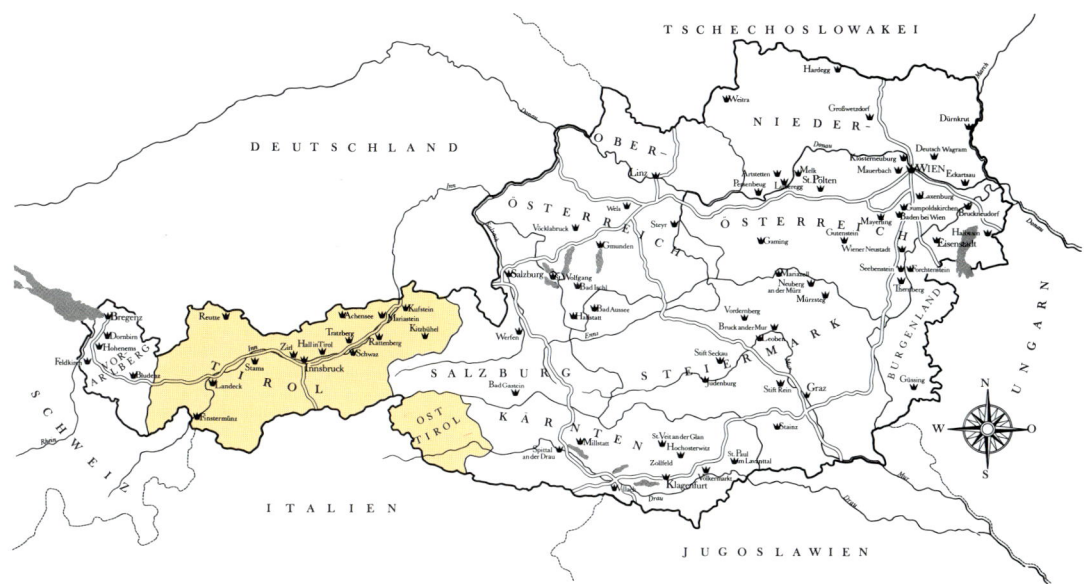

DEUTSCHLAND

TSCHECHOSLOWAKEI

NIEDER-

WIEN

ÖSTERREICH

ÖSTERRE

BURGENLAND

SALZBURG

STEIERMARK

SCHWEIZ

TIROL

OST TIROL

KÄRNTEN

UNGARN

ITALIEN

JUGOSLAWIEN

Reutte

Kufstein

Achensee

Mariastein

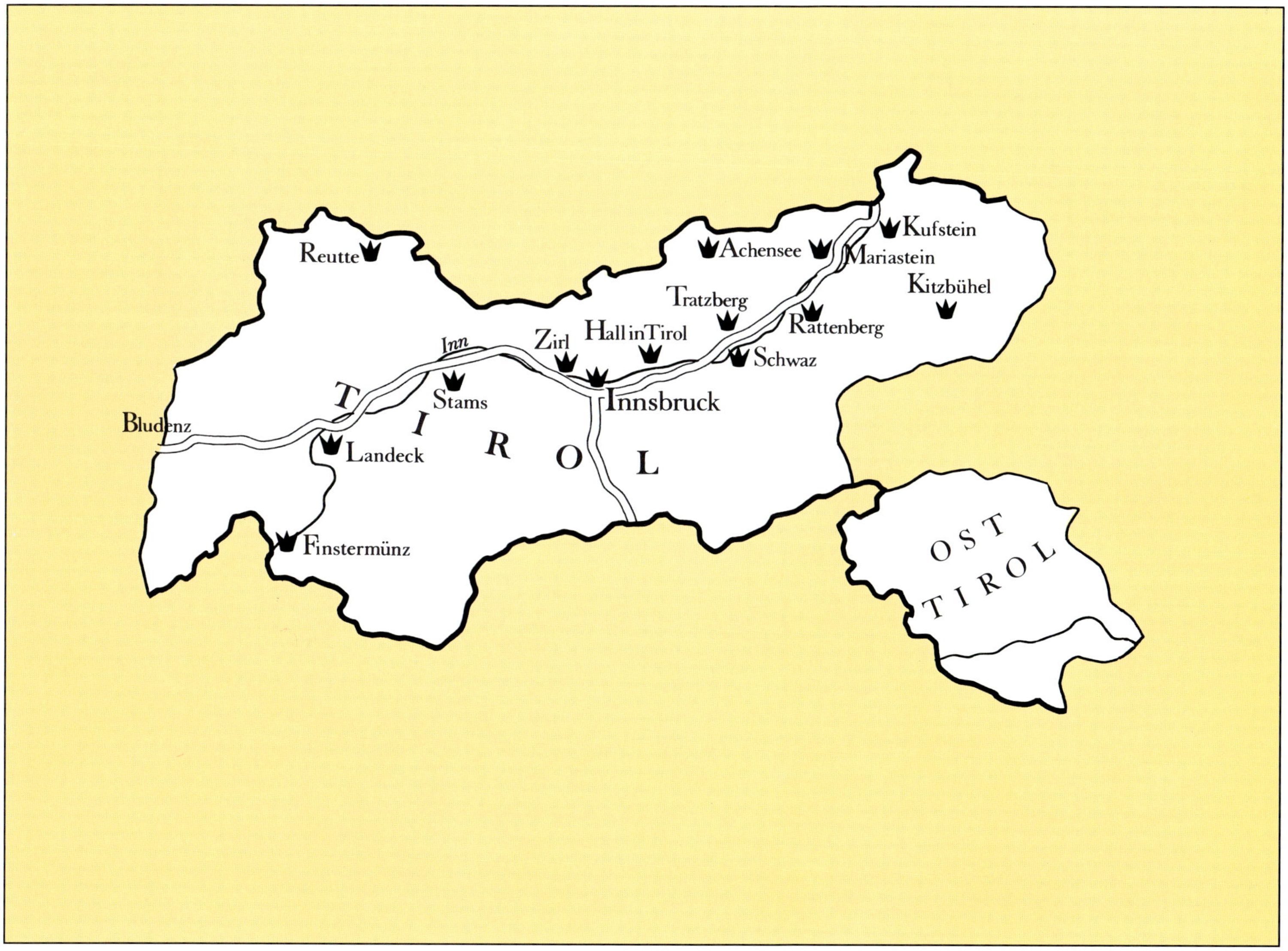

Kitzbühel

Tratzberg

Zirl   Hall in Tirol

Rattenberg

Inn

Innsbruck

Schwaz

T

I

R

O

L

Bludenz

Stams

Landeck

Finstermünz

OST
TIROL

Tirol

Innsbruck

Wer die Tiroler Landeshauptstadt auf den Spuren der Geschichte besucht, hat das Glück, gerade jene Zeit in der Architektur der Altstadt weitgehend erhalten zu finden, in der die Stadt Residenz und Zentrum des Reichs war. So kann man sich zwischen dem verkehrsreichen Ring, der die Altstadt umgibt – Marktgraben, Burggraben, Herzog-Otto-Straße und dem »Goldenen Dachl« das Leben des 16. Jahrhunderts gut vorstellen, beim einsamen nächtlichen Spaziergang ebenso wie während des geschäftigen Marktes, wenn Lauben und Plätze voll sind von Marktständen und Menschen.

Wir sind gewohnt, in politischen Grenzen zu denken. Aber die Landschaften und Länder haben sich nicht immer an diese politischen Grenzen gehalten, und schon gar nicht die Mächtigen. Diese Grenzen sind gewandert, haben sich aufgelöst, neu formiert, bis in unsere Tage. Wenn wir uns die Welt in Regionen eingeteilt vorstellen, dann verstehen wir sie auch besser. Manchesmal fallen Regionsgrenze und Staatsgrenze zusammen, aber oft eben nicht. Die Architektur beweist das in vielen Fällen. Wie im Böhmisch-Mährischen die Ringplätze das Bild der Städte ebenso prägen wie an der Südgrenze des deutschen Sprachgebietes bis Wiener Neu-

stadt und Ödenburg, so tragen viele Städte des südwestdeutschen Raums ein gemeinsames Merkmal – die Lauben. Bozen und Brixen, Sterzing und Innsbruck weisen diese fußgängerfreundliche städtebauliche Einrichtung auf und von da zieht sich die Laubenbauweise in ganz ähnlicher Form weiter durch Westeuropa, bis Freiburg, bis Bern. So steht die heutige Hauptstadt von Nordtirol, Innsbruck, in deutlicher Verwandtschaft – auch in architektonischer Hinsicht – zur Hauptstadt von Südtirol, Bozen, und zur einstigen Hauptstadt des noch von einer Teilung weit entfernten vorhabsburgischen Tirol, Meran.

Innsbruck und die Habsburger – da fühlt man sich auf Schritt und Tritt zuerst und vor allem an Kaiser Maximilian erinnert, der zwar in Wiener Neustadt geboren wurde und dort auch begraben liegt, der aber einen Großteil seines Lebens hier verbracht hat und den Tirolern so begreifbar ist mit seiner Freude an den Bergen, am Klettern und seinen Gefahren, mit seiner Jagdlust. Er hat das Land geliebt und hat ihm zuerst eine große Waffenkammer gegeben, das Innsbrucker Zeughaus, und mit deren Hilfe dann den Reichtum des Landes gemehrt.

Tirol kam nicht durch blutige Kämpfe und nicht durch eine

Das Goldene Dachl und ein goldener Doppeladler – kaiserliche Hofburg und bürgerlicher Gasthof,
in der Altstadt von Innsbruck lebt die Geschichte

ganzen Reich einmalige Position. Auf der Grundlage der alten, von den Landesfürsten immer wieder bestätigten Freiheiten des Tiroler Volkes – hier gab es keine Leibeigenschaft – legten Kaiser Maximilian I. und der Landtag in Bozen im sogenannten »Landlibell« fest, daß die Tiroler im Kriegsfall keine Dienste außerhalb des Landes zu leisten hätten, wohl aber für die Verteidigung ihres eigenen Landes selbst sorgen würden.

Vom Beginn der Herrschaft Habsburgs in Tirol an war die Verbindung zu den Bürgern und Bauern besonders stark. Herzog Friedrich IV. konnte sich sogar nur mit deren Hilfe gegen den Tiroler Adel erfolgreich zur Wehr setzen. Eine weitere Stärkung der Bürger war allerdings die Folge. In den Jahrhunderten seither ist die Popularität dieses ersten in Tirol residierenden Habsburgers nicht gesunken. Er lebt in der Erinnerung fort – und im Namen der wichtigsten Straße der Altstadt.

Durch die Herzog-Friedrich-Straße schreitet man auf das Goldene Dachl zu, das Wahrzeichen von Innsbruck. Dieser Prunkerker stellt den letzten Teil der ursprünglichen Hofburg dar, wie sie in der Frühzeit der Habsburger entstanden ist. Kaiser Maximilian hat ihn erbauen lassen. Der große Platz darunter diente damals auch für Turniere und Festlichkeiten, das Goldene Dachl war eine hochherrschaftliche Zuschauerloge.

Ein Relief führt uns den Kaiser selbst vor Augen – im dritten Feld von links in der oberen Reihe. Maximilian I. steht neben Bianca Maria Sforza, seiner zweiten Frau, seit 1493 ungeliebte Nachfolgerin der früh verstorbenen Maria von Burgund, die neben ihr, an der Brüstung lehnend, zu sehen ist. Maria von Burgund, jung an den Folgen eines Reitunfalls verstorben, liegt in Brügge begraben. Bianca Maria Sforza und Maximilian wurden in Mailand getraut, im Dom, der Kaiser wurde dabei vom Markgrafen von Baden vertreten. Bianca Marias letzte Ruhestätte ist das Kloster Stams. Und von Maximilians Grab wird gleich die Rede sein.

In den Relieffeldern des Goldenen Dachls bewegen sich Moriskentänzer zur Musik von Trommeln und Pfeifen in bizarren Drehungen. Maximilians Enkel Karl V. wird bei diesem Anblick an festliche Anlässe im noch halb-maurischen Süden seines Spanien gedacht haben.

Wer Gelegenheit dazu hat, sollte am späten Abend – je menschenleerer der Platz desto besser – auf das Goldene Dachl von weitem zugehen. Man beleuchtet es äußerst raffiniert, zum Teil indirekt, die vorderen Partien bleiben im

kluge Heirat zu Habsburg und Österreich. Durch freiwilligen Entschluß und auf dem Erbweg fanden der rote Adler Tirols und der Doppeladler Österreichs zueinander.

Die Grafen von Tirol hatten schon Rudolf I. unterstützt und waren zum Dank Landesfürsten von Tirol geworden. Auch Kärnten bekamen sie als Lehen. Die letzte Erbin aus dem Geschlecht der Grafen von Tirol war Margarethe Maultasch. Sie hat seit 1335 regiert und ihr Beiname deutet eher auf einen energischen Charakter als auf äußere Häßlichkeit hin, er meint ein »böses Frauenzimmer« mit einer deutlichen Ausdrucksweise. Als der Gemahl und der Sohn Margarethens gestorben waren, kam sie in eine prekäre Lage. Wittelsbach und Habsburg bemühten sich um ihr Erbe und beide waren ihre Nachbarn. Habsburg gewann das Rennen. Im tiefsten Winter zog Rudolf der Stifter durch die verschneiten Alpen nach Tirol und am 26.1.1363 huldigten ihm die Tiroler Stände. Der Bozner Platz, außerhalb der Innsbrucker Altstadt, hat in seiner Mitte einen Brunnen, der zum 500-Jahr-Jubiläum dieses Ereignisses errichtet wurde.

Bis 1918 – unterbrochen nur von den wenigen Jahren der französisch-bayerischen Besetzung – gehörte Tirol zum Habsburger Reich. Seit 1511 hatte das Land eine besondere, im

Kunstwerk, Machtdemonstration, Nationalheiligtum – Kaiser Maximilians Grabmal in der Innsbrucker Hofkirche

Dunkel. Das bunte Fresko an der Wand aber mit seinen Figuren gibt uns den Eindruck, als feierte die Renaissance allnächtliche Auferstehung.

Im Bereich der alten Hofburg findet sich die Hofkirche. Vom Goldenen Dachl durch die Hofgasse, am Haus des Hofriesen von Herzog Sigmund vorbei kommt man zu einem Torbogen, überquert die Straße und steht vor der Hofkirche. Sie birgt ein Kunstwerk, einen Komplex von Kunstwerken, die jedes für sich und als Gruppe eine Reise wert sind. Dieses Hauptwerk der Plastik der Renaissance ist Maximilians Grabmal. Nun ist der Kaiser aber nicht in Innsbruck, sondern in Wels gestorben, und er ist nicht in Wels, sondern in Wiener Neustadt bestattet worden. Aber er selbst hat schon ab dem Jahre 1502, Entwürfe in Auftrag gegeben, hat Gießer und Bildhauer beschäftigt und einen Teil der eindrucksvollen Komposition noch selbst bewundern können. Der Volksmund nennt den Prunkerker das »Goldene Dachl«, das Figurenprogramm der Hofkirche, Inbegriff von Herrscheranspruch, Ausdruck imperialer Macht, vermenschlicht er zu »Die Schwarzen Mander«.

18 Büsten, 23 kleinere Statuen, 28 überlebensgroße Figuren umstehen einen Sarkophag. Da sehen wir Ernst den Eisernen, Maximilians Großvater, und seine Gemahlin, die gewaltige Zimburgis von Massovien, Rudolf, den ersten König aus dem Haus Habsburg, aber auch im übergeordneten Sinne Verwandte Maximilians wie Gottfried von Bouillon, Artus von England. Die Statuen von Artus und von Graf Albrecht von Habsburg hat Albrecht Dürer entworfen. Sie gelten als Höhepunkte ihrer Gattung. Die Figur Albrechts, er ist Rudolfs I. Vater, ist die vierte zur linken Hand, Artus wird von der achten Statue rechts dargestellt. Inmitten seiner Vorfahren und Vorbilder, zwischen seinen Ehefrauen und seinen Großeltern, von den Heiligen auf der Empore geschützt, kniet der Kaiser auf seinem leeren Prachtsarg. Die Wände des Kenotaphs schmücken 24 Marmorreliefs, die Maximilians Leben erzählen – die Hochzeit mit Maria von Burgund, die Erstürmung von Arras, der Einzug in Wien, die Eroberung von Kufstein.

Andreas Hofer, der Tiroler Volksheld, hat sein Grab ebenfalls in der Hofkirche. Eine Stiege führt zur Silbernen Kapelle mit den Gräbern von Erzherzog Ferdinand II. und Philippine Welser, denen wir im Schloß Ambras wiederbegegnen werden.

Die Hofburg ist ab dem Jahr 1420 emporgewachsen. In diesem Jahr hat Innsbruck die Hauptstadtwürde von Meran übernommen. Ihr heutiges Aussehen entspricht freilich längst nicht mehr dem der Gotik, zwischen 1754 und 1776 hat sie sich zu Barock und Rokoko hin entwickelt. Vom Rennweg aus betritt man die Hofburg, links beginnt der Weg durch die Schauräume. Gleich einer der ersten Räume ist das Sterbezimmer von Kaiser Franz I. Stephan, dem Lothringer. Er war nach Innsbruck gekommen, um hier die Hochzeit seines Sohnes Peter Leopold zu feiern und er ist in diesen Tagen gestorben, die doch der höchsten Freude gewidmet gewesen waren. Das Sterbezimmer des Kaisers wurde bald nach seinem Tode zur Kapelle geweiht. Maria Theresia schrieb deshalb an den Papst, die Urkunde aus Rom hängt an der Wand der Kapelle. Jeden Tag wurde eine Messe für den toten Kaiser gelesen und auch heute noch gedenkt man hier ein-

Ein Schloß in den Bergen – die Hofburg in Innsbruck

Dem Sohn als Glückwunsch, dem Vater zum Gedenken – die Triumphpforte

28

mal im Jahr des Sterbetages. Zum Empfang des Kaiserpaares war in Innsbruck eine große Triumphpforte errichtet worden – sie ist nun zugleich Erinnerung an die Hochzeit des Sohnes und an den Tod des Vaters. Sie steht am Beginn der Maria-Theresien-Straße, also außerhalb der Altstadt, und erinnert an ihre Cousine in Florenz, die auch noch steht.

Die Triumphpforte in Florenz, an der Porta San Gallo, wurde zum Empfang des jungverheirateten, verliebten großherzoglichen Paares errichtet. Von Wien aus waren Maria Theresia und Franz Stephan in die Toscana gereist, und die verwitwete Kaiserin wird 1765 mit Wehmut an diese erste Triumphpforte gedacht haben. Sie hat nach Franz Stephans Tod nie wieder die schwarze Witwenkleidung abgelegt.

An die Hofburg schließt sich ein Gebäude, das als Kongreß-

zentrum, als Ballsaal im heutigen Innsbrucker Leben eine große Rolle spielt – die Dogana. Ihren Namen hat sie aus einer Zeit, an die Tirol nicht gerne denkt – aus der französisch-bayerischen Besetzung. Da diente das schon damals alte Gebäude als Zollstätte, seine ursprüngliche Bedeutung aber war eine ganz andere. Die Dogana stellt den ersten festen Theaterbau im deutschen Sprachraum dar. Sie ist um 1629 entstanden, Baumeister war Christof Gumpp. Er hatte sich in Italien mit den damals hochmodernen neuen Theaterbauten beschäftigt und wandte nun sein Wissen in Innsbruck an im Dienste des Bauherrn, dessen Reiterstandbild der Dogana gegenüber steht, vor dem Landestheater – Erzherzog Leopold V.

Die Altstadt von Innsbruck ist, auch dank ihrer Geschlossenheit, besonders schön, aber sie ist nicht groß und der geplagte Reisende wird aufatmen. Hier kann man auf engem Raum mehr sehen als oft bei weiten Fußmärschen.

Auch zwei sehr verschiedene Habsburgerspuren trifft man nur wenige Schritte vom Goldenen Dachl entfernt. Genau gegenüber steht – im Zeichen des Doppeladlers – der alte Gasthof »Zum Goldenen Adler«. Das Haus rühmt sich eines Ursprungsjahres, in dem die habsburgische Herrschaft in Tirol noch ganz jung war – 1390. Steinerne Tafeln neben dem Portal nennen die stolze Liste der Gäste von Goethe bis Andreas Hofer, von Erzherzog Johann bis zur Königin Luise von Haiti. Aber auch der Tiroler Landesherr Erzherzog Ferdinand II. war Gast im Goldenen Adler, und auch Nicolas de Granvelle, der kluge Kanzler Karls V., dessen großartiges Palais in seiner Heimatstadt Besançon, in Burgund, steht, hat hier gewohnt.

Am Ende der Pfarrgasse gelangt man auf einen Platz, rechts steht die barocke Kirche St. Jakob. In ihrem Querschiff stehen wir wieder vor der Geschichte, vor den Grabmalen des ersten und des letzten Großmeisters des Deutschen Ritterordens aus der Familie Habsburg. Erzherzog Maximilian III., ein Bruder des großen Sammler-Kaisers Rudolfs II., hatte das Amt inne bis 1618. Neben ihm liegt Erzherzog Eugen, er verzichtete nach dem Ende der Monarchie auf die Würde des »Hoch-und Deutschmeisters« und leitete die Umwandlung des Ritterordens in einen rein geistlichen Orden ein.

Erzherzog Eugen war zeit seines Lebens eine bekannte Erscheinung. Er förderte das Mozarteum in Salzburg, die »Musikfreunde« in Wien, und er besaß mehrere Ehrendoktorate. Von ungewöhnlicher Körpergröße und glänzendem Aussehen, zog er die Blicke auf sich, wo immer er erschien.

Die Tradition des Tiroler Landlibells setzt sich fort bis in unsere Tage. Und die berühmten vier Kaiserjägerregimenter verdankten ihre Entstehung ebenfalls dieser Regelung. Auf dem Berg Isel erzählt ein Museum die Geschichte der Kaiserjäger, an der Stelle, wo Napoleon zum zweiten Mal in diesem Jahr 1809, nach der Schlacht von Aspern, eine Niederlage hinnehmen mußte.

Der Besuch des Kaiserjägermuseums führt schon weit hinaus aus der Altstadt, aber auch in anderen Stadtteilen und am Stadtrand trifft man auf die Spuren der Geschichte. Das »Zeughaus«, von Kaiser Maximilian um 1500 errichtet, dient als Landeskundliches Museum. Hier wird die Geschichte der Freiheitskämpfe des Jahres 1809 erzählt, das Museum besitzt Musikinstrumente und Uhren, Kutschen und Lokomotiven, es informiert über Bergbau und Jagd. A propos Museum – sowohl das große Volkskunstmuseum, das neben der Hofkirche liegt, als auch das Landesmuseum »Ferdinandeum« besitzen Schätze, die die Reise lohnen. Im Ferdinandeum befindet sich die größte Gotiksammlung Österreichs, das Volkskunstmuseum gilt als Österreichs bedeutendstes Heimatmuseum.

Und weil wir eben bei Superlativen sind – Schloß Ambras

Kaiser Franz Joseph I. als Oberstinhaber der Kaiserjäger

Seine letzten Lebensjahre verbrachte er in Igls bei Innsbruck. Sein 90. Geburtstag im Mai 1953 gab Anlaß zu einem großen Fest. Nach dem feierlichen Hochamt verließ der Erzherzog in seiner altösterreichischen hellblauen Generaluniform die Hofkirche. Als er vor das Portal trat, zogen Kolonnen von Tiroler Frauen im Dirndl, Blumensträuße in der Hand, durch den Bogen auf den Rennweg. Erzherzog Eugen sah die Damen, die da geschmückt aufmarschierten, er meinte, der Aufzug gelte ihm und so begann er zu winken. Seine Hand hielt noch den Ehrenstrauß, der ihm gerade überreicht worden war – Nelken in den Landesfarben rot und weiß. Die dahinziehenden Damenkolonnen bemerkten den Erzherzog und seine roten Nelken und da es sich um Gruppen handelte, die zu einem sozialistischen Frauentreffen gehörten, hielten sie die erzherzogliche Huld für einen Gruß an ihre Vereinigung. Begeistert begannen sie nun ihrerseits zu winken, das freute den Erzherzog, der weitergrüßte – also schwenkten auch die Damen weiterhin ihre Blumen und so ging das, bis der Zug vorbei war. Beide Seiten waren glücklich – die scheinbar kaisertreuen Sozialistinnen und der scheinbar sozialistische Erzherzog.

gilt als das erste Museum Österreichs. Schon zu Beginn des 17. Jahrhunderts wurden die umfangreichen Sammlungen für interessierte Reisende zugänglich gemacht und machen auch heute einen Besuch wieder zu einem ganz besonderen Erlebnis. Nicht nur die Exponate an sich sind sehenswert, auch die Art ihrer Aufstellung ist es, denn sie entspricht weitestgehend jener der Entstehungszeit dieser Sammlung. Prunkrüstungen und Waffen, Porträts und Möbel und vor allem die ungemein phantasievollen Objekte von großer Kunstfertigkeit, die zur Kunst- und Wunderkammer Ferdinands II. von Tirol gehörten, stehen zum Teil in den originalen Nischen und Kästen, nach vielen Jahren aus anderen staatlichen Sammlungen Österreichs zurückgeholt. Und zwischen den Prunkharnischen und Turnierrüstungen entdeckt der Besucher ein Bild, das Schloß und Sammlung in den größeren europäischen Zusammenhang stellt. Da stehen einträchtig die erfolgreichen Feldherren der gewaltigen Seeschlacht von Lepanto, 1571, nebeneinander und wir begegnen einem Manne in Innsbruck, den man auf Habsburgs Spuren in halb Europa, in Barcelona und Toledo, in Brügge und Regensburg findet – Don Juan d'Austria, der Sohn Karls V. und der Regensburgerin Barbara Blomberg.

Schloß Ambras – links Blick auf den Spanischen Saal, oben Kamindetails

Schloß Ambras gehört zum Kunsthistorischen Museum in Wien und wer hier war, sollte auch dorthin gehen. Der Spanische Saal im Oberschloß von Ambras zeigt, wie der Riesensaal in der Hofburg, eine lange Reihe von Habsburgerporträts und ist berühmt als frühester monumentaler Saalbau der Renaissance. So etwas ist schnell gesagt – aber wir müssen uns vor Augen halten, daß Mut und Wissen und Durchsetzungskraft, Interesse für das Neue und Selbstbewußtsein zu solchen Entscheidungen gehört haben. Die Renaissance war zu ihrer Zeit schließlich die Moderne, ein Theaterbau wie die Dogana ein Beweis für avantgardistisches Denken. Die Oper, der zuliebe vor allem die gedeckten Theaterbauten entstanden sind, war eine junge, eben erst erfundene Kunstform und unter diesem Gesichtspunkt betrachtet, versteht man Architektur erst wirklich.

Von Albrecht Dürer war schon in der Hofkirche die Rede. Der große Nürnberger ist Innsbruck aber noch durch andere Kunstwerke verbunden. Seine Darstellungen der Residenzstadt gelten als Beginn einer neuen Gattung der Malerei – der Vedute. Die Albertina in Wien ist im Besitz von Werken aus

der Innsbrucker Zeit Dürers, den Jahren 1512–1519, in denen der Maler fast ausschließlich für Maximilian gearbeitet hat.

Zur gleichen Zeit wirkte als Hofkomponist und Hoforganist ein Mann in Innsbruck, den Maximilian so hoch schätzte, daß er ihm in seinem »Triumphzug« einen eigenen Wagen widmete – Paul Hofhaymer. In seinem Zeichen findet in Innsbruck jedes Jahr im Sommer ein Fest der Alten Musik statt und die berühmte Orgel der Hofkirche, sie zählt zu den besten der Welt, ertönt im Gedenken an den großen Organisten. Aber Paul Hofhaymer ist aus Salzburg und deshalb wollen wir erst dort von ihm weitersprechen.

Hätte das Innsbrucker Zeughaus nur Bedeutung als ein Dokument des Militärwesens im 16. Jahrhundert, es wäre schon wichtig. Aber dieses Zeughaus ist an und für sich interessant, nicht nur sein Inhalt verdient Aufmerksamkeit, sondern auch der Bau selbst. Seine Architektur ist weitgehend erhalten. Wenn man das Bild von Jörg Kölderer mit dem 500 Jahre später gemachten Photo vergleicht, hat man die Bestätigung. 1490 wurde Friedrichs III. Sohn Maximilian Landesfürst von Tirol. Nicht nur geographisch bedeutete das Land in den

Schloß Ambras – links Waffensammlung, unten Blick in den spanischen Saal

Bergen, zwischen Oberitalien und Bayern, eine Mitte, auch machtpolitisch lag hier der Drehpunkt – inmitten von Rom und Wien und Burgund. Und zur Macht und ihrer Erhaltung braucht man ein Heer, ein Heer braucht Waffen, besonders in Zeiten der Bedrohung. An Kriegsgefahr herrschte kein Mangel: Aus dem Westen drohte Frankreich, verärgert über den Verlust des für sicher gehaltenen burgundischen Erbes, im Osten wuchs die Gefahr eines Angriffs durch die Türken, der ungarische König Matthias Corvinius war der Herr von Wien – das Zeughaus wurde in Innsbruck gebaut.

Freilich hat sich seither manches geändert. Heute gehört das Gebiet rund um das Innsbrucker Zeughaus schon beinahe zum Zentrum, damals lag es außerhalb der Stadt. Man muß sich den Bau vorstellen umgeben von einem Wassergraben, mit zwei Zugbrücken.

Waffen wurden dort nicht nur aufbewahrt und gewartet, sondern auch erzeugt. Um 1500 schon hatte Maximilians Arsenal den Ruf der »schönsten Artillerie der Welt«. 140 bis 160 Geschütze wurden hier für den Einsatz bereitgehalten, neben 12 000 Feldschlangen, kleineren Geschützen also, und 10 000 Hakenbüchsen. 30 000 Soldaten konnte man ausrüsten – mit Harnischen und Helmen und Waffen, der Stolz jedoch waren die Geschütze. Die meisten von ihnen trugen einen Namen, weniger einen nom de guerre als einen Kosenamen: »Kehrauf von Innsbruck«, »Weckauf von Österreich«, »Pfauenschwanz«. In Maximilians Zeughausbüchern hat Jörg Kölderer das Arsenal dargestellt.

Aber schon bald, kaum hundert Jahre nach seiner Entstehung sank die Bedeutung dieses Waffenlagers. Neue Techniken kamen auf, im 18. Jahrhundert ist der militärische Wert des Arsenals verloren.

1955 gab man dem Bau eine neue Aufgabe. Das Land Tirol kaufte das Zeughaus an, hier wurden Teile der großen Sammlung des Tiroler Landesmuseums eingerichtet: eine mineralogische Abteilung und eine kartographische, schöne Globen, alte Landkarten. Und historische Musikinstrumente und Notendrucke erinnern daran, daß die Hofkapelle Maximilians I. von europäischem Rang war, Instrumente des großen Tiroler Geigenbauers Jakob Stainer beweisen, daß diese Entwicklung kein Zufall war. Und, wie könnte es anders sein im Lande Andreas Hofers, eine große militärhistorische Sammlung berichtet von der Wehrtradition Tirols, von der eigenständigen Landesverteidigung seit dem Tiroler Landlibell.

Gestern wie heute – das Innsbrucker Zeughaus

Vom Arlberg zum Fernpaß

Als die aufständischen Appenzeller gemeinsam mit den Vorarlberger Bauern die Revolution durch das ganze Land getragen hatten, wollten sie ihre Siege jenseits des Arlbergs, auf Tiroler Gebiet, fortsetzen. 1405 überwand das Heer den Arlberg und stand vor den Toren ·von Landeck, hier und bei Zams kam es zu Kämpfen, in denen die aufständischen Bauern zuerst erfolgreich blieben.

Die Zeit war aus den Fugen, sowohl im Heiligen Römischen Reich deutscher Nation als auch im Reich des Papstes, und der Aufstand gegen die habsburgische Herrschaft in Vorarlberg war nur eines der Probleme, die sich Herzog Friedrich IV. stellten.

Als Gegenbewegung zu dem »Bund ob dem See« der Appenzeller und ihrer Verbündeten, schlossen sich Tiroler Adlige im »Elefantenbund« und im »Falkenbund« zusammen. Die beiden Bünde, auch wieder untereinander verfeindet, richteten sich schließlich gegen den Landesherrn. Und im Konzil von Konstanz, 1414 bis 1418, entstanden für Friedrich IV. neue Sorgen. Er hatte sich für den falschen Papst entschieden – seit 1409 gab es nämlich drei Päpste. Diese Kirchenspaltung zu überwinden, setzte sich das Konzil zur Aufgabe.

Johannes XXIII. konnte mit Hilfe Friedrichs von Konstanz nach Schaffhausen flüchten. Wenige Wochen später wurde der Habsburger deshalb von König Siegmund, er war seit 1410 deutscher König, gefangen genommen. Die drei Päpste traten zurück oder wurden abgesetzt und am 11. November 1417 wurde Martin V. zum neuen Papst gewählt. Friedrich hatte seine Bündnistreue zum abgesetzten Johannes mit Acht und Bann zu büßen.

Auf seiner Flucht kam er nach Bludenz, am 30. März 1416, wo ihn der Kronenwirt erkannte und wo er von der Bevölkerung trotz Acht und Bann als ihr Herrscher begrüßt und bewirtet wurde.

In der Legende hat die Flucht des Herzogs noch manche Wendung erfahren. Der vogelfreie Friedrich, dem seine durch die Acht entstandene Besitzlosigkeit den Spottnamen »mit der leeren Tasche« eintrug, konnte sich bei Hans von Mülinen auf Burg Berneck verstecken. Ihre Ruine kann man südöstlich von Landeck finden, im Kaunertal, zwischen den Orten Prutz und Feichten.

Zu einem Kirchtag soll sich Friedrich, als Pilger verkleidet, von Sehnsucht getrieben unter das Volk von Landeck gemischt haben. Dort habe er, als einer von vielen singenden und feiernden Tirolern, ein Lied vorgetragen, in dem von einem Fürsten die Rede war, der sein Land verloren hatte und nun einsam umherzog. Die Landecker waren nicht weniger treu als die Bludenzer, sie erkannten Friedrich als ihren Herzog, sie huldigten ihm und ein ähnliches Geschehen soll sich so oft wiederholt haben, bis eben Acht und Bann, quasi von unten, besiegt waren.

Vieles in Tirol erzählt von den Jahrhunderten des Landes unter habsburgischer Herrschaft. Am zahlreichsten sind die Spuren von Kaiser Maximilian I. Er wurde zu einem Zeitpunkt zum »römischen König« und damit zum künftigen Kaiser gewählt, da in der Hauptstadt Wien die Ungarn residierten, 1486. Innsbruck war ihm zeitlebens lieber.

In Tirol sollte der Reisende vor allem Innsbruck mit dem Goldenen Dachl besuchen – mit einer Wappenreihe, mit zwei Porträts von Maximilian selbst und je einem seiner beiden Gemahlinnen, mit Darstellungen von Tänzern. Ihre Schöpfer waren Niklaus Türing und sein Sohn Gregor – das Zeughaus entstammt der selben Zeit. Das großartige Grab in der Hofkirche ist ein weiteres Hauptziel des Maximilianspurensuchers. In Hall darf man Burg Hasegg und da vor allem die St. Georgs-Kapelle nicht versäumen, und im Unterinntal gehören Tratzberg, Schwaz und der Kaiserturm in Kufstein zu den sicheren Zielen. Alle diese und viele andere Stätten finden sich in diesem Kapitel – aber darüberhinaus sei noch auf einige Bauwerke zwischen dem Arlberg und der Martinswand und dem Fernpaß hingewiesen.

Von Landeck aus kann man Finstermünz erreichen – dort steht man vor den Resten der Zollfeste Sigmundseck, die Sigmund der Münzreiche 1472 errichten hat lassen. Türme am rechten Ufer des Inn und in der Mitte der Brücke haben die Jahrhunderte überdauert.

Auf eine Höhe von 1006 Metern führt der Weg zum Finstermünzengpaß, von hier ist das Schweizer Dorf Martinsbruck noch 6 Kilometer entfernt, die erste Siedlung auf Schweizer Seite, von dort geht es weiter ins Engadin.

Unser historisches Foto zeigt Kaiser Karl während des Weltkriegs mit dem Schweizer Grenzpostenkommandanten. Der Kaiser trägt Uniform, er ist von seiner kleinen Suite umgeben. An diesen Moment mag er gedacht haben, als er den Plan faßte, zu Fuß über Finstermünz wieder nach Österreich und von da nach Ungarn zu gelangen. So jedenfalls sah der erste Plan für einen Versuch aus, die Krone Ungarns wiederzuerlangen. Karl war der rechtmäßige König von Ungarn, als Statthalter fungierte Nikolaus Horthy, und zu einer Restaurierung ist es nicht gekommen, weil Horthy sich dagegen zur Wehr setzte. Die kaiserliche Familie wurde auf dem Weg in das Exil und während der letzten Wochen auf österreichischem Boden von einem echten Gentleman begleitet – Colonel Strutt –, die traditionell gute Beziehung Habsburgs zu London und zum englischen Königshaus fand hier gleich nach Kriegsende ihre Bestätigung. Oberst Strutt faßte nun den Plan, den Weg nach Finstermünz auszuprobieren – er war im Gegensatz zu Kaiser Karl ein erprobter Bergsteiger. Er berichtet darüber:

»Am 26. Februar fuhr ich von St. Moritz mit der Bahn nach Tarasp und von dort mit einem Schlitten nach Remus. Mit dem Brief eines Freundes in meiner Tasche, der mit mir um 5000 Francs wettete, daß ich die Grenze nicht überqueren könne, ohne meinen Paß herzuzeigen, verließ ich um 21 Uhr den Gasthof zu Fuß. Ich überquerte die Grenze bei den steilen Felsen oberhalb des linken Ufers des Innflusses. Um ungefähr 5.30 Uhr kehrte ich auf derselben Route wieder zurück. Ich war niemandem begegnet, hatte allerdings keinen gebahnten Weg benützt. Die Wanderung in der Dunkelheit war höchst unangenehm gewesen und nur einem geübten Bergsteiger möglich.

Kaiser Karl an der Schweizer Grenze bei Martinsbruck im Gespräch mit dem Schweizer Grenzkommandanten

Um 9 Uhr, am Morgen des 27. Februar, überquerte ich, diesmal in einem Schlitten, ohne irgendwelche Schwierigkeiten seitens der Behörde die Grenze und traf in Landeck um 16.30 Uhr ein.« Wenn man das Inntal bei Imst verläßt, kann man über Nassereith und den Fernpaß nach Lermoos und Ehrwald und dann zur österreichisch-deutschen Grenze kommen. Auf diesem Wege kann man die Ruine der Sigmundsburg besuchen, nahe dem Fernsteinsee, einst ein Jagdschloß von Herzog Sigmund, der es um ungefähr 1462 erbauen hat lassen. Der Fernpaß selbst stellt eine Erinnerung dar an die Beziehung der Habsburger zu Tirol – ein Erinnerungsstein an Kaiser Karl V. und an seinen Bruder Ferdinand I. von der Fernpaßstraße ist im Besitz des Tiroler Landesmuseums in Innsbruck.

Knapp vor Innsbruck, nahe der Martinswand, steht Burg Fragenstein. Hier in der Nähe besaß Maximilian I. Burg Martinsberg, einst der Witwensitz der Margarethe Maultasch, später kaiserliches Jagdschloß, heute eine Klosterschule.

Die nahe Burg Fragenstein sieht man von weitem – oder wenigstens, was von ihr geblieben ist. Der Bergfried, der älteste Teil, steht noch, und der darüberliegende Turm, der aus dem 15. Jahrhundert, schon aus Maximilians Zeit, stammt, ebenso. Seit dem Einfall der Bayern im Jahr 1703, im Zuge des spanischen Erbfolgekriegs, ist die Burg ausgebrannt.

Die reichen Sammlungen des Tiroler Landesmuseums Ferdinandeum, von Schloß Ambras, des Kunsthistorischen Museums in Wien, vieler kleinerer Museen in Nord-, Süd- und Osttirol erlauben ein intensives Kennenlernen der Jahrhunderte, die Tirol mit Habsburg verbunden war. Aber auch der Besucher aus dem Ausland kann dem habsburgischen Tirol schon begegnet sein – der Spanier zum Beispiel durch das Wappen Karls V., das den roten Tiroler Adler zeigt, der Belgier, weil in der Bibliothèque Royale in Brüssel das Tiroler Jagdbuch zu finden ist, der Besucher aus London, denn er hat in seiner Stadt, im Tower, Werke aus Tiroler Waffenschmieden.

Stams

Das Nebeneinander von eindrucksvoller Landschaft und Architektur, die diese Landschaft ernst nimmt, das Miteinander von Kunst und Natur hat hier in Stams ein großartiges Beispiel. Wie dieses freudestrahlende Barockstift inmitten der hohen Berge im Sonnenschein liegt, das vergißt der Besucher nicht mehr.

Schon mit seiner Gründung bekam das Stift seine Aufgabe als Grabstätte der Tiroler Landesherren. Graf Meinhard II. von Tirol gründete 1273 das Kloster Stams und gab ihm diese spezielle Bestimmung. Somit ist also das Stift Stams im gleichen Jahre begründet worden wie die Herrschaft des Hauses Habsburg im Deutschen Reich; aber noch waren die Habsburger nicht die Landesherren von Tirol und so fanden ihre ewige Ruhe zuerst die Stifter, Graf Meinhard und seine Gemahlin Elisabeth, Gräfin von Görz. Elisabeth war die Witwe Konrads des IV. von Hohenstaufen, die Mutter Konradins, des letzten Staufers, der, als ein Opfer der Politik, in Neapel hingerichtet worden war. Die Kinder aus Elisabeths zweiter Ehe – Albert, Otto, Ludwig und Heinrich – sind wie die Eltern in Stams beigesetzt worden.

Der unglückliche Konradin ist hier zwar nicht bestattet worden wie seine Halbbrüder, aber er ist von weitem zu sehen. Kommt man von Westen, so sieht man zuerst die mächtigen Ecktürme mit ihren Zwiebelhelmen, dahinter, auf hohem Giebel, reitet König Konradin. Die Erhaltung seines Andenkens war der zweite Zweck der Gründung.

Im 14. Jahrhundert wurden die Reichskleinodien nach Stams gebracht und hier aufbewahrt, bis sie unter Kaiser Sigismund nach Nürnberg kamen.

Maximilian I. hatte zu Tirol eine ganz besondere Beziehung. Als kleiner Bub hatte er die Belagerung der Hofburg in Wien erlebt, traumatisch erlebt, und diese Seelenverwundung hat wohl dazu geführt, daß der spätere König und Kaiser lieber von Tirol aus regierte als von der Haupt- und Residenzstadt. Gewiß, Wien nahm auch unter Maximilian I. einen weiteren Aufschwung, seine Universität gewann an Bedeutung, die Hauptstadt wurde auch zur Hauptstadt des aufblühenden Humanismus. Aber ein so liebevolles Wort wie über Tirol ist uns von Maximilian zum Thema Wien nicht überliefert:

»Tirol ist ein Bauernkittel mit zwar großen Falten, aber er hält trefflich warm.«

Die »Falten« von Tirol, seine Täler, hat der große Jäger gut gekannt, und auch die Berggipfel und die Seen. Für die Abgesandten des türkischen Sultans allerdings wird diese Landschaft eine exotische gewesen sein. 1497 kam der Gesandte nebst Gefolge nach Tirol. In Stams empfing Maximilian die Grüße des Sultans Bayazet II. Hier hatte er sich eine persönliche Behausung bauen lassen.

Auch diese Begräbnisstätte der Habsburger steht in der Obhut eines Ordens – die Gruft der spanischen Habsburger wird von den Mönchen von El Escorial bewacht, die Schweizer Begräbnisstätte liegt im Kloster Muri, in Kärnten hat das Stift St. Paul im Lavanttal sich dieser Aufgabe gewidmet, und in Wien bewachen die Kapuziner seit Jahrhunderten die Habsburgergruft.

Im Mönchschor von Stams befindet sich die Gruft für die Stifter, Meinhard II. und Elisabeth, und für ihre Kinder und deren Familien. Und hier ist auch die Begräbnisstätte eines frühen Tiroler Habsburgers: von Friedrich IV. »mit der leeren Tasche«. Eine Platte beim Hochaltar verschließt die Gruft.

Das »Österreichische Grab« aber ist mehr als eine Gruft. Es ist eine barocke Machtdemonstration, hat bei aller Würde des Ortes in seiner bunten Lebendigkeit den Rang eines Hauptwerkes des Hochbarock.

Schon der Blick aus der Stiftskirche in den Raum unter der Kreuzigungsgruppe ist unvergeßlich. Die Wappen an der Balustrade verkünden die Namen der Familien. Sie sind doppelseitig bemalt. Einst waren es sechzehn, vierzehn sind erhalten: Kärnten/Tirol, Brabant/Savoyen, Teck/Zähringen, Krain/Braunschweig, Österreich/Burgau, Bayern/Görz, Habsburg/Kyburg, Schwaben/Windischmark, Österreich/Tirol, Steiermark/Cilli, Elsaß/Schottland, Portenau/Alt-Österreich, Mailand/Montfort, Sachsen/Burgund, Anhalt/Hennegau und Böhmen/Polen.

Das Österreichische Grab hatte einen gotischen Vorgänger, das von Hans Radolt aus Augsburg geschaffene Hochgrab. 1680 wurde es abgetragen. Zwischen 1681 und 1684 schuf der Bildschnitzer Andreas Thamasch die Kreuzigungsgruppe mit Christus und Maria, Magdalena und Johannes. Vor dem Altar in der Gruft stehen die Statuen der Landespatrone von Österreich und von Böhmen – der Heilige Leopold und der Heilige Wenzel.

Andreas Thamasch war ein Schüler von Thomas Schwan-

In der Gruft – die Habsburger; auf dem Giebel – der letzte Staufer

thaler und arbeitete in dessen Werkstatt in Ried im Innkreis als Geselle, 1697 ist er gestorben.

Wenn ein Gebäude, weitverzweigt und reich an Räumen, beinahe ein Jahrtausend alt ist, dann haben die Zeitläufe schon vieles verändert – in Stams besonders. Aber manchmal wird ein verschwundenes Kleinod durch ein anderes ersetzt und der Nachfolger ist manchesmal nicht schlechter als der Vorgänger. Das Hochgrab für Erzherzog Sigmund den Münzreichen wurde 1606 restauriert, durch den Bildhauer Alexander Colin, er stammte aus Mecheln. Wir treffen ihn immer wieder in Tirol – er hat wesentlich zur Gestaltung des Maximiliangrabes in der Innsbrucker Hofkirche beigetragen, hat in Schwaz gewirkt.

Dem »Österreichischen Grab« mußte auch das Sigmund-Grab weichen. Nun steht aber hier eine Figur, die Erzherzog Sigmund darstellt – und wer einmal das Porträt Sigmunds in der Österreichischen Galerie im Belvedere in Wien gesehen hat, erkennt eine Ähnlichkeit. Also sind für diese Figuren offenbar nicht nur einfach irgendwelche Gesichter angenommen worden, weil ja ohnehin durch die Wappen, Symbole, Attribute klar werden sollte, wer hier dargestellt war.

Sigmund der Münzreiche sieht aus wie Sigmund der Münzreiche – das ist erstaunlich.

Eine andere Figur zeigt Bianca Maria Sforza, die zweite Gemahlin Maximilians I. Die Prinzessin aus Mailand war dem Kaiser 1511 in den Tod vorangegangen. Sie hatte, nach einem Leben mit wenigen Freuden, einen schweren Todeskampf gehabt, fast vier Tage lang hatte sie in der Innsbrucker Hofburg unter Leiden den Tod erwartet. Wassersucht und eine Erkrankung der Milz konstatierten die Ärzte. Dem wollen wir eher glauben als dem Bericht des Chronisten: »Weil sie mit großer und unzeitiger Gebühr eine große Anzahl Schnecken gegessen, hat sie sich, wie erfahrene Doctores Medicinae vorgeben, dermaßen erkältet, daß sie unfruchtbar worden, auch im Magen so geschwächt, daß er die Dämmung ganz und gar verloren gehabt.«

Ihrem Grab und auch anderen widerfuhr 1552 zusammen mit der ganzen Stiftanlage ein schlimmes Schicksal. Obwohl der Kurfürst von Sachsen, Moritz, im Frühjahr einen Frieden mit Ferdinand I. geschlossen hatte, fielen seine Truppen kurz danach in Tirol ein. Karl V. hielt sich gerade in Innsbruck auf und nur die sofortige Flucht konnte ihn und seinen Bruder Ferdinand retten. Die sächsischen Soldaten zogen nun plündernd durch das Inntal und fielen dann über Stams her, plünderten das Stift und öffneten die Fürstengräber. Am 2. August 1552 war dann endlich Friede, die Verschwörung der protestantischen Reichsfürsten beendet. Der Vertrag vom 2. August hatte noch weitere Folgen – er wurde zur Grundlage des Augsburger Religionsfriedens.

An die Flucht eines anderen Ferdinand erinnert eine Steintafel in der Vorhalle der Klosterkirche von Stams. 1848 mußte Ferdinand I., der zweite in der Reihe der Kaiser von Österreich, vor der Revolution aus Wien flüchten. Innsbruck wurde nun für Monate zur Residenz.

Von der Tiroler Landeshauptstadt aus besuchte der Kaiser manchen Ort der Umgebung, immer wieder gedenken Inschriften dieser kaiserlichen Besuche im Sommer 1848.

Eine zweite Inschrift in der Vorhalle gilt dem Besuch von Stams durch Kaiser Franz Joseph. Er hat Tirol oft und gerne bereist, ihm werden wir auf unserer imaginären Fahrt noch oft begegnen.

Die Martinswand

In ganz Österreich gibt es kein zweites Naturdenkmal, das so eindeutig mit einer historischen Persönlichkeit verknüpft ist: Wer »Martinswand« sagt, denkt an Kaiser Maximilian I. Dabei war das Abenteuer auf der steilen Felswand an der Nordseite des Inntals bei Innsbruck nur eines von vielen. Maximilian hatte sich, Gemsen verfolgend, verstiegen und war in eine Position geraten, aus der auch ihm, dem erfahrenen und mutigen Kletterer, kein Vor und kein Zurück mehr möglich schien. Er kniete nieder und begann zu beten und als nach vielen Stunden noch keine Hilfe in Aussicht war, begann er sich auf sein Ende vorzubereiten.

Zu Füßen der Felswand hatte sich eine Menge gesammelt, die ihren Herrn erkannt hatte und nun mit ihm und für ihn zu beten begann. Als sich plötzlich – fast zwei Tage waren schon vergangen – neben dem knienden Habsburger ein junger Mann zeigte, der ihn führte und ihm zum sicheren Abstieg verhalf, da waren die meisten Menschen überzeugt, es könne sich nur um einen Engel handeln. Und so gingen das Abenteuer und die Wand in die Legende ein.

Im »Theuerdank« und im »Weißkunig«, in seinen eigenen Werken, beschreibt Kaiser Maximilian selbst viele solcher Taten – und man kann nicht sagen, daß er sich ihrer nur rühmte. Er sieht sich selbst da auch kritisch und erkennt seinen eigenen Übermut.

Er galt als der beste Bogenschütze seiner Zeit, als der beste Jäger, als der beste Reiter. Berühmt ist sein Mut beim Reichstag in Worms. Ein französischer Ritter von riesenhaftem Wuchs und entsprechender Kraft hatte die gesamte anwesende deutsche Ritterschaft zum Zweikampf gefordert, indem er seinen Schild aus einem Fenster seiner Wohnung hängte. Maximilian selbst nahm die Herausforderung an und er besiegte den Unbezwingbaren.

Daß er nicht nur die Buchkunst liebte und förderte, nicht nur die Musik hochschätzte und sich Künstler von europäischer Bedeutung an seinen Hof holte wie Albrecht Dürer, Paul Hofhaymer, Conrad Celtis, Albrecht Altdorfer, sondern daß er auch gerne jagte und kämpfte und ritt, das machte ihn seinen Zeitgenossen wie auch der Nachwelt so besonders interessant. Er war ein klassischer Renaissance-Mensch im Sinne der Forderung nach dem ganzen Menschen, nach dem

Ideal des »uomo universale«. Viele Worte sind uns von ihm überliefert, die ihn uns menschlich nahebringen – soweit das bei einem seit 500 Jahren toten Kaiser möglich ist. »Ich bin ein Mann wie jeder Mann, nur, daß mir Gott mehr Ehr getan« – das macht zugleich Ehre und bringt Sympathie.

Das Abenteuer in der Martinswand ist für jeden nicht schwindelfreien Menschen ohnehin der Inbegriff eines klassischen Angst-Erlebnisses. Auf einem Felsvorsprung zu knien, hunderte Meter unter sich schon den Priester mit dem Allerheiligsten kommen zu sehen und darauf zu warten, bis die Müdigkeit nach vielen Stunden dazu führt, daß man umsinkt und abstürzt – eine schauerliche Vorstellung!

Damit nicht auch die Gäste unseres Landes, die nach Spuren der Habsburger suchen, immer wieder von himmlischen Erscheinungen im letzten Moment aus höllischen Gefahren gerettet werden müssen, hat man in den steilen Felsen einen Weg gehauen. Wer ihn geht, gelangt zu einer Grotte, zur Maximiliansgrotte. Dort stehen Statuen der Muttergottes, des heiligen Johannes, ein Kruzifix und erinnern an das Allerhöchste Abenteuer.

Maximilian führte ein Leben voll von Gefahren. Die Martinswand und der Kampf mit dem Ritter aus Frankreich waren nur zwei Episoden.

Zwischen 1512 und 1517 ließ Kaiser Maximilian eine kleine Auflage des »Theuerdank« für sich und seine Freunde drucken. Das Buch schildert die Brautfahrt des Prinzen Theuerdank zur schönen Königin Ehrenreich – mit dem Prinzen ist Maximilian gemeint und Ehrenreich ist in Wahrheit Maria von Burgund, seine erste Gemahlin. In jugendlichem Übermut verstrickt sich der Held in viele Gefahren, in die ihn drei böse Hauptleute locken, symbolische Figuren mit den Namen Fürwittig, Unfallo und Neidelhart. Gott rettet den Prinzen aus allen Gefahren, hat er ihn doch selbst auserwählt zu höheren Aufgaben. Und so übersteht Theuerdank/Maximilian Jagdabenteuer mit Hirschen, Bären und Gemsen, kann Felsspalten wieder entkommen, in denen er steckengeblieben war, überlebt See-Abenteuer in Holland, Explosionen in Frankreich, ein Attentat in Utrecht und vieles mehr.

Maximilian hat schöne Bücher von Kindesbeinen an gekannt und er hat sie geliebt. Die eigens für den Theuerdank-Druck von Hans Schönsperger, dem Drucker, in Augsburg geschaffene Type ist zurückzuführen auf die Kindheit Maximilians. Die Theuerdank-Type hat Wolfgang Spitzweg entworfen, Schreiber am königlichen Hofgericht, später Stadtschreiber

Der »Theuerdank« – Abenteuer eines Kaisers

von Wiener Neustadt. Er war der Schreiblehrer Maximilians, er legte den Grund zu dessen Liebe zur Schönschrift. Die Martinswand ist also auf diesem Wege in die Geschichte eingegangen. Zwischen ihr und dem Innfluß steht Schloß Martinsbühel oder besser, der Rest des Schlosses, ein Turm. 1497 hatte Maximilian das schon bestehende Schloß gekauft, mitsamt den Ruinen des Vorgängerbaus, einer römischen Befestigung. Er ließ das Schloß umbauen und spricht von ihm als »eyn schönen garten und eyn schönes lustheuslein, heyst sandt Martins pergk.«

Er soll es geliebt haben, bei seinen waghalsigen Kletterkunststücken beobachtet, bewundert zu werden. Manches Fenster in Martinsbühel und in anderen Schlössern dürfte einzig zu dem Zweck gebaut worden sein, damit Damen und Besucher in Ruhe den Kaiser als Akrobaten beobachten konnten.

Das Erlebnis in der Martinswand muß dem Kaiser jedoch mehr Eindruck gemacht haben als manch andere Gefahr. Eigenhändig hat er Gott für seine Rettung gedankt, indem er ein schweres Kruzifix in jene Höhle trug, in der auch heute noch das Kreuz an den Kaiser in der Felswand erinnert.

Zwischen 1504 und 1507 muß die verhängnisvolle Gemsenjagd stattgefunden haben, Maximilian war also zwischen 45 und 48 Jahre alt. Er scheint in großartiger Verfassung gewesen zu sein.

Johann Wolfgang v. Goethe hat auf dem Weg nach Italien diesen Teil des Inntals passiert – die Martinswand markiert die Grenze zwischen Ober- und Unterinntal. »Bei Zirl fährt man ins Inntal herab.« schreibt Goethe am 8. September 1786, mit 37 Jahren also. »… an der Martinswand vorbei, einer steil abgehenden ungeheuern Kalkwand. Zu dem Platze, wohin Kaiser Maximilian sich verstiegen haben soll, getraute ich mir wohl ohne Engel hin und her zu kommen, ob es gleich immer ein frevelhaftes Unternehmen wäre.«

Der Geheimrat aus Frankfurt am Main hat die Gefahr vielleicht doch unterschätzt. Das Volk jedenfalls hat das kaiserliche Bergabenteuer sehr ernst genommen. Ein alter Stein an der alten Straße berichtet davon:

> »In dieser Grotte der Martinswand
> stand Kaiser Maximilian an des Grabes Rand.
> Lernt Gott vertrauen und merket euch,
> Gott schützet das Haus Österreich.«

Hall in Tirol

Ein kleiner Platz, ein Kaffeehaus mit einem Vorgarten, ein Lebensmittelgeschäft – Kinder spielen um einen Brunnen, leiten das Wasser ab, klettern auf den Rand des runden Beckens, ihre Eltern sitzen bei Kaffee oder Bier oder Raki im Kaffeehausgarten, dem improvisierten. Den Brunnen überragt ein Herr in Kostüm, mit Krone und etwas Rüstung, das Gesicht sieht wenig porträtähnlich aus, der Künstler wird es nicht so genau gewußt haben. Eine Inschrift rund um den Sockel nennt uns den Namen des Herrn und den seines Porträtisten: »Herzog Sigmund der Münzreiche – schaffte im Jahre 1933 Rudolf Reinhard der Münzarme.« Inmitten der heroischen Erinnerungen ein Bursche von unendlichem Humor, das freut den Besucher. Mehr noch als der Einfall des Künstlers, des selbstironischen, erfreut der Gedanke an den Gemeinderat, der solches gestattete und auch bezahlte.

Der Weg ins Mittelalter – die Altstadt von Hall

Herzog Sigmund der Münzreiche und Kaiser Maximilian I. sind die Patronatsherren der Stadt. Ihr Andenken ist lebendig. Der Tourist, dem industriegefertigte Plastikandenken ein Greuel sind, kann sich in der Burg von Hall mit einem gewaltigen Hammerschlag seine eigene Münze herstellen – einen ECU, die neueuropäische Währung, mit dem Profil Maximilians I., des letzten Ritters. 1509 hat Kaiser Maximilian in Hall und in Antwerpen eine neue Münze eingeführt, die als erste ihrer Art den Begriff »Europa« nannte.

Auf der Spindelpresse wird als Erinnerung an die »Alte Münze« in der Burg Hasegg das Sechserl von Besucherhand erzeugt, das auf der einen Seite Ferdinand I. zeigt, auf der anderen einige von Ferdinands Würden nennt: »Infant von Spanien, Erzherzog von Österreich, Herzog von Burgund«. Ferdinand hat der Münzstadt Hall zu neuem Aufschwung verholfen, unter ihm wurde die maschinelle Münzprägung eingeführt, die mit Hilfe von Wasser funktionierte, einer Mühle vergleichbar.

Mögen die Verdienste Ferdinands I. um Hall und die Münzstätte auch groß sein, sie reichen nicht heran an jene des Herrn über dem von Kindern umringten Brunnen, an die Verdienste von Sigmund dem sogenannten Münzreichen. Er war der einzige überlebende Sohn des Herzogs mit dem Spottnamen »Friedl mit der leeren Tasche«, und er mußte 50 Jahre alt werden, ehe er seine Regierung wirklich antreten konnte. 1477 war es soweit.

Und 1477 wurde die Münzprägestätte von Meran nach Hall verlegt, der Aufstieg von Nordtirol begann. Der »Guldiner« wurde eingeführt, eine Avantgardeleistung des Bankwesens, die erste silberne Münze, die an Wert einer goldenen gleichkam.

Damit gewann der Silberbergbau von Schwaz und Gossensaß in Nord- bzw. Südtirol an Bedeutung, ein wirtschaftlicher Aufschwung war die Folge. Das hätte alles sehr gut ausgesehen, aber der münzreiche Sigmund gab nicht nur mit vollen Händen Ideen weiter, er gab mit ebenso vollen Händen Geld aus, seinem Brunnen vergleichbar, der auch überfließt. Um aber das zu verstehen, müssen wir einige Jahre zurückgehen.

Es hatte lange gedauert, bis der junge Erzherzog Sigmund das Erbe seines Vaters Friedrichs IV. hatte übernehmen können. Er war minderjährig, als sein Vater starb, die Vormundschaft über den zwölfjährigen Sigmund übernahm sein Vetter, der spätere Kaiser Friedrich III. Nach und nach erst trat Sigmund die Regierung über sein Erbe an: 1446 in Tirol, 1463

Die Geburtsstelle des Dollars – der Münzturm

in Vorderösterreich, also bis ins Elsaß. Die Zentralverwaltung in Innsbruck und die vielen guten neuen Verordnungen brachten dem Land an sich Vorteile nicht nur im Münzwesen, auch im Straßenbau, im Brückenbau, durch die Belebung des Handels und des Handwerks.

Aber leider machte sich bei Herzog Sigmund ungefähr ab seinem 50. Lebensjahr eine stärker werdende Alterserscheinung bemerkbar: Senilität und die äußerte sich in grenzenloser Geldverschwendung. Kurz bevor Sigmund sein Land Tirol und noch Vorderösterreich an den Herzog von Bayern zu verpfänden begann, erschien der einstige Vormund, Friedrich III., und verhinderte 1487 diesen Schritt. 1490 dankte Sigmund ab und im März 1496 starb er. Während andere Beinamen oft erst nach Jahrzehnten oder Jahrhunderten ihren Inhaber erreichen, hieß Sigmund schon zehn Jahre später »der Münzreiche«, wie aus dem um 1507 entstandenen Habsburger-Stammbaum auf Schloß Tratzberg zu sehen ist.

Die Zeit Sigmunds und Maximilians hat Hall geprägt und anders als viele andere alte Städte hat Hall in Tirol sich Stadtbild und Charakter erhalten können. Hier spürt man etwas von der reichen Begabung dieses Volkes, dessen Eigenwilligkeit in Österreich sprichwörtlich ist. Und ohne diesen Starrsinn hätte sich vieles hier nicht erhalten. So ist ein selten anzutreffendes Nebeneinander von selbstmörderischen Konzessionen an die Forderungen des Tourismus neben eindrucksvollster lebendiger Tradition mit Zukunftsaspekten entstanden. Ein Spaziergang durch Hall führt dies immer wieder vor Augen: Da gibt es nicht nur alte Kirchen und Klöster und Bürgerhäuser, da gibt es Gasthäuser mit guten alten Namen, Kunstgalerien, ein lebendiges Museum in der Burg Hasegg.

Für den Habsburg-Spurensucher ist diese Burg das wichtigste Ziel. Das weiß man offenbar schon – eine große Reisegruppe aus Frankreich hat die Schönheit des Burghofs entdeckt, nun wartet man auf die Münzprägung. Ein Gast nach dem anderen läßt den schweren Hammer auf das Metall- oder Edelmetallplättchen donnern und bekommt eine Ahnung von der einstigen Aufgabe und Bedeutung dieses Gebäudes. Der prägnanteste Teil der Burg ist der Münzturm mit seiner seltsamen Krone, dem Wahrzeichen von Hall.

»Hall« bedeutet Salz und das hat dem Ort seinen Namen gegeben. 1244 wird die Saline von Hall erstmals urkundlich erwähnt. Salz besaß damals neben Kupfer, neben Silber einen allerersten Rang in der Liste der Luxusgüter – »das weiße Gold« hat man es genannt. Der Markt von Hall wurde für das ganze Land Tirol von besonderer Bedeutung, nur Bozen war ihm ebenbürtig.

1566 gründeten die Erzherzoginnen Helena, Margareta und Magdalena, Schwestern von Kaiser Karl V. und seinem Nachfolger Ferdinand I., in Hall ein Damenstift und eine ihm zugehörige Kirche. Ein später Verwandter löste die Habsburger-Stiftung wieder auf: Kaiser Josef II.

Seit der Mitte des 15. Jahrhunderts hat es hier keinen Großbrand mehr gegeben, der das Ortsbild grundlegend verwandelt hätte – ein wahrhaft ungewöhnliches Schicksal für eine mittelalterliche Stadt, die wenigstens einmal pro Jahrhundert von einem großen Stadtbrand heimgesucht wurden. Hier in Hall gab es ihn also nicht und so steht heute das weitgehend erhaltene Stadtbild vor unseren Augen, wie es Kaiser Maximilian, wie es Philippine Welser auch gesehen haben mögen.

Gepriesen seien sämtliche Haller Bürgermeister, die diesen Eindruck nicht durch gewaltsame Veränderungen zerstört haben – auch in unserem Jahrhundert, in dem die Stadtbrände ja selten geworden sind, gibt es noch profilierungs-wütige Stadtoberhäupter, die als Nachfolger der Stadtbrände zu wirken versuchen…

Eine Gasse der alten Stadt trägt den Namen eines Habsburgers, der im nahen Igls gestorben ist: die Erzherzog-Eugen-Straße.
Wie im Innsbrucker Zeughaus, so steht man auch hier in der Burg vor einem Bauwerk, das Geschichte und Gegenwart zu vereinen vermag – hier wird von der Vergangenheit erzählt, aber auch gelebt, und Geschichte ist nicht eine trockene Bildungspflichtübung, sondern fröhliche Erfahrung. Die St. Georgs-Kapelle liegt im ersten Stock, ein Tor aus rotem Marmor muß man durchschreiten. Schon das Tor ist ein Erlebnis.
In dieser Kapelle hat Kaiser Maximilian I. geheiratet – zum zweiten Mal. Die junge Frau, die da nun unter die kaiserliche Haube kam, beginnt einem leid zu tun, wenn man sich mit ihrem Leben befaßt. Immer wieder treffen wir sie – an der Brüstung des Goldenen Dachls, wo wir ihr Bild finden, in Gmunden, wo der Ehevertrag aufgesetzt wurde, in Stams, wo ihre letzte Ruhestätte ist. Sie war schon als Achtjährige Vollwaise. Ihr Vater, Galeazzo Sforza, Herzog von Mailand, wurde von Lodovico il Moro abgelöst – wer kennt ihn nicht durch seine Aufträge an Leonardo da Vinci! Und »Il moro« wurde auch der Vormund Biancas, seiner Nichte. Sie sollte unbedingt eine politische Heirat eingehen – Savoyen, Bayern, Ungarn, Sachsen und Schottland waren mit im Gespräch. Den Zuschlag erhielt Habsburg. 1493 wurde die Hochzeit im Dom von Mailand gefeiert – der Bräutigam war abwesend, es war eine Hochzeit per procuratorem und Maximilian I. wurde von Markgraf Christoph von Baden vertreten.
Wer sich mit Bianca Marias Leben befaßt, gewinnt den Eindruck, sie habe sich rechte Mühe gegeben, ihrem neuen Land zu dienen, ihrem Ehemann zu gefallen, ja ihm zu imponieren. Aber die Erinnerung an die geliebte, frühverlorene Maria von Burgund wird wohl, idealisiert zudem durch die Distanz der Jahre, Maximilians zweiter Frau keine Chance gelassen haben.
Sieht man von den Souvenirs der Burg-Besucher ab, ist 1809 die letzte Münze in der Münzprägestelle von Hall entstanden. Doch die Münzstätte lebt nicht nur in der Erinnerung, nicht nur durch den imposanten Anblick des Münzturms weiter. Jeden Tag beeinflußt eine ihrer Spätfolgen den Weltmarkt: Hier wurde der »Thaler« geprägt, der seinen Namen von der »Joachimsthaler«-Münze hatte. Der Joachim wurde weggelassen und aus dem Thaler wurde der Taler und aus dem Taler wurde der Dollar. Wenn Sigmund der Münzreiche das noch hätte erleben können!

Tratzberg

»1500 Veit Jacob und Symon Tänzl geprider haben gepaut das schloß.«

Die Tafel im Hof gibt den Bauherren die Ehre – oder besser, die Bauherren geben sich selbst die Ehre. Reiche Gewerken, Herren über den Bergbau im nahen Schwaz, waren die Tänzls, nouveaux riches, Emporkömmlinge, aber unentbehrlich.

Hand in Hand geht die Geschichte der Macht mit der Geschichte von Aufstieg und Untergang der Parvenus. Selten gelingt ihnen, wie den Augsburger Fuggern, ein wirklicher Schritt in einen anderen Gesellschaftskreis, zumeist ist der Aufstieg ein scheinbarer und nach zwei, drei Generationen wieder beendet.

Noch Maximilian mußte sich vom König von Frankreich den »Bürgermeister von Augsburg« nennen lassen – gewiß ehrenvoll, für einen römischen Kaiser freilich eine sehr freie Bezeichnung. Sein Enkel Karl V. übte späte Revanche. Beim Anblick des Kronschatzes von Frankreich sagte er: »Da gibt

es einen Weber in Augsburg, der könnte all das hier und noch einiges dazu aus seiner eigenen Tasche zahlen.«

Die Tänzl wären wohl gerne geworden wie die Fugger – und in den Ansätzen, in der ersten und zweiten Erfolgsgeneration standen ihre Chancen auch gut.

Von weit her ist Burg Tratzberg zu sehen, der Bau tritt aus dem Wald am Hang des Karwendelgebirges und beherrscht seine Umgebung. Über die Grafen von Görz, später die Freundsberg aus dem nahen Schwaz kam Tratzberg in den Besitz von Habsburg. 1490 brannte die Burg ab, eine Unachtsamkeit soll schuld gewesen sein. Sieben Jahre später übergab Maximilian I. die Brandruine im Tausch gegen die Burg Berneck den Brüdern Tänzl, die unverzüglich den Wiederaufbau in Angriff nahmen.

Maximilian soll immer wieder auf Tratzberg zu Gast gewesen sein, ihm zur Ehre entstand um 1506/1507 im großen Saal des Schlosses der Habsburgerstammbaum, mit 148 Porträts von Mitgliedern der Familie. 1515 war der Wiederaufbau und Ausbau abgeschlossen.

Mit Maximilians Tod begann der Abstieg der Familie Tänzl – der Schutzherr fehlte, die Sucht, es den beneideten Großen gleichzutun, verleitete zu ungeheuren Ausgaben. Der Bankrott traf die gleiche Generation, die sich im Glanz der Kaisernähe gesonnt hatte. Später kam Tratzberg für lange Jahre zu den Fuggern, wurde im 18. Jahrhundert ein Schloß der Grafen Tannenberg; 1847 folgten ihnen die Grafen Enzenberg, denen Tratzberg bis heute gehört.

Der geschlossene trapezförmige Grundriß stammt aus dem 16. Jahrhundert. Die vertraute Fassade, die nach Süden, also zum Inn gerichtet ist, stammt aus der Zeit der Brüder Tänzl. Im Parterre dieses Trakts liegt die Rüstkammer, die eine der bedeutendsten Waffensammlungen von Tirol vorweisen kann. Da gibt es nicht nur verschiedene Hieb- und Stichwaffen und Harnische des 15. und 16. Jahrhunderts, hier sieht man auch eine Reihe von Schildern von Angehörigen des deutschen Ritterordens und einen Gamsspieß, wie ihn auch Maximilian I. verwendet hat.

Der Totenschild für Veitjakob Tänzl, der 1530 gestorben ist, stammt aus Schwaz und legt spätes und letztes Zeugnis ab für diesen ungewöhnlichen Mann und sein Scheitern. Als die Rüstkammer im Zuge des Wiederaufbaus nach dem großen Brand vollendet war, hatte der Name der Familie Tänzl noch

Tratzberg – der bedeutendste Schloßbau von Nordtirol; rechts der Blick in den Schloßhof

allen Glanz – die Jahreszahl über der Tür der Rüstkammer nennt das Jahr 1512.

Im Habsburgersaal, im ersten Stockwerk, steht der Besucher vor dem Stammbaum, der bis zu Maximilians Sohn Philipp führt. Rund um die Wände dehnt sich die Genealogie, über die Wölbung der Türen, über die Haube des Kamins. Im ersten Stock des Westflügels, in einem der ältesten Teile, im Jagdsaal, begegnet man dem jungen Erzherzog Franz Joseph, dem späteren Kaiser also, als Schnitzarbeit. Er steht mit Graf Franz Enzenberg inmitten einer Gruppe von Jägern und Tieren, dargestellt von Toni Steger, einem Tiroler aus dem Achental. Im Sommer 1848 hat Steger diese Jagdgesellschaft gesehen; in den Wochen, als der Hof vor der Revolution aus Wien nach Innsbruck und später nach Olmütz geflüchtet ist, und in den Jahren danach hat er sein Kunstwerk geschaffen.

Im zweiten Stockwerk liegen die Räume, die immer für Kaiser Maximilian bereitgestanden haben, er soll sie auch öfter bewohnt haben. Diese Stuben wären auch interessant, selbst wenn sie nicht diesen historischen Hintergrund hätten, der sie in einen europäischen Zusammenhang bringt. Denn das macht den Besuch von Tratzberg auch für den Besucher zum großen Erlebnis, der nicht speziell an der Geschichte von Tirol oder dem Leben Kaiser Maximilians interessiert ist, daß man hier einer Epoche näherkommt, einem Lebensgefühl, der Lebenswirklichkeit des 16. Jahrhunderts. Viele dieser Räume sind so komplett eingerichtet und ausgestattet, daß man meinen könnte, die Bewohner seien nur gerade für einige Minuten in das Nebenzimmer gegangen, aus Diskretion, um den Gast nicht bei der Kunstbetrachtung zu stören.

Achensee

»Derselb see ligt im Ahental«. Das Fischereibuch Kaiser Maximilians I. drückt sich in anderem Deutsch aus, als wir es gewohnt sind. Das Buch lobt den Geschmack der Fische des Sees: »Für kunig und fürsten, als nemblich selbling, aschen, rencken, hechten, präxen, rutten, persing, hasseln und phrillen.«

Wer kennt diese Fische heute noch – und wenn man auch den einen oder anderen Namen ins heutige Deutsch übersetzen kann, wo gibt es noch den Fischreichtum des 16. Jahrhunderts?

»Und ein Landesfürst mag von solchem See Lust und Nutzen haben.« Gewiß, und das hat er auch selbst so gesehen.

Im Jahr 1410 bestätigte Herzog Friedrich von Tirol dem Abt des Klosters St. Georgenberg die Schenkung des Achentales, mit sämtlichen Rechten, so auch dem Fischerei- und dem Jagdrecht, außerdem übergab er dem Kloster noch andere Geschenke.

Als Gegenleistung erhielt der Herzog vom Abt eine Urkunde, die dem Habsburger lebenslang das Jagen und Fischen gestattete, wann immer es ihm beliebe.

Der Austausch dieser Freundlichkeiten zwischen den beiden Herren hatte einen Hintergrund. Herzog Friedrichs Herrschaft war von Anfang an bedroht. Im Westen saßen die rebellischen Appenzeller, aus dem bayrischen Norden drohten die Wittelsbacher, im Gebiet des Bischofs von Trient gab es Aufstände, außerdem wurde auch noch Venedig von Süden her gefährlich. Das wären ja Schwierigkeiten genug gewesen, doch nun wuchsen auch im Inneren die Probleme. Der Tiroler Adel verschwor sich in Bündnissen mit gefährlichen Namen gegen den Landesherrn – »Elefantenbund«, »Falkenbund«, und schloß sich dem Aufrührer Heinrich von Rottenburg an.

Die Lage war brandgefährlich, der Adel hatte den Höhepunkt seiner Macht erreicht. Oswald von Wolkenstein, der letzte große Minnesänger, setzte seine poetische Gabe nun nicht mehr allein zum Lobe der Liebe und des Reigentanzes im Maien ein, er schrieb auch wilde Kampfgesänge gegen Herzog Friedrich.

Doch ein Höhepunkt hat es eben an sich, daß es ab da nicht mehr höher hinaufgehen kann. 1410 wurde der Rottenbur-

ger belagert, seine Burg erobert, die Macht der Aufständischen gebrochen. Mit dem Tode Heinrichs von Rottenburg war diese politische Krise überwunden.

Die Bauern aus den Herrschaften des Klosters Georgenberg hatten wohl gewiß nicht gerne, aber tapfer mitgekämpft und nun wurde also der Dank abgestattet.

Friedrich IV. machte oft von seinen Rechten im Achental Gebrauch. Als der Herzog mit dem volkstümlichen Namen »Friedl mit der leeren Tasche« starb, trat sein Sohn Sigmund der Münzreiche das väterliche Erbe an und auch er blieb dem Kloster St. Georgenberg wohlgesonnen. Und so bekam auch der Sohn die Jagd- und Fischereirechte im Tal und auf dem See verliehen.

Herzog Sigmund gefiel das Achental. In der Pertisau erbaute er sich für seine häufigen Aufenthalte ein eigenes Haus, das man später das »Fürstenhaus« nannte. Solche Bauten wuchsen im gesamten Gebiet, eines dieser Gebäude aus dem 15. Jahrhundert hat ein eigenartiges Schicksal gehabt und so wollen wir es hier aus der Vielzahl der Neubauten, die dem Innsbrucker Hof im Gebiete des Achensees dienten, herausheben.

Durch Jahrhunderte hat sich der alte Bau erhalten – 1853 hat man ein Hotel aus ihm gemacht und das war ja nur eine sinngemäße Fortsetzung seiner bisherigen Aufgabe. Auch heute noch gibt es an dieser Stelle ein Hotel und von außen sieht es auch dem einstigen Fürstenhaus zum Verwechseln ähnlich, aber es ist eben nicht das Original. Das hat man in den Siebziger Jahren unseres Jahrhunderts abgerissen und hat wenige Jahre später und um einige Meter versetzt eine Kopie errichtet. Doch diese Kopie mit ihrem guten Maß, mit der unverwechselbaren Balance zwischen Fenstergröße und Mauerwerk, wirkt wie ein Mahnmal für gutes Bauen, für einen unverwechselbaren Stil, der dem Auge sofort zu signalisieren vermag, wo man sich befindet.

Kaiser Maximilian war ein großer Jäger, in allen seinen Residenzen wird man durch Bilder oder Berichte daran erinnert. Und neben der Jagd spielte auch das Fischen für ihn eine Rolle – schließlich bedeutete die Fischerei für den Hof nicht nur eine Unterhaltung, sondern auch die Versorgung mit der in der Fastenordnung vorgeschriebenen Nahrung.

Die eingangs zitierte Stelle aus dem »Fischereibuch« Kaiser Maximilians ist ein kleiner Teil eines umfangreichen Werks. Aus ihm erfahren wir, daß dem Landesherren von Tirol viele Seen, Teiche, künstlich angelegte Gewässer zur Fischerei dienten, wir lernen etwas über die verwendeten Geräte, wie

Angeln, Fischreusen, Netze. Die sogenannten Panzen hat der Kaiser selbst erfunden, das sind Holzfäßchen, die zum Transport lebender Fische dienen.

Neben dem Achensee schätzte Maximilian I. noch ganz besonders den Heiterwanger See und den Plansee im Außerfern.

Am Völser Weiher, Innsbruck und der Hofburg schon näher, stand das Lusthaus »Sigmundlust« für Banquette zur Verfügung. Kaiser Maximilian zog ein Festmahl unter freiem Himmel vor.

1504 ist das Fischereibuch entstanden, es ist im Besitz der Nationalbibliothek in Wien.

Nach Maximilians Tod blieb die schon Tradition gewordene Hofjagd am Achensee erhalten und das Hofleben an und auf dem See gewann noch an Bedeutung.

Erzherzog Ferdinand II. regierte in Tirol im letzten Drittel des 16. Jahrhunderts. Und auch er ließ sich Lusthäuser rund um den See errichten, aber unter seiner Regierung entstand auch eine gar nicht unbedeutende Hochgebirgsmarine.

Der Schiffbaumeister Georg Schwaighofer in Hall bekam den Auftrag, zwei Schiffe zu bauen, ein Venezianer namens Gregori schuf ein Prunkschiff. Wir kennen leider keine Darstellung dieser Schiffe, aber wenn ein Venezianer den Auftrag zum Admiralsschiff bekam, so wird dieses fürstliche Fahrzeug wohl vom »Bucintoro«, dem Prunkschiff des Dogen von Venedig, beeinflußt gewesen sein.

Zwölf Schiffe insgesamt umfaßte die Achenseeflotte auf ihrem Höhepunkt. Außer zwei Prunkschiffen gab es da ein Küchenschiff, ein grün gestrichenes Kellerschiff sorgte für den Wein. Und die Matrosen trugen eine Uniform aus grüner Wolle. Ferdinand II. starb im Januar 1595, noch im Herbst 1594 hatte er sich, schon krank auf den Tod, auf die Jagd begeben – freilich nur noch in der Sänfte getragen.

Wer in Innsbruck das Theater besucht, dem fällt das kleine Reiterstandbild auf dem Platz zwischen Landestheater und Hofburg auf, am Rennweg. Es stellt den Tiroler Landesherrn der Jahre von 1618 bis 1632, Erzherzog Leopold V., dar. Der war nicht nur ein vorzüglicher Reiter, ihm lag auch die Pferdezucht am Herzen. Auf dem Kappenhof bei Achenkirch richtete er ein Gestüt ein. Diesem Gestüt und der Jagd im Achental galt auch die letzte Reise des Erzherzogs. Plötzlich erkrankt, trat er noch die Heimreise nach Innsbruck an, sein Zustand ließ den weiten Weg nicht mehr zu und mit nur 46 Jahren starb Leopold V. in Schwaz.

Ferdinands Gemahlin Claudia Medici wurde damit zum

zweiten Mal Witwe. Sie hatte sich, als verwitwete Herzogin von Urbino, 1626 mit dem Erzherzog vermählt. Nun übernahm sie die Regierung und führte sie bis zum 18. Geburtstag ihres Sohnes Ferdinand Karl, 1646, also bis knapp vor Ende des Dreißigjährigen Kriegs. Der große Krieg ließ andere Gedanken aufkommen als die an Hofjagden und Festtafeln und so wurde es um den Achensee etwas stiller.

In den letzten Tagen des Juli 1652 kamen Erzherzog Ferdinand Karl und Erzherzogin Anna, auch sie war eine Medici, seine Frau, wieder zur Jagd in das Achental – zum letzten Mal. Die Regierungszeit Ferdinand Karls zählt nicht zu den glücklichsten Zeiten Tirols, der Erzherzog machte sich mit Fehlentscheidungen, mit einem ganz anderen politischen Kurs als dem seiner Eltern keine Freunde. Und er zog andere Vergnügungen der Jagd am Achensee vor. 1662 ist er gestorben, sein Bruder, Erzherzog Sigmund Franz, übernahm die Regierung.

Die Hofhaltung wurde verkleinert, verpfändete Gebiete wurden zurückgekauft und in kurzer Zeit vermochte Sigmund Franz manche Fehlentscheidung seines verstorbenen Bruders zu korrigieren. Seiner Sparsamkeit fiel das Jagdwesen zum Opfer.

Mit nur 35 Jahren starb der Erzherzog, nach kaum zweieinhalbjähriger Regierungszeit. Mit ihm war die Tiroler Linie des Hauses Habsburg erloschen, das Land fiel an die Hauptlinie, Kaiser Leopold I. wurde Herr von Tirol.

Er gab das Jagdrevier im Achental den Mönchen von St. Georgenberg zurück und so war nach zweihundert Jahren die Zeit der prächtigen Hofjagden vorüber. Die vielen Lusthäuser und Jagdhäuser, die dem Hof und der Dienerschaft zur Verfügung gestanden waren, verschwanden oder fanden einen anderen Verwendungszweck. Das Gestüt wurde aufgelassen, seine einstige Aufgabe hat sich im heute noch gebräuchlichen Namen des Gutes erhalten: »Hofgut«.

»Zur bleibenden Erinnerung an den Aufenthalt Sr. Majestät des Kaisers Franz Josef I., welcher am 14. August 1881 in diesem Hause Absteigequartier zu nehmen geruhte«. Das alte Posthotel in Achenkirch erinnert sich an einen späten Nachfahren von Kaiser Maximilian und noch auf andere Weise wird hier eine alte Tradition wieder aufgenommen: Es gibt hier am Achensee wieder eine Pferdezucht. Weit von der spanischen Reitschule entfernt, eifert man ihr hier nach und züchtet Lipizzaner. Und wer nicht reiten will, kann hier fahren lernen und in einer echten Postkutsche, wie sie bis zu Anfang dieses Jahrhunderts zwischen Jenbach und dem Achensee unterwegs war, Achenkirch und Maurach und Pertisau kennenlernen.

Das Fischereibuch Maximilians I. hat auch noch einen Vorschlag für den Fürsten bereit, wenn er schon après ist:

»Und so er nun solches Jagen und Fischen hinter sich gebracht, mag er alsdann mit seinem Hof ein Banquett im Fischerhaus haben, und danach mag er ungefährlich in drei Stunden wieder nach Schwaz reiten und dort Herberge nehmen.« Dieser Vorschlag läßt sich nachvollziehen.

Schwaz

Zweier Ereignisse wegen war das Jahr 1410 für Tirol von großer Bedeutung: Da war der Sieg Friedrichs IV. über den aufständischen Adel von Tirol, der den Frieden im Inneren des Landes brachte. Heinrich von Rottenburg, ihr geschlagener Anführer, besaß viele Burgen im ganzen Land Tirol, die nun erstürmte Rottenburg, der Stammsitz, lag bei Jenbach.

Von dort ist es nicht weit nach Schwaz und hier nun begann eine Entwicklung, die das ganze Habsburgerreich betraf. Die Sage erzählt, eine Magd habe auf dem Koglmoos bei Schwaz einen Stier beobachtet, wie er mit seinen Hörnern den Boden aufriß und dabei ein silberner Brocken zu Tage getreten sei. Ob das nun wirklich so war oder ganz anders, der Silberbergbau in dieser Region nahm um 1409/1410 seinen Anfang, gewann stetig an Bedeutung und hatte Schwaz zu Ende des 15. Jahrhunderts zum größten Bergbauort Mitteleuropas gemacht, zu einer der volkreichsten Städte des Reichs. Das aber muß man in Relation setzen, sonst entstehen falsche Vorstellungen – 30 000 Einwohner hatte Schwaz damals und das machte die Stadt zur zweitgrößten Stadt. Nur Wien war größer.

Der Silbersegen führte dazu, daß die Münzstätte in das nahe Hall verlegt wurde, und auch dieser Schritt trug zum Reichtum der Inntalbewohner bei.

1447 erließ Herzog Sigmund der Münzreiche eine Verfügung, die die Arbeitszeit regelte: »Und daß ain yeder Heuer arwait auf acht stund.«, daß also jeder Arbeiter acht Stunden arbeiten möge. Was uns so selbstverständlich ist, war es um die Mitte des 15. Jahrhunderts nicht. Und diese Regelung wurde noch erweitert.

Maximilian I. galt als Kenner und Förderer des Bergbaus. Er ließ nach dem Vorbild von Schwaz eine »deutsche Bergbauordnung« verfassen, die in den österreichischen Ländern nachhaltig wirkte. Und als nach der Teilung des Hauses Habsburg in die spanische und die deutsche Linie in der Neuen Welt die neue Ordnung der spanischen Eroberer eingeführt wurde, kamen die Schwazer Bergbauregeln auch nach Übersee. Der Bergbau im spanischen Teil des neuentdeckten Landes florierte dank der Erfahrungen deutscher Fachleute, und da auch in Spanien selbst schon vieles aus dem habsburgischen Mutterland übernommen worden war, fand es nun auch den Weg in die Kolonien.

»Alle Arbeiter sollen in den Festungen und Fabriken täglich acht Stunden arbeiten, vier am Vormittag und vier am Nachmittag.« legte König Philipps II. Erlaß von 1493 fest. Diese moderne Regelung war natürlich schwer in die Tat umzusetzen. Schon Karl V. mußte in seinen »Gesetzen für die Neue Welt« Modifikationen gestatten, weil sich manches nicht auf Anhieb hatte durchsetzen lassen. Doch auch wenn die Umsetzung in den Arbeitsalltag manchmal erst nach energischen Maßnahmen möglich war, so läßt sich doch nicht leugnen, daß dieser Acht-Stunden-Tag lange vor der entsprechenden Forderung von Gewerkschaften und Sozialistischer Internationale »von oben her« schon einmal existiert hat.

Zurück nach Schwaz. Hier hatte man schon in der Bronzezeit die Bodenschätze gehoben, der Erzabbau hatte also eine Tradition, die nun wieder belebt wurde. Die wirtschaftliche Nutzung der wiederentdeckten finanziellen Quelle wurde einer Familie überantwortet, die auf diesem Gebiet größte Kompetenz besaß: den Fuggern.

Daß die Zusammenarbeit zwischen Herrscherhaus und dem Hause Fugger gut war, hatte weitestreichende Folgen für die europäische Politik. Ohne die Finanzkünste der Familie Fugger wäre vielleicht einmal ein König von Frankreich in Frankfurt zum Kaiser gewählt worden, ohne die Gegenmaßnahmen der Fugger hätte vielleicht Heinrich VIII. von England dieses ersehnte Ziel erreicht. Das Fuggersche Wohnhaus in Schwaz stammt aus dem 16. Jahrhundert und daß es hier und nicht in einem der größten Orte von heute steht, auch nicht in der Landeshauptstadt Innsbruck, das zeigt, welchen Stellenwert Schwaz damals eingenommen hat.

Der Reichtum der Schwazer Gewerken zeigt sich noch heute auf vielfältige Weise. Ein Spaziergang durch die Altstadt führt immer wieder vorbei an Fassaden, Portalen, wie man sie von heute weit größeren Städten erwartet. Das Rathaus der Stadt gehört zu den eindrucksvollsten Bauwerken von Schwaz und kann alleine schon als Wegweiser durch die Geschichte des Ortes wirken.

Um 1500 haben die Bergherren Hans und Jörg Stöckl das Haus errichtet, als Handelshaus. 1563 hat der Landesfürst dieses Haus erworben, das war Kaiser Ferdinand I. Im Jahr darauf wurden die Länder Habsburg unter den Söhnen Ferdinands aufgeteilt, da gab es – ab 1564 – nun eine eigene Tiroler Linie, und so wird wohl Ferdinand II. der erste eigentli-

che Hausherr des Stöckl-Hauses geworden sein. Die oberste Bergbehörde bezog in der Folge hier ihren Sitz.

Am 14. September 1632 verstarb in diesem Haus Erzherzog Leopold V., er hatte sich auf dem Heimweg vom Achensee befunden und hatte, schon schwerkrank, in Schwaz Station gemacht.

Wenige Schritte weiter hält eine Inschrift an einem einstigen Gasthaus die Erinnerung an Maria Theresia hoch, und ein kurzer Weg in die gleiche Richtung bringt den Spaziergänger zu einem der eindrucksvollsten Kirchenbauten des Landes.

Die Stadtpfarrkirche Unserer Lieben Frau Himmelfahrt ist die größte gotische Hallenkirche von Tirol. Schon der Aufgang über breite Stufen zum Portal reißt den Spaziergänger aus dem Alltag, man kann sich den Stolz der Schwazer Bürger vorstellen. Solch ein Kirchenbau könnte auch in Straßburg, Innsbruck, oder Wien stehen, der einstige Friedhof mit seiner weiten Mauer verstärkt diesen Eindruck noch. Er ist heute ein großer Park und die Stadtväter waren gut beraten, hier nicht zu bauen.

Die Kirchen von Schwaz – mehrere Gotteshäuser auf engem Raum, Ausdruck des Danks für den Reichtum aus den Bergen

Gotik in höchster Vollendung

Von allen Kunstwerken im Kircheninneren sei hier nur auf eine Tafel verwiesen, die einem »Rath« des Erzherzogs gilt, an der rechten Seite. Alexander Collin hat sie geschaffen, der Künstler des Hochgrabs von Kaiser Maximilian in der Hofkirche von Innsbruck.

Daß eine Gemeinde eine so eindrucksvolle Kirche besitzt, ist ungewöhnlich. Wer aber das Portal durchschreitet, die Stufen wieder hinabsteigt in die Franz-Joseph-Straße, der kann sich gleich auf den Weg machen zu einer der anderen Kirchen von Schwaz, zur Franziskanerkirche, die nicht minder eindrucksvoll ist.

Mit seinem Schiff von 59 m Länge zählt der Bau der Franziskanerkirche zu den größten von Tirol. Der Stiftungsbrief für die Kirche und das Kloster stammt von Kaiser Maximilian I. aus dem Jahr 1507. In der unglaublich kurzen Bauzeit vom 26. September bis zum 23. November 1507 entstand der erste Klosterbau, der immerhin schon bezogen werden konnte. Immer wieder finden sich hier Hinweise auf die enge Verbindung zwischen dem Kloster und seinem Land. Das Portal zum Refektorium schmückt sich mit dem Wappen von Tirol und von Österreich, der Kreuzgang wird von den Wappen der wohlhabenden Bürger von Schwaz geprägt, die den Bau finanziert haben, und von den 21 Wappen der Länder Kaiser Maximilians.

Auf den Spuren des Wirkens der Habsburger in Tirol wandeln wir auch in einem anderen, in einem sehr ungewöhnlichen Museum: Das einstige Silberbergwerk. Im 17. Jahrhundert unrentabel geworden, daher aufgelassen, wurde es 1990 aus dem Dornröschenschlaf geweckt.

Eine lange Fahrt mit der Grubenbahn wirkt als Schleuse zwischen Tageslicht und ewiger Nacht im Bergesinneren, zwischen Alltagsbetriebsamkeit und unglaublicher Stille, zwischen 16. und 20. Jahrhundert.

Ein Schaubergwerk gibt es in einigen österreichischen Orten zu sehen, ein Erlebnis ist das immer. Wenn man aber hier im Schwazer Silberbergwerk durch die feuchten engen Stollen wandert, in den mehrere Meter hohen künstlichen Hallen die Arbeitsmethoden kennenlernt, die einfachen Werkzeuge sieht, denkt man ständig auch an die Auswirkung dieser Arbeit, dieser Mühen von zeitweise 12 000 Knappen. In diesem Silberbergwerk ist nicht nur Bergbaugeschichte gemacht worden.

»Schwaz, aller Bergwerke Mutter« war der Ehrentitel, der über einen langen Zeitraum seine Berechtigung hatte.

Wenn man durch die Stadt geht, fällt der Blick immer wieder auf einen auf einer Anhöhe gelegenen eindrucksvollen Bau: Schloß Freundsberg. Es beherbergt auch ein Museum, das in mehreren Stockwerken von der Stadt und von der Region erzählt.

Die Stammburg der Freundsberger stammt aus dem 12. Jahrhundert. 1468 verkaufte die Familie ihren Tiroler Besitz dem Landesfürsten, Erzherzog Sigmund, und zog nach Mindelheim in Schwaben. Dort kam 1473 ein Kind zur Welt, dessen Name der Inbegriff des deutschen Söldnerführers wurde: Jörg von Frundsberg. Der berühmteste deutsche Landsknechtführer war Feldobrist im Dienst Karls V. Sigmund der Münzreiche ließ sich im obersten Stockwerk des Bergfrieds einige Zimmer einrichten, die Fresken zeigen Jagdszenen. In diesem Bergfried ist das Museum untergebracht, und wer den Weg hierher gemacht hat, wird sich nicht nur über die Burg und ihr Museum, sondern auch über den schönen Blick ins Inntal freuen können.

Diesen Blick zieht ein Bau auf sich, der eine wesentliche Rolle nicht nur in der Geschichte von Schwaz spielt, der für ganz Tirol immer wieder seine Bedeutung gehabt hat: das Kloster St. Georgenberg.

Die Abtei besteht seit dem frühen 10. Jahrhundert, 1138 nahmen die Mönche die Benediktinerregel an. Unter den habsburgischen Tiroler Landesherren, die dem Stift immer wieder mit großen Schenkungen halfen, haben wir schon Friedrich IV. erwähnt, der dem Abt von St. Georgenberg das Achental mit den Jagd- und Fischereirechten übergeben hat. Sein Sohn Sigmund war der großzügigste dieser Wohltäter der Abtei.

Zu den wichtigsten Ratgebern von Erzherzog Sigmund gehörte Kaspar Augsburger, der Abt von St. Georgenberg, der offenbar selbst zumindest zeitweise münzreicher war als Sigmund der Münzreiche. Der Abt hat dem Erzherzog nicht nur seinen guten Rat, sondern auch Kredit gegeben. Die geliehenen Summen kamen vermehrt zurück an Kloster und Abt. Sigmund schenkte der Kirche liturgische Gewänder und Geräte, dem Abt Inful und Ring, bezahlte eine Uhr mit einem Schlagwerk und wurde vom Kloster mit dem Ehrentitel »Stifter, Schutz- und Schirmvogt« ausgestattet. In der Gegenreformation finden wir Abt Michael Geisser als einen gewaltigen Prediger, Erzherzog Ferdinand III. hatte ihn beauftragt.

Fünfundzwanzig Jahre später wurde einer der eifrigsten Betreiber der Gegenreformation, einflußreich im geistlichen wie im weltlichen Leben, Kardinal Melchior Khlesl, auf Schloß Ambras festgehalten. Er war zu einflußreich geworden, in der Wiener Hofburg hatte man ihn überraschend verhaftet und der Gewalt seines Hauptfeindes überantwortet, Erzherzog Maximilian III. von Tirol.

Von Ambras wurde der prominente Gefangene im Oktober 1619 nach St. Georgenberg gebracht, wo er drei Jahre bleiben mußte. Von zwölf Soldaten und zwei Offizieren bewacht, lebte der Kardinal im Kloster St. Georgenberg in Begleitung zweier geistlicher Herren und der notwendigen Dienerschaft. Aus Sicherheitsgründen wurden dem Kloster Umbauten vorgeschrieben, die Wachmannschaft wurde auf das Doppelte erhöht. Alle Besucher, also vor allem die vielen Wallfahrer, mußten eine Leibesvisitation über sich ergehen lassen und sich dem klösterlichen Kasernenbetrieb fügen. Das war nicht angenehm und die Zahl der Pilger ging zurück. So kam also nun zum erhöhten Aufwand eine Verringerung der Einnahmen. Abt und Mönche atmeten auf, als sie gegen Ende des Jahres 1622 den vornehmen Häftling entlassen durften. Khlesl verbrachte die letzten Jahre seines Lebens in Rom. Die Jahre seines Aufenthalts in St. Georgenberg hatten eine Schuld von rund 7000 Gulden anwachsen lassen. Bis die Landesregierung in Innsbruck den Benediktinern diese

Summe bezahlt hatte, sollten noch Jahrzehnte vergehen. Wer sich mit der Geschichte der alten Abtei ausführlicher bekannt machen will, kann das in dem kleinen Museum rechts von der Einfahrt in den Hof.

Wenn jemand durch das Unterinntal in Richtung Salzburg weiterreist, sollte er vielleicht Fügen einplanen. Dort, im Zillertal, wird man an ein historisches Ereignis erinnert, das nicht nur für das Land Tirol von Bedeutung war.

Schloß Fügen wurde zu Ende des 17. Jahrhunderts errichtet, der ursprüngliche Bau stammt aus dem 16. Jahrhundert. 1802 kauften die Grafen Dönhoff das Schloß, wenige Jahre danach konnte man hier seltenen Besuch begrüßen.

Aus Anlaß der Vereinigung des Zillertals mit Tirol – nach den politischen Wirren der Franzosenkriege und der bayrischen Besetzung – wurde 1816 in Fügen ein Denkmal für Kaiser Franz errichtet – »Heil dem Vater des Vaterlandes« schrieb man auf den Sockel der Säule. Der Kaiser kam zwar nicht zur Einweihung, dafür aber wenige Jahre später und in hoher Begleitung. 1822 wohnten Franz I. und Zar Nikolaus I. von Rußland in Schloß Fügen.

Bei dieser Gelegenheit gab es auch ein Unterhaltungsprogramm, das man für die allerhöchsten Gäste vorbereitet hatte. Die Sängergruppe Rainer brachte ein neues Lied zum Vortrag, das erst wenige Jahre zuvor in Oberndorf im Salzburger Land entstanden war: »Stille Nacht, Heilige Nacht«. Der prominente Auftritt machte das im lokalen Rahmen schon erfolgreiche Lied von Gruber und Mohr noch bekannter und sein Siegeszug um die Welt begann. Salzburger müssen sich über diese Tiroler Einmischung nicht ärgern – die Salzburger Diözesangrenze verläuft heute wie damals erst im Zillertal und so kann man nicht so ganz genau sagen, ob das nun ein Salzburger oder ein Tiroler Ereignis war, ein österreichisches war es jedenfalls.

Kaiser Franz mag sich, wenn er aus dem Schloß Fügen trat, über den Anblick des Pfarrhofes gegenüber gefreut haben. Das Portal wird von einem Doppeladler mit rot-weiß-rotem Wappenschild bekrönt, der seinerseits von der österreichischen Kaiserkrone gekrönt wird.

Wer nun, das berühmteste Weihnachtslied der Welt im Ohr, beeindruckt von Schwaz und seiner Geschichte, seine Reise fortsetzt, sollte auch an den wenn auch nicht ganz naheliegenden Hans Sachs denken. Beim Ersten der Meistersinger wird man zwar vor allem Nürnberg assoziieren, aber auch »Wels, Oberösterreich« oder eben »Schwaz, Tirol« sind richtig. Im alten Pfleggericht befand sich Sachsens Meisterschule, von 1532 bis 1600 wurde hier gelehrt und gelernt.

Rattenberg

»1816, den 6. Junius, Geruhten Seine Kaiserlich Königliche Majestät Franz der I. Kaiser von Österreich – Landesvater von Tirol Nach zu Innsbruck eingenommener Erbhuldigung in dem Wirtshause zum goldenen Adler in Rattenberg auf Mittag zu speisen. Bey dem glücklichen Ehepaar Johann Georg Sandbichler und Maria Magdalena geborene Praxmarerin. Heil unserem Kaiser! Heil dem Vaterlande!«

Die begeisterte Aufschrift auf einem Portät von Franz I. kann nur lesen, wer in die Wildschönau fährt. Das Bild hängt heute in einem Gasthaus von Oberau. Eine Tochter des »glücklichen Ehepaares Sandbichler« hat dorthin geheiratet und das Bild mitnehmen dürfen. Sonst gibt es in der Wildschönau nicht sehr viele konkrete Hinweise auf die habsburgische Vergangenheit – einer allerdings ist sehr deutlich. Der Krautschnaps, den man als Delikatesse in diesem Tal serviert bekommt, entsteht aufgrund einer Maria-Theresien-Konzession.

In Rattenberg also hat Kaiser Franz Station gemacht, 1816. In diesem Jahr hat man im nahen Fügen die Säule für Kaiser Franz errichtet. Spuren dieser Reise des Kaisers, der nach dem Wiener Kongreß, nach dem Ende der bayrisch-französischen Besetzung wieder der Landesherr von Tirol war, finden sich immer wieder.

Rattenberg ist um 1100 entstanden, bis 1292 war der Markt bayrisch, danach wurde er den Tiroler Landesherren verpfändet. Er war so gut befestigt, daß Herzog Rudolf IV., der Stifter, ihn vergeblich belagert hat. Zusammen mit Kufstein und Kitzbühel kam Rattenberg 1504 unter Kaiser Maximilian I. endgültig zu Österreich. Damit war der dauernde Besitzerwechsel zwischen Wittelsbach und Habsburg zwar beendet, aber die Bayern sollten immer wieder eine Rückeroberung versuchen: 1703 und 1809.

Im letzten Jahr ihrer Herrschaft, 1503, begannen die bayrischen Herzoge die Festung Rattenberg auszubauen, aber es half ihnen nichts. Unter Maximilian I. wurde dann weitergebaut und so entstand eine der Verteidigungstechnik ihrer Zeit entsprechende moderne Burg. Michael Zeller war der Festungsbaufachmann Maximilians. Nach seinen Plänen wurden Kufstein und auch Rattenberg mit neuen Türmen, mit Rondellen und Mauerringen ausgestattet. Von der Rattenberger Befestigungsanlage ist heute nicht mehr viel zu sehen, aber selbst die Ruine gibt noch einen Eindruck von dieser einst mächtigen Festung, der wichtigsten im Unterinntal neben Kufstein.

Ein Haus von Rattenberg erinnert sehr deutlich an den Besitzerwechsel von Wittelsbach zu Habsburg – der Gasthof »Traube«. Dieser Bau war vordem das Stadthaus der bayrischen Herzöge. 1581 hat man an dem sechseckigen Erker die Wappen des Kaisers, Österreichs und Tirol angebracht.

Der Bergbau mit seiner Bedeutung für das ganze Reich hat auch die Geschichte von Rattenberg mitbestimmt. Im nahen Brixlegg waren Schmelzhütten und die Siedlungen der Bergknappen, im Alpbachtal florierte der Bergbau. Die Bergwerksherren aber, die Gewerken, hatten ihren Sitz in Rattenberg. Auch die Fugger hatten hier eine Faktorei – wie sie überhaupt in allen größeren Orten Tirols Niederlassungen hatten, wo immer es Bergbau und Handel gab: in Hall und Schwaz, in Rattenberg und Kufstein.

1832 wurde die Blaskapelle von Rattenberg gegründet, sie entsprach der Entwicklung, die vor allem von der Militärmusik beeinflußt war. Diese Musikkapellen hatten einen Ursprung in den türkischen Janitscharen-Musikbanden und da man vieles von ihnen übernommen hatte, nannte man auch bei uns diese Art von Musikkapelle »türkisch«. Noch im 18. Jahrhundert gab man sich große Mühe, »echte« Türken von möglichst dunkler Hautfarbe in die Musikreihen einzugliedern.

Das Land Tirol ist ohne Musik nicht vorstellbar. Da gibt es nicht nur die vielen Trachtenkapellen, die vielen kleinen Volksmusikgruppen, da gibt es auch eine alte Volkssängertradition, die den Ruf Tirols in die Welt gebracht und so ganz wesentlich zur Entwicklung des Tiroler Fremdenverkehrs beigetragen hat.

Im 17. Jahrhundert sank die Bedeutung des Bergbaus und wie andere Tiroler Städte erlebte auch Rattenberg nach einem großen Aufschwung einen schnellen Niedergang. Das aber hat der Nachwelt das geschlossene Bild einer schönen gewachsenen Stadt beschert, hat Rattenberg konserviert und macht es dem Besucher leicht, in Gedanken die Zeit Maximilians I. wiederaufleben zu lassen.

Mariastein

Im Nordwesten von Wörgl, auf beinahe 600 m Meereshöhe, liegt eine Wallfahrtskirche, die dem Reisenden einen Umweg wert ist. Mariastein beherbergt ein Symbol, das gerade den Bewohnern dieses Landes mit ihrem Traditionsbewußtsein, mit ihrem wachen Bewußtsein für die alten Rechte, vieles bedeuten muß: Der Tiroler Erzherzogshut. Erzherzog Maximilian III., Landesfürst von Tirol von 1602 bis 1618, hat ihn gestiftet. Damit keine Verwirrung entsteht, wollen wir hier anmerken, daß Maximilian III. auch den österreichischen Erzherzogshut gestiftet hat, der im Stift Klosterneuburg in Niederösterreich aufbewahrt wird.

Der Erzherzogshut hat seine Form von Rudolf IV., dem Stifter, bekommen. Er hat den altbekannten Herzogshut mit den Zacken einer Krone ausgestattet, hat den Bügel der Königskrone hinzugefügt und hat auch auf diese Weise seinen Anspruch untermauert, daß die Herzöge von Österreich eben Erz-herzöge seien, im Range vor den anderen Fürsten des Reichs.

Seit 1477 trugen die Tiroler Landesfürsten den Erzherzogshut. Gleich zu Beginn seiner Regierungszeit brachte Maximilian III. diese Krone von Tirol als Weihegeschenk in die Marienwallfahrtskirche von Mariastein. Zwölf Zacken an einem Reif aus vergoldetem Kupfer umgeben den Hut aus roter Seide, der Kronreif ist von weißer Seide umhüllt, die den ursprünglichen Besatz aus Hermelinpelz ersetzt. Solch einen Hut konnte man einst durchaus in Funktion erleben – bei festlichen Anlässen wurde dieses Symbol durchaus tatsächlich getragen und war nicht nur in Darstellungen vorhanden.

Die Wallfahrtskirche ist sehenswert. Ein hoher Wehrturm, der ursprünglich nur militärischen Zwecken diente, erhielt nach Jahrhunderten eine nicht mehr so profane Aufgabe und wurde zum Schutz einer wundertätigen Marienstatue. 1470 stifteten die Herren von Ebbs die heute noch in Mariastein verehrte Madonna. Im 16. Jahrhundert ist diese einstige Wehranlage zum Wohnturm umgestaltet worden, mit vier Stockwerken und einem Glockentürmchen auf dem Dach. Zuunterst liegt das Verlies, ein Raum aus dem 15. Jahrhundert.

Im Rittersaal hängt das Porträt von Karl Freiherr von Schurff, dem Obersthofmeister von Erzherzog Ferdinand II.,

Mariastein – der Turm Gottes

der 1587 Mariastein erwarb. Über hundert Jahre blieb die Familie im Besitz des ungewöhnlichen Schlosses. Das Museum zeigt die Sammlung von Karl Schurff, sie steht in engem Zusammenhang mit der Bestimmung von Mariastein als Wallfahrtsort. In diesem Raum liegen Erzherzogshut und Zepter von Ferdinand II. von Tirol. Auch die Glocke im Türmchen des Wohntrakts stellt eine Erinnerung an Karl Schurff dar: Er hat sie gestiftet und von Hans Christoff Löffler in Innsbruck gießen lassen. Die Löfflers waren unter den Gießern ihrer Zeit eine allererste Adresse und auch eine von Gregor Löffler geschaffene Glocke hängt in Mariastein. Sie ist noch älter als die von Schurff gestiftete, sie stammt aus dem Jahr 1543.

1565 bekam Mariastein ein Asylrecht verliehen – sein Zeichen war ein Arm mit einem Schwert, einst war er am Tor angebracht, heute ist er im Museum zu sehen.

Die beiden obersten Stockwerke beherbergen zwei Kapellen – die Kreuzkapelle aus dem Jahre 1545 und darüber die etwas jüngere Gnadenkapelle. Diese beiden Kapellen und der Erzherzogshut alleine lohnen schon den Besuch dieser Wallfahrtskirche.

Kufstein

Neben seinem Beinamen »der letzte Ritter« trägt Maximilian I. noch ein zweites Attribut – »der erste Artillerist«. Dieses Interesse für die moderne Waffentechnik seines Zeitalters hat manche politische Entscheidung beeinflußt.

Mit der Bedeutung der Artillerie war Maximilian schon als ganz junger Mann vertraut geworden – Karl der Kühne, sein Schwiegervater, der Herzog von Burgund, verfügte über die modernste Artillerie seiner Zeit und von ihm übernahm der Schwiegersohn das Verständnis für Kartaunen und Feldschlangen. Anders als ihre türkischen oder venezianischen Vorläufer konnten Burgunds Kanonen von Lafetten aus abgeschossen werden, waren mobil und ihre Rohre waren von oben nach unten beweglich und nicht starr wie ehedem. Das Metall kam zum Großteil aus Tirol, aus den Bergwerken von Schwaz kam das Kupfer. Die für den Guß verwendete Bronze bestand zu 90 % aus diesem Kupfer, zu 10 % aus Zinn. In den

Kufstein – der Turm des Kaisers

Hütten in Hötting, heute Innsbruck, kamen die Riesenrohre aus dem Feuer, die wir heute noch im Innsbrucker Zeughaus bestaunen – sie hatten alle ihre Namen, wie »Hummel« oder »Weible«. Die »Schöne Katl« allerdings hat ihrer Heimat den Rücken gekehrt und steht in Paris im Musée de l'Armée. Ihnen verdankte Tirol letztlich den Besitz von Kufstein. Als Kaiser Maximilian den Herzog von Bayern in seinem Erbfolgekrieg gegen seine eigenen Wittelsbacher Verwandten unterstützt hatte, sollte er als Gegenleistung Rattenberg, Kitzbühel und Kufstein erhalten. Am 2. April 1504 war es so vereinbart worden; der Pfleger Hans Pinzenauer übernahm die Festung Kufstein, schwor seinen Treueid und wurde vom Innsbrucker Zeughaus ausgestattet. Kurz darauf lief Pinzenauer zu den Feinden Maximilians und des bayrischen Herzogs über. Am 1. Oktober war Kufstein von Maximilians Truppen eingeschlossen.

Die Artillerie konnte den festen Mauern nichts anhaben, auch die »Schöne Katl« nicht, wenigstens nicht sofort. Am 12. Oktober stand man knapp vor der Übergabe, aber man wollte noch Bedingungen aushandeln. Maximilian ließ sich darauf nicht ein. Es folgte eine kurze Waffenruhe. Die Kufsteiner besserten ihre Mauern aus, der »erste Artillerist« ließ von seinem nahen Zeughaus über den Inn die furchtbarsten Waffen seines Reiches holen – den Stolz seiner Artillerie, »Purlepauß« und »Weckauf«. Die Kugeln hatten einen Durchmesser von einem halben Meter und mehr und waren um die einhundert Kilogramm schwer.

Maximilian selbst soll die Rohre gegen die Festungsmauern gerichtet haben. Zwei Tage konnte die Verteidigung sich noch halten, am dritten Tag war die alte Burg Kufstein zerstört. Mit dem eidbrüchigen Hans Pinzenauer wurde auch ein Teil seiner Besatzung hingerichtet, andere wurden begnadigt. Zwischen 1519 und 1522 wurde Kufstein wiederaufgebaut. Der mächtige Kaiserturm, Wahrzeichen der Stadt am Inn, mit seinen bis zu sieben Metern dicken Mauern ist damals entstanden. Zweihundert Jahre später kam es zu einer sehr schnellen Einnahme der Festung Kufstein, die Bayern eroberten sie 1703. Der nächste bayrische Ansturm hatte es noch leichter – 1805 wurde die Festung kampflos übergeben. Sie war ja auch schon militärisch bedeutungslos geworden.

Im 19. Jahrhundert wuchs ihr eine neue, eine gefürchtete Aufgabe zu. Burg Kufstein wurde ein Staatsgefängnis. Verschiedene, sehr prominente, politische Häftlinge brachte man hierher. Gleich zu Beginn, in französisch-bayrischer

Zeit, saß eine der prominentesten Damen der französischen Revolution in Kufstein – Theroigne de Méricourt.

Berühmt im ganzen Habsburgerreich war ein anderer, freilich nicht aus politischen Gründen einsitzender Häftling – der ungarische Räuberhauptmann Rozsa Sándor.

Im Jahre 1825 unternahm der k. u. k. Beamte Joseph Kyselak aus Wien eine große Wanderung durch Österreich, wenige Jahre später erschien eine zweibändige Beschreibung dieser Reise – »Skizzen einer Wanderung«. Ihr Autor war auch durch eine biedermeierliche Eigenheit bekannt geworden – er schrieb seinen Namen an die absurdesten Stellen, an unzugängliche Felswände, auf die Unterseite von Brücken, ja, er soll auch im Rahmen einer Audienz den Schreibtisch von Kaiser Franz nicht ohne Kyselak-Namenszug verlassen haben. Joseph Kyselak wanderte von Rattenberg den Inn entlang nach Kufstein – »Nun sieht man schon Kuffstein, das Felsgethürmte, wie es die ernsten Blicke herumsendet im engen Thale.« – und erlebt dann das Staatsgefängnis im Kaiserturm:

»Am Fuß des Felsens, beim einzigen Aufstieg zur Festung, befindet sich rechts eine Militär-Wachstube; jeder Ein- und Ausgehende wird von dem Posten genau besichtigt … einige Dutzend bleiche aufgedunsene Arrestanten schleppen, je nachdem die Anzahl der Strafjahre ihnen leichtere oder schwere Eisen diktierte, ihre marternde Bürde dem Fremden entgegen, und flehen um Almosen, oder bringen aus gefärbtem Roßhaar wirklich herrlich geflochtene Uhr- und Halsketten, nette Ringelchen mit den rein gearbeiteten Inschriften: Zum Andenken, Vergiß mein nicht, Glücklich der Freie und dergleichen um Spottpreise zum Kaufe. Ein Franzose, welcher im Jahre 1811 auf dieser Festung büßte, hat die Haarflechterei einigen Unglückskameraden mitgeteilt.«

Auch heute kann man hier Ausländer antreffen, freilich unter ganz anderen Umständen. Die Festung ist ein außerordentliches Heimatmuseum geworden.

Kitzbühel

Bevor wir das Land verlassen und nach Salzburg weiterreisen, erwartet uns noch eine der bekanntesten Städte von Tirol – aber unter anderen Vorzeichen als gewöhnlich.

Skifahren und Après-Ski, Weltmeisterruhm und Skilehrer-Erotik haben in den letzten Jahrzehnten das Bild der ganzen Landschaft geprägt. Wir wollen durch die alte Geschichte unter der Stadt-Landschaft spazieren.

Kitzbühel ist eine bayrische Gründung, ihr Stadtrecht ist ihr 1271 von München aus verliehen worden und auch nach 500 Jahren hat Bayern noch nicht ganz auf die alte Stadt verzichtet, diesen Eindruck hat man jedenfalls aufgrund von Discotheken und Autokennzeichen. Und man kann das gut verstehen.

Um die Mitte des 14. Jahrhunderts brachte Margarethe Maultasch Kitzbühel zu Tirol. Der Bergbau gewann bald da-

Eine der schönsten Altstädte Österreichs – Kitzbühel

Eine Erinnerung an Maximilian – Die Gründungsurkunden der Kitzbüheler Kirchen vermerken stolz, daß »Bürger dieser Stadt Kitzbühel« die Baumeister und Künstler waren

nach auch hier an Bedeutung, wie in vielen Orten des Unterinntals baute man auch in Kitzbühel Kupfer, Eisen und Blei ab und auch der für das Habsburgerreich so wichtige Silberbergbau brachte den Kitzbühlern und dem Reich einigen Wohlstand. Der Ort entwickelte sich zur Knappenstadt und dieses Bild vermag er noch heute zu vermitteln. Die Anfänge des Bergbaus gehen allerdings wie in Schwaz, Imst und Kufstein auf die Vorgeschichte zurück – schon im 7. Jahrhundert vor Christus gab es in Tirol einen geschichtlich bedeutsamen Kupferbergbau.

Kitzbühel fiel zwischendurch wieder an die Bayern, aber 1505, auf dem Reichstag zu Köln, wurde es endgültig den Tirolern zugesprochen. So stellt die älteste Stadt von Nordtirol als Ganzes eine Erinnerung an Kaiser Maximilian dar. So ungefähr kann eine Stadt zu seiner Zeit ausgesehen haben – aber freilich braucht man jetzt noch etwas Phantasie, um eine wirkliche Vorstellung zu bekommen. Die Straßenbeleuchtung bestand, wenn überhaupt, aus Kienspänen, die Gassen waren in den seltensten Fällen mit einem Pflaster

ausgestattet, Kanäle gab es nicht, höchstens ein Rinnsal die Straßen entlang, die Händler stellten ihre Waren außerhalb der Geschäfte der Kundschaft vor, denn Auslagen mit großen Glasscheiben kannte man noch nicht – doch die Häuserzeilen von Kitzbühel, die Anlage auf dem Plateau, eines der Stadttore, all das hat sich erhalten und lenkt den Blick in die Glanzzeit der Stadt, in das 15. und 16. Jahrhundert. Auch hier hatten die Fugger eine Faktorei, neben ihnen waren die Fröschlmoser die wichtigsten Handelsherren.

Das Jochbergtor wurde 1481 errichtet, die Stadt war in vollem Aufstieg. Von der Stadtbefestigung sind noch der Südwestturm und der Pfleghofturm beim Jochbergtor erhalten. Der Pfleghofturm trägt noch einen Doppeladler aus Eisen, sein Herzschild zeigt das Wappen der Grafen Lamberg, die im 16. Jahrhundert in den Besitz der Stadt kamen. Wer sich nach einem Gang durch die Altstadt, durch die Vorstadt Gries mit ihren einfacheren Knappenhäusern, nach dem Besuch der reichausgestatteten Kirchen,

noch ein Bild vom Leben der Kitzbüheler Bürger, von der Entwicklung des Bergbaus, von den Anfängen des Wintersports machen will, besucht das Heimatmuseum.

Betritt man die Altstadt, durch das Jochbergtor, so findet man zur linken Hand das alte Berggericht, in dessen einstigem Getreidespeicher das Heimatmuseum untergebracht ist. Diese Bauten entstammen der Zeit, da hier noch nicht Habsburg regierte, da Kitzbühel noch nicht das Stadtrecht besaß – aus dem 12. Jahrhundert. Sie bildeten einen Teil der Burg der bayrischen Herzöge. Auf drei Stockwerke verteilt sich eine Fülle von Exponaten, die auch in den frühgeschichtlichen Kupferbergbau auf der nahen Kelchalpe führt. Damit aber sind wir schon im benachbarten Dorf Jochberg, nahe dem zu Salzburg gehörenden Pinzgau.

Überall in Österreich – Habsburger als Denkmal

Salzburg

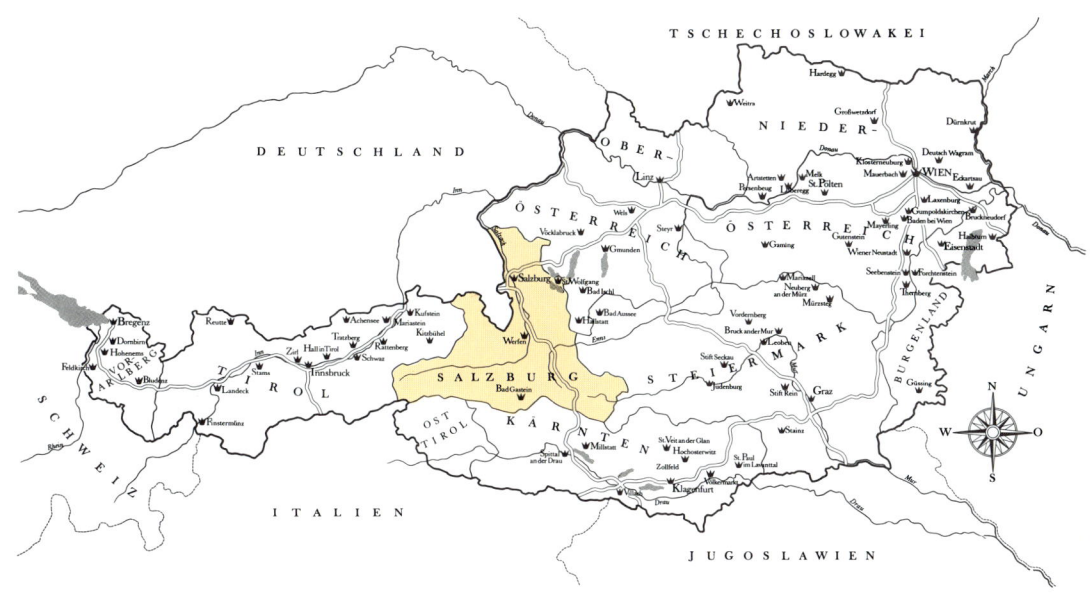

TSCHECHOSLOWAKEI
DEUTSCHLAND
ITALIEN
JUGOSLAWIEN
UNGARN
SCHWEIZ
NIEDER-
ÖSTERREICH
OBER-
ÖSTERREICH
SALZBURG
TIROL
OST TIROL
KÄRNTEN
STEIERMARK
BURGENLAND
VORARLBERG
WIEN
Linz
Salzburg
St. Wolfgang
Bad Gastein
Innsbruck
Graz
Klagenfurt
Bregenz
Eisenstadt
St. Pölten
N
S
W
O

Salzburg
St. Wolfgang
Werfen
Enns
SALZBURG
Bad Gastein

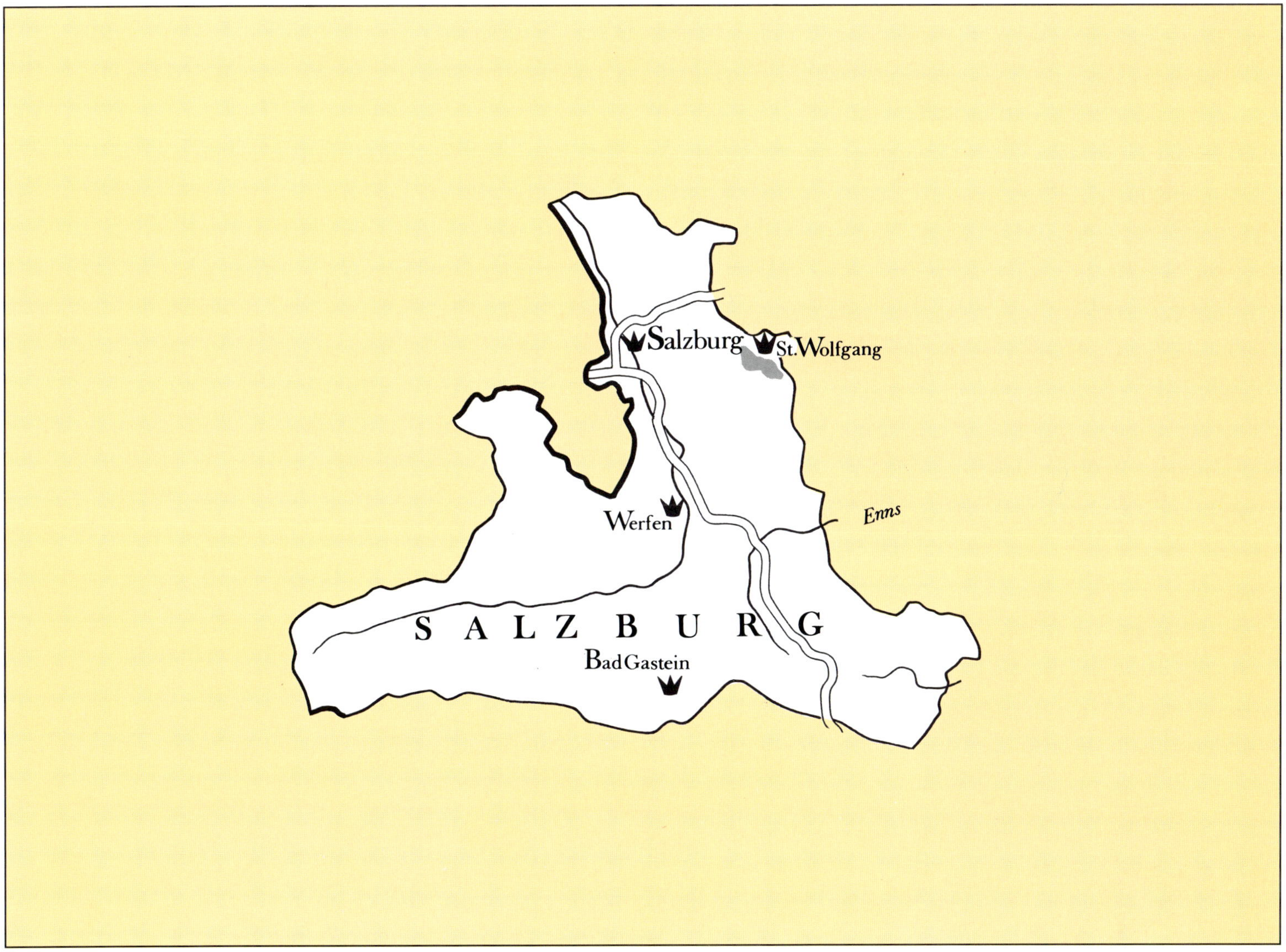

Salzburg

Salzburg

So wenig umfangreich das österreichische Staatsgebiet ist, so vielfältig ist seine Landschaft, so verschiedenartig ist die Geschichte seiner Bundesländer. Das macht diese Geschichte für Menschen, die nicht sehr mit ihr vertraut sind, oft schwer verständlich.

Der sogenannte große Titel des Kaisers von Österreich nannte auch die Würden des Königs von Ungarn und von Böhmen, des Königs von Jerusalem, Großfürsten von Siebenbürgen, Erzherzogs von Österreich, Fürsten von Trient – der Herzog von Salzburg kam erst spät dazu. Mit Salzburg hatte all das wenig zu tun, es war von den Entwicklungen in der unmittelbaren österreichischen Nachbarschaft zumeist weniger berührt als von der Politik Bayerns. Niemals hatte ein Mitglied des Hauses Habsburg die Wahl zum Fürsterzbischof von Salzburg erlebt und erst Napoleon hat der jahrhundertealten Sonderstellung des Kirchenfürstentums ein Ende bereitet.

Der letzte Fürsterzbischof Hieronymus Graf Colloredo flüchtete nach Wien, trat zurück und Salzburg bekam nun zwar einen Habsburger als Regenten, aber es nahm wieder eine Sonderstellung ein. Für kurze Zeit, von 1803 bis 1805 hatte das Land einen Kurfürsten.

Ferdinand III., Großherzog von Toscana, war in Florenz geboren und ist auch dort aufgewachsen. Während seine jüngeren Brüder Johann, Karl und Anton dem ältesten Bruder, Kaiser Franz II. (I.) nach Wien folgten, folgte Ferdinand seinem Vater, Kaiser Leopold II., auf den Thron der Toscana. In den napoleonischen Kriegen versuchte er, seine Herrschaft durch die Neutralität seines Landes zu bewahren, was mißlang und mit der Vertreibung des Großherzogs durch die Franzosen endete.

Vier Jahre nach dem gewaltsamen Ende in Florenz wollte Napoleon Ferdinand III. entschädigen und übergab ihm das vakant gewordene Salzburg.

Bedenkt man die Kürze der Herrschaft Ferdinands, so finden sich viele Spuren dieser Zeit. Am deutlichsten wird man an sie durch einen Teil der Residenz erinnert, durch den Toscana-Trakt. Doch auch manche andere Spur findet sich, zum Beispiel im erzbischöflichen Dom-Museum. Aus dem Besitz des Stiftes St. Peter stammt das Porträt des Kurfürsten, in der weißen österreichischen Generaluniform mit dem Goldenen Vlies. Und da findet sich auch ein Meßkelch, den Ferdinand I. dem Domschatz schenkte.

Auch an andere Habsburger wird man hier erinnert. Da gibt

Schloß Hellbrunn – Lustschloß von Fürsterzbischöfen und Thronfolgern

es einen Hochzeitskrug mit einem Reichsadler, ein Claviorganum – gebaut für Erzherzog Ferdinand II. von Tirol, doch von Fürsterzbischof Wolf Dietrich von Raitenau erworben –, eine Büste von Kaiser Josef II.

Vieles hat zum Kummer der Salzburger in dieser Zeit der napoleonisch-bayrisch-florentinischen Verwirrung nach den Jahrzehnten und dem Wiener Kongreß nicht mehr zurück in die Fürsterzbischöfliche Schatzkammer gefunden. Dafür stammt das heutige Mobiliar der Residenz zum größten Teil aus dem einstigen k.u.k. Hofmobiliendepot. So ist also auch das wichtigste Schloß der Herren von Salzburg eine interessante Station auf unserer Habsburger Spurensuche. Auch hier sieht man den einzigen Salzburger Kurfürsten in österreichischer Uniform, wir begegnen Ferdinand I., dem Gütigen, und seinem Neffen und Nachfolger, Franz Joseph I. Im sogenannten Arbeitszimmer wird der Besucher auf einen einfachen Schreibtisch aufmerksam gemacht. Man hat ihn von Gastein hierher gebracht, an ihm wurde Geschichte gemacht. Er diente zur Unterzeichnung des »Gasteiner Vertrags«, der letzten Einigung zwischen Österreich und Preußen, bevor es zwischen den beiden damaligen Großmächten zum Krieg kam. Diese Konvention von Gastein wurde im August 1865 unterzeichnet und sie sah vor, daß Österreich Holstein, Preußen Schleswig verwalten sollte.

Salzburg ist von seinen großen und kleinen Schlössern geprägt – die Festung und die Residenz, Klessheim und Leopoldskron, Hellbrunn, Mirabell und viele andere Bauten zeugen für den Schönheitssinn der Fürsterzbischöfe. Und einige dieser Schlösser dienten ab dem frühen 19. Jahrhundert den neuen – österreichischen – Herren. Hellbrunn zählte zum Besitz des jeweiligen Thronfolgers, in Klessheim lebte bis zu seinem Tode der jüngste Bruder von Kaiser Franz Joseph, Erzherzog Ludwig Viktor.

Johann Bernhard Fischer von Erlach hat die Stadt Salzburg viele ihrer wesentlichen Bauwerke zu verdanken, wie die Ursulinenkirche, die Dreifaltigkeitskirche, die Kollegienkirche und – Schloß Klessheim. Freilich hat der große Barockarchitekt das Schloß anders errichtet, als es sich uns heute zeigt – Klessheim wurde ein Opfer der Hitlerschen Bauwut, die Proportion ist durch eine gewaltsame Umgestaltung gestört. Wenn man aber bedenkt, daß von hier aus der Sieg, der Triumph des für Tausend Jahre geplanten Reichs verkündet werden sollte, sieht man die baulichen Folgen dieser Vorbereitung weniger kritisch – da haben wir also noch Glück gehabt.

Erzherzog Ludwig Viktor, 1842 in Wien geboren, besaß manche Eigenart, die dem Wiener Hof den Kontakt mit ihm nicht gerade leicht machte. Er trug manchmal Frauenkleider – doch das war auch eine Vorliebe anderer Individualisten gewesen, des Prinzen Eugen etwa, und in der Öffentlichkeit war das auch nicht bekannt. Doch der Erzherzog hatte auch andere Eigenheiten. Wegen eines jungen Fiakers, den er verehrte, soll es einmal auf dem Franziskanerplatz in der Wiener Inneren Stadt zu einer schlimmen Szene gekommen sein. Fortan durfte er die Hauptstadt nicht mehr betreten – eine Vorbeugungsmaßnahme.

Ludwig Viktor bewohnte Klessheim, engagierte sich bei sozialen und kulturellen Projekten, sammelte Kunstwerke und sehnte sich nach Wien. Versuche, ihn zu einem Amt mit Verantwortung zu bewegen, scheiterten. Baron Albert Margutti, aus dem italienischen Teil Österreichs stammender Flügeladjutant des Kaisers, bemerkt in seinen Memoiren: »Dem unausgesetzt tätigen, nur von der Erfüllung seiner ungezählten Pflichten beseelten Kaiser Franz Joseph war es ein Dorn im Auge, daß sein Bruder Ludwig Viktor in einem inhaltslosen Leben dahindämmerte.«

In Klessheim ist der Erzherzog, als letzter der vier Brüder, gestorben – wenige Wochen nach dem Ende der Monarchie, im Januar 1919. Sein Grab auf dem Friedhof Salzburg-Siezenheim liegt weit entfernt von der Kapuzinergruft. Der Grabstein ist einfach, nur die Initialen LV deuten auf den Erzherzog hin und ein Gedicht läßt ihn seinem kaiserlichen Bruder ein letztes Wort sagen.

»Innigsten Dank, daß Sie am 10. wieder unsere unvergeßliche Verklärte besucht haben. Ich denke, daß Sie in Salzburg ihr Monument angesehen haben und möchte so gerne wissen, wie es Ihnen gefallen hat. Mich hat es sehr befriedigt und zu Tränen gerührt, denn, wenn es natürlich auch nicht ganz ähnlich ist, so finde ich doch, daß es einen sehr angenehmen Eindruck macht.«

Am 24. Juli 1901 schreibt Kaiser Franz Joseph diese Worte an Katharina Schratt. Er bezieht sich darin auf ein Denkmal der erst drei Jahre zuvor in Genf ermordeten Kaiserin Elisabeth, das zuerst für den Salzburger Bahnhof bestimmt gewesen war. Aber es kam anders und seit vielen Jahren hat es einen wunderschönen Platz im Park von Hellbrunn gefunden. Der Park ist öffentlich zugänglich, seine Wasserspiele sind eine Attraktion für Touristen und Freunde der Kunst des Manierismus, alljährlich gehen die Besucher in die Hunderttausende. Doch das war nicht immer so.

Im Park von Schloß Klessheim

Das Kaisergelb des Schlosses hat sich bis in die Achtziger Jahre des 20. Jahrhunderts erhalten und hat gezeigt, daß Hellbrunn kaiserlicher Besitz war. Von hier ist es nicht weit nach Anif und auf dem Weg dorthin sieht man die Villa, in der Kronprinz Rudolf, Franz Josephs und Elisabeths Sohn, die erste Nacht auf österreichischem Boden mit seiner jungen Frau Stephanie von Belgien verbracht hat. Die Salzburger Lokalgeschichte weiß noch heute zu berichten, daß man schon damals eine Vorahnung der späteren Katastrophe von Mayerling bekommen konnte. Die siebzehnjährige Braut und der um sechs Jahre ältere Bräutigam sollen eine lautstarke Auseinandersetzung gehabt haben – aber da wird wohl eher manches Detail der mündlichen Über-

lieferung als der wirklichen Geschichte zuzuschreiben sein. Jahrelang war Erzherzog Franz Ferdinand der Herr von Hellbrunn. Bei der überstürzten Auflösung seines Hofstaats und seiner Militärkanzlei nach dem Doppelmord von Sarajewo, in den ersten Tagen des Weltkriegs blieb manches an Unterlagen in Aktenschränken und Schreibtischen zurück. Doch damit sind wir schon im Jahr 1914 angelangt. Mit einem Sprung durch die Geschichte wollen wir wieder um genau hundert Jahre zurückgehen.

Als nach dem kurfürstlichen Zwischenspiel und dem kurzen Intermezzo der bayrischen Herrschaft der Wiener Kongreß die Neuordnung Europas in seine vielen Hände nahm, wurde Salzburg ein Problem unter vielen. Nun kam es also zu

Österreich. Doch weil man in Wien nach den langen Jahren der napoleonischen Kriege, inmitten des Entstehens einer neuen Ordnung mit allen ihren bürokratischen Problemen, für einen Verwaltungsaufbau Zeit brauchte – außer Salzburg hatte Österreich auch das Veneto gewonnen –, kam das Land des abgedankten Fürsterzbischofs zuerst einmal zu Oberösterreich. Von Linz aus verwaltet sehen sich Stadt und Land Salzburg plötzlich als Nebenschauplatz, während sie doch gerade noch Residenz gewesen waren. Das haben auch die heutigen Salzburger den Wienern niemals vergessen – immer wieder wird daran erinnert, daß damals aus dem Residenzplatz eine Wiese geworden sei. Im Jahre 1849 sollte Salzburg den Status eines eigenen Kronlandes erhalten und von da an ging es wieder bergauf.

Die Festung Hohensalzburg verfügt über mehrere sehenswerte Museen, eines von ihnen ist dem k.u.k. Infanterieregiment Nr. 59 Erzherzog Rainer gewidmet, dem Salzburger Hausregiment. Ein hoher Obelisk vor dem Haupteingang des Kommunalfriedhofs ist nur eine von vielen anderen Spuren dieser Neunundfünfziger. Oberstinhaber war Erzherzog Rai-

Bis zum Tod in der Verbannung – hier lebte Erzherzog Ludwig Viktor

ner, ein Enkel Kaiser Leopolds II. Er lebte hauptsächlich in Wien, besaß in seinem Palais im 4. Bezirk, auf der Wieden, eine berühmte Privatbibliothek und war ein bekannter Sammler. Die Politik hatte ihn enttäuscht, der Erzherzog suchte sich andere Betätigungsfelder. Als Ehrenmitglied der Akademie der Wissenschaften setzte er sich für die Freiheit der Forschung und der Wissenschaften ein, war Präsident der Weltausstellungskommission des Jahres 1873. Wer mehr über das Regiment des Erzherzogs wissen möchte, findet in der Festung das Rainer-Museum.

Ein Spaziergang durch die Stadt bringt in jeder Gasse, auf jedem Platz die Begegnung mit der Geschichte. Hinter dem Chiemseehof, dem Sitz der Salzburger Landesregierung, findet sich die schmale Pfeifergasse. Dort lebte Paul Hofhaymer, der bedeutendste Musiker seiner Zeit. In Radstadt im Salzburger Land ist er 1459 zur Welt gekommen. Als Komponist und als Organist erwarb er sich europäischen Ruf. Im allegorischen »Triumphzug« Maximilians I. ist er mit seinem Orgelpositiv dargestellt und gelobt – »Wie er auf des kaisers Angeben die Musica künstlich gemert und erclert hab.« Mit allen möglichen Ehren wurde er in seinen Jahren am Kaiserhof in Innsbruck ausgestattet, in den Reichsadelsstand erhoben. Nach Maximilians Tod kehrte Hofhaymer in das heimatliche Salzburg zurück und trat in den Dienst des Fürsterzbischofs Matthäus Lang. 1537 ist Paul Hofhaymer in diesem Haus in der Pfeifergasse gestorben.

Von Maximilian I. zu Maximilian II., vom »letzten Ritter« zu seinem Urenkel, bringt uns ein Hausname in der Sigmund Haffner-Gasse – »Zum Elefanten«. Solche Bezeichnungen gerade für Gasthöfe finden sich immer wieder, und wer beim Salzburger »Elefanten« sich an jenen von Brixen in Südtirol erinnert, hat recht mit dieser Assoziation. Kaiser Maximilian II. hatte hohes Interesse an allem, was mit der Natur zu tun hatte – an Pflanzen, Tieren, an der Forschung und an der Landschaftsarchitektur. Den Wienern brachte er die erste Menagerie, den Flieder, die Kastanie. Und bei seinem Einzug in die Haupt- und Residenzstadt führte er neben manch anderer Rarität auch einen Elefanten mit sich. Bis dieser unerhörte Exote aber den Weg von Spanien ins Alpenvorland zurückgelegt hatte, verging viel Zeit und viele Menschen hatten etwas zum Staunen – so also auch die Brixener und dann die Salzburger.

Der Elefant verleitet zu einer Fußnote, auch wenn sie mit Salzburg nichts zu tun hat – er hat seinen Lebensabend in Wien verbracht, in der Menagerie von Schloß Kaiserebersdorf. Am 18.12.1553 ist der Elefant gestorben. Weil man aber doch ein derartiges Wunder nicht einfach irgendwo vergraben kann, hat man aus seinen Knochen mit großer Kunstfertigkeit einen Stuhl verfertigt, der zu den Kuriosa der Kunst- und Wunderkammer des Stiftes Kremsmünster in Oberösterreich gehört.

Selbst der Bahnhof von Salzburg erinnert an Habsburg – Kaiser Franz Joseph I. und Kaiserin Elisabeth haben ihn gemeinsam mit dem bayrischen Königspaar eröffnet. Den an diesem Tag zugleich k. u. k. sowie kgl. bayr. Wartesaal der Majestäten gibt es noch, er hat die schweren Zerstörungen des Zweiten Weltkriegs überstanden – aber er tut nach wie vor seinen Dienst bei der Österreichischen Bundesbahn und somit kann man ihn nicht besichtigen.

Eine andere Erinnerung an Kaiser Franz Joseph aber ist sehr wohl zu besichtigen: das Salzburger Museum Carolino Augusteum, das im Besitz des »Ehrenschilds des Grafen Maximilian O'Donell« ist. Ein und derselbe Anlaß haben gleich zweimal in Salzburg mit dem Kaiser und dem Grafen zu tun – und das ist so gekommen: Ein ungarischer Schneidergeselle hatte am 18. Februar 1853 auf der Kärntnertorbastei in Wien ein Attentat auf Kaiser Franz Joseph verübt. Mit einem Messer brachte der Attentäter dem jungen Kaiser eine Wunde am Hals bei – die Uniform mit ihrem dicken goldenen Kragen bildete einen gewissen Schutz, doch die eigentliche Rettung verdankte der Kaiser seinem Adjutanten O'Donell und einem Wiener Fleischhauermeister namens Josef Ettenreich. Herrn Ettenreich werden wir noch einmal begegnen, so wollen wir hier dem Grafen den Vorzug geben.

Er stammte aus einer irischen Familie, und Teil des kaiserlichen Danks war nun die Erweiterung des irischen Grafentitels um die Rechte des österreichischen Grafenstandes. Dazu kamen nun Geschenke von verschiedenster Seite – Orden, Ehrenbürgerschaften, Ehrengaben.

Das Offizierscorps der österreichischen Armee veranstaltete unter allen Offizieren der Monarchie eine Sammlung für eine Ehrengabe in Form eines Schildes und nun wurden dem zuständigen Komitee Entwürfe eingereicht, darunter waren auch Projekte von Moritz von Schwind, der als Maler damals schon in bestem Ruf stand, und von Eduard van der Nüll, der als einer der beiden Architekten des Wiener Operngebäudes in die österreichische Geschichte eingegangen ist. Van der Nüll machte das Rennen, wenngleich nur mit großen Einschränkungen, doch sein Entwurf bildete nach einigen Veränderungen die Grundlage für die Ausführung.

Aber die Tat des ungarischen Schneiders und die rasche Reaktion des irischen Grafen hatten noch eine zweite Auswirkung auf Salzburg: das Schlößchen zwischen Schloß Mirabell und dem Neubau des Mozarteums steht auf einem Grundstück, das der Graf zum Geschenk bekam. Hier zeigen wir diese Stelle des Mirabellparks auf einer Photographie, die der großen Sammlung des Photomuseums in Bad Ischl entstammt. Diese Photographie stammt selbst aus einem habs-

burgischen Photoapparat – aber darüber erfährt man mehr im oberösterreichischen Teil dieses Buchs.

Zum Abschied von der Stadt Salzburg wollen wir uns daran erinnern, daß hier noch in den letzten Tagen des Zweiten Weltkriegs der König von Ungarn regiert hat – wenngleich nur ganz kurz und nur in einem Hotelzimmer. Im »Österreichischen Hof« ist die königlich-ungarische Regierung zusammengetreten und hat sich aufgelöst. Der letzte König von Ungarn war Kaiser Karl, er trug bei seiner Krönung in Budapest die Stephanskrone, das zum Mythos gewordene Symbol des ungarischen Königtums. Wie die letzte königliche Regierung, so hatte auch dieses Symbol ein seltsames Schicksal. Auf der Flucht nach Salzburg mitgenommen, kam sie auf verschlungenen Wegen nach Mattsee, wo sie längere Zeit unter dem Bett eines Geistlichen versteckt blieb und somit vor den Kommunisten geschützt war, die inzwischen in Ungarn die Macht übernommen hatten. Viele Jahre war die Stephanskrone später in den USA und seit dem Ende des Kommunismus ist sie wieder, da eine frei gewählte Regierung ihre Rückgabe erreichen konnte, an dem Ort, an den sie gehört.

Werfen

»St. Moritz, 10. Februar 1907
Lieber Herr Doktor,
Es geht mir sehr gut. Hier ist eine köstliche Luft, die mir aber eher weich vorkommt und riesig trocken. Ich kann zwar noch nicht urteilen, da ich noch zu kurz hier bin, glaube aber, daß mir die Luft unserer Alpen besser gefällt. Aber trotz alledem bin ich glücklich, in den Bergen zu sein und der gräßlichen Stadt mit ihren Diners und Festen zu entkommen. Da ich nun sehe, daß mir immer im Winter resp. Vorfrühjahr so ein Aufenthalt im Gebirge sehr gut tut, so möchte ich mir Blühnbach als St. Moritz einrichten, denn hierher mit Kind und Kegel und dem ganzen Haus zu gehen, ist mir zu weit von der Heimat und kostet mich auch viel zuviel Geld…«

Ein St. Moritz sollte dem Thronfolger, Erzherzog Franz Ferdinand, der diese Zeilen im Winter 1907 an seinen Arzt, Hofrat Viktor Eisenmenger schrieb, sein geplantes Schloß in Salzburg nicht werden: Blühnbach hat für Franz Ferdinand geradezu das Gegenteil von beschaulicher Erholung bedeutet – neben Eckartsau und Konopischt war es ein bevorzugtes Jagdschloß des Thronfolgers. Doch auch das bedeutete nicht nur Sport, Erholung vom Alltag. Die ständige Befassung mit politischen Fragen, militärischen Problemen, mit Gesuchen, Berichten, Briefen machte auch vor dem zweiten St. Moritz nicht halt. Der Leiter der Militärkanzlei des Thronfolgers, Oberst Dr. Bardolff, erzählt:
»Ein Teil dieser Korrespondenz kam erledigt zurück, der andere blieb liegen und häufte sich in einer gewaltig großen Mappe. Und dann kam eines Tages der Fernruf, ich möchte ohne Verzug ins Belvedere oder auf eines seiner Schlösser, nach Konopischt oder Chlumetz in Böhmen oder Blühnbach bei Werfen in Salzburg, kommen, wo ich dann so lange blieb, bis alles aufgearbeitet und die Riesenmappe leer war.«
Blühnbach hatte zur Zeit Franz Ferdinands schon eine lange Vergangenheit. Im 16. Jahrhundert hat hier noch ein Herrenhaus gestanden, Fürsterzbischof Wolf Dietrich von Raitenau ließ es abtragen und erbaute an seiner Stelle 1603 das neue große Jagdschloß.
Nun wurden alljährlich in diesem wichtigsten der Salzburger Jagdgebiete Jagden abgehalten, die Gäste in großer Zahl geboten, Treiber und Diener und Köche, Pferde und Hunde in das Blühnbachtal gebracht. Zeitgenössische Darstellungen geben eine Ahnung von dem Aufwand, der dafür notwendig war. Schon seit Jahrzehnten ist Blühnbach Privatbesitz, kann also nicht besichtigt werden und beginnt somit in eine märchenhafte Erinnerungswelt zu rücken. Daß ein Schloß auch als solches genützt wird, daß nicht jede Gelegenheit zu einem Museumsraum oder einer Erlebnislandschaft umfunktioniert werden muß, tröstet über den Umstand hinweg, daß man eben Blühnbach heutzutage nicht besuchen kann.
Das nahe Hohenwerfen aber kann man besuchen. Diese Salzburger Festungen sind allesamt klassische Ritterburgen, Hohensalzburg und Mauterndorf, Moosham und eben Hohenwerfen. Diese Burg hatte den Zugang zum Paß Lueg zu sichern, schützte das Land gegen Süden zu. Die Fürsterzbischöfe sorgten für eine ständige Erweiterung, für eine Erneuerung der Befestigungswerke nach den letzten Erkenntnissen der italienischen Fortifikationskunst. Seit Erzbischof Gebhard Hohenwerfen im Jahre 1077 gegründet hatte, war die Festung an Bedeutung gewachsen. Immer wieder diente sie auch als Gefängnis, ihr prominentester unfreiwilliger Gast war kurze Zeit der abgesetzte Fürsterzbischof Wolf Dietrich von Raitenau. Er war auf seiner Flucht im Jahre 1611 eingeholt worden, man brachte ihn nach Hohenwerfen und dann auf die Festung Hohensalzburg.
Als der letzte Fürsterzbischof Hieronymus Colloredo 1803 abgedankt hatte, begann allmählich der Verfall. Durch Jahrzehnte diente der Bau noch als Festung, verlor aber 1878 auch diese Funktion. 20 Jahre später erwarb der Großmeister des Deutschen Ritterordens, Erzherzog Eugen, die alte Burg, ließ sie restaurieren und einrichten. Nun führte Hohenwerfen durch 33 Jahre das Leben eines Schloßes bis zu dem großen Brand von 1931, der den Palas und mit ihm große Teile der erzherzoglichen Sammlung zerstörte. Weniges nur konnte gerettet werden – unter anderem auch eine Holzstatue von Rudolf von Habsburg zu Pferd. Der Feuerwehrkommandant erhielt sie vom Erzherzog als Geschenk, zum Dank für seinen Einsatz. Sie steht heute am Hauptplatz von Werfen in einer Pension, die den Namen des Erzherzogs trägt.
Dieser Brand hat fast alles vernichtet, aber den großartigen Eindruck, den der Bau macht, hat er nicht zerstören können.
Wer nordwärts unterwegs ist, wird wohl als nächste Station die Landeshauptstadt Salzburg wählen – den in den Süden Reisenden sei der Weg über Bad Gastein empfohlen.

Bad Gastein

»Es war während der Aufenthalte in Gastein im August 1838, daß das Unwohlseyn seiner Frau auf einen Zustand deutete, welchen zu hoffen beyde bereits aufgegeben hatten, an den sie folglich nicht glauben wollten. Seinen guten Kaiser auf der Huldigungs Reise nach Tyrol und zur Krönung nach Italien begleitend, ließ er seine liebe Frau in Vordernberg zurück. An den Ufern des Comersees kündigte ihm ein Brief die Gewißheit an.«

Erzherzog Johann spricht von sich selbst in der Dritten Person. In seiner Lebensbeschreibung »Der Brandhofer und seine Hausfrau« erzählt er, wie er das Mädchen Anna Plochl kennengelernt, wie er es liebgewonnen hat und wie sie beide ein Ehepaar wurden.

Zehn Jahre lang war die Ehe von Erzherzog Johann und Anna Plochl kinderlos geblieben. 56 Jahre zählt der Erzherzog in diesem Jahr, er kann auf ein reiches Lebenswerk zurückblicken und hat viele Pläne. Am 11. März 1839 kommt der Sohn Franz zur Welt. Zu dieser Zeit sind Erzherzog Johann und seine Frau schon Stammgäste des Kurbades in den Salzburger Bergen. 1822 war Johann zum ersten Mal nach Gastein gekommen. Ein Stier hatte ihn niedergeworfen, eine Armverletzung erwies sich als hartnäckig, und um die schmerzende und auch in der Bewegung behinderte Schulter zu heilen, versuchte man auch die Bäder von Gastein.

Am 12. Juli stieg Erzherzog Johann im Gasthof Straubinger ab. Auch hier wurde der Bruder des Kaisers von der allgegenwärtigen Polizeitruppe überwacht, die während den Jahren der Regierung des Fürsten Metternich so sehr an Bedeutung gewonnen hatte. Ein Polizeiagent namens Hoch meldet unter dem Datum »Salzburg, 27. Juli 1822« nach Wien: »Seine Kaiserliche Hoheit der Erzherzog Johann lebt im Bad Gastein im strengsten Incognito und er erscheint stets in der Kleidung eines steyrischen Landmannes. Auch speiset der-

Allerhöchster Besuch – vor dem Gasteiner Bahnhof Ministerpräsident Gautsch und Kaiser Franz Joseph in der Kutsche (von links), rechts Generaladjudant Graf Paar

selbe mittags an der gewöhnlichen table d'hôte und hat sich ausbedungen, daß die übrigen Badegäste ihn nicht anders als jeden anderen Badegast behandeln sollen.«

Erzherzog Johann war nicht der erste Habsburger, der die Heilkraft von Gastein entdeckt hat. 1436 war der spätere Kaiser Friedrich III. der erste Badegast von jener Art Prominenz, die in späteren Jahren das Glück der Gasteiner begründete. Hocharistokraten und Regierungschefs, Könige und Industriefürsten schufen dem Ort eine wirtschaftliche Grundlage, die ihn bis in die Mitte des Zwanzigsten Jahrhunderts verschmerzen ließ, daß der andere wichtige Einnahmezweig versiegt war – der Bergbau. Bis in das 19. Jahrhundert hat man im Gasteinertal Gold abgebaut.

Als Friedrich im 15. Jahrhundert die heilkräftigen Quellen von Gastein aufsuchte, konnte er sich immerhin schon auf einen viele Jahrhunderte alten Ruf des Bades im Gebirge verlassen. Schon die Römer hatten die Quellen entdeckt, darin waren sie ja förmliche Meister, und sie brachten die Zivilisation mit allen ihren Annehmlichkeiten auch in diese abgelegene und schwer erreichbare Landschaft. Wer heute über die bequeme Straße den Ort erreicht, der kann sich kein Bild machen von der romantischen Wildnis, in die der Badegast der Antike gereist ist.

Erzherzog Johanns Arm war ein Problem vom Herbst 1821 bis zum August 1822 – als Johann am 2. August heimreiste in die Steiermark, fühlte er sich geheilt. Die gute Erinnerung bewog ihn zur Wiederkehr. Über Radstadt und St. Johann im Pongau, dort verbrachte man die Nacht, kam der Erzherzog Anfang August 1826 wieder, zu den Herren seiner Begleitung gehörte auch der Maler Matthäus Loder, dessen Werken wir bei der Beschäftigung mit dem Leben des »steirischen Prinzen« oft begegnen.

In den Tagen dieses zweiten Gasteiner Aufenthaltes faßte Erzherzog Johann den Entschluß zum Grunderwerb und zum Bau eines Hauses und er führte ihn mit Hilfe seines Gastgebers Peter Straubinger auch durch. Dieses »Erzherzog-Johann-Haus« trägt den heute den Namen Meranhaus und ist im Besitze der direkten Nachkommen des Erzherzogs.

Sein Sohn Franz hatte den Titel eines Grafen von Meran bekommen, seine Urenkel führen das Haus heute als Kurbetrieb. Vielleicht haben die begeisterten Berichte des Erzherzogs an seinen Bruder Kaiser Franz I. dazu beigetragen, daß auch er selbst wenige Jahre später den Weg in das Gasteinertal antrat. Am 13. Juli 1832 kam Kaiser Franz um 10 Uhr in Gastein an, von seinem Bruder Johann erwartet und be-

grüßt. Von Gastein, wo der Kaiser mit seiner Suite einige Stunden verbrachte, fuhr er weiter nach Hofgastein, besichtigte die neue Thermalbadeanstalt, übernachtete in Lend und reiste am nächsten Morgen weiter nach Salzburg. Der Besuch des Monarchen wird dazu beigetragen haben, daß das Wildbad Gastein, nunmehr mit den höheren Bade-Weihen versehen, in Mode kam. Erzherzog Johann hielt ihm die Treue, er kam oft und immer wieder für mehrere Wochen mit seiner Familie, und die prominenten Bürger aus halb Europa erschienen nun in wachsender Zahl. 1841 besuchte König Friedrich August II. von Sachsen den aufstrebenden Ort, 1844 besuchte die Herzogin von Württemberg die Bäder, 1845 kam Prinz Albert von Preußen. Erzherzog Johann traf mit ihm zusammen im Russischen Café, im heutigen »Bellevue«.

Die Liste der Besucher Gasteins in diesen Jahrzehnten ist eindrucksvoll, manche von ihnen zählten zu Erzherzog Johanns Begleitern – außer Loder kamen auch andere Maler mit, vor allem Thomas Ender, und ein Jagdgefährte hat einen immer noch in der Jugendliteratur glänzenden Namen – Friedrich Gerstäcker, dessen »Flußpiraten vom Mississippi« vielen großgewordenen Buben ein Begriff sein müßte. Der große Ladislaus Pyrker – Kirchenfürst und Dichter – hatte schon früh den Reiz des Gasteinertals und den Wert seiner Heilquellen entdeckt. Er war seit vielen Jahren Stammgast und hielt Gastein durch alle Stationen seiner Karriere die Treue. 1821 wurde Pyrker Patriarch von Venedig, 1827 Erzbischof von Erlau in Ungarn, das heute unter seinem magyarischen Namen Eger bekannter ist. 1847 war Pyrker noch in Hofgastein anwesend, als die Büste von Kaiser Franz enthüllt wurde, er traf in diesen Tagen auch mit Erzherzog Johann und seinem Sohn zusammen, kehrte dann heim nach Ungarn und starb hochbetagt im selben Jahr.

34 Jahre lang hat Erzherzog Johann einige Wochen in Gastein verbracht. Als er 1858 zum letzten Mal das Tal verließ, war sein Bruder Franz schon lange tot, dessen Nachfolger Ferdinand I. seit zehn Jahren ein Pensionist in Prag. Kaiser Franz Joseph war 28 Jahre alt und unter seiner Regierung nahm Gastein einen weiteren Aufschwung, erwarb sich der Ort den Rang eines Weltbadeortes. Dankbar gedenkt man hier dieser Zeit – davon künden schon die Straßennamen: Kaiser-Franz-Joseph-Straße, Rudolfshöhe, Erzherzog-Johann-Promenade. Und es gibt auch das »Kaiserstüberl«, das Kurhaus Gisela, den Gedenkstein »zur Errettung der allverehrten Gräfin Aspasia Esterhàzy«, die Gedenktafel für

Franz Joseph I. am sogenannten Badeschloß, die Kaiserpromenade.

In dieser zweiten Hälfte des 19. Jahrhunderts wird es auf den Promenaden und bei Jagdausflügen, beim Diner und in den Kaffeehäusern – im »Englischen Café«, im »Französischen Café«, im »Russischen Café«, auch zu manchem hochpolitischen Gespräch gekommen sein. König, später Kaiser Wilhelm I. war ein Stammgast von Gastein, und er kam einige Male in Begleitung seines Kanzlers Bismarck. Der »Gasteiner Vertrag« ist hier entstanden, ohne ihn sähe die heutige Landkarte von Deutschland anders aus. Im März 1879 führten die Monarchen von Österreich-Ungarn und von Preußen, Franz Joseph I. und Wilhelm I., die Vorgespräche in Bad Gastein, die im Oktober desselben Jahres zum Abschluß des »Zweibundes« gediehen.

Paul Gautsch Freiherr von Frankenthurn war mehrere Male Ministerpräsident, er hat drei Kabinetten vorgestanden, aber immer nur für wenige Monate. Unser Photo zeigt Gautsch neben Kaiser Franz Joseph vor dem Bahnhof von Gastein. Dieses Bild zählt zu den reichen Beständen des Gasteiner Museums im Haus Austria.

Bergbaugeschichte, Bädergeschichte, Zeitgeschichte sind die Hauptthemen des Museums. Und natürlich findet man hier viele Belege für die Glanzzeit des Ortes – »Wilhelm I. im Böcksteiner Tal«, König Carol von Rumänien in österreichischer Uniform, König Leopold von Belgien vor der Kirche, Wilhelm I. vor dem Badeschloß. Und Landkarten und Fahnen zeigen den österreichischen Doppeladler.

im Jahr 1794, nein, pardon, MDCCXCIV gestiftet, und seit Kaiser Franz Joseph, er hat das Badesschloß 1912 den Offizieren seiner Armee gewidmet, hat sich in Bad Gastein vieles geändert. Aber das Wasser ist das gleiche, das den Arm von Erzherzog Johann zu heilen vermochte, und das sollte auch jenem Reisenden zu denken geben, der eigentlich eher auf den Spuren der Geschichte hierhergekommen ist.

Wenngleich der moderne Verkehr nicht nur größeren Komfort mit sich gebracht hat, sondern auch manche Beeinträchtigung der Schönheit der Landschaft, so gibt es doch immer noch genug Atmosphäre im Gasteiner Tal, daß man den Abschiedsworten des österreichischen Dichters Franz Grillparzer mit Verständnis folgen kann. Er hat Gastein noch vor Erzherzog Johann entdeckt und hat seinen Abschiedskummer 1818 in das Gedicht gefaßt »Abschied von Gastein«:

»Die Trennungsstunde schlägt und ich muß scheiden, so leb' denn wohl, mein freundliches Gastein …«

Der bedeutendste Musiker seiner Zeit – Paul Hofhaymer aus Radstadt im Salzburger Land

Seit den Zeiten der Römer, seit Friedrich III., seit Fürsterzbischof Hieronymus Colloredo – er hat das Badeschloß

Oberösterreich

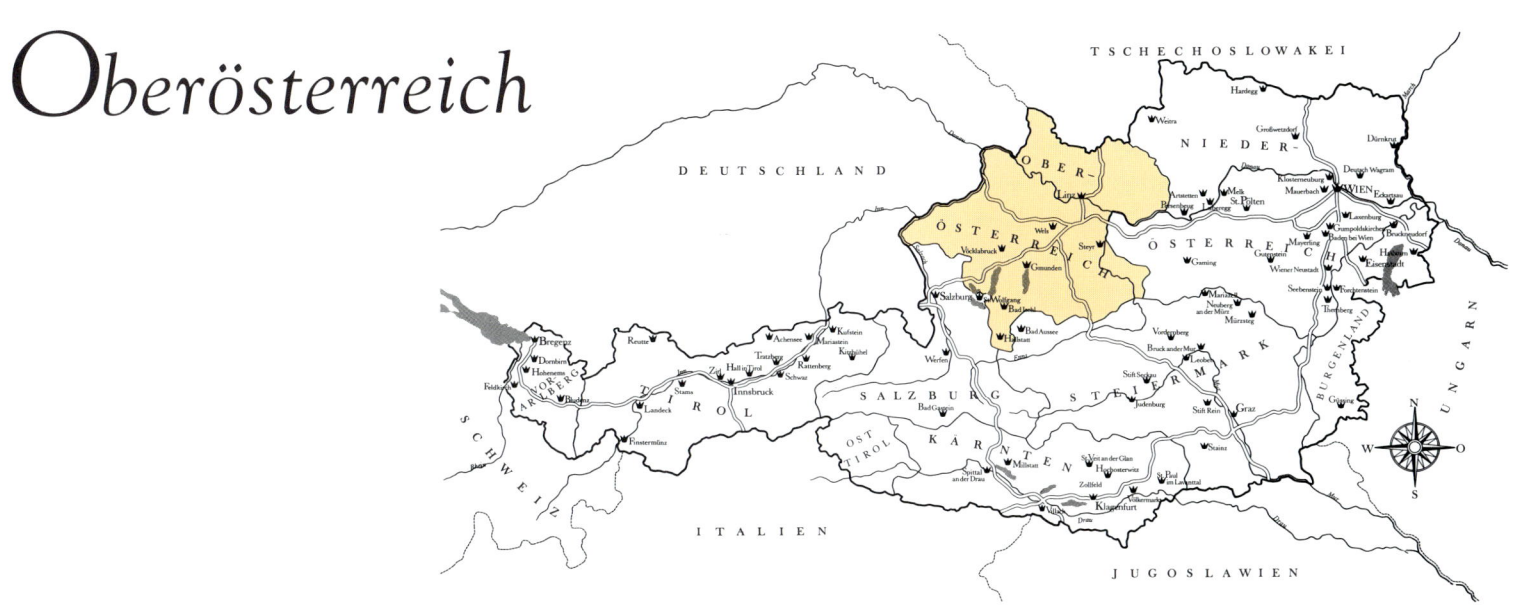

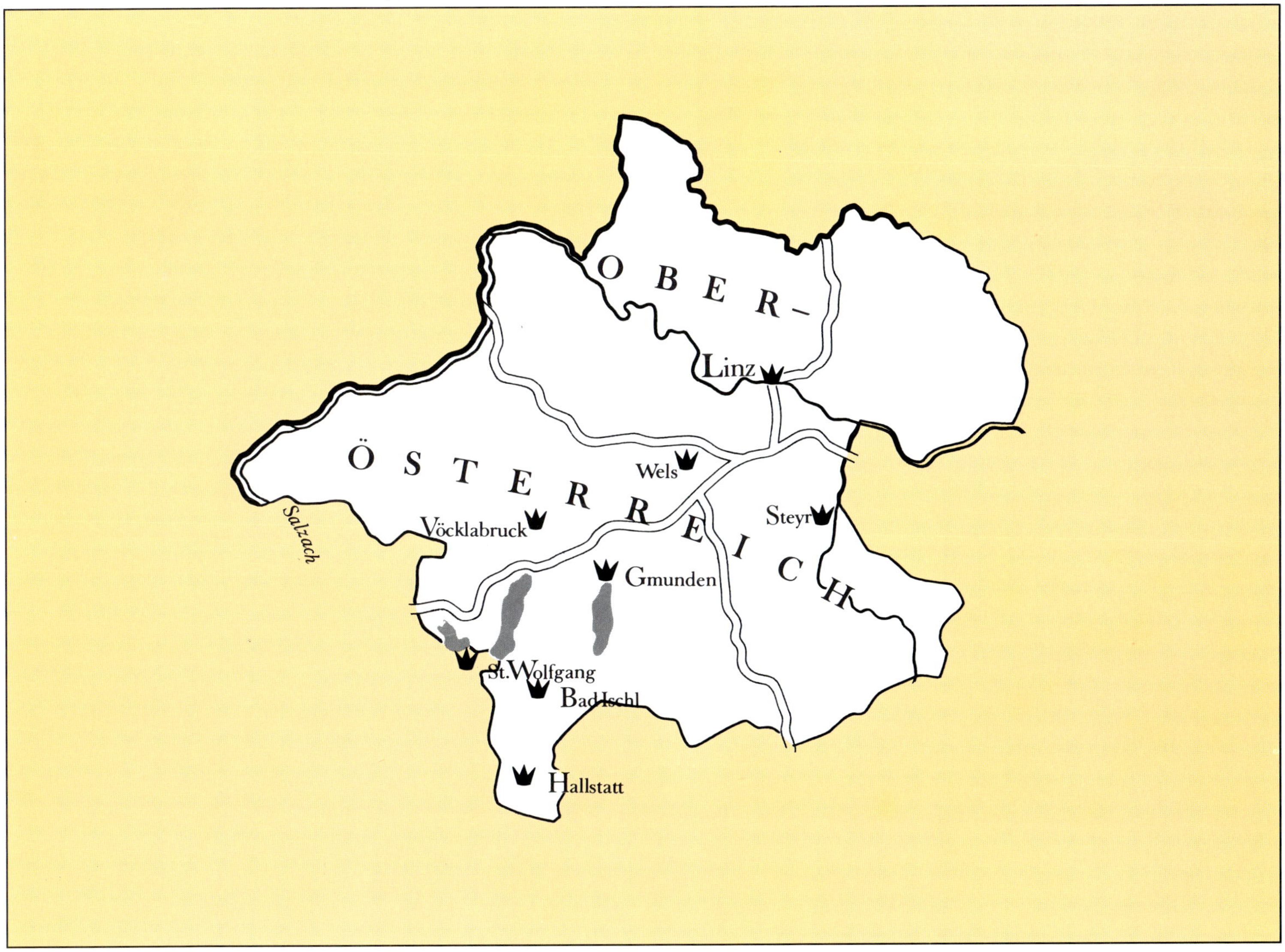

OBER-

ÖSTERREICH

Linz

Wels

Steyr

Vöcklabruck

Gmunden

Salzach

St. Wolfgang

Bad Ischl

Hallstatt

Linz

»Ich habe schon viel inkorrektes Benehmen bei diesem Herrn erlebt, doch ein Unterhandeln mit einer fremden Deputation hinter dem Rücken des Kaisers, das ist für einen Erzherzog und General eine Handlungsweise, die aufs strengste bestraft werden muß.«

Die fremde Deputation kam aus Linz, der sich da empört, war Kronprinz Rudolf, und über den er sich empört, das war Erzherzog Johann Salvator.

Die Linzer hatten dem Erzherzog, der ihrer Stadt mehrfach verbunden war, die Ehrenbürgerwürde angeboten, doch während ein solches Angebot für die meisten anderen Menschen eine seltene Ehre bedeutet und Freude zur Folge hat, war es in diesem Fall kein Anlaß zur Freude und schuf Ärger. Erzherzog Johann Salvator mußte ablehnen. Ein Mitglied des Kaiserhauses hätte rechtzeitig die Einwilligung des Familienoberhauptes einzuholen gehabt.

Vielfältig sind Habsburgs Beziehungen zu Linz. Maria Elisabeth, eine Tochter von Kaiserin Maria Theresia, ist hier geboren und begraben. Erzherzog Maximilian d'Este hat noch im 19. Jahrhundert auf eigene Kosten die Stadtbefestigung renovieren lassen. Und Kaiser Friedrich III. ist in Linz 1493 gestorben. In den langen Jahren seiner Regierung er-

warb Linz sich allmählich die Position der Landeshauptstadt. Wels hatte bis in die Mitte des 15. Jahrhunderts die erste Stelle unter den Städten des Landes ob der Enns eingenommen. Als die Städte des Landes nicht mehr zum niederösterreichischen Landtag ihre Abgeordneten entsandten, sondern einen eigenen Landtag einberufen konnten, begann der Aufstieg der Stadt an der Donau. 1457 fand dieser erste Landtag in Linz statt. 1485 verlor Kaiser Friedrich III. seine Residenzstadt Wien an den ungarischen König Matthias Corvinus und residierte ab diesem Jahr bis zu seinem Tod in Linz. Schon einmal, 1458, war die Stadt fürstliche Residenz gewesen. Durch einen Vertrag mit seinem Bruder Friedrich war Erzherzog Albrecht VI. in den Besitz der jungen Hauptstadt des Landes ob der Enns gekommen – das war der damals gebräuchliche Name des heutigen Oberösterreich. Von Linz aus zog Albrecht gegen den kaiserlichen Bruder mit einem Heer nach Wien. Damals im Wiener Gemeinderat zu sitzen und zu entscheiden, ob man jetzt eher dem freundlichen Kaiser oder seinem stürmischen Bruder gehorchen sollte, muß eine undankbare Aufgabe gewesen sein. Der Konflikt endete mit dem Tod Albrechts VI. im Dezember 1463 und damit war auch die Residenzstadtwürde von Linz wieder verloren.

Der Dom von Linz – erste Grabstätte von Kaiser Friedrich III.

1467 zog Friedrich III. mit großem Gefolge in Linz ein. In seiner Begleitung war Herzog Albrecht von Sachsen. Der Kaiser bezieht Quartier in der Burg, verhandelt mit den Abgesandten des böhmischen Königs Georg von Podiebrad, dem der Papst soeben die Königswürde abgesprochen hatte…

1475 kommt Friedrich wieder, abermals wegen offener Fragen der Politik Böhmens. Im Oktober 1484 schließlich bezieht der Kaiser die Linzer Burg abermals, nach der Einnahme von Wien am 1. Juni 1485 ist an keine Rückkehr dorthin zu denken, nach der Einnahme von Wiener Neustadt im August 1487 ist auch der Weg in diese Lieblingsstadt Friedrichs verschlossen. 1489 wird in Linz mit den Ungarn verhandelt – der gefürchtete Gegner erscheint selbst. In den Wintermonaten 1489/90 wird nicht nur ein Friede ausgehandelt, die zweifellos intensiven Aggressionen werden ritterlich sublimiert in Turnieren auf dem Hauptplatz von Linz, auch Maximilian, der künftige Kaiser, nimmt teil an ihnen.

Die Verhandlungen mit Matthias Corvinus bleiben ohne Ergebnis – aber das Schicksal macht Politik. Im nächsten Frühjahr stirbt der Eroberer von Wien. Die Ungarn sind nun schnell vertrieben, aber Friedrich bleibt in Linz. 1490 verleiht er der Stadt das Recht, den Bürgermeister frei zu wählen, im selben Jahr wird Linz »ain Haubtstat unnseres Fürstentumbs Österreich ob der Enns« genannt.

Friedrich soll die Gewohnheit gehabt haben, Türen mit dem Fuß zuzuwerfen. Daraus habe sich ein böses Geschwür entwickelt. Ob das nun wirklich genauso war oder anders, jedenfalls mußte dem Kaiser am 8. Juni 1493 der rechte Fuß amputiert werden. Die Operation verlief zwar erfolgreich, doch der Kranke wurde durch eine Ruhr geschwächt. Der Genuß, soweit hier davon die Rede sein kann, von Melonen hat angeblich die Schuld an dieser Ruhr gehabt. Am 19. August 1493 ist Friedrich III. gestorben, nicht in der Burg, sondern in einem Haus des Stiftes Kremsmünster in der Altstadt. Daß sein Sohn Maximilian viele Jahre später im nahen Wels sterben sollte, ist eine eigenartige Fügung der Geschichte. Friedrichs III. Spuren in Linz sind nicht wenige. Da sind das Kremsmünsterer Haus in der Altstadt Nr. 10, der Chor der Martinskirche – 1444 im Auftrage Friedrichs erbaut, das Friedrichstor in der Burg mit der Jahreszahl 1481. Eines seiner Gräber liegt in der Stadtpfarrkirche Mariä Himmelfahrt. Nach habsburgischem Brauch wurden der Leib und das Herz mit den Eingeweiden an verschiedenen Stellen beigesetzt.

Das kaiserliche Begräbnis fand mit dem vom Protokoll vorgeschriebenen Prunk statt. Dazu gehören die sogenannten Funeralwaffen, also eigens für Begräbnisse hergestellte Schilde und Helme, die Rang und Wappen des Verstorbenen belegen. Schild und Helm vom Begräbnis Friedrichs III. mit dem Wappen des Landes ob der Enns hingen in der Wiener Stephanskirche als Votivgabe, kamen später in das Historische Museum der Stadt Wien und sind nun als Leihgabe im Oberösterreichischen Landesmuseum zu sehen.

Das Landesmuseum ist, seiner Bestimmung gemäß, im Besitz vieler Gegenstände, Darstellungen, Urkunden mit direkter Beziehung zu Habsburg. Das Museum ist in der Linzer Burg untergebracht, also stellt es an sich schon eine Spur dar. Friedrich III. ist hier nicht nur durch das Wappen über einem Tor im Garten und durch die Funeralwaffen vertreten, sondern auch durch ein Porträt von Hans Burgkmair, dem man das authentische Aussehen des Kaisers zubilligt.

Bleiben wir bei den Habsburgspuren im Museum in der Linzer Burg, wenn das auch einen Schritt durch die Geschichte bedeutet. Das Museum besitzt Darstellungen von vielen Mitgliedern des Hauses Habsburg – auch das Bild von Rudolf II. stellt diesen Kaiser angeblich lebensecht dar. Wer sich ein Bild vom ersten Kaiser von Österreich, von Franz I. und seiner Zeit machen möchte, kann hier fündig werden. Zwischen Möbeln und Bildern und Gebrauchsgegenständen sind hier auch gemalte Miniaturen zu sehen, und in einer Vitrine finden sich viele Mitglieder des Hauses Habsburg-Lothringen als Statuetten aus Biscuitporzellan, sogar der Kaiserschwiegersohn Napoleon darf ein Gastspiel geben, schließlich gehört er ja auch irgendwie zur Familie. Der jüngere Sohn von Kaiser Franz, Erzherzog Franz Carl, stand Pate bei der Gründung des Schloßmuseums, weswegen sein offizieller Name lautet – Museum Francisco-Carolinum.

Die Burg von Linz hat keine allzulange, somit also eine überschaubare Entwicklungsgeschichte gehabt. Das berühmte Fresko im Palazzo Vecchio in Florenz zeigt sie uns in ihrer mittelalterlichen Form, dieses Fresko ist leider nicht im Original erhalten. Friedrich III. hat die Burg erweitert, angesichts der Einnahme seiner Residenzstädte Wien und Wiener Neustadt hat er ihre Befestigungsanlagen ausgebaut.

Kaiser Rudolf II. ließ hundert Jahre später den Bau so umgestalten, daß er einem Neubau gleichkommt. Der Wiener Hofbaumeister Anton Moys, er stammte aus Antwerpen, hat der Linzer Burg ihre heutige Form gegeben. Damals war Linz schon lange der ständige Aufenthaltsort des

Technik im Biedermeier – die Eröffnung der Bahn Linz-Budweis

Kaiserbruders Matthias gewesen. Nach dem erfolglosen Versuch, eine verantwortliche Aufgabe verliehen zu bekommen, nach familiären und politischen Zwistigkeiten mit dem älteren Bruder Rudolf, hatte sich Erzherzog Matthias in unglücklich verlaufende Spekulationen eingelassen, war gescheitert und lebte nun in politischer Bedeutungslosigkeit seit 1581 in der Burg von Linz. Der dramatische Bruderzwist führte viele Jahre später zur Übernahme der Krone durch Matthias.

Die zum Schloß umgebaute Burg von Linz wurde nicht mehr wirklich Residenz eines Habsburgerfürsten, sie blieb eine gerne benützte Möglichkeit zum Aufenthalt. Linz war eher eine Stadt der Stände, der Bürger.

Unter Kaiser Josef II. wurde Linz zum Bischofssitz. In der Reihe der Bischöfe von Linz nimmt ein Vorarlberger einen hervorragenden Platz ein, Franz Joseph Rudigier. Unter seinem Episkopat wurde der neue Dom erbaut, im neugotischen Stil. Er nützte sein Amt und seinen Sitz im Landtag und nahm Einfluß, wo er nur konnte und wo es ihm wichtig schien. So wurde er zu einem einflußreichen Gegner der Liberalen, setzte sich für das Konkordat ein, das Österreich

im Jahre 1855 geschlossen hatte, kämpfte um seine Meinung bis zu Prozeß und Verurteilung und entging einer Haftstrafe nur, weil Kaiser Franz Josef den Bischof am Tag nach der Urteilsverkündung begnadigte. Diese Begnadigung wäre ja auf jeden Fall erfolgt, aber hier gab es zwischen dem Begnadigten und dem Kaiser noch eine ganz besondere Beziehung. Bischof Franz Joseph Rudigier war einer der Lehrer von Kaiser Franz Joseph gewesen.

In der Eisenbahngeschichte Österreichs nimmt Linz einen hervorragenden Platz ein. Die allererste Eisenbahn auf österreichischem Boden lag, streng genommen, im Wiener Prater. Dort hat man nämlich eine Versuchsbahn errichtet, 220 Meter lang war das Schienennetz. Damit beeindruckte der visionenreiche Franz Joseph Gerstner, Direktor des Polytechnischen Instituts von Prag, seine Geldgeber und konnte nun in Zusammenarbeit mit seinem Sohn Franz Anton an die Ausführung schreiten. 1807 hatte der Vater seine Idee zu Papier gebracht, 1825 begann der Sohn mit der Durchführung. Das Ziel war eine Pferdeeisenbahn von Linz bis Budweis, Beweis für die wachsende Industrialisierung. »Es wird aber von großem Vorteil sein für die stark bevölkerte, gewerbetreibende Stadt Linz, und es wird in vieler Beziehung der ganzen Gegend, die die Eisenbahn berührt, Nutzen bringen…« So äußert sich eine Zeitung in Edinburgh, im Eisenbahnmutterland, über das Projekt im Jahr 1827. Nach Enttäuschungen und Intrigen scheitert der Pionier Gerstner am Kleingeist seiner Mitarbeiter und Gegner und verläßt das Projekt und dann auch noch das Land. Andere führen sein Werk weiter. Am 1. August 1832 wurde die Bahn von Linz nach Budweis als erste des Kontinents, als längste Eisenbahnstrecke ihrer Zeit in Betrieb genommen.

Schon zehn Tage vor ihrer Eröffnung hatte Kaiser Franz Linz besucht, das Wunderwerk besichtigt und war selbst, von einer Menschenmenge umjubelt, auch ein bißchen mit der Bahn gefahren. Auf den Darstellungen sieht man Kaiser und Kaiserin Höchstselbst in einem Waggon, der noch wie eine Kutsche aussieht, und hinter dem Kaiserpaar den Projektleiter und Nachfolger Gerstners, Matthias Schönerer. Ein großer blühender Baum macht einer Kirche auf einem Hügel den Platz streitig – St. Magdalena. Das war damals ein beliebtes Ausflugsziel und das ist es auch heute. Die k. k. Eisenbahnschienen sind nicht mehr zu sehen, aber aus der deutlich erkennbaren Trasse ist ein Fußweg geworden, er trägt den Namen »Pferdebahnpromenade«.

Als der Kaiser in die Pferdebahn stieg, war Napoleon schon sechs Jahre tot. An ihm und seinen Erfolgen war der erste Eisenbahnplan des Jahres 1807 gescheitert – man hatte andere Sorgen, brauchte das Geld für Armeen und Waffen. Wie ganz Österreich, so ist auch Linz von den napoleonischen Kriegen nicht verschont geblieben. Am Stadtrand liegt Ebelsberg – hier hat am 3. Mai 1809 ein berühmt gewordenes, sehr unterschiedlich bewertetes Gefecht stattgefunden. Ebelsberg wurde 1938 Linz eingemeindet. Damals hatte es schon eine lange Geschichte als Markt, als Standpunkt eines Schlosses. Der Traun-Fluß war noch nicht reguliert und er stellte für den Verkehr ein Hindernis dar. Eine lange Brücke überspannte den Fluß. Sie spielte die Hauptrolle im Gefecht von Ebelsberg.

Im Kriege zwischen Frankreich und Österreich war Erzherzog Karl bei Regensburg unterlegen. Der Rückzug der Österreicher sollte über den Inn nach Linz und weiter in Richtung Wien führen. Erzherzog Maximilian d'Este leitete die strategischen Dispositionen in der Hauptstadt ob der Enns, Linz war verteidigungsbereit.

Zwischen Lambach und Wels zogen sich die Truppen dem Plan entsprechend schnell zurück – zwei bedeutende Strategen standen einander in diesen Tagen gegenüber. Napoleon selbst griff in die Taktik seines Oberkommandierenden Masséna ein. Ihm stand auf Seiten der Österreicher Generalmajor Radetzky gegenüber.

Der Rückzug der Österreicher wurde von den Franzosen verfolgt und behindert. Masséna lag an einem ungestümen Vormarsch, den Österreichern am geordneten Rückzug. Deren Kommandant, Feldmarschalleutnant Hiller, hat für einige Stunden im Schloß Ebelsberg Quartier bezogen. Während die Franzosen schon Linz erreichen, drängen die Österreicher über die Traunbrücke. In den Schmieden von Ebelsberg werden Pferde neu beschlagen, nach Stunden des Marsches muß man sich und die Pferde verpflegen.

Inzwischen haben die Franzosen die Brücke erreicht, haben angegriffen, bevor die Österreicher die Brücke zerstören konnten und so kommt es hier nun zu einem schrecklichen Kampf.

Napoleon selbst erfährt in Wels von dem Gefecht, er folgt in Eile seinem Marschall, aber als er in Ebelsberg ankommt, muß er nur noch Massénas Bericht über den für ihn erfolgreichen Kampf entgegennehmen.

Schloß Ebelsberg erhebt sich immer noch hoch über die Häuser am Fluß. Durch diesen Wald und durch einen Hohlweg versuchte die französische Infanterie das Schloß zu nehmen. Die Wiener Freiwilligen haben hier den Rückzug ihrer Armee gedeckt, am Fußweg zum Schloßtor erinnert ein Denkmal an sie.

Von solchen Schlachten mögen wir vielleicht die Jahreszahl auswendig wissen, kennen manches Detail, einen Feldherrnnamen. Wer die vielen Gefallenen, Verwundeten und Gefangenen waren, davon wissen wir nichts. Deshalb sei hier von jeder Seite ein Name erwähnt.

Als Hauptmann bei den Wiener Freiwilligen fiel bei Ebelsberg Leo Freiherr von Seckendorf. Er war 36 Jahre alt, aus Ansbach gebürtig. Er hatte sich als Freiheitsdichter einen Namen gemacht und war ein Freund Goethes und Schillers, Herders und Wielands.

Im französischen Stab diente Henri Beyle, der sich als Dichter Stendhal nannte. Er schrieb am 5. Mai 1809 in sein Tagebuch: »Als wir die Traunbrücke hinübermarschierten, lagen noch rund dreißig tote Menschen und Pferde auf der Brücke. Viele hatte man in den Fluß geworfen, der unverhältnismäßig breit ist. Mitten darin, vierhundert Schritt unterhalb der Brücke, stand ein Pferd aufrecht und starr. Ein seltsamer Anblick … An einem Haus sah es so aus, als stürze ein toter Soldat mit zorniger Miene hervor. Ich gestehe, dieser erschütternde Anblick ging mir auf die Nerven. Ich vermochte kaum hinzusehen. Seitdem weiß ich, was Schaudern ist.«

Und der österreichische Oberleutnant Wagner erinnerte sich in seinem Tagebuch an diesen 3. Mai auch mit diesen Worten: »… – dies war das schrecklichste Schauspiel, das ich jemals sah, und welches man unter gebildeten Völkern nicht mehr erleben sollte!«

Wer heute Schloß Ebelsberg besucht, wird in Dioramen über das Gefecht informiert, aber auch über andere Ereignisse der österreichischen Militärgeschichte. Sogar der k. u. k. Marine begegnet man hier. Und man kann etwas von der jahrhundertelangen Vergangenheit des Schlosses erfahren, an das man auch in ganz anderem Zusammenhang denken mag. Am 8. Juni 1444 schreibt Enea Silvio Piccolomini, der als Sekretär in kaiserlichen Diensten stand, zwei Jahre zuvor von Friedrich III. zum Dichter gekrönt wurde und 1458 als Pius II. zum Papst gewählt wurde, über Ebelsberg: »Das Schloß liegt auf einem Felsen über der Traun, so daß es im Osten Österreich, im Westen Bayern hat; der Nordwind bläst aus Böhmen, der Südwind aus der Steiermark. Die Traun ist ein schöner Fluß… Gäbe man mir ein Schloß, daß ich dort zu Vergnügen und Erholung leben könnte, mir würde dieses am meisten zusagen. Denn was wäre zum vollen Genuß nötig, was einem hier abginge. Ich gebe schon zu, Weinberge und Olivengärten sind hier nicht, auch Feigen und Zedern, auch Orangen und manches andere nicht, was man in Italien im Überfluß hat. Aber aus Österreich werden ja ganz ausgezeichnete Weine hierhergebracht, zuträgliche und wohlschmeckende, wie wir sie beim Frühstück reichlich getrunken haben, und die von der Etsch oder von Triest fehlen auch nicht, denn wo man Geld hat, dorthin werden auch Weine verkauft.«

Daran hat sich nichts geändert in den vielen Jahren seither, und so wollen wir frohen Mutes in andere Landschaften dieses Landes ob der Enns, das erst seit 1918 Oberösterreich heißt, weiterziehen.

Wels

Zahlreich sind die Darstellungen des »letzten Ritters« Maximilian. Ungemein beeindruckend und immer wieder kopiert ist die allerletzte – der Kaiser auf dem Totenbett. Das Tiroler Landesmuseum besitzt dieses Bild, da sehen wir den Kopf des Toten auf einem karierten Kopfkissen ruhen. In Graz existiert eine Version, und ihre Kopie, auch sie schon aus dem 16. Jahrhundert, haben wir hier in Wels vor uns – in der Stadt, die dem ruhelosen Kaiser zur letzten Station wurde.

Zeitlebens hatte Kaiser Maximilian mit finanziellen Problemen zu kämpfen, sie haben auch seine letzten Lebenswochen begleitet, haben seinen Frieden bedroht. In seinem »Weißkunig« sagt Maximilian: »Ich werde nicht ein König des Geldes, sondern ich will werden ein König des Volkes und aller, die Geld haben …« Nach Albrecht dem Lahmen

Maximilian I. auf dem Totenbett

hatten die Herrscher Österreichs in der Verwaltung ihres Landes immer wieder Geldprobleme. Erst mit dem Lothringer Franz Stephan kam wieder ein Finanzgenie in die Familie, ein Mensch, dem der Umgang mit Geld an sich Freude machte.

Das unglaublich reiche Leben Maximilians verstellt den Blick auf die vielen Sorgen, die dieser Herrscher am Beginn der Neuzeit zu bewältigen hatte. Niccolo Macchiavelli schreibt über ihn: »Er besitzt mehr Ansehen als irgendeiner von seinen Vorgängern seit hundert Jahren, aber er ist ein so guter und humaner Herr, daß er leicht getäuscht werden kann.«

Im Oktober 1518 zog Maximilian mit seinem Hofstaat von Augsburg nach Tirol, verbrachte am Heiterwanger See einige Tage auf der Jagd, und zog am 30. Oktober in Innsbruck ein. Der übliche festliche Empfang aber fand nicht statt. Die Stadtväter sparten, die Gastwirte hatten schon hohen Kredit gegeben und warteten nun auf die Bezahlung der alten Schulden. 24.000 Gulden waren zu begleichen – die Forderung konnte nicht erfüllt werden. Rösser und Wagen durften nicht in die Stallungen, die kaiserlichen Pferde verbrachten die Nacht im Freien.

Man einigte sich auf eine erste große Rate von 6000 Gulden. Trotzdem ließ der Kaiser den Troß weiterziehen, unterzog er sich den Strapazen der Reise im Spätherbst, von Fieber gebeutelt. Auf dem Inn ging es nach Kufstein, durch das Salzkammergut über Ischl reiste der Hof weiter, am 25. November kam der Kaiser in Wels an.

Er war krank an Galle und Nieren, hatte auch schon einen Schlaganfall erlebt, und nun lag er wochenlang in der Welser Burg, über Weihnachten und den Jahresbeginn, hinein in den Januar und wartete auf den Tod.

Der Kaiser wartete nicht allein – da waren natürlich seine Diener, aber vor allem umgaben ihn auch Menschen, die soweit das überhaupt möglich ist, zu seinen Freunden zählten. – Der Bregenzer Jakob Mennel war mit Maximilian seit mehr als zwanzig Jahren bekannt, als er nun begann, in diesem Zimmer der Burg von Wels dem Kaiser vorzulesen. Er las ihm wochenlang vor, aus Werken, die er selbst im Auftrag Maximilians verfaßt hatte. Umfangreiche genealogische Studien hatten Jakob Mennel zu weiten Reisen durch Europa veranlaßt, auf denen er historische Unterlagen über die Abstammung des Hauses Habsburg sammelte.

Kurz vorher hatte Mennel in Augsburg »Das Buch von den erleuchten und verrumbten weybern des loblichen Haus Habspurg und Österreich« vollendet. Ebenfalls 1518 vollen-

det wurde »Kayser Maximilians besonder buch«, ein Bilderbuch zu einem anderen Werk von Jakob Mennel, in Freiburg entstanden. Und nun stand der große Humanist vor seinem großen Förderer und las ihm aus seinen genealogischen Werken vor. Währenddessen sandte man Boten nach Trient und nach Friaul, in Eilritten sollte der Leibarzt Baptista Baldironi nach Wels geholt werden. Er war nicht zu finden. Aus Feldkirch wurde der Arzt Clausen Clesy nach Wels gebracht, Dr. Tannstetter und Dr. Puelinger kamen aus Wien. Sie alle konnten dem todkranken Mann, der da unter heftigen Schmerzen noch Beratungen abhielt, nicht helfen.

Am 30. Dezember begann Kaiser Maximilian mit dem Diktat seines Testaments. Johann Vinsterwalder hieß der Sekretär, der es niederschrieb. Dieses Diktat war wohl das Ergebnis langen Nachdenkens – seit Jahren schon hatte Kaiser Maximilian auf seinen Reisen seinen Sarg mitgeführt, eine Truhe, die er seinen »Schatz« nannte.

Im Testament bestimmte Maximilian I. bis ins Detail, wie sein Leichenbegräbnis in der Sankt Georgs-Kapelle von Wiener Neustadt abzulaufen habe, er befahl die Gründung von neun Armenhäusern, verteilte seine Sammlung von Büchern und Waffen, gedachte der Pfründner, die an seinem Grabe beten und dafür lebenslang versorgt werden sollten. Im Kleinen kümmerte sich der Kaiser in diesen letzten Lebenstagen auch noch um Einzelheiten – im Großen überließ er neue Entscheidungen seinem Nachfolger, dem Enkel Karl, und dessen Bruder Ferdinand. Die Ämter wurden angewiesen, weiterzuarbeiten wie bisher, bis vom neuen Kaiser auch neue Verfügungen erlassen würden. Und auch der Großkanzler des künftigen Kaisers, der Italiener Gattinara, wird für den jungen Karl V. wie ein beruhigendes Erbstück gewirkt haben. Gattinara kam aus dem diplomatischen Dienst Maximilians.

Am Abend des 11. Januar vollendete der Kaiser sein Testament, einer der drei Testamentsvollstrecker, der Abt von Stift Kremsmünster Johannes Schreiner, stand an seiner Seite, las die heilige Messe, spendete dem Sterbenden Trost. Am nächsten Morgen ist Maximilian I. gestorben. Er hatte mehrere Ärzte und somit wurden auch mehrere Todesursachen genannt. Die spektakulärste Aussage war schon Jahre vorher von Dr. Tannstetter gemacht worden. Er sagte voraus, eine Sonnenfinsternis werde der Gesundheit Maximilians eine schlechte Wendung bringen, und am 5. Juni 1518 hatte der Kaiser in Kaufbeuren eine Sonnenfinsternis erlebt. Dr. Tannstetter sagte auch das Todesdatum voraus, er hatte es astrologisch ermittelt, und es hat auf den Tag genau gestimmt. Mehrere Berichte gibt es über die Todeskrankheit Maximilians. Eine der möglichen Todesursachen war Mastdarmkrebs.

Das Interesse des Kaisers an medizinischen Fragen war groß gewesen und eine Reihe von Verordnungen gegen die Pest und gegen die Syphilis wurde von Maximilian selbst veranlaßt. Nicht nur seiner alles überragenden Bedeutung, sondern auch diesem persönlichen Interesse entsprach die Zahl an Leibärzten. Da gab es nicht nur die beiden schon genannten Ärzte aus Wien und den Mailänder Dr. Baldironi der mit Maximilians Gemahlin Bianca Maria nach Innsbruck gekommen war, sondern noch eine Reihe weiterer Mediziner. Ebenfalls aus Mailand stammte Dr. Valerian, er ließ sich in Schwaz nieder, und aus dem nicht weit von Mailand entfernten Salo war Dr. Johannes Cataneus. Der Stadtarzt von Zürich, Dr. Turst Cunraten, war ab 1501 Leibarzt. Und zu den berühmtesten in der langen Reihe gehörte Dr. Johannes Spiesheimer, genannt Cuspinianus, Universitätsprofessor in Wien, Diplomat und Gelehrter.

In diesen letzten Wochen in der Burg von Wels hat Maximilian, von dem uns viele persönliche Aussagen überliefert sind, den immer wieder erwähnten Spruch neben seinem Bett an die Wand geschrieben – »Ich bin ein Mann wie ein anderer Mann, nur daß mir Gott mehr Ehr getan.«

Die alte Stadt Wels ist durch Maximilian, durch seine Freundschaft mit Wolfgang von Polheim, dem Landeshauptmann, durch die letzten Wochen in der Burg zu einer Bedeutung gelangt, die ihr sonst nicht zuteil geworden wäre. Wohl gab es hier schon eine bedeutende römische Siedlung, schon 776 entstand in ihren Resten eine bairische Befestigung, unbestritten ist die wesentliche Rolle von Wels für das Werden dieses Landes »ob der Enns«, wie der alte Name für Oberösterreich gelautet hat. Doch überregionalen Rang gewann Wels durch Maximilian.

Die Wirtschaft bedeutet für die Stadt und ihre Region sehr viel, große Firmen, Fabriken, die Welser Messe sind Begriffe nicht nur in Oberösterreich. Trotz aller Veränderungen, vor allem um den Kaiser-Josefs-Platz, hat Wels sich Teile des historischen Stadtkerns bewahren können. Der Stadtplatz ist an erster Stelle zu nennen, und dort nicht nur das Rathaus mit seinen Wappen, hier steht auch eine ganze Reihe von Häusern, die, aus dem 16. Jahrhundert stammend, Zeugen von Aufstieg, Niedergang und abermaligem Aufstieg von Wels geworden sind. Der Stadtplatz ist beinahe einen halben Kilometer lang, eine seiner Seiten wird vom Lederertor ab-

geschlossen, einem Rest der Befestigung. Zu seinen beiden Seiten erstreckt sich noch ein Stück der alten Stadtmauer und gestattet immerhin noch einen Eindruck von einst.

Die Stadtpfarrkirche ist zur letzten Ruhestätte des Geschlechts der Polheimer geworden, das immer wieder eine hervorragende Stellung nicht nur in Wels und im Lande ob der Enns, sondern im Reich eingenommen hat. 1280 hat Wichard von Polheim, Bischof von Passau, in Wels ein Minoritenkloster gegründet.

Wolfgang von Polheim war kaiserlicher Rat, er heiratete 1494 im damals burgundischen, heute belgischen Mecheln. Anläßlich dieser Hochzeit fand eines der großen Turniere der an solchen Ritterfesten nicht armen Zeit Kaiser Maximilians statt.

Zu dieser Zeit war Maximilian mit der Familie schon etliche Jahre gut bekannt – Wolfgang von Polheim, oder korrekt »Polhaim«, wie sich die Familie damals schrieb, war einer der Gefährten des künftigen Kaisers, und er hatte Maximilian auch in schlimmen Situationen erlebt, ja, er hatte sie mitgemacht.

Wolfgang von Polhaim zu Wartenburg war einer der Begleiter Maximilians nach Burgund, und er wurde gemeinsam mit seinem Habsburgerprinzen von den aufrührerischen Brügger Bürgern gefangengesetzt.

In diesen Wochen und Monaten des Jahres 1488, bevor Kaiser Friedrich III. eingriff, um seinen Sohn zu befreien, wuchs die Freundschaft zwischen dem Kaisersohn und dem Sproß des Ministerialen Wolfgang von Polhaim ist später aufgestiegen zum Geheimen Rat, zum Hofmarschall, zum Oberhofmeister. 1494 heiratete er Johanna von Borselle, 1500 wurde er Mitglied des Ordens vom Goldenen Vlies und 1501 stieg er in den Reichsfreiherrnstand auf. Im gleichen Jahr wurde Wolfgang von Polhaim Landeshauptmann des Landes ob der Enns. Als Maximilian späten im Jahr 1518 todkrank in die Burg von Wels kam, war Wolfgang von Polhaim schon sechs Jahre tot.

Das Schloß der Polhaimer in Wels wurde zur Pflegestätte einer Kunst, die dem Universalmenschen Maximilian sehr wichtig war – der Musik. Schon sein Vater hatte Paul Hofhaymer an seinen Innsbrucker Hof geholt, er selbst stellte dem großen Organisten noch Heinrich Isaac aus Flandern und Ludwig Senfl, der entweder aus Basel oder aus Zürich stammte, zur Seite. Kein Fest am Hof war ja ohne Musik denkbar, aber auch zu Reichstagen und auf Reisen nahm der Monarch seine Musiker mit. Die Kapelle war ein Teil seines Hofstaates, die Sänger und die Instrumentalisten bildeten selbstständig verwaltete Gruppen. Wir können uns einerseits aus Hofakten, andererseits durch Zeugnisse von Zeitgenossen und auch durch Illustrationen der Bücher Maximilians ein Bild von diesen Gruppen machen. Im »Triumphzug«, im »Weißkunig«, im »Freydal« finden sich Darstellungen von Musikern, und auch die Reliefs am Goldenen Dachl in Innsbruck zeigen ja nicht nur Tänzer, sondern auch Musiker.

1492 berichtet der Gesandte von Venedig in einem Bericht an die Signoria sehr ausführlich über die Hofkapelle Maximilians und mit begeisterten Worten: »… und alle waren vor Vergnügen starr und außer sich.« Zur ständigen Besetzung zählten zehn bis fünfzehn Trompeter, vier Posaunisten, zwei Pauker, zwei Trommler, mehrere Pfeiffer, Lautenspieler und Geiger. Aus dem letzten Lebensjahr Maximilians ist ein Stand von 18 Sängern, 21 Singknaben und einem Organisten bekannt. Dieses kaiserliche Interesse für die Musik wirkte als Vorbild und so förderte Maximilian diese Kunst nicht nur als Mäzen und als Dienstherr, sondern auch durch die Erhöhung ihres sozialen Ranges.

In Schloß Polhaim dürfte schon zu Anfang des 16. Jahrhunderts eine Meistersingerschule bestanden haben. 1513 hat Hans Sachs Wels besucht, hat diese Schule kennengelernt und hat dort auch selbst unterrichtet, wobei er der Schule wesentliche, zukunftsweisende Impulse zu geben wußte.

Aus der Zeit des Maximilianfreundes Wolfgang von Polhaim hat sich in seinem einstigen Schloß weniges erhalten – der Turm und die Schloßkapelle vor allem. Dem Schloßherren selbst und seinem Kaiser begegnet man aber in der Welser Burg, die nach Jahren eines Dornröschenschlafs zu einem Kulturzentrum erweckt wurde. Von Zubauten befreit gibt sie, auch mit dem schönen Garten im Hof, heute ein Bild, das der Würde des Ortes entspricht. Ein Raum des Burgmuseums ist den letzten Wochen und dem Sterben Kaiser Maximilians gewidmet. Hier sieht man die sogenannte »Totenampel« aus dem Sterbezimmer, das eingangs erwähnte Bild, das Stadtsiegel, das Wels in den letzten Tagen Maximilians verliehen wurde. Ein Diorama stellt den Leichenzug des Monarchen dar, die Figurinen entsprechen bis ins kleinste Detail der Wirklichkeit des Jahres 1519, selbst in den Materialien. Wer zu den Stammgästen der österreichischen Museen zählt, kennt solche Figurinen – sie wurden von Helmut Krauhs geschaffen und wir finden seine Werke im Heeresgeschichtlichen Museum in Wien, im Fischereimuseum in Schloß Orth an der Donau, im Rainer-Museum in Salzburg und an vielen anderen Stellen Österreichs..

Vöcklabruck

Die Babenberger haben den Ort gegründet, der Babenberger Erbstreitigkeiten wegen ist er schon bald wieder zerstört gewesen. Um 1251 begann der Wiederaufbau, unterstützt durch das in diesem Jahr verliehene Marktrecht.

Erst Rudolf von Habsburg und dann sein Sohn Albrecht I. brachten den Attergau und damit auch Vöcklabruck in festen landesfürstlichen Besitz.

Rudolf IV., der Stifter, gab dem Ort verschiedene Mautrechte und Zollfreiheiten und vor allem das Stadtrecht. Bald danach, 1390, hat Albrecht III. diese Rechte bestätigt und hat sie erweitert, wieder wenige Jahre später gewinnt die junge Stadt das Privileg als eine der sieben landesfürstlichen Städte Oberösterreichs, an den Landtagen teilzunehmen. Erst der Dreißigjährige Krieg setzt der guten Entwicklung ein Ende. 1644 wird Vöcklabruck an Maximilian I. von Bayern

Schloß Neuwartenburg

verpfändet, ein Großbrand hatte schon 1638 der Stadt großen Schaden zugefügt. Erst 1690 wird Vöcklabruck ausgelöst und so kann ein guter Neubeginn gesetzt werden.

Ein großer Stadtbrand im Jahr 1793 sowie die Besetzung durch die Bayern während der Franzosenkriege machen den kurzen Aufstieg wieder zunichte. Erst das beginnende Industriezeitalter verhilft Vöcklabruck zu neuem Wohlstand.

Der langgestreckte Stadtplatz wird von zwei Tortürmen abgeschlossen. 1957 wurde der untere Torturm restauriert und dabei stieß man auf eine Entdeckung. Unter dem Verputz fanden sich Fresken aus maximilianischer Zeit. Damit besitzt die Stadt nun eine seltene Kostbarkeit, einen Wappenturm aus dem Jahr 1507.

Der sichtbare Anspruch auf den Besitz bestimmter Gebiete, der Herrschaftsanspruch des Kaisertums und seine Würde bildeten die grundlegende Dramaturgie solcher Wappentürme. Kaiser Maximilian hat in diesen Wappenreihen auch Programme für die Zukunft entwickelt, politische Entscheidungen vorweggenommen. Die wappentragenden Herolde in seinem Buch »Triumphzug« zeigen nicht nur die Banner von Tirol, Kärnten, Österreich, Elsaß und anderen Ländern Habsburgs – hier sehen wir auch die Banner »des zu erbenden Königreichs Portugal« und »des zu erbenden Königreichs England«. Freilich waren das Hoffnungen, wenn nicht gar Utopien – aber immerhin war Maximilians Mutter eine portugiesische Prinzessin und es hätte nicht viel gefehlt, so wäre Maximilians Urenkel Philipp II. in den Besitz Englands gekommen.

Die große Wappenwand in der Burg von Wiener Neustadt stammt aus dem Jahr 1457, sie muß für den in dieser Burg geborenen Maximilian ein früher Eindruck gewesen sein, dem er sein Leben lang folgte. Hier in Vöcklabruck stehen wir nur vor einem der vielen mit solchen Fresken geschmückten Bauwerke – man findet sie immer wieder, in Südtirol etwa, in Stezing, oder auch in Innsbruck. Aber dort leider nur noch in Darstellungen der alten Hofburg. Der großartige Wappenturm ist uns in einer Zeichnung aus dem 18. Jahrhundert in allen Details erhalten. Die Barockisierung der Burg von Innsbruck hat ihn verschwinden lassen.

Hier jedoch, in Vöcklabruck, sind die Wappen wieder aus der Vergangenheit gestiegen. Über dem Tor steht der Kaiser mit Zepter und Reichsapfel, über ihm wiederum sieht man den kaiserlichen Doppeladler, von österreichischen Wappen umgeben. Die Entstehungszeit geben die Fresken selbst mit 1507 an. Zu beiden Seiten der Darstellung Maximilians I.

reihen sich die Wappen von Friesland und Brabant, von Geldern und Polonien aneinander, von Ländern, die dem Bürger des Jahres 1507 rätselhafte Ferne, angstvolle Neugier bedeutet haben werden. Nur von heimkehrenden Soldaten, von fremden Kaufleuten konnte man über die Länder etwas hören, die ebenso dem Kaiser gehorchten wie man selbst.

Die andere Seite des Torturms, auch sie von Fresken geziert, zeigt nicht nur Wappen, sondern auch eine opulente Szene mit Torturm, Brücke, Fahnen, Rittern und wird den Marktfahrern aus der Umgebung einen machtvollen Eindruck gemacht haben. Am Stadtrand ragt ein letzter Rest der Wartenburg hervor. Ihr zu Füßen steht, am Ufer der Vöckla, Neuwartenburg. Das Schloß wurde für die Grafen Saint-Julien zwischen 1730 und 1732 errichtet. Eine Marmortafel auf dem Falkenhäuschen erinnert an einen Besuch von Kaiser Karl VI. im Jahre 1732. Der Kaiser war auf der Rückreise nach einem Aufenthalt in Ischl und man kann sich die Nervosität vorstellen, die sich des Bauherrn und seines Baumeisters bemächtigt haben muß, schließlich hatte man ja erst zwei Jahre zuvor mit dem Schloßbau begonnen.

Wer Schloß, Burg und Torturm gesehen hat und noch eines der ältesten Häuser der Stadt kennenlernen möchte, inmitten eines guten kleinen Ensembles von Bauten, besucht zum Abschluß das Heimathaus, es entstammt dem frühen 15. Jahrhundert.

Gmunden

Am 2. Dezember 1477 wurde zwischen Kaiser Friedrich III. und Matthias Corvinus ein Vertrag geschlossen, der lange Verhandlungen erfolgreich beendete: der »Gmundener Vertrag«.

Es war nicht der erste Vertrag Friedrichs III., der mit der Stadt am Traunsee zu tun hatte. Zwölf Jahre zuvor hatte der Kaiser in einen Streit zwischen Enns und Gmunden eingegriffen, der wegen der Salzrechte ausgebrochen war. Der Salzhandel stellte einen Haupterwerbszweig dar, Streitfälle waren also keine Seltenheit. Schon Herzog Albrecht II. hatte im Streit zwischen den Ennsern und den Gmundnern vermitteln müssen, 1340 kam es zu diesem Schiedsspruch, der den Salzhandel regelte.

In Gmunden hat alles irgendwie mit Wasser zu tun – das Salzkammergut ist geprägt von Bergen, Seen und der Ge-

Die Seepromenade mit Blick auf den Kammerhof

schichte des Salzes. So trifft man hier auf manches ungewöhnliche Detail, das man inmitten der Alpen nicht erwartet hätte: Wie am Tiroler Achensee gibt es auch hier eine alpine Marinegeschichte.

In Gmunden bestand lange Zeit eine Werft, die Kriegsschiffe für die kaiserliche Donauflotte baute. Seit der Mitte des 15. Jahrhunderts wurde diese Donauflotte im Kampf gegen die Türken eingesetzt. Zu ihren verschiedenen Schiffstypen gehörten auch die Nassaden, das waren schlanke, flache Ruderboote, bewaffnet und schnell im Einsatz. 1535 kamen 35 solcher Nassaden aus der Gmundener Werft.

Hundert Jahre später war die Bedeutung der Stadt als Lieferant von Kriegsschiffen noch gewachsen – 80 Zillen wurden allein 1661 zum Bau von Brücken in Ungarn geliefert, zwischen 1662 und 1664 kam man dem Auftrag zum Bau von rund fünfhundert Schiffen nach. Die wachsende Zahl dieser Lieferungen geht Hand in Hand mit der ansteigenden Türkengefahr. Bis in die Tage der großen Siege des Prinzen Eugen bei Belgrad, Peterwardein, Zenta spielten die Schiffe aus der Gmundener Werft ihre Rolle. Einhundert Jahre nach dem Tode des Türkenbezwingers Prinz Eugen hatte ein Schiff aus Gmunden eine ganz andere, unkriegerische Bedeutung – der Fremdenverkehr hatte das Salzkammergut entdeckt, seine Berge, seine Seen und seine Menschen.

Am 1. August 1832 war, in Allerhöchster Anwesenheit Seiner Majestät des Kaisers, die längste Eisenbahnstrecke ihrer Zeit in Betrieb genommen worden – von Linz nach Budweis. Vier Jahre später war die Erweiterung in den Süden fertiggestellt: die Bahn Linz-Gmunden. Wenige Jahre später wurde das erste Gmundener Dampfschiff in Dienst gestellt. Es ging ab vom Hauptplatz, einem wahren Zentrum, denn dort stand nicht nur das Rathaus, dort war das Zentrum des Salzhandels, dort kamen die Züge an, dort erwartete das erste Hotel am Platz seine Gäste. Diese allererste Fahrt läßt sich nachahnen. Dank einer glücklichen Fügung und dank einigen Begeisterten ist das letzte Schiff aus einer Reihe von fünf Geschwisterschiffen erhalten, die »Gisela«.

Am 15. Mai 1839 zog die erste der fünf Damen über den See, das Schiff »Sophie«. Ein Engländer namens John Andrews hatte sie gebaut und ließ sie nun in See stechen. Ihre Namenspatronin war die Erzherzogin Sophie, deren ältester Sohn später Kaiser werden sollte: Franz Joseph I. Außer der »Sophie« gab es noch eine »Marie Valerie« und eine »Elisabeth« und schließlich die schon genannte »Gisela«, allesamt Schiffe, deren Namenspatroninnen dem Kaiserhaus, der eng-

sten Familie Franz Josephs, angehörten. 1870 hat man die »Gisela« in Prag gebaut, 1871 ist sie vom Stapel gelaufen und auch ihr Erbauer war Engländer: Joseph Ruston. Da also nun die Damen der kaiserlichen Familie versammelt waren, geriet der Traunsee-Reeder in Taufnot. Welche der vielen Erzherzoginnen sollte man nun der Allerhöchsten Familie nachreihen? Joseph Ruston fand eine diplomatische Lösung und entschied sich für eine andere Hocharistokratin, für die Tochter des Wasserkönigs. Das nächste Schiff wurde auf »Undine« getauft.

Bevor wir uns einer weiteren Habsburgerspur in Gmunden zuwenden – es gibt eine ganze Menge – soll hier noch eine nicht unwesentliche Fußnote der Geschichte Erwähnung finden. Der Bahnbau von Linz nach Budweis und dann von Linz nach Gmunden ist eine Geschichte für sich, eines eigenen Buches wert: Es handelt sich um eine Geschichte von Vätern und Söhnen: Franz Josef von Gerstner hatte sich schon zu Beginn des 19. Jahrhunderts um die Konzession zum Bahnbau bemüht, eines »Eisenweges« nach englischem Vorbild. Seine »Böhmische hydrotechnische Privatgesellschaft« kam aber nicht zustande, man brauchte alles Geld, um Napoleon abzuwehren. Gerstners Sohn – der erste in der Reihe der Söhne – führte den väterlichen Plan weiter. Doch er dachte zu schnell, war seiner Zeit zu weit voraus. So kam es also, wie es, zumal in Österreich, kommen mußte, und Franz Anton Gerstner wurde abgelöst. Gekränkt und verärgert verließ er das Land, nahm seinen gutfunktionierenden Kopf und seine vielen Pläne und die auch in Zusammenarbeit mit dem Eisenbahnvater George Stephenson erworbene Erfahrung mit und arbeitete ab 1834 für den Zaren. Ihm verdankte Rußland seine erste Eisenbahn – die Bahn von St. Petersburg nach Zarskoje Selo. Franz Anton Gerstners Werk wurde von einem Mann weitergeführt, der als Ingenieur schon jahrelang mitgearbeitet hatte, der aus subalterner Position ständig kritisiert hatte und nun am Ziele war: Matthias Schönerer. Wir kommen nun zur Vater-Sohn-Geschichte Nummer 2. Dieser Schönerer war der Vater von Georg Schönerer, dem späteren Führer der deutschnationalen Partei, dem Wegbereiter des Nationalsozialismus in Österreich.

Was die Bahn von Linz nach Budweis betrifft, so findet sich manches Detail noch im entsprechenden Kapitel dieses Buches – aber zu der Bahn Linz-Gmunden ist noch eine dritte, eine letzte Vater-Sohn-Geschichte anzumerken: 1827 trennte sich ein enttäuschter Mitarbeiter von Franz Anton

Gerstner. Er suchte um eine Bewilligung zum Bau einer eigenen Bahn an, eben zu jener von Linz nach Gmunden. Er wartete auf die Bewilligung, vermaß währenddessen das Land, wartete und wartete und brachte die Mittel zur Vorfinanzierung auf und wartete weiter. Die Fuhrwerker und die Schiffsleute kämpften mit allen erdenklichen Mitteln gegen das neue Verkehrsmittel, gegen die drohende Konkurrenz der Bahn. Als endlich nach zwei Jahren die Bewilligung kam, waren die Geldmittel des Ingenieurs erschöpft, er mußte aufgeben. Er verließ das Land, wie Franz Anton Gerstner, und zog nach Frankreich. Und nun, am Ende der dritten Vater-Sohn-Geschichte dieser ältesten Eisenbahn des Kontinents, muß man den Namen dieses Vermessungsingenieurs nennen – er hieß Franz Zola und sein Sohn bekam den Namen Emile. Ohne den Eisenbahnärger wäre Emile Zola höchstwahrscheinlich ein bedeutender österreichischer Dichter geworden.

Diese Frühzeit der Technik hat einige Spuren hinterlassen, nicht nur den Dampfer Gisela. Wer den Bahnhof Engelhof besucht, kann hier, am Zielpunkt der einst von Kaiser Franz bewilligten Bahn, den ältesten noch in Betrieb befindlichen Bahnhof des Kontinents bewundern – und aus der Zeit, als die Lokomotiven noch vier Beine und keine Räder hatten, existieren die Pferdeställe im Bahnhofsgebäude.

Der Weg in das Salzkammergut, von der Landeshauptstadt Linz oder der Haupt- und Residenzstadt Wien aus, führte über Gmunden. So entstand nun, mit größer werdender Mobilität, mit dem Ansteigen der Bedeutung des Handels, ein reger Verkehr zum Traunsee, über den Traunsee, immer über Gmunden. Nicht jeder, der nach Ischl oder nach Ebensee fuhr, betrachtete Gmunden nur als Zwischenstation – viele blieben.

1827 stieg Erzherzog Maximilian d'Este zum ersten Mal im Hotel »Goldenes Schiff« ab, im ersten Haus, nahe dem Rathaus. Der Erzherzog, in Mailand geboren, in Monza aufgewachsen, hatte nach dem Tode seines Vetters Erzherzog Anton, einem Bruder von Kaiser Franz, die Würde des »Hochund Deutschmeisters des Deutschen Ritterordens« übernommen, des Großmeisters also. In dieser Funktion war er sehr aktiv. Aber auch sonst hatte Erzherzog Maximilian d'Este – dieser Name kam von der Mutter Maria Beatrix von Este – u.a. großes Interesse an künstlerischen und wissenschaftlichen Entwicklungen. Zu seinen Schriften zählen zum Beispiel eine »Abhandlung über das Bauen mit zusammengedippelten Ziegeln« oder eine »Sammlung von Denksprüchen«. Maximilian kam nicht ohne Grund zu solchen

Themen – die »Zusammengedippelten Ziegel« etwa waren seine eigene Erfindung, er konstruierte auch Maschinen, erfand eine Porzellanmünze.

1830 erwarb er die Herrschaft Ebenzweier im Gemeindegebiet von Altmünster. Damals schrieb er seinem Bruder Erzherzog Ferdinand Karl d'Este: »Ich bin mit diesem Kauf sehr zufrieden. Ich zahle dafür zwar samt einem daranstoßenden Bauernhof die Summe von 55 000 Gulden und erwarte nicht mehr als drei Prozent Interessen reines Erträgnis zu erhalten, aber es freut mich, daß ich durch diesen Ankauf eine ganze Familie von sieben Brüdern und Schwestern, welchen das Gut gehört, aus großer Bedrängnis und der Gefahr des Verderbens retten konnte. Zudem ist die Lage des Schlosses herrlich, die Wiese vor demselben mit dem frischesten Grün bis zur Straße nach Traunkirchen, das tiefste Dunkel des romantischen Sees, der Traunstein gegenüber dem Schlosse – kurz, die gesamte Gegend ist so unbeschreiblich schön und das Volk so gutherzig. Auch mein Jagdrevier ist von Bedeutung. Du weißt, daß ich der Jagd nicht ergeben bin, aber man hat hierdurch Gelegenheit, anderen ein Vergnügen zu machen…« Erzherzog Maximilian d'Este war, seiner Erziehung entsprechend, ein altruistisch denkender Mensch – und darin war er seinem Bruder gleich. Der Adressat des zitierten Briefes, Erzherzog Ferdinand Karl d'Este, folgte dem brüderlichen Beispiel und hat viel Gutes für diesen Teil des Salzkammerguts getan. Seine finanzielle Unterstützung war für Ebenzweier und andere Orte dieser Gegend von lebenswichtiger Bedeutung.

Daß für den Hoch- und Deutschmeister Maximilian d'Este ein Jagdgebiet zwar persönlich bedeutungslos, für Gäste aber wichtig war, ist symptomatisch für den Erzherzog. Die Gastfreundschaft Maximilians führte zu einer Kette von Besuchen, die mit Fahrten auf dem Traunsee, Fackelzügen, Jagdausflügen verwöhnt wurden – Kaiser Franz Joseph I. kam, sein Vorgänger, der abgedankte Ferdinand der Gütige, ist sogar ziemlich oft gekommen, Marie Louise, Napoleons Witwe, die Herzogin von Parma, war Gast in Ebenzweier, ebenso wie viele andere Mitglieder des Hauses Habsburg.

Kurz vor seinem 81. Geburtstag ist Erzherzog Maximilian d'Este in Schloß Ebenzweier gestorben. Sein Grab liegt in Altmünster. Auf dem Erbwege kamen Schloß und Herrschaft an die Bourbonen. Erst in den siebziger Jahren dieses Jahrhunderts hat die Gemeinde das Schloß und seinen Park in ihren Besitz übernommen.

Wer über die ehemalige Elisabeth-Promenade, heute Dr.-Thomas-Straße spaziert, wird annehmen, sie habe ihren

Namen von Elisabeth, der Kaiserin, Gemahlin Franz Josephs I., von »Sisi«. Falsch, die Promenade erinnert an Erzherzogin Elisabeth, Gattin des Erzherzogs Karl Ferdinand, eines Sohnes von Erzherzog Karl und Neffen von Kaiser Franz I. Die Schwiegertochter des Siegers von Aspern ist 1903 gestorben – und nicht nur eine Straße, die heute nicht mehr ihren Namen trägt, erinnert an die Erzherzogin. Die berühmten Gmundener Schwäne gehen auf sie zurück, sie hat die Ur-Eltern dieser Schwäne betreut.

Manche Habsburger-Spur ist, wie diese, nicht auf den ersten Blick zu erkennen. Wer in Salzburg durch den Mirabell-Park flaniert, wird nicht ständig daran denken, daß Kaiser Franz Joseph den Park der Öffentlichkeit übergeben hat, wer durch die Alleen von Baden bei Wien geht und sich über den Schatten freut, wird kaum daran denken, daß sie von Erzherzog Anton angeregt und angelegt wurden – und wer die Gmundener Schwäne sieht, meint, sie wären immer schon da gewesen.

1859 wurde der Großherzog von Toscana, Leopold II., gezwungen, sein Land zu verlassen. Er verzichtete wohl auf seine Herrschaft, doch nur zu Gunsten seines Sohnes, der als Ferdinand IV. die Regierung antrat – theoretisch, denn zur Praxis kam es nicht mehr. 1826 hatte Leopold II. von Toscana Gmunden schon besucht, seine Unterschrift im Gästebuch des »Goldenen Schiffs« beweist es.

Um 1869 hatte der Großherzog Schloß Orth gekauft, nun ließ er auf der Halbinsel eine Villa errichten. Das Seeschloß kaufte seine Tochter Maria Luise. Die Halbinsel trägt seither den Namen »Toscana« – sie hat ihn bis heute behalten, wie der Toscana-Trakt der Residenz von Salzburg.

Der letzte Großherzog von Toscana hat den Erwerb der Halbinsel, des Landschlosses, die Fertigstellung der Villa nicht mehr erlebt – er starb 1870 in Rom, während einer Reise.

Sein jüngster Sohn, Erzherzog Johann Nepomuk Salvator, wurde zu einem Symbol für Gmunden. Seine tragische Lebensgeschichte hat den Zeitgenossen Rätsel aufgegeben, hat Stoff für viele Zeitungsartikel, Bücher und Spekulationen gebracht.

1852 kam Johann Salvator in Florenz zur Welt – »Gianni« wurde sein Rufname. Die Familie bediente sich lieber der italienischen als der deutschen Sprache. Als die großherzogliche Familie Florenz verlassen mußte, lebte der Knabe zunächst in Böhmen, wurde schon mit 13 Jahren Offizier und hätte eine Karriere vor sich gehabt, wäre er nicht immer

Das Seeschloß Orth, die Halbinsel Toscana – Erinnerungen an Italien

wieder mit seinen Vorgesetzten in Konflikt geraten. Vor allem Erzherzog Albrecht, der streng über die Integrität der Familie wachte und zudem Johann Salvators Vormund nach dem Tode des Großherzogs geworden war, nahm dem jungen Offizier seinen Hang zur Kritik am Bestehenden übel.

Erzherzog Johann Salvators Interesse ging weit über das Militärische hinaus. Er schuf – gemeinsam mit Kronprinz Rudolf – die Grundlagen für das »Kronprinzenwerk«, für die Reihe von Prachtbänden mit dem Namen »Die österreichisch-ungarische Monarchie in Wort und Bild«, er komponierte unter dem Pseudonym »Johann Traunwart«, er schrieb ein Ballett, das an der Hofoper in Wien aufgeführt wurde. Das alles hätte kein Grund zu Zerwürfnissen mit dem Kaiserhaus sein müssen, aber Johann Salvator verfaßte auch eine Broschüre, in der die Artillerieführung heftig kritisiert wurde und griff in Fragen der bulgarischen Politik publizistisch ein. 1887 verlor er seine militärische Charge und war nicht mehr Feldmarschall-Leutnant. Gleichzeitig wurde er von der Inhaberschaft des Artillerie-Regiments Nr. 2 enthoben. Johann Salvator flüchtete sich in eine Seereise. In Southampton stach er mit der Jacht »Bessie«, die er gekauft hatte, in See.

Über Brest, Bordeaux, Gibraltar, Barcelona und Marseille segelte er an die Riviera. Die lange Zeit seiner Abwesenheit vom kaiserlichen Hof in Wien verbesserte seine Lage nicht. Im Januar 1888 besuchte Johann Salvator seine Mutter in Arco, nahe dem Gardasee. Von Arco aus wies er, dem Familienstatut damit entsprechend, die Ehrenbürgerschaft der Stadt Linz zurück – mit großem Bedauern.

Nach Monaten unruhigen Lebens auf Reisen, nach einer Fahrt von Genua nach Rom, weiter nach Neapel und Sizilien, einer Besteigung des Ätna, reiste Johann Salvator über Korfu und Ragusa nach Pola und Triest, schließlich nach Venedig. Dort erreichte ihn der Befehl des Kaisers, nach Österreich zurückzukehren und auf Schloß Orth in Gmunden weitere Entscheidungen abzuwarten. In den nächsten Monaten setzte Johann Salvator seine nautischen Studien fort, erprobte sein theoretisches Wissen, indem er sich selbst auf Seefahrten entlang der dalmatinischen Küste prüfte und bereitete sich auf die Kapitänsprüfung vor. Im Herbst 1889 erwarb er das Patent eines »Capitano al lungo corso«. Am 7. Oktober reiste Erzherzog Johann Salvator nach Zürich. Von dort verzichtete er in einem Brief an Kaiser Franz Joseph auf seine Familienmitgliedschaft, er brach alle Brücken hinter sich ab. Als Ziel und Grund gab er an, »… als gewöhnlicher Mensch eine neue Existenz, einen neuen Beruf zu suchen.« Wenige Tage später meldete Johann Salvator dem Kaiser, er habe für sich den Namen »Johann Orth« gewählt. Neben allen anderen Problemen mit seiner Familie und der Armeeführung hatte Johann Salvator auch noch ein sehr privates – seine Lebensgefährtin Ludmilla Stubel, die ihn auf den Reisen begleitete, die er aber, aus Standesrücksichten, niemals hätte heiraten können.

Das Ende der Geschichte ist weithin bekannt und schnell erzählt. Johann Orth legte die österreichische Staatsbürgerschaft ab und bemühte sich um die schweizerische. Die Gmundner Sparkasse gab Johann einen Kredit in der Höhe von 250 000 Gulden, als Sicherheit diente Schloß Orth. Nun erwarb der ehemalige Erzherzog das Schiff »St. Margaret«, ließ es in einem Londoner Dock überholen und brach mit einer Schiffsladung Zement nach Südamerika auf. Die erste Fahrt verlief erfolgreich. Am 12. Juli 1890 stach die »St. Margaret« wieder in See, verließ den Hafen von La Plata, nahe von Buenos Aires, und nahm Kurs auf Valparaiso. Von diesem Tag an hat man nichts mehr von Schiff und Mannschaft, nichts mehr von Johann Orth, und auch nichts mehr von Milli Stubel gehört. Suchaktionen brachten keinen Erfolg, man nahm und nimmt an, das Schiff sei vor Kap Hoorn in der Nacht vom 20. auf den 21. Juli 1890 in einen Orkan geraten und untergegangen.

Die Legende freilich ließ den unglücklichen Habsburger noch lange weiterleben. Absurde Erfindungen und Vermutungen kamen auf und bis heute, ähnlich wie bei der Tragödie von Mayerling, findet sich immer wieder jemand, der für seine Version der Wahrheit über Johann Orth neue Belege gefunden haben will.

Das Kammerhofmuseum in Gmunden besitzt einige Erinnerungsstücke. Die bedeutendste Erinnerung allerdings stellt die Villa Toskana dar, die von einer Dame erworben wurde, die uns eindrucksvoll durch ein Porträt von Gustav Klimt vertraut ist: Margarete Wittgenstein-Stoneborough. Von der Familie Major Stoneborough kam der Besitz schließlich an die Stadt Gmunden. Heute dient die Villa als Kongreßzentrum.

In Gmunden finden sich noch viele Häuser, die Geschichte erlebt haben – nicht alle haben direkt mit Habsburg zu tun. In der Villa Thun verbrachte König Georg V. von Hannover – er hatte sein Land verlassen müssen als Opfer der Bündnistreue zu Österreich, nach der Niederlage von Königgrätz 1866 – viele Jahre den Sommer. Sie ist heute noch im Besitz der herzoglichen Familie.

Eine andere lebendige Spur der Geschichte mit einer Habsburg-Beziehung ist die Gmundener Keramik. Auch Kaiser Franz Joseph hatte sein Gmundener Service, das Jagdservice im nahen Jagdhaus Offensee. Und einer der heute noch existierenden Betriebe ist im Besitz eines Nachfahren von Franz Ferdinand, dem in Sarajevo ermordeten Thronfolger.

Die Straße den Traunsee entlang nach Ebensee ist eigentlich zu schön, als daß man sie mit dem Auto fährt. Wer in der Lage ist, die Berge entlang zu Fuß zu gehen, kann die wunderbare Aussicht erleben. Wer aber doch mit dem Auto fährt und, als Beifahrer (!) Gelegenheit hat, auch nach rechts und links zu schauen, dem wird der Löwe nicht entgehen, der neben einem der vielen Tunnels den kaiserlichen Doppeladler hält. Er erinnert an Kaiser Franz Joseph.

Ein anderer, bunter Doppeladler bekrönt das Rathaus mit seinem Keramik-Glockenspiel, das übrigens auch den Erzherzog Johann-Jodler zum Besten geben kann. Unter dem großen Doppeladler sieht man die Wappen von Österreich und von Oberösterreich.

Nach diesem Gedankensprung wollen wir uns wieder der Habsburger erinnern – die allerdings mit eben dieser Atmosphäre von Natur und Kunst sehr viel zu tun hatten, sie förderten, deren Regierung eine Schutzmantelfunktion hatte für dieses Neben- und Miteinander von Bürgertum und Adel, von jüdischem Großbürgertum und einem katholisch-orthodoxen-mohammedanisch-evangelischen Offizierscorps. Das Kammerhofmuseum kann mit den ältesten Erinnerungen aufwarten. Nicht nur das Gebäude selbst stellt eine Habsburger-Spur dar, auch viele Exponate berichten von kaiserlichen oder erzherzoglichen Besuchen.

Die arme Bianca Maria Sforza von Mailand wurde hier vertraglich zur Braut des »letzten Ritters« Maximilian I. bestimmt, ein Vertrag zwischen dem Zaren und dem Kaiser abgeschlossen, das Salz-Gut, das zur »Kammer« des Kaisers gehörte – daher der Name, von dem heute nur mehr der »Kammer«-Schauspieler geblieben ist – wurde vom Kammerhof aus verwaltet, und wer durch die Gassen der alten Stadt spaziert, wird selbst noch manches entdecken können.

Das Rathaus-Glockenspiel – mit dem Erzherzog Johann-Jodler im Repertoire

Der reizvolle Bau des Rathauses hat die Jahrhunderte überdauert, ohne wesentliche Schäden hinnehmen zu müssen. Vor diesem Rathaus, an der Schiffslände, spielte sich der Salzhandel ab, kamen die Wagen an, stachen die Schiffe wieder in See. Sein heutiges Aussehen hat das Rathaus im 18. Jahrhundert erhalten.

Hier gibt es eine ideale Situation für einen in Gmunden lebenden homme de lettres – seit 1841 bestand im Rathaus eine Buchhandlung, sie existiert noch heute. Als sie gegründet wurde, hatte sie das im Parterre des Rathauses gelegene Salzmagazin als Nachbarn, es trug den Namen »die bürgerliche Aufschütt«. 1880 hat man dieses Salzmagazin aufgelassen und den Räumen eine neue Widmung gegeben – hier ist ein Kaffeehaus entstanden.

An so zentraler Stelle, inmitten der schönsten Landschaft, ein Kaffeehaus und eine Buchhandlung nebeneinander zu haben, jederzeit aber auch promenieren, in ein nahgelegenes Gasthaus gehen zu können, vielleicht eine kleine Traunseerundfahrt anzutreten, später wieder ins Kaffeehaus zurückzukehren, ist ein absoluter Traum. Die Verbindung von Wiener Innenstadt und durch geistiges Interesse gefilterter Berglust, das Substrat aus all dem, was zu einem Salzkammergut-Boom sondergleichen geführt hat.

Bad Ischl

Wenige Städte sind so sehr mit einer einzigen historischen Persönlichkeit verbunden wie Bad Ischl. Zu Innsbruck fällt einem eben nicht nur Kaiser Maximilian, zu Graz nicht nur Erzherzog Johann ein, zu Baden nicht nur Kaiser Franz. Ischl dagegen = Kaiser Franz Joseph.

1827 kamen auf Anraten ihrer Ärzte Erzherzog Franz Karl und seine Gemahlin Sophie nach Ischl. Ihre Ehe war bisher kinderlos geblieben und die damals erst seit wenigen Jahren bestehenden Ischler Kureinrichtungen sollten helfen.

Sie halfen. Solebäder und kurärztliche Ratschläge stärkten die Konstitution der Erzherzogin. Am 18. August 1830 kam Franz Joseph zur Welt.

Der spätere Kaiser ist in Wien geboren, in Schönbrunn. Mit einem Jahr schon war er Ischler Kurgast. Damals lebte die erzherzogliche Familie einen Sommer lang im Heuschober-

haus, am Kreuzplatz Nr. 1. In den Jahren davor hatte das Haus Roith Nr. 19, damals das »Hofschmiedhaus«, als Aufenthalt gedient.

Viele Ischler Adressen haben solche direkten Bezüge. Um eine besonders prominente Adresse zu besuchen und auch gleich den Ort und seine Geschichte besser kennenzulernen, sollte der Gast sich auf die Esplanade Nr. 10 begeben, an die Allee am Traunfluß. Dieses Haus hat eine lange Geschichte. Hier hat schon Leopold I. während eines Jagdaufenthaltes gewohnt, im 18. Jahrhundert kam es in den Besitz der Familie Seeauer und damit begann die wirkliche Karriere des alten Hauses. Wilhelm Seeauer war Bürgermeister und er stellte sein Haus Franz Karl und seiner Gemahlin Sophie zur Verfügung.

Man bewohnte nicht nur Esplanade Nr. 10, sondern mietete auch die Häuser Nr. 6 und Nr. 8. Schon 1837 hat man die Wände der drei Häuser durchbrochen, hat Verbindungstüren eingebaut, und so waren die Bedingungen für einen Besuch, selbst für einen Allerhöchsten, ideal: Im Sommer 1837 kam Kaiser Ferdinand nach Ischl auf Besuch zu Bruder und Schwägerin.

Das Ferienhaus des Kaisers – die Kaiservilla

1840 wurde der Posthof als Quartier gemietet, 1842 und 1843 der Pfarrhof. Ab 1844 diente das Haus Seeauer als ständiges Sommerquartier der nun nicht mehr kleinen erzherzoglichen Familie. Vier Söhne waren der äußerst lebendige Beweis für die Qualität der Ischler Kur.

Das sprach sich herum. Ischl begann in Mode zu kommen. Marie Louise, einst Kaiserin der Franzosen, nunmehr Großherzogin von Parma, reiste 1839 zum ersten Mal nach Ischl. Sie wohnte in der »Neuen Plaßmühle«. Und von den vielen gekrönten oder beinahe gekrönten Besuchern und Besucherinnen sei ein Name besonders hervorgehoben, der zu Ende des Biedermeier wie ein irritierender Gruß aus ferner Zeit wirkt: 1849 erschien Anne Marie Thérèse, Herzogin von Angoulême, die Tochter der unglücklichen Marie Antoinette, eine Enkelin also von Kaiserin Maria Theresia, in Ischl. Sie war dem berüchtigten Pariser Gefängnis entronnen, dem Temple, das für ihren Vater Ludwig XVI., für ihre Mutter, ihren Bruder die letzte Bleibe gewesen war.

Aus der Villa Seeauer wurde ein Hotel mit dem wunderbar programmatischen Namen »Hotel Austria«. Aus dem Hotel wurde später ein Museum und weil man dort alles viel besser erfahren kann, als das hier in wenigen Zeilen möglich ist, sollte man dorthin gehen.

Nach dem Ursprung des Kindersegens des Kaiserbruders nannte man die vier Söhne die »Salzprinzen«. Der älteste von ihnen, Franz Joseph, blieb Ischl auch als Kaiser treu. Wenige Monate nach der Thronbesteigung war er zu seinem 19. Geburtstag in Ischl und damit begann eine lange Reihe von Sommeraufenthalten im Salzkammergut, die erst mit dem Ersten Weltkrieg ihr Ende fand.

An seinem 23. Geburtstag sollte Kaiser Franz Joseph sich mit seiner Cousine Helene, Prinzessin in Bayern, verloben. Dazu ist es nicht gekommen, die Geschichte ist mehr als bekannt. Bücher, Filme, ein Singspiel haben die Geschichte von »Sisi«, Helenes jüngerer Schwester, zu einer der bekanntesten Episoden der österreichischen Geschichte des 19. Jahrhunderts gemacht.

Die Verlobung des Kaisers mit Elisabeth, der Prinzessin aus dem Hause Wittelsbach, fand in der Ischler Pfarrkirche statt, der man in vielen Details die stolze Vergangenheit einer Hofkirche anmerkt. Ein Mosaik zeigt Erzherzog Franz Karl, Kaiser Franz Joseph, Kaiserin Elisabeth, in allegorischen Szenen.

Freilich haben die Jahrzehnte seit Franz Josephs letztem Ischler Sommer vieles verändert. Aber die Ischler haben nicht vergessen, daß sie durch einen Habsburger weltbe-

Erinnerungen an Franz Joseph, den Jäger

kannt geworden sind. Wer sich – nach Museumsbesuch, Stadtspaziergang und Pfarrkirche – in entsprechender Umgebung bei Torte und Kaffee oder bei einem Glas Wein erholen möchte, der spaziert zur Konditorei Zauner oder zu ihrer Dependance an der Esplanade, oder auf die andere Seite der Traun, zum Weinhaus Attwenger, neben der Lehár-Villa.

Die Ischler Buchhandlungen, das alte Stadttheater, die Monumente, die mündliche Überlieferung – die Erinnerung wird auf vielfältige Weise wachgehalten. Am dichtesten aber begegnet man ihr an einer Stelle, die Weltgeschichte erlebt hat, im Haus des Kaisers – in der Kaiservilla.

Im April 1854 fand in der Augustinerkirche in Wien die Hochzeit von Kaiser Franz Joseph mit Elisabeth statt und im Sommer desselben Jahres wohnte das junge Paar zum ersten Mal in der noch kleinen Villa Eltz, die in der Zwischenzeit angekauft worden war. Danach wurde das Haus umgebaut und großzügig erweitert, und wegen des Umbaus fand ein wichtiges politisches Ereignis nicht hier statt, sondern im provisorischen Quartier des Kaisers, in der Plaßmühle, in der schon Marie Louise gewohnt hatte. In diesem Hause wurde am 18. August 1855 das Konkordat zwischen Österreich und dem Vatikan unterzeichnet.

Die Kaiservilla hat viele Besucher gesehen – den deutschen Kaiser Wilhelm I., den früheren Präsidenten der USA General Ulysses Grant, das Königspaar von Portugal, den spanischen König Alfons XII., König Chulalongkorn von Siam, der übrigens, wie seine Ischler Gastgeber, zur Hauptfigur eines Singspiels wurde. Um ihn dreht sich das Musical »The King and I«. Und immer wieder war in der Kaiservilla der Kaiser Franz Joseph in Freundschaft verbundene englische Thronfolger und spätere König Edward VII. zu Gast.

Jeder Besucher ist von der einfachen Einrichtung der kaiserlichen Wohnräume beeindruckt. In Führungen wird neben Gegenständen aus dem persönlichen Besitz Franz Josephs auch das Schlafzimmer des Kaisers gezeigt, der Salon, und schließlich darf man auch das Arbeitszimmer mit dem Schreibtisch besichtigen, an dem der Kaiser das Manifest »An Meine Völker« unterschrieben hat, die letzte Reaktion Österreich-Ungarns auf den Doppelmord von Sarajevo, 1914. Von der Kaiservilla führt ein kurzer Spaziergang durch die

Kaiserlicher Alltag in Ischl

herrliche Landschaft am Springbrunnen mit der Statue eines Hundeführers, ein Geschenk der englischen Königsfamilie, vorbei zum Marmorschlössl, dem Teehaus der Kaiserin Elisabeth. Ist der Bau aus rosa Marmor mit seiner gedeckten Terrasse schon an sich sehenswert, so wird er es besonders durch seine heutige Bestimmung. Der Besitzer, Erzherzog Markus Salvator Habsburg-Lothringen, hat das Marmorschlössl dem Land Oberösterreich vermietet und 1978 wurde hier eine photohistorische Sammlung untergebracht, die ihresgleichen sucht. Von den Anfängen der Geschichte der Photographie, von Daguerre und Nièpce und Talbot wird hier ebenso berichtet wie von der Camera obscura, der Calotypie, der Kameraherstellung. Und auch für den an der Technik weniger interessierten Museumsgast gibt es vieles zu sehen, wie historische Aufnahmen, die den Kaiser-Huldigungsfestzug des Jubiläumsjahres 1908 zeigen oder den ersten »Jedermann«, Alexander Moissi, den Photopionier George Eastman oder ferne Landschaften. Und unter den vielen seltenen Exponaten nimmt die größte Sammlung von Lumière-Autochromplatten, die in Österreich zu finden ist, einen besonderen Platz ein. Hier wurde zum ersten Mal zu Beginn des 20. Jahrhunderts Österreich mit seinen Landschaften, Bauten,

Das Teehaus von Kaiserin Elisabeth, heute ein Photomuseum

Der imperiale Teesalon – ein Fest des Historismus

Trachten in farbigen Aufnahmen dargestellt. Diese Sammlung stammt aus dem Besitz der Familie Habsburg-Lothringen und die Aufnahmen wurden von Familienmitgliedern gemacht!

Ein Spaziergang von der Kaiservilla in Richtung Wolfgangtal führt an eine andere historische Stätte, zur Schratt-Villa. Die Hofschauspielerin Katharina Schratt bewohnte die an der Straße nach Salzburg gelegene »Villa Felicitas«. Ihre Freundschaft zu Kaiser Franz Joseph wird immer wieder erwähnt und so wollen wir uns hier nur daran erinnern, wie oft diese Villa Ziel eines kaiserlichen Spaziergangs war. Wann immer das Tagesprogramm es gestattete, verließ der Kaiser seine Villa, schritt durch den Kaiserpark zu einer Pforte in der Parkmauer, überquerte den Ischlfluß und erschien zum zweiten Frühstück bei Katharina Schratt. Dort traf er schon wenige Minuten nach sechs Uhr früh ein – zu diesem Zeitpunkt hatte Franz Joseph I. schon die ersten Arbeitsstunden und das erste Frühstück hinter sich. Er war ein berühmter Frühaufsteher, um halb vier Uhr morgens ließ er sich wecken. Manchmal erschien der Kaiser auch zur Jause in der Schratt-Villa und traf bei dieser Gelegenheit dann auch mehr oder weniger vor Überraschung starre Mitglieder der Wiener Gesellschaft, Künstler aus dem Freundeskreis von Katharina Schratt. Immer wieder hört man über Alexander Girardi, er sei einmal plötzlich dem Kaiser im Salon der Schratt gegenübergestanden – aber wie man aus der unerschöpflichen und in solchen Fragen auch sicheren Quelle des Kammerdieners erfährt, ist das einem anderen berühmten Komiker passiert, er hieß Tewele. Unerwartet war der Kaiser auf einmal dagestanden, erschrocken versuchte

Tewele die Runde zu verlassen, aber der Kaiser wollte wissen, »warum er denn die Flucht ergreife. Da stotterte Tewele: ›Majestät, versetzen Sie sich doch, bitte, selbst einmal in die Lage, Sie stünden plötzlich dem Kaiser von Österreich gegenüber …!‹

Lassen wir Eugen Ketterl noch einmal zu Wort kommen. Über Katharina Schratt vermerkt er: »Frau von Schratt war nicht die ›Freundin‹ des Kaisers, sondern sie war des Kaisers Freund, und zwar dessen treuester, bester, klügster und uneigennützigster.«

Wer Bad Ischl kennt, weiß auch eine lange Reihe von Anekdoten zu erzählen, wie sie eben entstehen, wenn Menschen von großer Individualität, souverän durch ihren gesellschaftlichen oder künstlerischen Rang, einander begegnen. Eine verbürgte Geschichte stellt einmal nicht einen der berühmten Operettenkomponisten, die Sommer für Sommer hier residierten, in den Mittelpunkt, sondern Anton Bruckner. Der große Oberösterreicher war mit dem Orgelspiel anläßlich der Hochzeit der Kaisertochter Erzherzogin Marie Valerie betraut worden. Bruckner lebte damals, im Sommer 1890, schon seit vielen Jahren in Wien und war ungewollt in die Auseinandersetzung zwischen den musikalischen Richtungen der »Neudeutschen« und der »Altdeutschen« geraten. Der mächtige Kritiker Eduard Hanslick, auch ein Ischler Stammgast, bekämpfte Bruckner auf das heftigste. Die Hochzeitsfeier in der Pfarrkirche war vorbei, der Kaiser dankte Anton Bruckner für sein Orgelspiel und er bat, ihm einen Wunsch zu nennen. Anton Bruckner, den seine Sorgen auch weit weg von Wien nicht verlassen hatten, dachte nach und antwortete: »Majestät, könnten Sie nicht vielleicht dem Hanslick sagen, daß er nicht immer so bös' über mich schreibt?«

Bei seinen häufigen Ischler Aufenthalten kamen Franz Joseph I. und der englische Thronfolger Edward, der Sohn von Königin Viktoria, einander nahe, sie duzten einander sogar. Edward bemühte sich, sobald er König war, um ein engeres Verhältnis zu Österreich, um so die Allianz Österreich-Deutschland zu entschärfen. Aber da stieß er bei Kaiser Franz Joseph auf taube Ohren. Auf einer Fahrt nach Hallstatt unternahm Edward VII. wieder einen Vorstoß in diese Richtung und er blieb wieder ohne Erfolg.

Im Sommer 1914 kehrte Franz Joseph weit früher als geplant nach Wien zurück. Er sollte nie wieder nach Ischl kommen.

St. Wolfgang

Daß ein Naturwunder Besucher anlockt und so zur Touristenattraktion wird, das kommt häufig vor. Auch, daß die Verbindung von Kunst und Natur diesen Effekt bewirkt, ist nicht selten. Ja sogar Neubauten können über Nacht Reiseziele werden. Was aber in St. Wolfgang zu solcher Berühmtheit geführt hat, muß ganz besonders erwähnt werden. Denn hier haben wir den einmaligen Fall vor uns, daß der Tourismus selbst zu einer künstlerischen Hervorbringung geführt hat, die ihrerseits wiederum dem Tourismus genützt hat, so daß also letzten Endes der Fremdenverkehr sich wie in einer Schraube nach oben entwickelt hat.

Die Geschichte ist bekannt – der große deutsche Schauspieler Emil Jannings liebte die Sommerfrische St. Wolfgang und kam so oft er konnte ins Salzkammergut. Im Ruderboot, beim Anblick der Silhouette des lieblichen Ortes mit damals noch niedrigen Häusern, überfiel ihn der Gedanke, den Freund Eric Charell, den Zauberer der Berliner Revue, auf dieses Idyll aufmerksam zu machen. Eine über Jahrzehnte erfolgreiche Schlageransammlung war die Folge, eingebettet in eine auch heute noch heiter zu nennende Handlung, ohne tragische Hintergründe, ohne wirkliche Probleme. Das »Weiße Rössl« hatte von seiner Premiere an einen unglaublichen Siegeszug über alle Bühnen zu verzeichnen, die nur irgendwie in der Lage waren, Massen von Piccolos, Stubenmädchen und Bevölkerung aufzutreiben, vermehrt um etliche Komiker verschiedenen Idioms, und außerdem einige Herren, die eine Uniform zu tragen verstehen. Denn eine Figur vor allem hat dem »Weißen Rössl« zu einem milden Glorienschein verholfen – Kaiser Franz Joseph. Er tritt als Deus ex machina in Generaluniform auf, gibt leise und vornehm einen Ratschlag in Form einer Gästebucheintragung und fährt unter dem Jubel von Bevölkerung und Touristen wieder fort. Man darf annehmen, daß die Vorstellung von einem Kaiser, wie er eben zu sein hat, bei vielen Menschen in vielen Ländern von diesem Auftritt geprägt ist.

Das wirkliche »Weiße Rössl« am Wolfgangsee hat wirklich eine Terrasse mit wunderbarem Seeblick, man kann hier wirklich noch Menschen in Landestracht finden und an manchen Tagen mag auch wirklich, wie im Lied, »das Glück vor der Tür« stehen. Aber die Wirklichkeit der Habsburgerspuren sieht doch ein wenig anders aus.

St. Wolfgang ist lange vor seinem Operettenerfolg berühmt geworden durch einen Altar. 1471, in der Regierungszeit Friedrichs III., wurde der Auftrag zur Errichtung eines Flügelaltars an Michael Pacher vergeben. Zehn Jahre nach der Vertragsabfassung war das Werk vollendet – aus der Werkstatt in Bruneck im Pustertal, in Südtirol, wurde es nun, gewiß wohlverpackt, auf Karren geladen. Über den Brenner brachte man den Altar nach Innsbruck, von Hall bis Braunau wurde der Transport per Schiff durchgeführt, endlich kam der Altar wieder aufs feste Land und in einen Wagen und so kam er schließlich in St. Wolfgang an.

Der Zielort des Pacher-Altars hatte zu dieser Zeit einen außerordentlichen Rang, nach Rom, Aachen und Einsiedeln stand St. Wolfgang schon an vierter Stelle in der Liste der Wallfahrtsorte. Zweihundert Jahre lang knieten die Pilger nun vor dem Altar von Michael Pacher, dann schien er ausgedient zu haben. Der Pfarrer von St. Wolfgang gab den Auftrag zu einem neuen Altar, und Thomas Schwanthaler schuf ein großes Kunstwerk. Aber er kannte den Altar von Michael Pacher, begriff seinen Wert auch in diesen Jahren, da die Gotik aus der Mode kam. Schwanthaler gelang es, den Pfarrherrn zu bewegen, seinen Altar, den neuen, zwar wie geplant in der Kirche zu errichten, doch auch den alten in der Kirche zu belassen. Bedenkt man den Stellenwert der Kirche, damit die Prominenz des Ortes, an dem Schwanthalers Kunstwerk aufgestellt wurde, so gewinnt man nicht nur vor dem Künstler, sondern auch vor dem Menschen Thomas Schwanthaler große Achtung.

Auf seinem letzten Weg, auf der Reise von Innsbruck nach Wels, hat Kaiser Maximilian auch St. Wolfgang besucht. Eine Gedenktafel erinnert an ihn am sogenannten Schloß, dem einstigen Pfarrhof.

Allerdings bildet St. Wolfgang an sich schon eine Habsburg-Spur und eine Erinnerung an Kaiser Maximilian. Wie in Tirol die Städte Kufstein, Kitzbühel und Rattenberg, so kamen in Oberösterreich Mondsee und St. Wolfgang im Zuge des Bayerischen Erbfolgekriegs, der 1503 ausgebrochen war, zum Lande ob der Enns.

Diese Bedeutung wurde durch Maria Theresia weiter gefördert – ihr Sohn Kaiser Josef II. hatte allerdings weniger Verständnis und Sinn für Orden, Klöster, Wallfahrtskirchen und hat die Zahl der Wallfahrer eingeschränkt. Sein Urgroßneffe Franz Joseph I. hat das, wenngleich nicht freiwillig und auf dem Umweg über die Bühne, durchaus wieder wettgemacht.

Hallstatt

»hie hat gerast der/hochlöblich Rö(misch)/Kunig maximilia(n)/alls er gangen/ ist die Saltzperg zu/besehen den 5. tag/januarj A(nn)o 1504.«

Der Gedenkstein auf dem Rudolfsturm in Hallstatt erinnert an den bergebezwingenden Maximilian, von dem man hier verwundert erfährt, daß er hin und wieder auch gerastet hat. Außerdem fällt auf, daß der Kaiser sich eine Jahreszeit ausgesucht hat, die auch anno 1504 im Hochgebirge nicht gerade Gemütlichkeit versprochen haben kann. Anfang Januar wäre man eigentlich lieber in einer geheizten Stube, aber Maximilian war ja für solche Unternehmungen immer zu haben.

Der Salzbergbau von Hallstatt hat eine mehrtausendjährige Vergangenheit, aber er hat auch, im Gegensatz zu manchen anderen Bergwerken, eine Gegenwart und eine Zukunft.

Schon die Kelten kannten den Reichtum des Salzbergs am Hallstätter See, die Römer folgten ihnen und bauten das »weiße Gold« ab, und als nach der Völkerwanderung der Bergbau für Jahrhunderte seine Bedeutung verloren hatte, war das nur eine kurze Unterbrechung in einer dreitausendjährigen Entwicklung.

Elisabeth von Görz war eine Tochter des Grafen Meinhard von Görz-Tirol und seiner Frau Elisabeth, einer geborenen Wittelsbacherin. In erster Ehe war Elisabeth von Wittelsbach mit Konrad IV. von Hohenstaufen verheiratet gewesen, somit war also Elisabeth von Görz, ihre Tochter, eine Halbschwester von Konradin, dem letzten Staufer. Elisabeth von Görz wurde die Gemahlin Albrechts I., des ältesten Sohns von Rudolf von Habsburg. Von ihren 21 Kindern sind zehn im Kindesalter gestorben.

Zum Heiratsgut Elisabeths gehörten auch Gebiete in der Schweiz. Diese wurden gegen andere Gebiete im österreichischen Herrschaftsbereich getauscht und so kam Elisabeth in den Besitz von Hallstatt und seinem Salzbergwerk.

Dieses Salz stellte einen großen Reichtum dar, wo immer es abgebaut wurde. Die Salzburger Erzbischöfe standen jahrhundertelang immer wieder im Kampf gegen die Herzöge von Bayern wegen des Salzes von Reichenhall, wegen der Transportrechte, und 1288 kam es zum sogenannten Salzkrieg Albrechts I. gegen Salzburg. Diesem Krieg folgte

1297 ein Friedensvertrag, Basis einer langen Freundschaft zwischen Habsburg und den Fürsterzbischöfen von Salzburg.

1308 fiel Albrecht einem Attentat zum Opfer, das von seinem eigenen Neffen Johann geplant und mit Helfern auch ausgeführt wurde. Nahe der Habsburg, bei Brugg in der Schweiz, wurde Albrecht erstochen. Seine Witwe ließ an der Stelle des Mordes ein Kloster errichten, Königsfelden.

1311 ist das Gründungsjahr von Königsfelden und im gleichen Jahr bekam der Hallstätter Bergbau durch eine Reihe von Maßnahmen der Witwe von König Albrecht eine neue gesetzliche und organisatorische Grundlage. Diese Urkunden tragen das Datum 21. Januar 1311 und sind in Brugg ausgestellt worden, also offenbar während eines Aufenthaltes in der Schweiz zum Zwecke der Klosterstiftung. Bis 1656 bildeten die Maßnahmen der Elisabeth von Görz die Basis der Verwaltung des Salzkammerguts, das losgelöst von seinem Umland unter eigener Verwaltung stand, die ihren Sitz im Kammerhof in Gmunden hatte.

Der Verwalter und Technische Leiter des Salzbergwerks von hallstatt, der Bergmeister, hatte seine Dienstwohnung in einem Bau, der den Namen eines Habsburgers trägt – im Rudolfsturm. 1284 wurde er errichtet, hoch über dem Markt Hallstatt, vor den Toren des Salzberges. Diese Funktion als Sitz der Verwaltung des Bergwerks hat der Turm bis in das 20. Jahrhundert behalten, später hat er sich weniger trockenen Beschäftigungen zugewandt und macht nun Dienst als gastronomischer Betrieb. Welcher der verschiedenen Träger des Namens Rudolf der Patron des Turms ist, wissen wir nicht sicher. Man nimmt an, es sei Herzog Rudolf III. gemeint, ein Sohn der Königswitwe Elisabeth.

Kaiser Franz Joseph hat Hallstatt mehrmals besucht. Zusammen mit seinem Bruder Erzherzog Ferdinand Maximilian war er auf dem berühmten Gräberfeld, 1856, damals kannte er den Ort schon. Ein Gedenkstein erinnert an die Verlobung des Kaisers im August 1853 in Ischl.

Die beste Art, sich dem alten Markt zu nähern, ist die Bahnreise, die eine Fahrt über den See bedingt und damit den schönsten Blick auf Hallstatt, einen der großartigsten Eindrücke, die das Salzkammergut für seine Besucher bereit hält.

Steyr

Wer einmal hier war, vergißt dieses Ortsbild nicht. Der Stadtplatz von Steyr ist ein Architekturfreilichtmuseum, ein Bauformenkatalog von der Gotik über Renaissance und Barock bis zum Klassizismus. Das geht so weit, daß man hier Echtes aus vergangenen Zeiten sieht neben Nachgemachtem im Stil des Historismus.

In ganz Österreich berühmt ist das Bummerlhaus am Stadtplatz. Es ist das älteste gotische profane Gebäude Österreichs. Das Rathaus ist ein Baudenkmal des Hochbarock, die Dominikanerkirche hat eine Fassade, in der sich späte Renaissance und frühes Barock mischen, das Innere stammt aus dem Rokoko – und so geht es weiter, zwei lange Seiten entlang den gesamten Platz.

Auf den ersten Blick mag man es vielleicht nicht gleich bemerken – ein ganzer Schwarm von Doppeladlern hat sich auf diesem Platz niedergelassen. Der Herr im Zentrum, eine Brunnenfigur, ist kein Habsburger und hatte noch nichts mit dem Römischen oder dem österreichischen Doppeladler zu tun – Leopold der Heilige, Landespatron, Babenberger. Doch hinter seiner rechten Schulter bewacht ein großer k. u. k. Doppeladler den Eingang eines Geschäftshauses.

Zwei Häuser weiter steht man vor einem Renaissanceportal, über dem eine Wappenreihe auch das Wappen Österreichs und einen Doppeladler zeigt.

Am anderen Ende des Stadtplatzes, an der Ecke zur Pfarrgasse, steht ein imposantes Gebäude, man kann es von mehreren Seiten betreten. Kommt man vom Stadtplatz, so durchschreitet man ein Haustor, über dem ein Doppeladler aus Blech, bemalt, verkündet, daß hier einst die k. u. k. Bezirkshauptmannschaft ihren Sitz hatte. Ein Uhrmacher und Juwelier im gleichen Haus hat sich als Schild eine Darstellung der österreichischen Kaiserkrone gewählt, der sogenannten Rudolfskrone. Und der Erkerturm am Eck trägt an der Spitze seines Helms einen Doppeladler. Von hier wieder sind es nur wenige Schritte zu einem Haus, das zwei Kaiser im Schilde führt, das Haus »Zu den 3 Alliierten«. Wenngleich die Gestaltung einen interessanten Eigenwillen des Künstlers erkennen läßt, so handelt es sich doch ganz ohne Zweifel um eine Darstellung von Kaiser Franz I. und seinen beiden Alliierten im Kampf gegen Napoleon, den König von

Preußen und den Zaren von Rußland. An seinem weißen Generalsrock trägt der Kaiser mehrere Orden, die sind nicht einfach aufgemalt, sie sind dreidimensional, aus Blech geschnitten, dann bemalt und montiert. Die meisten Häuser in der Altstadt von Steyr tragen solche detailreichen, oft prunkvollen Hauszeichen.

Zu Kaiser Franz und seiner Zeit gibt es in Steyr einen besonderen historischen Bezug. Der hier abgeschlossene Waffenstillstand setzte dem zweiten Koalitionskrieg gegen Napoleon ein Ende. In der Schlacht bei Zürich, am 26. und 27. September 1799, waren Österreicher und Russen besiegt worden. Kurze Zeit später wurde General Bonaparte zum Ersten Konsul berufen. Nun sandte er Kaiser Franz ein Friedensangebot, das der Kaiser ablehnte. Im Mai 1800 zog Napoleon mit seiner Armee über den Großen St. Bernhard nach Oberitalien, in die damals österreichische Lombardei. Seine Siege führten innerhalb weniger Wochen zu einem Waffenstillstand, aber noch nicht zu einem formellen Friedensvertrag. Erst als am 3. Dezember 1800 die Österreicher bei Hohenlinden eine weitere schwere Niederlage erlitten hatten, kam es zu einem schnellen Rückzug des besiegten Heers hinter den Ennsfluß, das Oberkommando übernahm Erzherzog Karl, am 25. Dezember 1800 wurde in Steyr der Waffenstillstand unterzeichnet, dem im Februar 1801 der Frieden von Lunéville folgte, der aber bekanntlich nicht von langer Dauer war.

Der Spaziergang durch Steyr führt immer wieder an Häusern mit schön gearbeiteten Gittertoren, Fenstergittern, Schildern aus Blech vorüber. Das Eisen und seine Verarbeitung haben hier eine lange Tradition, auf allen Gebieten. Das Heimathaus zeigt eine Messersammlung, berichtet von der Herstellung von Sensen und Nägeln, vom Eisenhandel. Die Eisen- und Stahlindustrie und ihr verwandte Gewerbe und Industriezweige haben den Grundstein zum Reichtum der Bürger von Steyr gelegt, bilden bis in die Gegenwart das wirtschaftliche Rückgrat der Stadt.

Steyr war seit dem 14. Jahrhundert Zentrum des Eisenhandels, aber auch selbst Produktionsstätte. Die Klingenschmieden hatten hier ihren Hauptsitz, Waffen und Harnische wurden hier erzeugt. Diese Spezialisierung brachte Steyr einen Aufstieg bis zum Status der neben Wien reichsten Stadt Österreichs. Die »Eisenobmannschaft« hatte hier ihren Sitz für ganz Österreich. Von Steyr aus gingen Eisenwaren nach Polen, Venedig und Rußland, wurden bis Spanien und England geliefert. 1864 wurde von Josef

Werndl eine Waffenfabrik gegründet, ab 1919 gab es in Steyr eine Automobilfabrik.

Der Reichtum der Bürger und ihr Stolz hat sich nicht nur in den prächtigen Fassaden der Häuser des Stadtplatzes ausgedrückt, auch der reiche Schmuck der Kirchen gibt Zeugnis dafür. Wer vom Stadtplatz weiterspaziert durch die Enge Gasse, kommt an ihrem Ende zum steil emporführenden Weg zum Schloß Lamberg. Dieses Eckhaus wurde 1980 restauriert, dabei stieß man auf Fresken aus dem Jahr 1520. Die freigelegten Darstellungen zeigen Kaiser Friedrich III. und seinen Sohn Maximilian. Friedrich III. ließ die alte Styraburg umbauen, das heutige Schloß Lamberg.

Daneben sieht man ein Tor, dessen Bemalung weit jüngeren Datums ist. Es versucht, den Eindruck wiederzugeben, wie man ihn hier seit 1489 gehabt hat – das neue kleine Tor zeigt das alte große Stadttor. Durch dieses Tor kommt man also nach kurzem Spaziergang zum Schloß.

Die alte Geschichte von Steyr und vor allem seine Handwerks- und Industrietraditionen haben enge Verbindung zur allgemeinen Entwicklung Österreichs, zur Politik und also zu den Habsburgern. Ferdinand II. hat Steyr am 9. Juni 1630 besucht, Leopold I. erschien 1680, Karl VI. 1732. Immer wieder stehen diese Besuche in Zusammenhang mit der Niederlassung der Jesuiten in der Stadt, der Gründung eines Dominikanerklosters, der Reformation und Gegenreformation.

Der Stellenwert, den das Jesuitendrama im geistigen Leben einer Stadt gehabt hat, ist nicht mit den heutigen Einflußmöglichkeiten eines Theaterabends zu vergleichen. Das Ziel, die Mittel, der Effekt waren gänzlich verschieden von den heutigen. Die Schüler selbst spielten, sie sollten dadurch nicht nur mit einer besonderen geistlichen Thematik näher vertraut werden, sondern auch in öffentlichem Auftreten geübt, im öffentlichen Sprechen sicher werden. Mehr als 300 solcher Aufführungen der Steyrer Jesuiten hat es gegeben, in einem eigenen Theatersaal. 1648 spielte man im Freien – »Maximilianus Austriacus« hieß das Stück. Hinter der Kirche hatte man einen Teil des Felsens weggesprengt, so war ein freier Platz entstanden und die steile Felswand bot sich als Kulisse an. So kam man also auf den Gedanken, das Wunder der Errettung Kaiser Maximilians aus der Martinswand zum Thema eines Theaterstücks zu wählen. Offenbar scheute man keine Mühen – das Publikum konnte Kaiser Maximilian zu Pferd hoch oben bei der Jagd beobachten. Einer der Reiter kam zu nahe an den Felsrand und was dem echten Maximilian erspart blieb, erlebte der Darsteller aus dem Gefolge – er stürzte samt seinem Pferd ab, hat aber den Sturz überlebt, ebenso das Pferd.

Wer vorhat, von Steyr in Richtung Linz weiterzureisen, oder wer von Westen Richtung Osten und Wien reist, könnte das über Seitenstraßen tun.

Eine Möglichkeit wäre, die Westautobahn bis zur Ausfahrt St. Florian zu nehmen, von da über Kronsdorf weiter nach Steyr zu reisen. Das hätte den Vorteil, daß man das herrliche Stift St. Florian besuchen kann. Wie alle großen Klöster Österreichs hat auch dieses Kloster der Augustiner-Chorherren seine Habsburgerspuren aufzuweisen.

Seltsamerweise haben es gerade jene Mitglieder des Hauses Habsburg, die den Vornamen Katharina trugen, an sich, daß sie weit von Österreich, zumindest nicht in der Kapuzinergruft in Wien ihre letzte Ruhe gefunden haben. Katharina von Burgund liegt in Dijon, Katharina, eine Tochter von Ernst dem Eisernen, ist in der Stiftskirche »Unserer lieben Frau« in Baden-Baden beigesetzt worden, Katharina, Tochter Philipps des Schönen, in Neapel begraben, und in St. Florian bestattet wurde Katharina, eine Tochter von Kaiser Ferdinand I. Sie ist 1614 gestorben.

Mit sechzehn Jahren hatte sie den Herzog von Mantua geheiratet, schon vier Monate später war sie Witwe. 1553, mit zwanzig Jahren, wurde sie die Ehefrau des ebenfalls verwitweten Königs von Polen, Sigismund August. Nach mehrjähriger kinderloser Ehe trennte sich der König von ihr und im Herbst 1566 zog Katharina weg von Polen und verbrachte den Rest ihres Lebens in Linz.

Der Umbau des alten Stifts mit seiner gotischen Basilika in einen der Zeit entsprechenden prunkvollen Neubau wurde zuerst von Carlo Carlone, nach dessen Tod von Jakob Prandtauer durchgeführt. Auch hier, wie in den anderen großen Stiftsneubauten des Barock, plante man auch Räume ein, die dem kaiserlichen Hof auf Reisen zu dienen imstande waren. Die Kaiserzimmer des Stiftes St. Florian zählen zu den prächtigsten ihrer Art. Im Marmorsaal wird eine der Schmalseiten von einem Porträt Kaiser Karls VI. zu Pferd beherrscht.

Einem seiner späten Nachfahren begegnen wir in einem Gasthaus des Ortes St. Florian. Erzherzog Franz Ferdinand soll öfter aus Enns, wo er als Offizier im Dragonerregiment Kaiser Ferdinand Nr. 4 zwischen 1883 und 1888 als Oberleutnant und Rittmeister Dienst tat, nach St. Florian geritten sein. Diese Jahre hat er später zu den schönsten seines Lebens gezählt.

Niederösterreich

St. Pölten

»Lacht uns von weiten ein Schild an der Wand. Die Kellnerin drückt uns beim Willkom die Hand. Dann wiehern die Roße, wir blasen eins drein, Wir lieben und küßen, und trinken ein Wein.«

Diese Alltagsschilderung aus dem Leben eines k. k. Postillions dient als Aufschrift einer Poststation des Biedermair.

Das bemalte Blechschild zeigt eine freundliche Landschaft, im Vordergrund ein Haus mit großem Tor, soeben kommt eine Kutsche, sechsspännig, an. Und über allem schwebt ein schwarzer Doppeladler, dessen Herzschild uns die Zeit angibt – die Zeit Franz II. (I.). Das Stadtmuseum von St. Pölten läßt den Besucher einen großzügigen Blick in die verschiedenen Arten des Bürgeralltags der Vergangenheit tun. Der Doppeladler ist allgegenwärtig – als Hauszeichen, als Wirtshausschild, als Ankündigungstafel einer Versicherungsgesellschaft.

St. Pölten gehört zu den ältesten Städten Österreichs, sein Stadtrecht stammt aus dem Jahre 1159. Seine Geschichte aber ist viel länger, sie beginnt schon mit der römischen Siedlung Aelium Cetium. In ihren Resten erbauten Benediktiner aus Tegernsee, die im Zuge der bairischen Besiedlung Niederösterreichs ins Land gekommen waren, ein Klo-

ster. Die Kirche weihten sie dem Hl. Hippolyt und aus diesem Namen wurde Sankt Pölten. Ihr altes Stadtrecht, es gilt als das älteste in Österreich, hat die heutige Landeshauptstadt von Niederösterreich nicht vom Landesherren bekommen, das war damals der Babenberger Heinrich Jasomirgott, sondern von dessen Bruder, dem Passauer Bischof Konrad. Schon in dieser Urkunde waren Bestimmungen enthalten, die zu Schwierigkeiten mit dem Herzog von Österreich führten, der seine Gerichtsrechte eingeschränkt sah.

Diese Macht des Bischofs von Passau hat erst Josef II. endgültig gebrochen. Er war im Zuge seiner Kirchenreformen schon sehr weit gekommen. Der Religionsfond war geschaffen, die »Civil-Ehe« eingeführt, rund ein Drittel aller Klöster in Österreich und Ungarn war aufgehoben worden. Der Besuch des Papstes Pius VI. führte zu keiner Änderung der Kirchenpolitik Josefs.

1785 wurden auf kaiserlichen Befehl, ohne Zustimmung aus Rom, die Bistümer Linz und St. Pölten errichtet. Wiener Neustadt verlor die Bischofswürde. Somit waren nun Oberösterreich und beinahe ganz Niederösterreich nicht mehr dem Bischof von Passau unterstellt.

Einmal schon hatte ein Habsburger die Ausnahmestellung

Ein Ziel für Entdecker – Niederösterreichs Hauptstadt Sankt Pölten

von St. Pölten als Stadt des Passauer Bischofs beseitigt. Der Bischof hatte in den Jahren der Ungarnkriege St. Pölten 1481 an Matthias Corvinus verpfändet, und als Ungarn besiegt, die Stadt zurückgewonnen war, da behielt Maximilian die Bischofsstadt und übergab sie einem kaiserlichen Pfleger. Von da an verloren die Bischöfe von Passau ihre Rechte auf St. Pölten immer mehr an den Landesfürsten. Als eine angenehme Erinnerung an die Ungarn verblieb den St. Pöltenern ein Brückenmautprivileg, das ihnen von Matthias Corvinus verliehen worden war und noch lange nach seinem Tod hohe wirtschaftliche Bedeutung hatte. Unter den kaiserlichen Pflegern wurde der Stadt eine so gute Befestigung gegeben, daß der Türkenansturm 1529 ebenso wie jener von 1683 hier, im Gegensatz zu den meisten anderen Orten in Niederösterreich, abgewehrt werden konnte.

Dem Spaziergänger fällt auf, wieviele besonders prächtige Gebäude der Altstadt von St. Pölten aus dem Barock stammen. Diese Jahrzehnte waren Jahre einer Blüte, unter Maria Theresia wurde St. Pölten Kreisstadt. Und daß der große tiroler Baumeister Jakob Prandtauer sich in eine Bürgerstochter aus St. Pölten verliebte, als junger Mann schon nach Niederösterreich übersiedelte, heiratete und in St. Pölten lebte und arbeitete war ein großes Glück für die Stadt. Auch Bartolomeo Altomonte und Daniel Gran, denen Österreich die herrlichsten Barockfresken verdankt, lebten in St. Pölten, ebenso wie Josef Munggenast, der zuerst als Mitarbeiter Prandtauers und später selbst als Architekt tätig war.

Die Folgen der Liebe zu einer St. Pöltnerin sind gar nicht hoch genug einzuschätzen. Wer das Barockwunder Melk an der Donau kennt, wird diesem Satz recht geben. In St. Pölten hat Prandtauer vielfach gewirkt – die alte Klosterkirche Sankt Hippolyt, der spätere Dom, erhielt von ihm einen wunderbaren neuen Innenraum, er baute die Kirche der Karmeliterinnen, schuf Teile des heutigen Bischofshofes, war der Architekt einer langen Reihe von Bürgerhäusern.

Wer infolge eines repräsentativen Anlasses, einer Einladung vielleicht, das Glück hat, das Rathaus von St. Pölten besser kennenzulernen, der sollte sich die berühmte Stuckdecke mit den Kaiserporträts und der allegorischen Darstellung der »Herrschertugenden« nicht entgehen lassen, sie ist ein Werk von Christoph Kirschner aus dem Jahr 1722.

Im 19. Jahrhundert nahm die Entwicklung von St. Pölten eine neue Richtung. Die Industrie brachte wirtschaftlichen Aufschwung, es wurde gebaut und umgebaut, der Bürgerstolz fand neue Ausdrucksformen. Vielfältig sind die Erinnerun-

Zinnsoldatenkaserne und Wasserschloß – Pottenbrunn

gen an die Besuche von Kaiser Franz Joseph I. in St. Pölten, der zur Eröffnung des neuen Krankenhauses kam, anläßlich der Fertigstellung der Regulierung des Traisenflusses in St. Pölten war, die neue Schießstätte besuchte. Das Stadtmuseum hat in seiner umfangreichen Sammlung viele Erinnerungen an diese Tage voller Aufregung für die St. Pöltener Bürger.

Und wem noch Zeit bleibt für das Diözesanmuseum, der hat Glück. Denn dort, am Domplatz, kann man das barocke Antlitz der Altstadt noch besser kennenlernen. In unmittelbarer Nähe der Domkirche und ihrer barocken Schätze findet man im Dom-Museum in der einstigen Stiftsbibliothek des Hippolyt-Klosters Deckenfresken von Daniel Gran und Paul Troger, Bilder von Bartolomeo Altomonte und Martino Altomonte, von Paul Troger oder vom Kremserschmidt. Diese Begegnung mit der Pracht des österreichischen Barock trägt auch zum Verständnis des Landes bei, dessen Hauptstadt seit dem späten zwanzigsten Jahrhundert St. Pölten ist. In Niederösterreich lernt man die Kelten und die Römer kennen, die Babenberger Herzöge und den Beginn der Herrschaft Habsburgs. Niederösterreich besitzt romanische und gotische Bauwerke in großer Zahl und seine schöne Landschaft, das fruchtbare Land, die endlosen Weinberge nehmen die barocken Kirchen und Klöster, Winzerhäuser und Schlösser auf, als wären sie ein Teil von ihnen.

Wer sich für Geschichte interessiert, das Stadtmuseum von St. Pölten gesehen hat und seine Phantasie unterstützen möchte, sollte von St. Pölten aus das nahe Pottenbrunn besuchen. Die Pfarrkirche dort hat Josef Muggenast um 1730 umgestaltet, er hat in St. Pölten gelebt.

Das Schloß stammt aus dem 16. Jahrhundert, beim Neubau hat man ihm seine früheren Gräben gelassen und so erlebt man hier eines der seltenen Wasserschlösser Niederösterreichs. In seinem Inneren kann man vielen Habsburgern begegnen, sie sind freilich ebenso wie ihr Hofstaat, wie ihre Soldaten, nur 3,7 cm, mit Pferd allenfalls 4,5 cm, hoch. Tausende und Abertausende von Zinnfiguren hat man hier in Dioramen aufgestellt und veranschaulicht auf diese Weise Ereignisse der österreichischen Geschichte. Detailtreue ist dem Zinnfigurensammler Pflicht, man erfährt also etwas über Bekleidung und Uniformierung, über mittelalterlichen Städtebau und die Strategie der Schlacht bei Leipzig, sieht eine Parade vor Feldmarschall Radetzky, die Belagerung von Wien durch die Türken und zahlreiche andere Szenen der österreichischen Geschichte.

Persenbeug

Am 17. August 1887 erblickte in Schloß Persenbeug der Erstgeborene des Erzherzogs Otto das Licht der Welt. Die Mutter des Neugeborenen, Erzherzogin Maria Josepha, war eine Prinzessin aus dem Königshaus von Sachsen. Das Kind wurde auf die Namen Carl Franz Joseph Ludwig Hubert Georg Otto Maria getauft. 29 Jahre später bestieg Erzherzog Carl Franz Joseph den Thron von Österreich-Ungarn – als Kaiser Karl I.

Das Schloß über der Donau blieb auch in den Jugendjahren der Erzherzogs ein beliebter Aufenthalt der Familie. Eine der Hofdamen von Karls Mutter, die Markgräfin Crescence Pallavicini, schreibt in ihrem Tagebuch: »Wurde auch in der Erziehungsperiode Erzherzog Carls der größte Teil des Jahres in Wien zugebracht, so konnte doch im Sommer zur Ferienzeit für einige Monate das Land aufgesucht werden. Von 1896 bis 1900 wurde in Persenbeug an der Donau Aufenthalt genommen, in dem schönen, von allen geliebten Schloß des Erzherzogs Otto, in dem manche frohe Stunde verbracht wurde. Ausflüge, Promenade, Tennis waren an der Tagesordnung, manche Gäste belebten das Haus, die Wallfahrtsorte Maria Taferl und Heiligen-Berg und auch sonst manch schöne Punkte der Umgebung wurden aufgesucht. Die Liebe zur Natur und die Freude an den Bergen wurden wohl von frühester Jugend bei Erzherzog Carl genährt und gepflegt…«

Später hat Kaiser Franz Joseph Schloß Persenbeug von seinem Neffen Erzherzog Otto gekauft, dann kam es in den Besitz des Schwiegersohns Erzherzog Franz Salvator und dieser Familienzweig besitzt und bewohnt das Schloß noch heute.

Der Name von Schloß und Ortschaft stammt von einem Perso, der im 10. Jahrhundert hier auf hohem Felsen eine Burg errichtet hat. Diese Burg wurde im Juni 1045 Schauplatz eines aufsehenerregenden Unglücks.

Kaiser Heinrich III. zog die Donau entlang und machte halt in »Persinpiugun«, von Gefolge begleitet. Ein böses Omen am Vortag hatte einem der Begleiter, Bischof Bruno von Würzburg, Gefahr angekündigt. Ein Wassergeist war der Donau entstiegen und hatte dem geistlichen Herrn gedroht. Nun saßen also die Herren gemeinsam im Rittersaal, stärkten sich für die Weiterreise – da gab der Fußboden nach und

Der Geburtsort von Kaiser Karl I. – Schloß Persenbeug

die ganze Gesellschaft stürzte in das unter dem Saal liegende Stockwerk. Der Bischof kam ums Leben, auch andere Begleiter des Kaisers starben bei diesem Unglück. Heinrich III. blieb unverletzt.

Aber noch andere Kaiser hat Persenbeug gesehen – Friedrich Barbarossa machte hier Station auf dem Weg in das Heilige Land, er kehrte von dieser Reise nicht wieder. Und der spätere Kaiser Ferdinand I. nahm in Schloß Persenbeug die Huldigung der österreichischen Stände entgegen. 1521 war er aus Spanien gekommen, hielt 1522 Strafgericht über die aufständischen Wiener Bürger und trat seine lange Regierungszeit an.

Persenbeug war lange Zeit im Besitz eines Klosters, später gehörte es den Grafen Hoyos und von ihnen erwarb es Kaiser Franz II. (I.), der sich dieser ganzen Landschaft verbunden fühlte, davon künden auch die Schlösser Luberegg, Artstetten und Leiben. Die Freude an der Natur war für diesen letzten römischen Kaiser charakteristisch, er selbst hatte ja den Beruf des Gärtners erlernt. Er hatte aber auch eine große Liebe zur Musik, hat Cello gespielt und vereinte sich in Schloß Persenbeug mit anderen Musikfreunden zur Kammermusik.

Von der Burg des zehnten Jahrhunderts ist nichts mehr erhalten – der Bergfried ist im Kern aus dieser Zeit. Sein heutiges Aussehen hat Persenbeug zwischen 1617 und 1621 bekommen. Da das Schloß als Wohnung und nicht als Museum dient, kann man es nicht besuchen. Aber schon sein Anblick in der Landschaft ist den Weg wert, zumal man ja im Heimatmuseum des Ortes, im Rathaus, ohnehin Gelegenheit zu einem Museumsbesuch hat. Waffen und Urkunden, Münzen und Geräte sind da als Zeugen der Geschichte des Ortes und seiner Umgebung, Kaiser Franz I. spielt eine besondere Rolle, wie auch im nahen Schloß Luberegg, wo wir die nächste Station machen wollen.

Luberegg erreicht man wie Melk, Leiben oder Artstetten auf der Straße, die von Persenbeug die Donau entlang in die Wachau führt.

Nimmt man aber den Weg über die Donaubrücke, so kommt man nach Ybbs, in ein Städtchen, das ein ruhiges Leben nahe den Hauptstraßen – der Autobahn und der Westbahn – führt, aber doch so geschützt, daß man sich hier einige beschauliche Tage gut vorstellen kann. Zu diesem angenehmen Gedanken trägt auch der Ruf der Gastwirte dieser Landschaft bei.

In babenbergischer Zeit erlebte die Stadt einen schnellen Aufstieg, wußte rechtzeitig den neuen Verhältnissen zu entsprechen, öffnete König Rudolf von Habsburg auf seinem Zug gegen Ottokar als erste der niederösterreichischen Städte die Stadttore und konnte sich in der Folge der Gunst der Habsburger erfreuen. Wein- und Eisenhandel und verschiedene Mautrechte brachten Wohlstand, der Donauhafen machte das möglich. 1521 hielt Ferdinand I. in Ybbs einen Landtag ab, es muß eine seiner ersten Handlungen als Landesherr gewesen sein. Die Mauern von Ybbs waren so stark, daß sie acht Jahre später den Türken erfolgreich Widerstand entgegensetzen konnten. Schon 1480 hatte Matthias Corvinus die Stadt nicht einnehmen können.

Ein Spaziergang läßt noch vieles vom Bürgerstolz des Mittelalters ahnen – das alte Mauthaus in der Kirchengasse 14 birgt eine Kapelle von Kaiser Friedrichs III. Lieblingsheiligem St. Georg, und auf dem Kaiser Joseph-Platz steht der Namensgeber als Denkmal.

Luberegg

Wer sich der Donau entlang der Wachau nähert, muß Luberegg kennen. Die Gebäudegruppe, bestehend aus einem Schlößchen und einer Anzahl von Nebengebäuden, besitzt, soweit man das von Häusern sagen darf, Charme. Die Walmdächer mit ihren Schindeln, die für das niedere Gebäude mächtigen Karyatiden, das Nebeneinander von geradezu zarten Bauwerken und dem mächtigen Strom prägen Luberegg der Erinnerung ein.

Jahrzehntelang mußte man mit gefurchter Stirne beobach-ten, wie die Nebengebäude und das Schlößchen verfallend vor sich hin dösten. Doch zu Beginn der Neunzigerjahre kam Luberegg aus staatlicher Verwaltung wieder in privaten Besitz und so kann man sich heute nicht nur an ihrer wiedererstandenen Schönheit erfreuen, sondern auch an einem gut gestalteten Museum, dessen zentrales, ja einziges Thema das Leben des ersten Kaisers von Österreich ist.

Franz II. (I.) hat das Schloß 1795 durch den sogenannten Familienfonds ankaufen lassen. Dieser Fond war von Kaiserin Maria Theresia aus Teilen des großen Erbes von Franz I. Stephan errichtet worden, er hatte die Versorgung der Familienmitglieder zum Zweck. Gebaut hat Luberegg ein Mann, dessen Leben von Tatkraft und Risikofreude geprägt war, Joseph von Fürnberg. Er war der Besitzer von großen Wäl-

Napoleonische Reminiszenzen

Fürsten hatten sich im Rheinbund zur Gefolgschaft für Napoleon verpflichtet.

Schloß Luberegg erzählt von sich selbst, am Beginn der sehenswerten Ausstellung, und dann von seinem Hausherrn, von Kaiser Franz. Wer wenig von diesem Habsburger weiß, hier kann er alles nachholen. Franz II. ist nicht übermäßig alt geworden – mit 67 Jahren ist er gestorben. Aber durch die lange Regierungszeit von 43 Jahren wirkt dieses Leben viel länger. Und es ist ein aufregender Gedanke, daß Kaiser Franz Aufstieg, Höhepunkt, Fall seines großen Gegners Napoleon von Anbeginn bis Ende immer in der Funktion des Kaisers mitgemacht hat. Der junge General, der erste Konsul, der Kaiser der Franzosen, der Schwiegersohn, der Vater des Kaiserenkels, der gestürzte Gigant, über den der Wiener Kongreß berät und richtet – Kaiser Franz hat alle Stationen Napoleons miterlebt. Auch darüber informiert das Museum über die Zeit Franz II. (I.), über seinen Tod, über seine Mitmenschen. Und so stellt das Museum sich selbst, den schloßartigen Häuserkomplex mit seinen übergroßen Karyatiden und den Schindeldächern, in einen historischen und geographischen Zusammenhang, der noch nachwirkt, wenn man schon wieder ganz woanders Station macht.

dern, die er schlagen und als Brennholz nach Wien verkaufen ließ. Um 1780 ließ er Schloß und Nebengebäude von Luberegg errichten, wo sich der Lagerplatz des Holzes zum weiteren Transport nach Wien befand. 1791 erhielt er das Privileg, in Gutenbrunn, Pöggstall und in Luberegg Poststationen einzurichten, das war damals noch möglich. Alle diese und noch andere Unternehmungen nebeneinander zu lenken, war wohl eine zu große Aufgabe, jedenfalls war Joseph von Fürnberg 1795 gezwungen, seinen Besitz zu verkaufen.

Ab 1803 kam Kaiser Franz immer wieder nach Luberegg. Bis 1811 sind mehrere Sommeraufenthalte des Kaisers in dem Schlößchen an der Donau, mit dem eindrucksvollen Blick auf das nahe Stift Melk, nachgewiesen. Diese Jahre gehörten zu den schwersten im Leben von Franz II. (I.), der 1804 als Reaktion auf die Selbsterhöhung Napoleons vom Ersten Konsul zum Kaiser reagierte, indem er das österreichische Kaisertum begründete, und 1806 auf den Zerfall des Heiligen Römischen Reichs deutscher Nation reagierte, indem er Reich und Kaisertum für beendet erklärte. Viele deutsche

Melk

Ob man als Urlauber in Richtung Wien fährt oder aus geschäftlichen Gründen im Osten Österreichs unterwegs ist, ob eine Radtour entlang der Donau oder eine Reise auf den Spuren der Habsburger den Anlaß bietet – das Stift Melk bei solcher Gelegenheit nicht zu besuchen ist ein Kardinalfehler. Aus einem Speisewagenfenster, in Richtung Wien in Fahrtrichtung auf der linken Seite sitzend, an einem Sonnentag den Anblick zum ersten Mal zu erleben, das ist ein unvergeßliches Erlebnis. Und weil alles, was sich dem Lob noch anfügen läßt, nur noch mehr in schwärmerische Klischeenähe geraten würde, wollen wir uns den Fakten zuwenden.

Um die Wende vom ersten zum zweiten Jahrtausend tritt Melk in die österreichische Geschichte ein – die Babenberger, Landherren seit 976, errichten auf steilem Felsen ihre Burg und residieren hier für rund sechzig Jahre.

Entscheidend für die Geschichte von Melk ist das Jahr 1089 – das Gründungsjahr des Benediktinerklosters. Noch sind wir zwei Jahrhunderte vom Beginn der Herrschaft der Habsburger entfernt – aber man muß die Gelegenheit nützen und so ist hier das Erscheinen des ersten Satirikers deutscher Zunge zu erwähnen, des Ritters Heinrich von Piela. Er ist als Laienbruder eingetreten, seine Satiren hat er, wie seine Vorläufer in der Antike, in Gedichtform gekleidet.

A propos Dichtung – in der Stiftsbibliothek wird man auf ein Werk des zwanzigsten Jahrhunderts aufmerksam gemacht, wenn man es infolge der Überfülle selbst nicht bemerkt hat, das einen ganz ungewöhnlichen Erfolg gehabt hat – »Der Name der Rose« von Umberto Eco. Er hat einer seiner beiden Hauptfiguren, dem Begleiter des Helden, den Namen »Adson von Melk« und diesem damit eine Herkunft gegeben. Und noch einmal à propos Literatur – um 1203 ist das Nibelungenlied entstanden und Melk zählt, zu den sieben niederösterreichischen Gemeinden, die darin mit Namen genannt werden, also nicht nur auf Grund einer Ortsbeschreibung zu identifizieren sind: »Aus Melk heraus auf Händen ward getragen/manch schönes Goldgefäß, darinnen bracht man Wein.« Wer nicht nur im Schnellzug den Melker Großeindruck auf sich wirken läßt, kann sich davon überzeugen, daß das auch heute noch funktioniert.

Wem an dieser Stelle Hohenems in Vorarlberg in den Sinn kommt, der irrt sich nicht – dort hat man in der überreichen Schloßbibliothek die Fassungen »C« und »A« des Nibelungenliedes im 18. Jahrhundert gefunden.

Der erste Habsburger, der in der Geschichte von Melk hier genannt sein soll, ist Herzog Rudolf IV., der Stifter. Er hat dem Kloster das Melker Kreuz geschenkt, das zu den großen Kunstwerken des 14. Jahrhunderts zählt.

Nach einem Niedergang des Melker Klosterlebens in den ersten Jahrzehnten der Reformation führten die Bedrohung durch die Türken und ein großer Brand zu einem weiteren Absinken der Bedeutung des zuvor schon blühenden Stifts. Erst das 18. Jahrhundert brachte die Wende.

Abt Berthold Dietmayr, ein Bürgersohn aus Scheibbs, gab dem in St. Pölten lebenden tiroler Baumeister Jakob Prandtauer den Auftrag zum Neubau. Die große Nähe der österreichischen Klöster zum Haus Habsburg wird in Dietmayrs Programm für diesen Neubau deutlich. Es sollte künftig in Stift Melk, »wann allenfalls aus dem Erzherzogl. Hauß Österreich jemand in Allerhöchster Person da selbsten eintreffen werde, für sich und dero suite ein kommentliches unterkommen zu haben seyn.« Es war ein »kommentliches unterkommen« zu haben. Die herrliche Stiftskirche, die Bibliothek, die Kaiserzimmer boten dem Herrscherhaus immer wieder eine repräsentative Möglichkeit zum Aufenthalt auf Reisen an der Donau.

Maria Theresia hat mehrere Male in Melk übernachtet, auch auf der Reise nach Frankfurt zur Kaiserkrönung ihres Franz Stephan. Und auch als ihr ältester Sohn Joseph 1764 zum deutschen König gekrönt wurde, kam sie dem Heimkehrenden bis Melk entgegen, dort hat sie danach die Ostertage verbracht. Damals war der uns so sehr vertraute Klosterbau noch fast neu, und wie bei allen Projekten dieser großen Dimension hatte der Urheber, der Bauherr Abt Berthold Dietmayr, nicht nur Lob geerntet. Doch gegen alle Kritik an seiner verschwenderischen Prachtliebe hielt ihm Kaiser Karl VI., Maria Theresias Vater, die Treue. Er schätzte den Abt, wollte seine großen Fähigkeiten auch auf anderen Gebieten dem Reich zunutze machen. Das Angebot, am Hofe des Königs von Polen als Botschafter des Kaisers zu wirken, lehnte Dietmayr aber ab. Er zog es vor, der Botschafter des Reichs Gottes zu bleiben und verherrlichte den Frieden nach Türkenzeit und Reformationskampf auf seine Weise.

Artstetten

Artstetten hat eine lange Geschichte. Schon im Mittelalter stand hier ein Festungswerk, und schon 1823 kam das Schloß in den Besitz der Habsburger. Aber niemals denkt man, hört man den Namen des Schlosses, an Mittelalter oder Biedermeier, sondern immer an den 28. Juni 1914.

Der erste Schloßherr von Artstetten aus dem Haus Habsburg war Kaiser Franz I. Nach seinem Tod erbte der zweitgeborene Sohn Franz Karl das Schloß, von dem es wiederum ein Sohn übernahm, Erzherzog Carl Ludwig. Im Unglücksjahr 1866 verkaufte er es an Erzherzog Ferdinand Max, seinen Bruder, der im Alter zwischen ihm und dem ältesten Bruder Kaiser Franz Joseph stand. Ein Jahr später war der neue Herr von Artstetten tot, gefallen unter den Schüssen eines Pelotons in Queretaro. Sein Bruder Carl Ludwig erbte Artstetten. Ab dem 1.4.1889 war der älteste Sohn des Erzherzogs, Franz Fer-

dinand, im Besitze des Schlosses, seiner Familie gehört Artstetten noch heute.

Das Schloß hat eine eigenartige Atmosphäre. Es war immer bewohnt und ist es auch heute. Es ist alt, wirkt aber modern, dem 20. Jahrhundert entsprechend. Erzherzog Carl Ludwig hat ein bei Führungen vielbestauntes Bad einbauen lassen, sein Sohn Franz Ferdinand sorgte für einen Aufzug und für elektrisches Licht. Nach großen Schwierigkeiten hatte Erzherzog Franz Ferdinand Gräfin Sophie Chotek heiraten können. Sie war nach den strengen habsburgischen Hausgesetzen nicht ebenbürtig, es ließ sich voraussehen, daß daraus Schwierigkeiten erwachsen könnten, schließlich war der Bräutigam der Thronfolger. Am 28. Juni 1900 verzichtete Franz Ferdinand in einem formellen Renuntiationsakt in der Geheimen Ratsstube der Hofburg in Wien auf die Thronfolge für die zu erhoffenden Kinder. Damit war der Weg frei, am 1. Juli 1900 fand die Hochzeit statt.

Kaiser Franz Joseph erhob Gräfin Chotek zur Herzogin von Hohenberg.

Der 28. Juni hat für die Serben die Bedeutung eines Mythos.

Eingebettet in eine Landschaft der Schlösser, Burgen und Klöster – Schloß Artstetten

Weitra

Im Tode ebenbürtig

Der Vidovdan, der St. Veits-Tag, bedeutet ihnen schmerzvolle Erinnerung an ihre große Niederlage gegen die Türken, und so war also die Wahl dieses Tages für einen Akt der Repräsentation der Staatsmacht in der Hauptstadt von Bosnien keine glückliche. Am 28. Juni 1914 fielen die Schüsse von Sarajevo, die den Ersten Weltkrieg einleiteten und der alten Welt ein Ende bereiteten.

Die Leichen der Ermordeten wurden mit der »Viribus Unitis« aber die Adria nach Triest gebracht, von dort im Sonderzug nach Wien überführt und nach der Aufbahrung in der Hofburgkapelle wieder mit dem Zug vom Westbahnhof bis zum Bahnhof Pöchlarn geleitet. In einer Nacht voller Regen, während eines Gewitters, rollte der Leichenwagen mit den Särgen auf die Donaufähre, und am 4. Juli wurden die ersten Toten des Ersten Weltkriegs in der Gruft von Artstetten beigesetzt. Der Thronfolger selbst hatte den Bau dieser Gruft geplant.

Die Söhne des ermordeten Paares, Herzog Max von Hohenberg und Fürst Ernst von Hohenberg, waren die ersten verhafteten und in ein Konzentrationslager gebrachten Österreicher nach Hitlers Einmarsch im März 1938.

Die ständige Sammlung in Schloß Artstetten und die jährlich neue, historischen Themen gewidmete Ausstellung halten das Gedächtnis an den ermordeten Schloßherrn hoch.

»Gott bewahre die Stadt« – dieser Bitte über dem Stadttor schließt man sich gerne an. Weitra hat ein so gut erhaltenes harmonisches Stadtbild und die Atmosphäre eines intakten Gemeinwesens – einen Bahnhof an der Waldviertler Schmalspurbahn, eine kleine eigene Brauerei und vor allem ein Schloß.

Um dieses Schloß und seine Geschichte richtig zu sehen, muß man sich die geographische Lage Weitras vor Augen führen. Über die alte Zollstätte, die einst hier lag, führte ein Weg von Wien nach Prag, der »Weitraer Weg« hieß diese Straße nach Böhmen. Und wirklich haben die kleine Stadt und ihre Landschaft etwas von beiden Enden dieses Weges: Weitra gehört sowohl zum Böhmerwaldviertel als auch zum Wienerwaldviertel.

Sein Stadtrecht stammt schon aus habsburgischer Zeit, aus dem Jahr 1321. Das heutige Stadttor hat ein weit älteres im Jahr 1526 ersetzt, an der Ostwand sieht man das Wappen des Kaisers, das Wappen des Grundherrn und das Stadtwappen.

Seit Jahrhunderten ist hier die Familie Fürstenberg zuhause. Aber erbaut hat sie das Schloß von Weitra nicht – das stammt von Wolf Rumpf, Freiherrn von Willroß. Das war ein großer Mann – Geheimer Rat des Kaisers, Oberstkämmerer Rudolfs II. Im Jahr 1600 ist seine Karriere den Intrigen am Prager Hof zum Opfer gefallen und war beendet. Damals war der Schloßbau eben in vollem Gange – von 1590 bis 1606 hat er gedauert.

Und als Architekt hat der treue Diener seines Herrn nicht einfach irgendeinen Fachmann geholt, sondern jenen Pietro Ferrabosco, der auch für den Kaiser gearbeitet hat, in der Wiener Hofburg zum Beispiel. Das Schweizertor in seiner heutigen Form ist Ferraboscos Werk ebenso wie der schöne Arkadenhof vor den Stallungen der Spanischen Reitschule.

Der dreieckige Hauptplatz, die unerwartet städtisch wirkenden Häuser, prägen das Stadtbild von Weitra. In ihrer Mitte steht ein Denkmal für Joseph II., eines der vielen des Waldviertels, des Weinviertels. Der Kaiser hatte gerade in ländlichen Gegenden ein sehr hohes Ansehen und hat es noch immer. Die Aufhebung der Leibeigenschaft im Jahr 1781, seine Bemühungen zum Vorteil der Landwirtschaft, die Ansiedlung und Förderung industrieller Betriebe, das waren Re-

formen, die gerade der Bevölkerung in Dörfern und Klein-
städten sehr halfen.

Wer Weitra besucht hat, dem werden das Schloß und das
Stadttor, der Hauptplatz und die Atmosphäre in Erinnerung
bleiben – und das Sgraffitohaus. Seit dem 16. Jahrhundert
haben sich viele »erste« Häuser in dieser Kratzputz-Technik
geschmückt. Wir finden solche Fassaden in Weitra, im nahen Gmünd, in Retz. Und wir finden sie auf der anderen
Seite der Grenze, bei unseren alten Verwandten in Telc und
Slavonice und Prachatice. Man muß eben in Regionen denken.

Das Stadttor von Weitra – eine Schleuse in die Vergangenheit

Hardegg

Viele Jahre lang hatte die kleine Stadt im niederösterreichischen Norden den Ruf, nicht nur ohnehin schon die kleinste Stadt Österreichs zu sein, sondern zudem noch ständig zu
schrumpfen – soweit das überhaupt noch möglich war. Die
Grenzlage, die nach 1945 ihrer Funktion beraubte Brücke
über den Grenzfluß zum Nachbarland, machten Hardegg zu
einem nur selten erreichten Ziel. Schließlich wurde das
Städtchen nur noch als Kuriosum betrachtet und hätte sich
doch in all der Zeit Besseres verdient. Die Volkszählung
1961 ergab eine Einwohnerzahl von nur mehr 201 Menschen, in den Jahren danach sank auch diese Anzahl auf die
Hälfte.

Doch seither hat sich vieles geändert, man kann die Nachbarn wieder besuchen, und so wird mit der nach 42 Jahren
wieder geöffneten Thayabrücke auch eine bessere Zeit in die
kleine Stadt finden.

Die Burg oberhalb der Stadt stammt aus dem 12. Jahrhundert. Nach mehrfachem Besitzerwechsel wurde Burg Hardegg
schließlich im Jahr 1731 von dem ursprünglich aus Franken
stammenden, damals schon seit langer Zeit in Kärnten und
Oberösterreich ansässigen Haus Khevenhüller käuflich erworben. 1764 verheerte eine katastrophale Feuersbrunst den
kleinen Ort und damals gab der Burgherr die Erlaubnis, die
ohnehin schon baufälligen Mauern zu demolieren und die
Teile für Neubau und Wiederaufbau der Häuser zu verwen-
den. Bis zum Ende des 19. Jahrhunderts blieb die alte Burg
eine Ruine, dann begann unter Fürst Johann Karl Khevenhüller-Metsch der Wiederaufbau. Heute zeigt sich dem Besucher eine weitläufige Anlage mit vier mächtigen Türmen.

Fürst Johann Karl war einer der treuesten Begleiter von Erzherzog Ferdinand Max in seinen letzten Jahren. Er war zuletzt Rittmeister in einem Ulanenregiment gewesen und
hatte sich dann entschlossen, dem österreichischen Freiwilli-
gencorps beizutreten, das den nunmehrigen Kaiser Maximilian von Mexiko in seine neue Heimat begleiten sollte. Vom
Winter 1864 bis zum Sommer 1867 blieb Khevenhüller in
Mexiko. Nach dem Tod Maximilians in Queretaro kehrte
Karl Khevenhüller nach Österreich heim.

In der Burg Hardegg kann man mehr über Maximilians mexikanische Abenteuer erfahren. Viele Erinnerungsstücke aus

Erinnerungen an Cuernavaca und Vera Cruz – Hardegg

Khevenhüllers Besitz sind nach dem Ende des Zweiten Weltkriegs verloren gegangen, aber das Erhaltene hat man wieder ergänzt und so kann sich der Besucher hier ein Bild von dem kurzlebigen zweiten mexikanischen Kaiserreich machen. Rund 8000 Österreicher waren dem jüngeren Bruder von Kaiser Franz Joseph gefolgt. Am 28. Mai 1864 traf Max mit seiner Frau, der belgischen Prinzessin Charlotte, in Vera Cruz ein. Das junge Kaiserpaar verließ die Fregatte »Novara«, ein Schiff, das mehrfach Bedeutung im Leben Maximilians gehabt hat.

Die »Novara« stammte aus der Werft von Venedig, dort wurde sie zwischen 1843 und 1850 gebaut. Maximilian, vom Kaisertraum weit entfernt, schickte sie als Marine-Oberkommandant auf Weltreise – im April 1857 stach man von Triest aus in See, neben 352 Mann war noch eine wissenschaftliche Kommission an Bord. Gibraltar, Madeira, Rio de Janeiro, dann die Südspitze Afrikas, der Indische Ozean, die Philippinen, Shanghai, Sydney, Neuseeland, Tahiti, kurz, wirklich die halbe Welt wurde bereist, ein imponierendes Unternehmen. Der wissenschaftliche Erfolg gab dem großzügigen Plan und damit Erzherzog Ferdinand Max recht.

Nun traf also das junge Herrscherpaar an Bord der »Novara« in Mexiko ein – und als knapp drei Jahre später der tragische Ausgang des Unternehmens allen Befürchtungen und Warnungen recht gegeben hatte, spielte die »Novara« wieder eine Rolle. Kaiser Franz Joseph sendet Vizeadmiral Tegetthoff mit der Fregatte nach Mexico. Wilhelm von Tegetthoff soll den Leichnam des toten Kaisers zurückbringen – seines Vorgesetzten, seines Protektors, seines Freundes.

Von Triest nach Vera Cruz war das junge Paar in eine scheinbar glückliche Zukunft gereist, nun segelte die »Novara« den gleichen Weg zurück. Von Triest brachte man den Toten mit der Südbahn nach Wien, vom Südbahnhof führte der Trauerkondukt in die Hofburg. Am 20. Januar 1868 wurde Erzherzog Ferdinand Maximilian in die Kapuzinergruft getragen. Seine Mutter, Erzherzogin Sophie, hat ihn um fünf Jahre, sein Vater Erzherzog Franz Karl um zehn Jahre überlebt.

Das habsburgische Hausgesetz schrieb vor, daß ein Schiff, das ein totes Mitglied des Hauses Habsburg an Bord gehabt hatte, abzuwracken sei, und so kam das Ende der »Novara«. Die Gruft von Hardegg ist nicht der Öffentlichkeit zugänglich, eine Familiengruft. In ihrem Vorraum ist ein Kreuz angebracht, das aus den Schiffsplanken der »Novara« besteht. Die Stadtpfarrkirche aber ist selbstverständlich für die Allgemeinheit offen. Hier befindet sich ein hölzernes Kreuz, das aus dem großen Mast der »Novara« entstanden ist.

Die Maximilian-Ausstellung in Hardegg hält die Erinnerung an das mexikanische Abenteuer wach, und sie regt zu Gedanken und Reflexionen an. Aber ob man nun den jungen Erzherzog, der Kaiser werden wollte, für naiv hält oder für einen visionären Idealisten – man muß zugeben, daß er nicht

Das mexikanische Hofzeremoniell, die Uniformen der Garde des Kaisers von Mexico, seltene Themen an der Thaya

Der Weg eines Schiffes – Weltumsegelung, Trauerkondukt, Kruzifix

geschickt, aber verständlich gehandelt hat. Maximilian hat indianisch gelernt und er hat nicht versucht, die einflußreichen Kreise spanischer Abkunft, die Kreolen und die vielen angereisten Europäer sich zuerst zu Freunden zu machen. Er hat sich um die Ureinwohner bemüht. In seinen Büchern (»Aus meinem Leben«) findet man manchen bemerkenswerten Gedanken: »Die Völker sind nicht für die Herrscher da, sondern die Herrscher für die Völker... Wie Viele danken den Ruhm des Verstandes einer Serie glücklicher Zufälle... Es ist sehr klug immer anzunehmen, daß die anderen Leute gescheidter sind, wie man selbst ist.«

Johann Karl Graf Khevenhüller, der Maximilian bis zum letzten Augenblick durch alle Gefahren die Treue bewahrt hatte, berichtete später über die Tage nach dem Tod Maximilians und die Heimkehr der Österreicher: »Am 24. 7. trafen wir in Vera Cruz ein. Ich ritt meinen Fuchshengst und betrübt erkannten wir während des mehrtägigen Marsches alle die Orte, wo wir für den Kaiser gekämpft hatten...Vom Schiff aus sagte ich jenem Kontinent, der jahrelang meine Heimat war und der es für die Zukunft hätte sein sollen, ›Lebe Wohl!‹«

Schloß Wetzdorf

Die Gemeinden Klein-Wetzdorf und Groß-Wetzdorf liegen nebeneinander, südlich von Hollabrunn. Wer Schloß Wetzdorf besuchen möchte, hält sich beim Suchen auf der Landkarte an Großwetzdorf, so ist die offizielle Schreibweise.

In der Kapuzinergruft hat eine große Anzahl von Mitgliedern der Familie Habsburg und Habsburg-Lothringen ihre letzte Ruhe gefunden. Unter all den Sarkophagen gibt es nur einen, dessen Inschrift einen anderen Namen nennt – den der Gräfin Fuchs-Mollard, der Erzieherin, der Aja von Erzherzogin Maria Theresis, später Hofdame von Kaiserin Maria Theresia.

Dieser einzigen Ausnahme sollte viele Jahre später eine zweite folgen. Im Januar 1858 starb in Mailand Feldmarschall Radetzky, eine Legende schon zu Lebzeiten. Der Generalstabschef der Schlacht bei Leipzig, der sich später als

Der Sieger von Aspern

Unerwartete Begegnung

Gouverneur im italienischen Teil Österreichs bewährt hatte, war zwar der Freiheitsbewegung Italiens, den Carbonari, den Anhängern Garibaldis mehr als ein Dorn im Auge gewesen, aber für die Regierung in Wien, für die Soldaten seiner Armee war er ein Held. Freilich hatte es auch im revolutionären Wien des Jahres 1848 Kritiker gegeben, viele Intellektuelle, Studenten und liberale Politiker nahmen Johann Strauß (Vater) den Redetzkymarsch und Franz Grillparzer sein Gedicht übel – »Glück auf, mein Feldherr, führe den Streich/nicht bloß um des Ruhmes Schimmer./In Deinem Lager ist Österreich/Wir anderen sind einzelne Trümmer.« Der Liberalismus und in der Folge der Nationalismus waren zu sehr gediehen, als daß in einer der anderen Strophen ein wirkliches Abbild der Realität hätte gesehen werden können: »Die Gott als Slaw' und Magyaren schuf/sie streiten um Worte nicht hämisch./Sie folgen, ob deutsch auch der Feldherrnruf,/den »Vorwärts« ist ung'risch und böhmisch.« Aber »ung'risch« war eben doch »ung'risch« und böhmisch war böhmisch. Daß man das später anders gesehen hat und daß man heute ohne Furcht vor Duellforderungen auch in

111

Der Traum des Armeelieferanten – Geschichte en gros

der Lombardei von Radetzky sprechen kann, das war nicht mit Sicherheit vorauszusehen.

Kaiser Franz Joseph I. hatte die Absicht gehabt, den zum Symbol gewordenen Feldmarschall in der Kapuzinergruft beisetzen zu lassen. Doch da meldete sich der Armeelieferant Josef Pargfrieder und verwies auf eine Stelle im Testament des Grafen: »Ich bitte meinen alten Freund Pargfrieder, bei welchem ich in seinem Park zu Wetzdorf am Heldenberg, zur Seite meines alten Freundes, Marschall von Wimpffen, beigesetzt zu werden wünsche, der Testamentsvollstrecker meines letzten Willens zu sein, des Anspruch alles überlassen bleibt.«

Joseph Pargfrieder war mit Radetzky schon lange bekannt, zumindest seit 1830. Fast jedes Jahr kam es zu einem Treffen zwischen den Herren. Als Feldmarschall Wimpffen 1854 in Pargfrieders Gruft beigesetzt worden war, strebte der Herr von Kleinwetzdorf das nächste Ziel an.

Radetzky litt sein Leben lang unter wirtschaftlichen Schwierigkeiten. Früh verwaist, ohne bedeutende Vermögenswerte geerbt zu haben, war er auch durch seine Heirat mit einer Gräfin Strassoldo-Grafenberg nicht in beruhigende finanzielle Umstände gelangt. Der Gutsbesitzer Pargfrieder, mit dem als Armeelieferant gemachten großen Vermögen im Hintergrund, ging seinem Traum der Schaffung einer Ruhmeshalle der österreichischen Armee mit Konsequenz nach und erklärte sich bereit, Radetzkys Schulden zu übernehmen, wenn er dafür den vorhin erwähnten Passus in sein Testament aufnehme.

Radetzky war nicht nur glücklich über dieses Angebot, aber es muß ihm seine letzten Lebensjahre erleichtert haben. Dem Militärattaché des Königs von Preußen gegenüber meinte er: »Schaun's der Kerl, der Pargfrieder, kommt immer und quält mi, ich soll ihm meinen Leichnam testamentarisch vermachen, daß er mi in seinem Park von Stockerau bei Wien begraben kann.« Diese Worte fielen im Jahre 1835 und im gleichen Jahr verfaßte Radetzky sein Testament.

Nach der Einbalsamierung war Radetzky, in Marschallsuniform, mit den Ordenssternen, in der Villa Reale in Mailand drei Tage aufgebahrt gewesen, war dann in den Dom und danach nach Venedig gebracht worden. In Venedig waren die Erzherzoge Albrecht, Ernst und Karl Ferdinand bei der Trauerfeier anwesend. Mit der Eisenbahn brachte man den Sarg nach Wien, in allen Garnisonen entlang der Strecke waren die Soldaten zum letzten Gruß angetreten.

Am 17. Januar 1858 wurde der tote Feldmarschall in der Haupt- und Residenzstadt empfangen, er war der erste Ehrenbürger Wiens. Die Trauerkundgebung fand auf dem Glacis statt, 20.000 Mann der Wiener Garnison waren ausgerückt, Kaiser Franz Joseph selbst kommandierte den Kondukt. Vom Nordbahnhof ging es weiter nach Schloß Wetzdorf. Am 18. Januar wurde der Galawagen mit den sechs schwarzen Rappen in Anwesenheit des Kaisers, vieler Erzherzoge und Generäle auf den Heldenberg gelenkt, und unter dem Donner von 100 Salutschüssen brachte man den Sarg in die Gruft.

Dort ruht nun Joseph Wenzel Graf Radetzky von Radetz neben seinem Freund Wimpffen und wenige Jahre später folgte auch der Schloßherr in die Gruft.

Joseph Pargfrieder verstarb 1863. Er hatte bestimmt, daß sein Leichnam nach der Einbalsamierung zur Gruft zu bringen sei, dort habe man ihn in die vorbereitete Grabkammer zu senken, sitzend, bekleidet mit rotgeblümtem Schlafrock und einem Hauskäppchen, darüber eine dreiteilige Ritterrüstung. – Einmal wurde die Gruft geöffnet, im Zuge der umfangreichen Restaurierungsarbeiten nach dem Zweiten Weltkrieg, und da zeigte es sich, daß die Vorschriften Pargfrieders eingehalten worden waren.

Schloß und Herrschaft Kleinwetzdorf hatten einen häufigen Besitzerwechsel hinter sich, als 1832 Joseph Pargfrieder durch Kauf zum neuen Schloßherren wurde. Er deutete zeitlebens an, er heiße zwar Pargfrieder, aber sein wahrer Vater sei Josef II. Diese hohe Abkunft habe ihn auch in den Besitz des Anfangskapitals gesetzt, das er zu nutzen und zu vermehren verstanden hatte. Dem wirtschaftlichen Interesse gesellte sich im Revolutionsjahr 1848 eine starke patriotische Neigung Pargfrieders, die im Plan der Schaffung einer österreichischen Ruhmeshalle, dem deutschen Wallhalla Ludwigs I. vergleichbar, ihren Ausdruck fand.

Nach Pargfrieders eigenen Aufzeichnungen umfaßt der von ihm geschaffene Heldenberg »19 Statuen, 142 Büsten, 11 Grenadiere, 4 Statuetten, 1 eisernes Kreuz, 28 kleine Kanonen, 34 kleine Mörser, 8 eiserne Bänke, 2 eiserne Laternen. Der Flächeninhalt beträgt 7904 Quadratklafter.« Der Gruft gegenüber wurde eine Säulenhalle errichtet, sie sollte das Entrée zu einem Invalidenhaus bilden.

In großen und kleineren Büsten sind berühmte Feldherren dargestellt, wie Erzherzog Karl, der Sieger von Aspern, hier findet man die bis in Pargfrieders Zeit mit dem Maria Theresien-Orden, der höchsten militärischen Auszeichnung der Monarchie, geehrten Soldaten. In der Kaiserallee sind die regierenden Habsburger von Rudolf I. bis zu Franz Joseph I. vereint. Als Pargfrieder an der Seite der beiden Marschälle bestattet worden war, bemächtigte sich der Volkswitz der Gruft: »Hier liegen drei Helden in ewiger Ruh', zwei lieferten Schlachten, der dritte die Schuh'.«

Das Schloß, in Privatbesitz, birgt eine Menge von Erinnerungen an Pargfrieders Zeit und an Feldmarschall Radetzky.

Klosterneuburg

»Auf den Spuren der Habsburger« ließe sich jedes österreichische Kloster besuchen, irgendeinen Zusammenhang wird man entdecken. Ob St. Florian oder Göttweig, Herzogenburg oder St. Paul, auf vielfältige Weise steht die Klosterlandschaft Österreichs mit dem Haus Habsburg in Beziehung. Doch so eng wie in Klosterneuburg wird diese Beziehung in keinem Stift dieses Landes.

Ein zweiter Escorial sollte hier emporwachsen, die neun Kronen des Hauses Habsburg waren zur Bekrönung der Kuppeln gedacht. Aber wer weiß, ob solch perfektes Bauwerk von nicht faßbaren Dimensionen noch ein »österreichisches« zu nennen gewesen wäre – gerade die nicht ganz perfekte Durchführung von Plänen, die Zufriedenheit mit auf halbem Weg erreichter Größe hat in diesem Land Plätze von europäischer Qualität geschaffen, hat der Qualität der At-

mosphäre vor der Quantität des Baumaterials den Vortritt gelassen. Der Heldenplatz in der Hofburg von Wien, der unvollendete Kirchenbau von Neuberg an der Mürz, Schloß Schönbrunn sind berühmte Beispiele. Leopolds Klosterneuburg hat nicht neun Kuppeln sondern zwei und so sieht man hier auch nicht neun Riesenkronen, sondern nur den österreichischen Erzherzogshut und die römisch-deutsche Kaiserkrone.

Die Kaiserkrone ist im Original in Wien zu besichtigen, in der Schatzkammer. Der Erzherzogshut wird seit Jahrhunderten in Stift Klosterneuburg aufbewahrt, als einer von vielen unermeßlichen Schätzen.

Geschichte wird manchesmal in einem einzelnen Ereignis so dicht, daß man Zusammenhänge zu verstehen beginnt, in einer einzigen Persönlichkeit so konzentriert, daß man sie neu zu begreifen vermag. Wer die Geschichte von Klosterneuburg erzählt, spricht vom Werden Österreichs.

Die Gründungssage ist bekannt. Schließlich ist ja diese Sage eine der populärsten, eine der vielen Gründungsgeschichten, die es um Klöster überall gibt, aber auch eine Heiligen-

In Köln der Dreikönigsschrein, in Klosterneuburg der berühmte Altar – Werke von Nikolaus von Verdun

legende, die dem heiligen Leopold gilt, dem Schutzpatron Österreichs. Der Babenberger Markgraf Leopold III. war mit Agnes verheiratet, der Tochter Kaiser Heinrichs IV. Auf einem Söller der Burg auf dem Wiener Leopoldsberg stehend, verlor Agnes ihren Schleier, der Wind trug ihn weit übers Land, und später beschloß Leopold, an der Stelle, an der sich der Schleier wieder gefunden hatte, ein Kloster zu bauen.

Das ist eine Legende. Aber wie auch immer – das Kloster der Augustiner-Chorherren wurde 1136 eingeweiht, Markgraf Leopold III. wurde 1485 heiliggesprochen. Ein anderer Träger dieses Namens, Kaiser Leopold I., begann mit einer alljährlichen Wallfahrt zum Landesheiligen von Wien, von der Ländern ob und unter der Enns, also von Niederösterreich und Oberösterreich. Diese Tradition ging ins Volk über und auch heute ist der 15. November für die Klosterneuburger, für traditionsbewußte Niederösterreicher und für sehr viele Schüler ein wirklicher Feiertag.

Der jüngere Sohn Leopolds I. führte die Tradition weiter, ja er maß der Verehrung Leopolds des Heiligen noch weit größeres Gewicht bei.

Mit der spanischen Erfahrung ausgestattet, in den langen Jahren des Spanischen Erbfolgekriegs nicht ohne berechtigte Hoffnung auf die Krone Spaniens, ersehnte Kaiser Karl VI. eine österreichische Version des Escorials Phillips II. 1730 begann man mit dem Bau nach den Plänen Felice Donato d'Allios. Der jüngere Fischer von Erlach wirkte in der Folge an der Ausführung mit, und als sich das Vorhaben als zu groß und damit unausführbar erwies, war Karl VI. schon zehn Jahre tot. Erst der große Baumeister des österreichischen Biedermeier, Josef Kornhäusel, gab dem Torso seine heutige Form.

In den Kunstwerken spiegelt sich die Absicht Karls VI. Der wunderbare ovale Marmorsaal mit seiner Kuppel trägt als schönsten Schmuck ein Deckenfresko von Daniel Gran, das den Ruhm des Hauses Österreichs verherrlicht. Die Kaiserzimmer vermitteln wahrhaft imperialen Glanz, heute dienen sie zum Teil Zwecken des Klosteralltags. Das Stiftsmuseum ist in den ehemaligen Erzherzogenzimmern untergebracht. Seine ungemein reiche Sammlung umfaßt Werke von Rudolf von Alt, Giovanni Bellini, Hans Burgkmair, Egon Schiele, Rueland Frueauf d. J. u.a.

Die wesentlichsten Kunstwerke des Stiftes Klosterneuburg sind allerdings nicht im Museum zu finden, sondern nur im Rahmen von Führungen kennenzulernen. Der Verduner Altar zählt dazu – Email auf vergoldetem Kupfer, ein Hauptwerk der mittelalterlichen Kunst des Abendlands. Sein

Die Kaiserkrone auf der Kuppel

Schöpfer Nikolaus von Verdun, womit freilich nicht das französische Verdun, sondern Werden gemeint ist, hat den Altar 1181 vollendet. Die 51 Bildtafeln erzählen die Geschichte der Menschheit und ihr Glanz, ihre kräftigen Farben müssen in einer film- und fernsehapparatlosen Zeit wie ein Wunder gewirkt haben.

Der Leopolditag des Jahres 1683 wird wohl für Kaiser Leopold ein besonders feierliches Fest gewesen sein – zwei Monate vorher, am 12. September, war das Entsatzheer von der Höhe des Kahlenberges über die Türken hereingebrochen und hatte der Not der Wiener nach mehr als acht Wochen Belagerung ein Ende gemacht.

Seit 1616 liegt der Erzherzogshut von Österreich bei den Augustiner-Chorherren von Klosterneuburg. Maximilian III., Regent in Tirol, Hoch- und Deutschmeister, hat dieses Symbol für das Haupt des Heiligen Leopold gestiftet. Anläßlich der Erbhuldigungszeremonien wurde der Erzherzogshut aus Klosterneuburg geholt und im Zuge mitgetragen. Das Wappen von Oberösterreich zeigt über dem Schild mit dem Adler den österreichischen Erzherzoghut. Hat man das Stift besucht und möchte beim Thema österreichische Geschichte bleiben, so sollte man sich noch die Zeit zum Besuch eines der anderen Museen der Stadt Klosterneuburg nehmen. Das Stadtmuseum macht mit Kultur- und Wirtschaftsgeschichte von der Zeit der Römer bis in die Gegenwart vertraut, das Mährisch-Schlesische Heimatmuseum erinnert an die Zeit, da das Sudetenland und Ostschlesien zu Österreich gehört haben.

Dürnkrut

Inmitten einer weiten Ebene steht ein Denkmal. Still ist das Land, nur der Wind ist zu hören, der über die Felder streift und die Ähren bewegt. Manchmal stört ein Auto den Blick in die Vergangenheit, in das dreizehnte Jahrhundert.

Am 26. August 1278 hat sich in dieser Ebene das Schicksal Europas entschieden. Wäre der Ausgang dieser größten Ritterschlacht ein anderer gewesen, dieses Buch hieße höchstwahrscheinlich »Auf den Spuren der Przemysliden«.

1273 wurde Graf Rudolf von Habsburg von den deutschen Kurfürsten zum König gewählt. Sein einziger Gegenkandidat ist König Przemysl Ottokar II. von Böhmen. Er hat große Macht in seiner Hand vereint, von Prag bis zur Adria, aber seine Kandidatur ist ebenso umstritten wie manche seiner Besitzansprüche. Die Kurfürsten entscheiden einstimmig für den Grafen von Habsburg.

Doch Ottokar will nicht nachgeben. Er beginnt, in seiner Hauptstadt Wien eine Burg zu bauen – den Anfang der heutigen Hofburg, der Schweizertrakt stammt aus dieser Zeit – und verstärkt die Befestigungen. 1276 wird dem Böhmen der Reichskrieg erklärt. Und zu Ende dieses Jahres schließt Ottokar mit dem König Frieden.

Er muß auf die Herrschaft in den österreichischen Ländern und im Egerland verzichten, als Lehen erhält er Böhmen und Mähren. Damit wäre dem jahrelangen Streit ein Ende gesetzt gewesen, aber Ottokar war noch immer nicht bereit, aufzugeben. Im Juni 1278 zieht er mit einem großen Heer gegen Wien. König Rudolf haben die Kosten des langen Krieges schwer zu schaffen gemacht – nur mit Darlehen und hohen Steuern waren sie zu bewältigen. Der reiche Kremser Bürger Gozzo und ein Kaufmann aus Judenburg in der Steiermark haben Kredite gegeben, die Grundsteuer wurde erhöht und die wankelmütigen Bürger sind mit ihrem neuen Herrn unzufrieden.

Przemysl Ottokar will die Stimmung nutzen. Im Marchfeld kommt es zur Entscheidung. Beide Heere verfügen über die ungewöhnliche Größe von je 30.000 Mann. Man darf sich nicht ein Heer aus lauter Böhmen einem aus lauter Österreichern gegenüber vorstellen. Auf König Rudolfs Seite standen die Österreicher – damit waren damals die Nieder- und

Tage besteht noch, wenngleich sehr verändert – damals hat Ottokar das heute sowjetische Königsberg gegründet, das seinen Namen von diesem König hat. Viele Jahre später stehen die einstigen Kampfgefährten einander als Feinde gegenüber. Beim nahen Kroissenbrunn hat Ottokar schon einmal eine Schlacht gewonnen, Marchegg hat er aus militärischen Gründen planen und errichten lassen und so kennt er das Terrain gut.

Um neun Uhr beginnt der Kampf, zu Mittag schon fällt die Entscheidung. Es gehört zur Taktik Rudolfs, sich immer noch eine Reserve zu sichern, diese Taktik führt ans Ziel. Als die noch nicht ermüdeten Reiter aus ihrer unbemerkten Position angreifen, ergreift Ottokars Heer eine Panik, sie flüchten, ihr Weg führt sie über und in die March, der Tag endet mit einer Katastrophe und mit dem Tod des Königs von Böhmen und Mähren.

Wer sich an die Schilderung der Schlacht bei Franz Grillparzer hält, in »König Ottokars Glück und Ende«, ist auf einem guten Weg. Der Dichter war schließlich auch Archivar und so ist hier vieles historisch korrekt dargestellt. Ein Lokalaugenschein auf dem Schlachtfeld von 1278 hilft noch weiter.

Wenn man von den sanften Hügeln zum Marchfluß schaut, muß man sich den Fluß vor der Regulierung vorstellen – Rinnsale und Bäche um kleine Inseln, dazwischen das eigentliche Flußbett, Schilf und Morast. Dahinein flüchteten die Überraschten, als die Reserve Rudolfs sie angriff. Die Ziegelfabrik in Wannersdorf steht da, wo damals die Reiter auf die Mittagsstunde gewartet haben. Und wenn man von hier hinunterblickt zur March, zu dem Birkenwäldchen mit seinen vielen geraden Stämmen, die kerzengerade aufgerichtet wie ein Lanzenmeer dem Wind trotzen, beginnt die Phantasie zu erwachen.

Tut sie das in nicht ausreichendem Maß, so schafft das Museum von Jedenspeigen Abhilfe. Zwischen den Orten Drösing und Jedenspeigen hat man die Leiche des im Getümmel nicht gefallenen, sondern wahrscheinlich von eigenen Gefolgsleuten ermordeten unglücklichen Böhmen gefunden. Wo Schloß Jedenspeigen und sein Museum auf die Besucher warten, dort war Ottokars Standort.

Schloß Hof – von Prinz Eugen erbaut, von Habsburg erworben. Die friedliche Seite des Marchfelds

Oberösterreicher von heute gemeint, die Steirer, Salzburger, Kärntner, ein Trupp aus Tirol, Schwaben, Schweizer und der König von Ungarn Ladislaus IV. mit seinem Heer. Zu König Ottokars Böhmen und Mährern kamen noch die Bayern, Schlesier, Thüringer, Sachsen und Polen.

Rudolf und Ottokar haben einander zu diesem Zeitpunkt nicht nur als Gegner gekannt – sie hatten im Feldzug gegen die heidnischen Preußen auf der selben Seite gekämpft. König Ottokar hatte zu einem »Kreuzzug« in den Osten aufgerufen, und zu den Edelleuten, die sich seiner Fahne anschlossen, gehörte auch der Graf von Habsburg. Eine Spur dieser

Eckartsau

»Sagen Sie, Kellner, so ein Kaiserschmarren, was genau ist
das eigentlich?«

Von Wünschen an den Nebentischen bedrängt, ein halbvol-
les Tablett in den Händen, rettet sich der Herr Ober in eine
Kurzfassung für einen ausländischen Gast:

»Eier, Zucker, Mehl, Prise Salz, ein bißchen Milch, nach
Wunsch Rosinen, aus den Eiern einen Schnee machen
und –«

»Ja«, hört man einen Herrn am Nachbartisch ergänzen,
»und sechshundertfünfzig Jahre Habsburg.«

Diese Geschichte soll wahr sein, und der Herr vom Neben-
tisch war Egon Friedell. Und sechshundertfünfzig Jahre
Habsburg finden ihren Ausdruck eben auch auf diese Weise – zumindest aus der Sicht des Dichters.

Zwischen Dürnkrut und Eckartsau liegen 35 Kilometer Luft-
linie, das Marchfeld, einige Schlösser und 650 Jahre Habsburg, genauer 641 Jahre.

An einem strahlenden Augusttag des Jahres 1278 festigte
Rudolf I. mit seinem Sieg über Ottokar Przemysl die junge
Herrschaft seines Hauses. Und an einem grauen Märztag des
Jahres 1919 verließ, 35 Kilometer weiter südlich, Karl I.
Schloß Eckartsau, das Marchfeld, Österreich.

Aus dem Aargau waren seine Vorfahren gekommen, aus der
Schweiz, und in die Schweiz brachte nun dieser allerletzte
Hofzug die letzte kaiserliche Familie.

Aus einer mittelalterlichen Wasserburg war zwischen 1722
und 1732 das barocke Schloß entstanden. Aus dem Besitz
der Grafen Herberstein und später der Grafen Kinsky kam
das Schloß 1760 durch Kauf in den Besitz der Habsburger
oder eigentlich der Lothringer: Franz Stephan von Lothringen, Maria Theresias Franz I., erwarb die Herrschaft.

Dieser Besitzerwechsel hatte einen Umbau, einige kleine
Veränderungen zur Folge. Ein Hauptwerk blieb unverändert:
das große Deckenfresko im Festsaal, ein Werk von Daniel
Gran aus dem Jahr 1732, das die griechische Götterwelt zum
Gegenstand hat.

Eckartsau blieb im Besitze der Familie und war eines von
vielen Jagdschlössern in der Umgebung Wiens, bis abermals
ein neuer Besitzer das schon im Verfall begriffene Schloß re-
staurierte und reaktivierte: Franz Ferdinand, nach dem Tode

Das Marchfeld – Inbegriff eines Jagdgebiets. Trophäen in Eckartsau

seines Vaters Erzherzog Carl Ludwig Thronfolger geworden, ließ den Süd- und Osttrakt neu errichten. Zusammen mit Blühnbach in Salzburg und Konopischt in der heutigen ČSFR steht Eckartsau von da an in einer Reihe mit den bevorzugten Aufenthalten des großen Jägers Franz Ferdinand d'Este. Die vielen Trophäen zeugen vom Jagdglück des Thronfolgers, in einem Gang findet sich der 2000. Hirsch, der trotz seiner hohen Ordnungszahl nicht der letzte war – der 3000. und der 4000. Hirsch sind in Konopischt zu bewundern.

Im Jahre 1910 wurde in Wien die große Jagdausstellung veranstaltet, und von der Theorie zur Praxis war es nicht weit. In Eckartsau fanden große Jagden über mehrere Tage statt, und prominentester Gast des Thronfolgers war ein anderer ebenfalls besessener Waidmann – Kaiser Wilhelm II. Zahlreiche Photographien in einem Gang hinter der Bibliothek des Schlosses berichten von diesem Besuch. Da sieht man die Zelte und das erlegte Wild, die Jagdgesellschaft und die Büchsenspanner und den deutschen Kaiser in einer sehr des Effekts bewußten, dem Anlaß entsprechenden Kleidung.

Nach dem Tode des Erzherzog-Thronfolgers am 28. Juni 1914 blieb Schloß Eckartsau im Besitz der Familie Habsburg-Lothringen und wurde zum letzten Aufenthaltsort von Kaiser Karl.

Nach dem Ende des Weltkrieges, dem Zerfall der Monarchie und der Bildung eines deutsch-österreichischen Staatsrates stellte sich die Frage der nächsten Schritte. Kaiser Karl entschied sich für den Verbleib in Österreich, zog aber einen Aufenthalt außerhalb von Wien vor.

»Ich wollte nicht in Wien bleiben, weil einen dort der Staatsrat fortgesetzt mit Abdankung und Ähnlichem sekkiert hätte, andrerseits sowohl Burg als auch Schönbrunn hofärarisch waren und ich überzeugt war, daß die revolutionäre Regierung das Hofärar sofort als Staatseigentum erklären würde… Eckartsau andererseits war Privateigentum, dabei nicht weit weg von Wien… und infolge seiner Ökonomie und Jagd war ein Verhungern ausgeschlossen.«

Karl schrieb diese Zeilen schon im Exil in der Schweiz nieder, am Genfer See. Die in dem Zitat durch Punkte markierten ausgelassenen Stellen beziehen sich auf Politisches, das nicht in unseren direkten Zusammenhang gehört. Und der letzte Satz des Zitats läßt Jagd und Jagdschloß plötzlich in anderem Licht erscheinen. Wie weit entfernt voneinander sind doch die charmant-eleganten Gesellschaftsjagden des Maria Theresianischen Rokoko von den sportlichen Wett-

»Großer Bahnhof« zum Abschied: Kopfstetten-Eckartsau

kämpfen Franz Ferdinands und wie weit diese beiden Arten der Jagd von den Gedanken dieser kaiserlichen Erinnerungen.

Diese Erinnerungen erzählen auch von den letzten Tagen in Eckartsau und damit in Österreich. Kaiser Karl war nicht zu einer Abdankung zu bewegen und trotz aller Bemühungen der Regierung der jungen Republik unterschrieb er die schon vorbereiteten Erklärungen nicht.

Schließlich vor die Wahl gestellt, abzudanken und in Österreich zu bleiben, nicht abzudanken und interniert zu werden oder nicht abzudanken und das Land zu verlassen, entschloß sich Kaiser Karl zur Abreise.

Unter englischem Schutz – der König von England hatte zum sichtbaren Zeichen dieses Schutzes einen Oberst und eine kleine, eher symbolische Zahl von Soldaten bestimmt – reiste die kaiserliche Familie vom nahen Bahnhof Kopfstetten aus ins Exil. Der Bahnhof sieht heute aus wie damals – ein typisches bahnärarisches Gebäude von stiller Einfachheit. Eine große Menschenmenge hatte sich eingefunden und Karl erinnert sich: »Als sich der Zug in Bewegung setzte, läuteten die Glocken wie zu normalen Zeiten bei einem Kaiserbesuch und die ganze Bevölkerung rief ›Auf baldiges Wiedersehen!‹«

Die Bibliothek, der Wohnraum Kaiser Karls, die Kapelle erzählen von den letzten Tagen vor der Abreise. Und ein Tisch in einem der Räume neben dem Festsaal soll zur Abfassung der Abdankung gedient haben – aber man sieht, wie schnell sich Sagen entwickeln können, denn diese Abdankungserklärung hat es ja niemals gegeben. Die Schloßkapelle ist dem Hl. Theodor geweiht, er liegt reich geschmückt in einem Schneewittchenglassarg in seiner Kapelle. Und wer gut beraten ist, besucht ihn und Schloß Eckartsau nicht mit dem Auto, sondern mit dem Zug und erlebt so den geschichtsträchtigen Bahnhof und die Stille des Marchfeldes.

In den letzten Monaten der Monarchie – Kaiser und Thronfolger salutieren. Kaiser Karl I., Kaiserin Zita, Erzherzogin Adelheid, Thronfolger Erzherzog Otto

Deutsch-Wagram

In den Tagen, da Wien wieder einmal von Napoleons Soldaten eingenommen wurde, im Mai 1809, hatte Joseph Haydn die Gewohnheit, täglich drei Mal die Kaiserhymne zu spielen. Es waren seine letzten Lebenswochen. Zu den allerletzten Freuden des großen Komponisten gehörte die Nachricht über den Sieg der Österreicher bei Aspern.

Damals ein Dorf, gehört Aspern heute schon lange zum 22. Bezirk von Wien. Wer hierherkommt, kann sich ein Bild des alten Dorfes machen. Die große Schlacht hat sämtliche Häuser zerstört, hat die alte Kirche ausgebrannt zurückgelassen. Siebenmal wurde Aspern an den beiden Tagen des Kampfes, am 21. und 22. Mai 1809, von den Franzosen erobert und wieder zurückgewonnen. Am Nachmittag des zweiten Tages ziehen die Franzosen sich zurück. Zehn Tage nach dem Einmarsch in die Residenzstadt hat der Sieg von Aspern und Eßling einen vor allem psychologisch ungemein wichtigen Erfolg bedeutet. Und nicht nur die Wiener, nicht nur der Kaiser und sein Hof sind erleichtert und zuversichtlich, Europa blickt auf Wien und bewundert den Sieger, den Bruder des Kaisers, Erzherzog Karl. Zumindest die eine Hälfte – die andere steht schließlich im Lager von Napoleon und hofft, daß dieser Sieg über ihr Idol zugleich der erste und der letzte gewesen sei.

Kaiser Franz hat die Tage, da die Franzosen seine Hauptstadt besetzt hielten, und die Tage nach der Schlacht in seinem Schloß Wolkersdorf verbracht, südlich von Mistelbach. Von dort richtet er am 29. Mai 1809 jenes berühmte Schreiben an die Tiroler, in dem er ihnen etwas verspricht, das vom geschlagenen Österreich nicht zu halten war: »... erkläre ich hiermit meiner treuen Grafschaft Tyrol, mit Einschluß des Vorarlbergs, daß sie nie mehr vom Körper des Oesterreichischen Kaiserstaates soll getrennt werden...« Wenige Wochen später sind die Österreicher wieder geschlagen, die Tiroler in der Verteidigung auf sich gestellt und in Schloß Wolkersdorf sitzt nicht Kaiser Franz, sondern Napoleon.

Nach der Niederlage von Aspern hatte Frankreich trotz großer Verluste sich nicht zu Verhandlungen bereit erklärt. 20.000 Mann waren verloren, Marschall Lannes war gefallen. Eine Gedenktafel an der Kirche von Aspern erinnert an ihn, der zu Tode verwundete Löwe mit der französischen

Fahne unter den Pranken symbolisiert die toten Österreicher.

Der Kaiser der Franzosen holt in den Wochen nach Aspern Truppen aus Italien, aus Süddeutschland, aus Dalmatien. Währenddessen läßt er alles für einen großen und sicheren Übergang über die Donau vorbereiten.

Die Österreicher haben erkannt, daß es an ein neues Treffen geht und haben vorgesorgt. Mit 120.000 Mann steht Erzherzog Karl am Wagram, einer Bruchlinie im Marchfeld, die dem Ort Deutsch-Wagram den Namen gegeben hat. Wenn genügend Zeit bleibt bis zum französischen Angriff, wird auch noch Erzherzog Johann von Preßburg her mit seiner Armee kommen können – das wären weitere 12.000 Soldaten. Die Franzosen haben 180.000 Mann versammelt. Napoleon hat sich selbst auf einen Hügel postiert. Der Erzherzog hat sein Hauptquartier in einem Bürgerhaus von Deutsch-Wagram.

Bei Groß-Enzersdorf beginnt am 5. Juli 1809 die Schlacht. Am Stadlerarm sehen sich die Österreicher von einer französischen Eliteeinheit überrascht, der Weg ist frei, die Franzosen marschieren vor. Doch bis zum Abend gelingt es Napoleon nicht, die Stellungen der Österreicher zu durchbrechen. Und für die Nacht hat der Erzherzog einen Plan vorbereitet.

Die am Bisamberg stehenden Korps sollen die Franzosen von der rechten Flanke angreifen und überraschen, gleichzeitig würden Karls Truppen am linken Flügel um vier Uhr früh den Angriff beginnen. Doch der Befehl kommt zu spät am Bisamberg an, und während auf der einen Seite der Angriff begonnen hat, ist es zu spät. Die erhoffte Verstärkung zeigt sich auch nicht; um die Mittagszeit erfährt Erzherzog Karl, sie werde erst gegen siebzehn Uhr eintreffen. Da gibt er den Befehl zum Rückzug. Die Schlacht am Wagram ist für die Österreicher verloren.

Am 11. Juli wird es noch ein Gefecht bei Znaim geben, danach wird ein Waffenstillstand geschlossen, dem am 14. Oktober der Friedensschluß von Schönbrunn folgt. Die überaus harten Bedingungen Napoleons bergen schon den Keim eines neuen Konflikts in sich.

Deutsch-Wagram ist eine moderne, normale, kleine Gemeinde. Wer sich hier genauer mit der Schlacht befassen will, die den Namen des Ortes zur Pariser Straßenbezeichnung hat werden lassen, sollte das Museum besuchen, wo man sich über die Hauptquartiere und viele Details unterrichten kann.

Laxenburg

Ein Schloß in der Mitte eines Ortes, an einem Stadtrand, das kennt man. Es gibt Orte, selbst kleinere, die sich zweier Schlösser rühmen können.

Und daß in einer großen Stadt Palais, Palazzi, Schlösser in Reihen zu finden sind, das ist auch bekannt. Aber daß ein kleinerer Ort in seinem Kern zur Gänze aus Schlössern und ihren Nebengebäuden besteht, das ist ungewöhnlich.

Schon im 14. Jahrhundert hat es in Laxenburg eine Wasserburg gegeben. Später wurde sie erweitert und so ist jener Bau entstanden, der rechts vom heutigen Eingang in den weitläufigen Park als das »Alte Schloß« durch die Bäume auf sich aufmerksam macht.

Diese allererste Wasserburg stand im Besitz von Herzog Albrecht III., der sich umsichtig um die Verschönerung von Laxenburg gekümmert hat. Aus der leeren, verfallenden Burg am Kahlenberg wurden damals Säulen, Stiegen, Skulpturen nach Laxenburg überführt. In diesem schon schloßartigen Gebäude starb Albrecht III. am 29. August 1395. 1440 hat Friedrich III. sein AEIOU am Tor der Vorburg angebracht.

In den Jahrzehnten danach haben die Ungarn unter Matthias Corvinus dem Kaiser und seiner Residenzstadt schwer zu schaffen gemacht, auch Laxenburg hat gelitten.

Das Alte Schloß

1491 ließ Maximilian I. das Schloß wieder instandsetzen. Er übergab das Schloß einem Pfleger, den wir schon aus Wels kennen – Wolfgang von Polheim. Nun wurde ein Ziergarten angelegt, der Park um eine Menagerie bereichert. Von da an wohnten immer wieder der Kaiser oder verschiedene Familienmitglieder in dem schöner werdenden Schloß im Süden von Wien.

Nicht alle hielten sich an den der Resignation entspringenden Spruch, den Friedrich III. im Burghof von Laxenburg hatte anbringen lassen: »Rerum irrecuperabilium summa felicitas est oblivio« – in bewußt freier Übertragung also: »Wenn man etwas schon nicht wiederbekommen kann, ist es das höchste Glück, es zu vergessen.« Von da zur Fleder-

Maria Theresianisches Zeitalter

maus und »Glücklich ist, wer vergißt, was doch nicht zu ändern ist.« – war nur noch ein Schritt.

Seine Nachfolger widmeten sich in Laxenburg entweder der Jagd, vor allem der Reiherjagd, wie Kaiser Ferdinand II., oder der Jagd mit Panthern, wie sie zur Zeit von Kaiser Leopold I. eingeführt wurde, oder sie verlegten ihre Hofhaltung überhaupt für eine gewisse Zeit in die wachsende Anlage. 1683 hatten die Türken Schloß und Park verwüstet, Leopold I. ließ Laxenburg ab 1693 wieder aufbauen.

Sein Sohn Karl VI. schließlich brachte Laxenburg noch größeren Glanz – oft kam der Kaiser und der Hof folgte ihm. Zwischen den einfachen Häusern der Bauern errichteten sie ihre kleinen Palais, die Schönborn, Kaunitz, Schwarzenberg, Dietrichstein. Im Alten Schloß empfing Kaiser Karl VI.

Gäste wie den großen Montesquieu, wie Pietro Metastasio, den Hofdichter, der meinte, Laxenburg sei kein Schloß und keine Stadt, aber »un luogo bello che piace a sua Maestá«.

Kaiserin Maria Theresia folgte den Spuren ihres Vaters. Sie plante, aus Laxenburg ein Schloß zu machen, das die ganze große Familie aufnehmen könnte, das der Jagdlust des Familienvaters Franz I. Stephan ebenso dienen sollte wie der Repräsentation.

Die Pläne zu dem aus dieser Zeit stammenden großzügigen Bau gehen auf Nicola Pacassi zurück, um 1766 war der Ausbau vollendet, da war der Kaiser gerade ein Jahr voher gestorben. Nun lebte Josef II. im Alten Schloß, im neugeschaffenen Blauen Hof nahm Maria Theresia ihre Wohnung. Ihr Schwiegersohn Albert von Sachsen-Teschen hatte auf die weitere Entwicklung von Laxenburg Einfluß – das Schloßtheater wurde von Graf Durazzo geleitet, einem Vertrauten und Mitarbeiter des Herzogs, und aus Brüssel wurden Pläne zur Gestaltung des Schloßparks übernommen. Albert von Sachsen-Teschen und seine Gemahlin Marie Christine hatten in ihren Jahren als Stadthalter in den Niederlanden Schloß Laeken erbauen lassen, der Gartenarchitekt war Le Februe d'Archambault, und er gab dem Schloßpark seine neue Gestalt.

Seinen letzten Sommer, 1790, hat Josef II. in Laxenburg verlebt. Unter seinem Nachfolger Leopold II. gab es 1791 im Park ein Turnier im Stile des Mittelalters und damit begann eine neue Zeit in der Laxenburger Schloßgeschichte.

Die Neugotik trat ihren Siegeszug an – altdeutsch war die Pa-

Die Romantik

Kaiserlicher Bahnhof: direkte Verbindung Laxenburg-Venedig

role. Die Wiederbelebung dessen, was man als Inbegriff deutschen Wesens ansah, als Gegenreaktion auf Jahrzehnte zuerst der französischen Mode, auf Napoleons Politik später, prägte die Malerei, die Architektur, beeinflußte die Oper und den Stil der Möbel. Horace Walpole schuf Strawberry Hill House an der Themse, die Wildensteiner spielten Ritter auf Burg Seebenstein, auf der Kasseler Wilhelmshöhe wurde 1793 die Löwenburg errichtet, der erste Burgbau der Neogotik.

Und in Laxenburg entstand die Franzensburg.

Kaiser Franz mag bei ihrer Planung an seinen Vorfahren Maximilian gedacht haben, an den »Letzten Ritter«. Und er ließ sich auch von Maria Theresia von Sizilien anregen, seiner zweiten Gemahlin. Ihr zu Ehren wurde ein künstlicher Teich angelegt, ein Turnierplatz und eine Rittersäule, eine Rittergruft und ein gotisches Gartenhaus entstanden um Franzensburg und Knappenhof. Wohl nahm Kaiser Franz auch an Reiterspielen teil, aber er hielt sich lieber im Garten von Laxenburg auf, er war ausgebildeter Gärtner, oder er arbeitete in seiner Laxenburger Tischlerwerkstatt. Das Denkmal im Park von Laxenburg, das an Kaiser Franz erinnert, trägt eine Inschrift in Latein, die ihn »wahrhaft weise« nennt: »In tiefer Einsicht hat er in dem von ihm wunderbar gepflegten Garten … sich an der Lieblichkeit dieses Ortes und an den Vergnügungen der Landsleute ergötzt.«

Ein Teil der Laxenburger Kunstwerke allerdings stammt nicht aus der Neugotik, sondern aus Klosterneuburg und aus der Zeit der Babenberger. Die Rittersäule entstammt wie auch Bauteile der Kapelle der Capella Speciosa des Jahres 1222. Für die Fenster wurde ein neues Glasmalereiverfahren entwickelt. Anton Kothgasser und Gottlob Samuel Mohn schufen Kunstwerke, in denen wesentliche Ereignisse in Habsburgs Geschichte dargestellt wurden – der »vitam et sanguinem«-Schwur des Adels von Ungarn in Preßburg, die Sanierung der Stadtfinanzen durch das Erbe Franz I. Stephan, die Vermählung Maria Theresias.

In späteren Jahren bewohnte Kaiser Franz Joseph das Schloß, Kronprinz Rudolf ist in Laxenburg zur Welt gekommen. Er hat in den ersten Jahren seiner Ehe mit Stephanie von Belgien einen Trakt des Maria-Theresien-Baus bewohnt, an der Hauptfront des Blauen Hofes. Hier hat auch Kaiser Karl zeitweise gelebt.

Vorfreude auf Venedig – der Markuslöwe in Laxenburg

Im Habsburgersaal in der Franzensburg begegnen wir Darstellungen der Habsburger von Rudolf I. bis Karl VI., der Empfangssaal ist Kaiser Maximilian gewidmet, der Lothringersaal jenen Familienmitgliedern, die aus der Ehe von Maria Theresia mit Franz von Lothringen abstammen. Unter ihnen findet sich ein Opfer der Laxenburger Festfreude – Erzherzog Leopold, Palatin von Ungarn, er ist 1795 in Laxenburg bei den Vorbereitungen zu einem Feuerwerk ums Leben gekommen. Schloß Laxenburg ist im gemeinsamen Besitz der Bundesländer Wien und Niederösterreich. Wer sich zur Weiterfahrt nach Wien entschließt oder von Wien gekommen ist, kann, beim Thema bleibend, auch Monate auf den Spuren der Geschichte verbringen. Wer in Niederösterreich bleibt und südwärts reist, könnte Station in Gumpoldskirchen machen. Dort sollte man nicht nur das sanfte Hügelgebiet des Anningers kennenlernen und danach zum Heurigen gehen, sondern auch der Kirche des Deutschen Ordens einen Besuch abstatten. In dem schloßartigen Bau neben der Kirche, inmitten eines wunderschönen Ensembles, hat Erzherzog Eugen gelebt, der letzte weltliche Großmeister des Deutschen Ritterordens.

Baden bei Wien

Die Landschaft im Süden von Wien, von Perchtoldsdorf über Mödling bis Baden, und noch weiter dem Süden zu – Piestingtal, Raxgebiet, Schneeberg und endlich der Semmering – sie hat zwar eine Ausdehnung von hundert Kilometern, aber sie bildet trotz aller Unterschiede und Übergänge eine Einheit. Ältestes Siedlungsgebiet Österreichs ist das, schon von Kelten und ihren römischen Eroberern bewohnt. Die Thermenlinie mit Baden, ihrem Zentrum, hat ein etwas anderes Klima als die nördlicheren Teile des Wienerwaldes, ein wärmeres und damit freundlicheres. Auch deswegen, doch vor allem wegen der Heilquellen dieses freundlichen Landstrichs, hat der Tourismus, vor allem der Gesundheits-Tourismus, hier seit zwei Jahrtausenden ein Ziel – zur Römerzeit aquae, heute Baden bei Wien.

Die kleine Stadt birgt vieles an historischen Erinnerungen und weist konkrete Spuren von wenigstens einem Dutzend Habsburgern auf. So ist sie also ein idealer Boden für einen neugierigen Spaziergänger. Ihr Wappen bekam die Stadt von Kaiser Friedrich III., zusammen mit dem Stadtrecht im Jahr 1480. Zwar hat man schon damals des Wassers wegen eine Reise nach Baden gemacht, doch vom Status des Modekurorts war Baden noch weit entfernt. Eleonore, die Kaiserin, Gemahlin Friedrichs III., hat das am eigenen Leib erfahren. Der Burgherr von Rauhenstein, am Übergang des Helenentals in das Stadtgebiet, war so unvorsichtig, den Wagenzug der Kaiserin zu überfallen. Das hat zu seinem frühen Ende und zu besseren Reisebedingungen für Kurgäste geführt.

Immer wieder besuchten auch Mitglieder der Familie Habsburg die Thermalbäder von Baden, aber erst gegen Ende des 18. Jahrhunderts wurde die Stadt wirklich vom österreichischen Herrscherhaus entdeckt. Kaiser Franz – als römisch-deutscher Kaiser Franz II., als Kaiser von Österreich Franz I. – hatte schon einige Sommer in Baden verbracht, als er 1813 ein Haus am Hauptplatz erwarb. Bewohnt hatte er dieses Haus schon früher. Von seinem Balkon aus war unter Trommelwirbel 1806 das Ende des Heiligen Römischen Reichs Deutscher Nation verkündet worden. Nachdem der Rheinbund viele deutsche Fürsten unter Napoleons Führung vereint hatte, sah Franz II. das römisch-deutsche Kaisertum als

125

erloschen an. Diesem Kaiser und seiner engsten Familie, seinen Brüdern vor allem, verdankt Baden seinen Ruf als Kurstadt, als Biedermeierort, der sich trotz vieler schwerer Jahre ein charakteristisches Aussehen hat bewahren können. Nahe dem Kaiserhaus, am Beginn der Wassergasse, hatte ein Kaufmann Posch sein Verkaufsgewölbe. Kaiser Franz schätzte Herrn Posch als Partner im Violinspiel, und wenn im ersten Stock des Kaiserhauses das erste und das zweite Fenster, von rechts, geöffnet waren, dann konnten die vorüberspazierenden Badener Seiner Majestät und Herrn Posch beim Duo zuhören. Die Musik und die Botanik gehörten zu den liebsten Beschäftigungen von Kaiser Franz.

Vieles erfährt man über diese Zeit aus der Chronik eines prominenten Badeners namens Hermann Rollett. Sein Vater war Arzt, er übte die Funktion des Landschaftsarztes, also Bezirksarztes aus. Man kannte ihn, auch die in Baden weilenden Mitglieder des Kaiserhauses zählten zu seinen Patienten. Dem Sohn, Hermann Rollett also, verdanken wir eine sehr persönliche Schilderung des letzten römisch-deutschen Kaisers. Sein Lieblingsspaziergang nämlich brachte Franz öfter in die heutige Marchetstraße und vorbei am Haus der Rolletts, und so konnte ihn der Bub manchesmal beobachten. Kaiser Franz trug stets einen breitkrempigen Hut, einen »Montebello«, der vom ständigen Grüßen an der Vorderseite derartig stark abgegriffen war, daß die Krempe im Wind flatterte. Außerdem hatte der Kaiser die Gewohnheit, die Hände in die hinteren Taschen zu stecken. Als er eines Tages den kleinen Buben vor dem Hause des Arztes sitzen sah, blieb er stehen und fragte ihn: »Wem gehörst denn du?« »Dem Doktor Rollett!« – »Aha«, sagte der Kaiser, »bist a rarer Bua!«

Nahe diesem Haus hat übrigens ein Attentat stattgefunden, das uns wieder zum Hauptplatz zurückführen wird. Der Kronprinz, Ferdinand, hatte es einmal seinem Vater gleichgetan und denselben Weg zu einem Spaziergang genutzt, von seinem Adjutanten begleitet. Da stürzte sich »ein verkommenes Subjekt« auf ihn, wie es in zeitgenössischen Quellen heißt, ein aus dem Dienst entlassener Offizier, Hauptmann Reindl, und wollte den Thronfolger ermorden. Ein Weinhauer und der Rollettsche Gärtner eilten zu Hilfe, der Hauptmann zog immer neue Waffen aus Rock und Stiefelschaft, es kam zu einem Handgemenge, Übermacht und gute Sache siegten und als nun das verkommene Subjekt überwältigt war, rief Ferdinand: »Nehmt's ihn, bindt's ihn und bringt's ihn aufs Rathaus!«

Vom Palais Metternich, einem Werk des Wiener Architekten Josef Kornhäusel,…

Das Rathaus stand und steht noch heute dem Kaiserhaus gerade gegenüber, und zwischen dem kaiserlichen und dem bürgerlichen Machtzentrum steht die Pestsäule, die diesem Attentat, es hat 1832 stattgefunden, eine Ergänzung verdankt, den Ferdinandsbrunnen.

Der Gemeinderat war durch die Kunde vom Attentat aufs höchste erschrocken. Denn wenngleich die Tat nicht ihr Ziel erreicht hatte, so würde sie doch in Zukunft bei manchen Gästen unangenehme Assoziationen bewirken. Auf jeden Fall würde sie Baden für die kaiserliche Familie plötzlich in die Nähe schlimmer Erinnerungen rücken, es mußte also etwas geschehen. Am Abend des Tages feierte man die Errettung des Kronprinzen in einem Dankgottesdienst in der Stadtpfarrkirche. In den Tagen und Wochen danach wurde dann, mit schnell gesammeltem Geld, der Brunnen an der Pestsäule errichtet, Ausdruck der Dankbarkeit der Bevölkerung.

Ferdinand aber, der drei Jahre später Kaiser wurde, war freilich von dem Attentat mehr beeindruckt als von Dankgottesdienst und Brunnen und so mied er inskünftig die Thermenstadt. Bis die kaiserliche Abwesenheit aber tatsächliche Auswirkungen hatte, war der Ruf Badens so gefestigt, daß sich das verkraften ließ.

Die Eingangstüre der Buchhandlung gegenüber dem Kaiserhaus trägt das Erzherzoglich-Rainersche Wappen, sie war Kammerbuchhandlung dieses Habsburgers. Erzherzog Rainer kam gerne nach Baden und so weist die Stadt noch andere Erinnerungen an ihn auf. Wer will, kann im wörtlichen Sinne den Weg von Wien nach Baden »auf den Spuren« von Erzherzog Rainer zurücklegen. Die Wiener Lokalbahn, die mit Autobussen und einer Schienenbahn die Wiener Innenstadt mit der Badener Innenstadt verbindet, ist im Besitz des Salonwagens des Erzherzogs. Zu besonderen Anlässen befährt der Wagen die alte Strecke, man kann ihn auch mieten. Er stammt aus dem Jahr 1911 und schon seine Einrichtung alleine ist sehenswert – sie wurde nach einem Entwurf von Otto Wagner gebaut.

Wieder einige Schritte und man hat das Haus Theresiengasse 1 erreicht – das Geburtshaus von Katharina Schratt.

…in das Kaiserhaus am Hauptplatz

Sie war zuerst ein Begriff als Schauspielerin am Burgtheater, dann als Kaiser Franz Josephs »Gnädige Frau«. Ihr Vater war ein angesehener Badener Bürger, Vorsitzender des Hausbesitzer-Vereins, und schon die Lage seines Hauses wird ihn mit Stolz erfüllt haben. In der Badener Stadtpfarrkirche wurde Katharina Schratt getauft – und im Badener Stadttheater ist sie als junge Künstlerin aufgetreten.

Das Stadttheater gibt es heute wie vor hundert Jahren – es sieht nur anders aus. Der heutige Theaterbau stammt aus dem Jahr 1909, er ist nach Plänen der Architekten Hellmer und Fellner errichtet und hat eine ähnliche Geschichte wie manch andere Bauten dieser beiden Herren, die ausgezeichnete Theaterbauten geradezu im Fließbandverfahren hergestellt haben – Agram, Graz, das Wiener Volkstheater, das Zürcher Opernhaus und viele andere. Das Badener Theater gehört in die Reihe der »Jubiläums-Theater«, die man um 1908 aus Anlaß des 60jährigen Regierungsjubiläums von Kaiser Franz Joseph errichtet hat. Der Kaiser hat aus eigenen Mitteln alle diese Bauten unterstützt.

Der Kurpark von Baden ist unendlich – wenn man ihn als Kind kennengelernt hat, begleitet einen dieses Gefühl lebenslang. Der Park hat aber tatsächlich eine sehr große Ausdehnung und daß er ohne Mauern oder Zäune zu überwinden in den Wienerwald übergeht, läßt uns seine Grenzen nicht fühlen und so wirkt er wirklich fast unendlich.

Ein Spaziergang auf verschlungenen Wegen, zwischen Blumenfeuerwerken auf kunstvoll angelegten Beeten, durch Wald und Wiese, vorbei an Pavillons und Gedenktafeln, führt in den oberen Teil des Parks. Dort steht ein Haus an einer Lichtung, das direkt einer Filmdekoration entstiegen zu sein scheint – der Rudolfshof. Ein Restaurant, das auch als Jausenstation gute Figur macht und seinen Namen vom unglücklichen Kronprinzen hat. Die Geschichte vom Kaisersohn und der jungen Baronesse Vetsera hat vor mehr als hundert Jahren Österreich-Ungarn erschüttert. Filme und Artikelserien, historische Bücher und Trivialromane haben sie in den verschiedensten Varianten in der ganzen Welt berühmt gemacht. Und wer wirklich noch nichts davon weiß, der kann sich mittels dieses Buches über Mayerling informieren.

Der Badener Kurpark bietet in der warmen Jahreszeit seinen Gästen ein Kurkonzert an, wer es erlebt hat, kann sich die folgende Stelle aus der österreichischen Literatur leichter vorstellen. Stefan Zweig beschreibt in seiner »Welt von Gestern« den Schock, der an einem Sommertag die Welt über-

fiel. Er hat den 28. Juni 1914 im Badener Kurpark geschildert:

»… Ich stand auf und sah, daß die Musiker den Musikpavillon verließen. Auch dies war sonderbar, denn das Kurkonzert dauerte sonst eine Stunde oder länger. Irgend etwas mußte dieses brüske Abbrechen veranlaßt haben; nähertretend bemerkte ich, daß die Menschen sich in erregten Gruppen vor dem Musikpavillon um eine offenbar soeben angeheftete Mitteilung zusammendrängten. Es war, wie ich nach wenigen Minuten, erfuhr, die Depesche, daß Seine kaiserliche Hoheit, der Thronfolger Franz Ferdinand und seine Gemahlin, die zu den Manövern nach Bosnien gefahren waren, daselbst einem politischen Meuchelmord zum Opfer gefallen seien…"

Der Brunnen gegenüber dem Musikpavillon hat nichts mit den Habsburgern zu tun, da geht es um ein anderes Herrschergeschlecht – der Undinebrunnen führt uns in die Welt des Wasserkönigs, der ja in Baden ebenso herrscht wie Bacchus, der Gott des Weins. Aber hinter diesem Undinebrunnen steht eine elegante zierliche Bank, sie trägt die Initialen Kaiser Franz Josephs I., und hinter dieser Bank blickt streng und klar ein großer Habsburger ins Stadtinnere, dessen Lebenslauf sich mit Baden kaum gekreuzt hat – Josef II.

Weit mehr mit und in Baden zu tun hatte ein Mann, der zum Inbegriff von Macht und Staat geworden ist: Clemens Fürst Metternich. Er mußte seinem Kaiser nahe sein und so ließ sich der Kanzler nur wenige hundert Meter vom Haus des Kaisers entfernt sein eigenes Haus errichten, das Palais Metternich, in der Theresiengasse vor dem Haupteingang des Kurparks.

Vom Inneren des Palais ist nicht einmal mehr der berühmte ovale Hof geblieben – aber immerhin trägt die Fassade noch zur Schönheit der Theresiengasse bei. Vom Hotel »Grüner Baum«, das schräg gegenüber lag, ist keine Spur geblieben. In der Erinnerung aber lebt das Hotel weiter als fashionabler Treffpunkt der internationalen eleganten Welt. Im »Grünen Baum« pflegte ein Herrscher abzusteigen, über den Eugen Ketterl, der Leibkammerdiener Kaiser Franz Josephs, in seinen Memoiren schreibt:

»König ›Niki‹ von Montenegro erfreute sich ebenfalls der Sympathien des Kaisers, obwohl er immer nur nach Wien kam, wenn er Geld brauchte. Geld brauchte er stets und der Kaiser unterstützte ihn auf das munifizenteste.«

Vor dem Hintergrund dieses Zeugnisses wird eine kleine Geschichte plausibel, die in Baden spielt. Der erwähnte König

»Niki« war der Fürst Nikita von Montenegro, der sich 1910 selbst im Rang erhöhte und nunmehr König Nikola I. war. Das staatspolitische Gewicht des Balkanstaats in den Schwarzen Bergen wird durch die diplomatische Aufregung verdeutlicht, die es gab, weil die Librettisten der »Lustigen Witwe« das Meisterwerk Franz Lehárs in Montenegro spielen lassen wollten und die Hauptfigur auch noch den Namen des Kronprinzen trug – Danilo.

Nikola I. also hatte gesehen, daß in den österreichischen Schulklassen, Amtsstuben, Polizeiwachzimmern das Bild des Kaisers hing. Die Idee gefiel ihm. Auch in Montenegro sollte man den Souverän in Zukunft öfter zu Gesicht bekommen.

In Baden gab es einen k.u.k. Hofphotographen, Fritz Knotzer, und beim nächsten Baden-Aufenthalt wurde Herr Knotzer nun auch kgl.-montenegrinischer Hofphotograph. Kisten voller Porträt-Photos folgten dem heimgekehrten Nikola und mit ihnen auch die Rechnung. Der Photograph wurde königlich entlohnt – mit einem Orden. Geld kam nicht. Herrn Knotzer war das Geld aber lieber, er retournierte den Orden, mahnte sein Geld – und erhielt den gleichen Orden, aber eine Klasse höher. Fritz Knotzer blieb hartnäckig, der Vorgang wiederholte sich – Orden retour, Mahnung der Rechnung – und da kam nun per Post zwar noch immer kein Geld, aber der Orden Erster Klasse. Da also aus Montenegro offenbar nichts zu erwarten war, ging Herr Knotzer zu seinem Kaiser und im Rahmen einer Audienz übernahm Franz Joseph I. die offene Rechnung. Er soll dabei gelächelt haben.

Das Kaiserhaus am Hauptplatz mußte zwar rund 80 Jahre war-ten, aber eines Tages wurde es wieder kaiserliche Residenz. Karl I., der letzte Kaiser von Österreich, bezog mit seiner Familie das alte Kaiserhaus, nachdem er das Armeeoberkommando nach Baden verlegt und das Kommando selbst übernommen hatte. So wurde die Frauenkirche in der Frauengasse, wenige Schritte vom Kaiserhaus entfernt, zur letzten Hofkirche der Monarchie.

Nur mehr in der Erinnerung und auf unzähligen Darstellungen lebt das Hauptwerk des wichtigsten Architekten des Biedermeiers fort – die Weilburg. Erzherzog Carl, einer der vielen Brüder des Kaisers Franz, hat sie sich von Josef Kornhäusel am Eingang des Helenentals, zu Füßen der Burg Rauheneck errichten lassen. Seinen Namen bekam das Schloß aus der Heimat von Carls Gemahlin – sie war eine Prinzessin von Nassau-Weilburg. Sie brachte auch einen Brauch von zuhause mit, der uns so selbstverständlich geworden ist, daß man seinen Ursprung längst nicht mehr bedenkt – den Weihnachtsbaum.

In den allerletzten Tagen des Zweiten Weltkriegs fiel die Weilburg einem verheerenden Brand zum Opfer, den flüchtende SS-Leute gelegt hatten. Heute erinnert nur noch der letzte Rest des Fassadenschmucks, ein von einem Adler gekrönter Löwe, an dieses Hauptwerk des österreichischen Klassizismus. Aber auch dieses Denkmal ist ungemein eindrucksvoll, steht man ihm am Waldrand plötzlich gegenüber. Von diesem Denkmal, nahe dem einstigen Standort von Schloß Weilburg, weiter in Richtung Helenental führt der Weg an einer schloßartigen Villa vorüber, an einem großarti-

Die Weilburg, ein Aquarell von Thomas Ender, …

… und was von ihr geblieben ist

gen Bau des Historismus, der Eugen-Villa. Erzherzog Wilhelm hat sich hier ein großzügiges Landhaus errichten lassen. Er war als Vorgänger Erzherzog Eugens, der uns auch in diesem Buch immer wieder begegnet, Großmeister des Deutschen Ritterordens und damit zum Zölibat verpflichtet. Der also unverheiratete Erzherzog scheint sich für die Kunst interessiert zu haben, er wurde jedenfalls allgemein der »Ballett-Erzherzog« genannt.

Aber nicht nur das Ballett, die Musik überhaupt zählte zu den Freuden dieses Sohnes von Erzherzog Carl, dem Sieger von Aspern, und auch in der Wahl des Architekten für sein Wiener Palais bewies er Sicherheit – Theophil Hansen schuf die Pläne für das »Deutschmeister-Palais« am Parkring.

An der Brücke beim Strandbad, gegenüber dem Hotel Esplanade, steht die Gedenksäule für Erzherzog Wilhelm. Sein Pferd scheute vor der Badener Bahn, warf den Erzherzog ab, der im Steigbügel hängenblieb und an seinen schweren Kopfverletzungen starb. Er war der Lieblingsonkel von Kronprinz Rudolf – »… fuhr bei einer fürchterlichen Hitze nach Baden und speiste um drei Uhr bei Onkel Wilhelm in seinem neuen Haus…«, schreibt der Kronprinz am 27. Juli 1887 in einem Brief an seine Frau Stephanie.

In den Museen von Baden und in den Namen der Straßen und Plätze, in manchen Erzählungen und in den Gedenktafeln haben sich die Spuren der Geschichte in Baden behaupten können. Vieles kann man besuchen, kann histori-

Der Sauerhof, ein Werk von Josef Kornhäusel: Offizierserholungsheim, Kurbad, Beethovensommerfrische

sche Räume betreten – aber manchmal kann man nur zu einem Fenster hinaufschauen, kann nur die Phantasie zu Hilfe bitten. In der Frauengasse, neben der schon früher erwähnten Frauenkirche, steht ein Gymnasium. Gegenüber dem Hauptgebäude liegt ein freistehender Nebentrakt – das Florastöckl. Ihren Namen hat sie von der Göttin Flora, die kniend die Hauptfassade beherrscht. Wenn der Wiener Hof nach Baden gezogen ist, dann hat Marie Louise hier gewohnt, die noch nicht wissen konnte, wie sehr die Geschichte in ihr Leben eingreifen sollte – Marie Louise, die Tochter von Kaiser Franz, später Marie Louise, Kaiserin der Franzosen, Gemahlin Napoleons, und schließlich Maria Luigia, Großherzogin von Parma. Im Florastöckl war Marie Louise weit entfernt von der großen Politik, von staatspolitischen Entscheidungen und Thronverzicht – da war sie ein junges Mädchen, das mit elf Jahren und wohl ohne Vorahnung seiner Freundin Victoire de Poutet schrieb: »Teure Victoire, ich habe heute an Dich gedacht, als ich Papa auf dem Thron sah, und das hat mich daran erinnert, daß wir einmal im blauen Haus einen kleinen Thron gefunden und ihn heimlich bestiegen haben…«

Mayerling

»Liebe Stephanie! Du bist von meiner Gegenwart und Plage befreit; werde glücklich auf Deine Art. Sei gut für die arme Kleine, die das einzige ist, was von mir übrig bleibt. Allen Bekannten, besonders Bombelles, Spindler, Latour, Nowo, Gisela, Leopold, etc. etc. sage meine letzten Grüße. Ich gehe ruhig in den Tod, der allein meinen guten Namen retten kann. Dich herzlich umarmend, Dein Dich liebender

Rudolf.«

Der Morgen des 30. Januar 1889 verändert Österreich-Ungarn. Der Kronprinz, Erbe des Reichs, der einzige Sohn seiner Eltern, stirbt mit 30 Jahren, und das von eigener Hand! Der Hof versuchte vom ersten Augenblick an, die Wahrheit zu verschleiern – der Sohn der Apostolischen Majestät, des katholischen Kaisers, ein Selbstmörder und, wie es sich bald herumsprach, ein Mörder dazu!

Erst nach zwei Tagen des Zögerns konnte man sich entschließen, den Selbstmord offiziell zuzugeben. Daß neben dem toten Kronprinzen eine tote junge Frau gefunden worden war, darüber wurde nicht geredet. Und so begannen schon in der ersten Stunde der schrecklichen Entdeckung im Jagdschloß Mayerling die Spekulationen. Angeblich Informierte, spekulierende Revolverblätter, der Klatsch und Tratsch in allen Gesellschaftsschichten, bewußte Fälschungen mit politischem Hintergrund, all das führte zu Kombinationen und Deutungen verschiedenster Art und bis in unsere Tage.

In wenigen Sätzen sollen hier die Fakten genannt werden: Seit dem Herbst 1888 hatte sich Erzherzog Rudolf mit Selbstmordgedanken getragen. Seine schwer angegriffene Gesundheit, familiäre Probleme, eine an sich labile Konstitution hatten den Kronprinzen so weit getrieben. Die junge Baronesse Mary Vetsera liebte ihn und sie willigte ein, mit Rudolf in den Tod zu gehen. Am Abend des 29. Januar 1889 erschoß der Kronprinz seine Geliebte und danach sich selbst. Graf Joseph Hoyos, Freund und Jagdgast Rudolfs, brach am nächsten Morgen zusammen mit dem Kammerdiener die Türe des Schlafzimmers auf und fand die beiden Toten. Er ließ den nächsten Schnellzug nach Wien am Badener Bahnhof anhalten und fuhr nach Wien. Der Obersthofmeister des Kronprinzen wurde verständigt, der Kaiserin die furchtbare Nachricht überbracht. Elisabeth setzte Kaiser Franz Joseph in Kenntnis.

Der Kaiser wurde trotz mancher Auseinandersetzung mit seinem Sohn von dieser Nachricht gänzlich unvorbereitet getroffen. Ihm und der Kaiserin hatte Rudolf keine Abschiedsworte hinterlassen. Der letzte Brief Rudolfs – am Beginn dieser Seiten zitiert – ist an seine Gemahlin, die belgische Prinzessin Stephanie, gerichtet.

Auch heute noch eine Ahnung von Einsamkeit – Mayerling

Mayerling ist bis heute Thema von Diskussionen. Am Tod des Kronprinzen soll nicht er selbst schuld sein, die 17jährige Baronesse habe ihn umgebracht. Einer der Onkel Marys habe seine Nichte gerächt. Bismarck habe Rudolf umbringen lassen, die Ungarn seien es gewesen, sie hätten sich von Erzherzog Rudolf verraten gefühlt, nachdem er die schon angenommene Krone des Hl. Stephan zurückgewiesen habe. Dazu kommen noch die Juden, die Freimaurer und Georges Clemenceau in den diversen Spekulationen. Und der getreue Leibkammerdiener berichtet – Jahre nach dem Ende der Monarchie – von einer weiteren Version, die freilich von ihm als die authentische dargestellt wird: »Rudolf, der keiner Frau treu sein konnte, hatte in Mayerling die wunderschöne Frau des kaiserlichen Försters Bauer gesehen und war von ihr entzückt. Der Förster hatte Rudolf schon zu wiederholten Malen gewarnt: ›Kaiserliche Hoheit, lassen Sie meine Frau in Ruhe, sonst gibt es ein Unglück.‹ Rudolf soll von Mary Vetsera Abschied genommen und des Nachts zur Försterin gegangen sein… Was sich dann abgespielt haben soll, weiß man nicht.« Der treue Diener zieht es vor, den Sohn seines Herrn, der, verheiratet, von einer Frau zur anderen jagt, als Schürzenjäger zu sehen. Der Selbstmord durfte nicht sein.

Kaiser Franz Joseph hat das Jagdschloß fast gänzlich umgestalten lassen und er hat ihm einen Zweck gegeben, der der Sühne für das Verbrechen des Thronfolgers dienen sollte: Mayerling wurde ein Karmeliterinnenkloster.

Wer die Kapelle des Klosters betritt, befindet sich in jenem Raum, der unter dem Sterbezimmer lag. Aber von der halben Höhe an ist aus einem Tatort eine Kapelle geworden. Teile der Einrichtung haben hier, entsprechend der Widmung des Klosters, einen neuen Zweck gefunden. Aus Teilen des Betts wurde ein Beichtstuhl.

Reste der originalen Einrichtung, Bilder, einige Bücher sieht der Besucher, der, von freundlichen Damen geführt, diese Stätte betritt. Die Tragweite des Geschehens, seine Umstände, endlich die vielen Geheimnisse und Versionen der Wahrheit haben aus der Tragödie von Mayerling einen Mythos werden lassen, der in wenigen Ländern eine Entsprechung von diesem Gewicht findet. Was den Franzosen der »Mann mit der Maske«, das ist Österreich die Tragödie von Mayerling.

Baronin Helene Vetsera, Marys Mutter, stammte aus einer kinderreichen Familie, sie hatte fünf Schwestern und vier Brüder. Mit Mädchennamen hatte sie Baltazzi geheißen. Die Brüder Baltazzi waren bekannte Erscheinungen im Leben der

Haupt- und Residenzstadt Wien. Hector Baltazzi war ein erfolgreicher Jockey, Alexander und Aristide traten mit Pferden aus ihrem Stall bei internationalen Rennen erfolgreich an. 1876 gewannen sie – vor Königin Victoria – gegen eine übermächtige englische Konkurrenz das Derby von Epsom. Doch nicht nur in der Welt des Sports waren die Baltazzis zuhause. Sie machten Karrieren als Offiziere und Beamte, Alexander war Reichsratsabgeordneter. Heinrich Baltazzi, der Jüngste der Vier, galt als »elegantester Herr der Monarchie«. Arthur Schnitzler erwähnt ihn in »Jugend in Wien«: »Gesellschaft… Das unerreichbare Idealbild Henry Baltazzi, den ich später bei B. kennenlerne und der so das Urbild des Grafen im ›Reigen‹ wird.«

Kronprinz Rudolf fand seine letzte Ruhe in der Kapuzinergruft. Mary Vetseras Leichnam wurde in der Nacht vom 31. Januar auf den 1. Februar 1889 von ihrem Onkel Alexander Baltazzi und seinem Schwager Georg Stockau auf den Friedhof des nahen Heiligenkreuz gebracht. Am frühen Morgen wurde das Mädchen bestattet.

Die Gruft hat in den Jahrzehnten seither eine Rolle in den diversen Deutungen gespielt. Immer wieder war von Exhumierungen die Rede. Gegenüber dem Friedhofseingang, auf einer kleinen Anhöhe, steht eine Kapelle. Mary Vetseras Mutter hat sie gestiftet. Ein Glasfenster zeigt die Muttergottes mit zwei Engeln – sie tragen die Züge von Mary und einem ihrer Brüder.

Mayerling kann man leicht erreichen, der Ort liegt an der Verbindung von West- und Südautobahn. Auch eine Autobuslinie bringt Besucher zum Karmeliterinnenkloster. Wartezeiten vor oder nach den Führungen lassen sich in passender Umgebung verbringen. Ein Wirt, der zwar nicht aus Mayerling, aber aus dem Gebiet der einstigen Monarchie stammt, hat mit seiner Sammlung von Ölbildern, Stichen und Photographien seine Galerieräume zu einem kleinen Museum gestaltet. Wer Hunger mit Wissensdurst zu verbinden gewohnt ist, wird dem Gastwirt dankbar sein.

Gutenstein

Wer die Minoritenkirche im Schatten der Wiener Hofburg betritt, wird kaum an Gutenstein denken – ebenso wenig wie jemand an die Minoritenkirche denken mag, der sich von Ferdinand Raimund verzaubern läßt. Aber alles hat miteinander zu tun.

Über dem Nordportal der Minoritenkirche, im gotischen Tympanon, sitzt König Friedrich der Schöne, ihm gegenüber sieht man seine Frau. Die Burg Gutenstein hatte er von seinem Vater geerbt, von Rudolfs I. Sohn Albrecht.

In Wien ist dieser Enkel Rudolfs I. geboren, in Gutenstein ist er gestorben. Zwischen den beiden Daten – 1289 und 1330 – verbirgt sich ein Lebenslauf wie ein Roman. Mit siebzehn Jahren hat man ihm die Führung der neuerworbenen Länder Habsburgs übergeben. Aber der schwache, nie ganz gesunde Fürst vermochte nicht sich durchzusetzen.

Friedrichs Leben stand unter keinem guten Stern. Schon seine Wahl zum deutschen König führte zu einer Spaltung der deutschen Fürsten in zwei Lager – während die eine Gruppe den Habsburger favorisierte, trat die andere für den Wittelsbacher Ludwig den Bayern ein. Auf Grund von Unklarheiten über die Kurwürde, also über die Wahlberechtigung, kam es zu einer Doppelwahl.

Inmitten dieser ohnehin großen Schwierigkeiten wurden die Habsburger noch in eine neue Schwierigkeit verwickelt: Die Schweizer Urkantone Schwyz, Uri und Unterwalden setzten sich gegen die letzten in ihrer Landschaft noch geltenden Herrschaftsrechte der Habsburger zur Wehr. Sie standen also im Konflikt zwischen Friedrich und Ludwig auf der Seite des Bayern. Leopold, Friedrichs des Schönen Bruder, zog gegen Schwyz und in einem für ihn taktisch nicht günstigen Augenblick griffen die Schweizer an. Die schwere Niederlage der Habsburger in der Schlacht von Morgarten brachte den Waldstätten, wie sich die Vereinigung nannte, die Unabhängigkeit.

Aber noch war Friedrich der Schöne nicht in seinem Kampf um die Krone geschlagen. Erst 1322, bei Mühldorf am Inn, verlor er endgültig gegen Ludwig den Bayern, geriet in Gefangenschaft und wurde auf der Burg Trausnitz in Niederbayern festgehalten. Endlich, nach seiner Freilassung und einer vorübergehenden Einigung mit Ludwig, zog sich Friedrich –

im Besitze der Reichsinsignien, aber ohne Macht – auf Burg Gutenstein zurück. Dort starb er im Jahr 1330.

Die Burg sieht der Reisende schon von weitem. Der steile und unzugängliche Fels, den sie bekrönt, hat immer wieder ein für Belagerer uneinnehmbares Bollwerk dargestellt. 1457 widerstand die Festung den Truppen von Ladislaus Posthumus, später wurde sie zweimal von den Türken ohne Erfolg belagert. Und heute widersteht sie leider ihren Besuchern, sie ist nicht öffentlich zugänglich. Selbst einer Restaurierung hat sie zu widerstehen versucht: Nur mit Hubschraubern konnte das notwendige Baumaterial auf den unzugänglichen Felsen gebracht werden.

An der Seitenwand des Gutensteiner Rathauses findet man eine Reproduktion des Steins der Minoritenkirche, und eine Tafel vor der Pfarrkirche weist hin auf den Tod Friedrichs des Schönen im Jahr 1330. Mehr erinnert an den glücklosen Habsburger hier nicht.

Gutenstein ist geprägt von der Zeit Ferdinand Raimunds, neben Nestroy einer der großen Repräsentanten des Wiener Volkstheaters. Dem Biedermeier begegnet man hier immer noch. Das ganze Piestingtal, mit den Pässen in das benachbarte Triestingtal, mit dem Seitental nach Muggendorf, ist gerade der ersten Hälfte des 19. Jahrhunderts so besonders eng verbunden. Der Maler Friedrich Gauermann ist in Miesenbach geboren, Kupelwieser stammt aus Piesting, Ferdinand Raimund ist in Pottenstein gestorben. Und die frühe Industrie – ihre Zeugen wirken auf uns rührend romantisch –, ist eine indirekte Spur der Habsburger. Industrie und Technik, die Naturwissenschaften allgemein, haben durch Erzherzoge und Kaiser schon eine frühe Würdigung erfahren. Erzherzog Johann war ein Bergbaufachmann, Maria Theresia hat zielbewußt die böhmische Textilindustrie geschaffen, und Franz I. von Lothringen war nicht nur ein Förderer der Künste und Wissenschaften, sondern auch ein Wirtschaftsfachmann: Sein Privatvermögen betrug bei seinem Tod eine für die damalige Zeit ungeheure Summe – um zwanzig Millionen Gulden mehr, als er selbst geerbt hatte. Sein Sohn Josef II., der Erbe dieses Riesenvermögens, übergab es bei Antritt seiner Herrschaft dem Staatsschatz.

Wiener Neustadt

Allgegenwärtig ist hier die Geschichte Österreichs – von den Babenbergern bis in die Gegenwart. 1194 gegründet, hat die Stadt Aufschwung und Niedergang, Blüte und Katastrophe erlebt.

Wiener Neustadt wurde planmäßig gegründet. Nicht eine Flußmündung oder eine Wegkreuzung, nicht eine ältere römische Siedlung oder eine Thermalquelle hat hierher die Siedler gelockt. Zum Schutz der Grenze gegen den Osten hat man in der Ebene zwischen Wien und dem Semmering, auf damals steirischem Gebiet, die »Nova Civitas« geplant und errichtet. Um eine Kirche und um einen Wohnsitz des Babenbergerherzogs Leopold V. hat man Gassen angelegt, hat die Stadtmauer aufgeführt, die viertürmige Burg geplant. Ein großer Teil der Stadtmauer wurde mit jenem Geld errichtet, das der österreichische Herzog als Lösegeld für Richard Löwenherz bekommen hatte – der König von England war nach einer Fehde mit dem Babenberger Leopold VI. auf Burg Dürnstein (1192/93) in Gefangenschaft gehalten worden.

Um 1305 wird die Burg von Wiener Neustadt zum ersten Mal urkundlich erwähnt – da regierten schon die Habsburger in Österreich. Die Burg wurde erweitert und wuchs zu einer Residenz. Das 15. Jahrhundert brachte der jungen Stadt imperialen Glanz – Kaiser Friedrich III. verbrachte hier einen großen Teil seines Lebens. Graz, Linz, Innsbruck waren seine Residenzstädte – und Wiener Neustadt.

Wien, die Reichshauptstadt, war jahrelang fest in der Hand der Feinde. In ihrem Widerstandsgeist wurden die Wiener unterstützt durch die Ungarn. Matthias Corvinus, Ungarns König, blieb bis zu seinem Tod Kaiser Friedrichs großer Kontrahent, und nicht der einzige! Eine Zeit lang war er in der Burg Gutenstein der Gefangene der Habsburger – aber diese Zeit blieb eine Episode.

Von allen seinen Familienmitgliedern, die mit dieser Stadt zu tun hatten, tritt uns Friedrich III. am lebendigsten vor Augen. Schließlich haben die vielen Jahre seiner Regierung auch hier ihre Spuren hinterlassen. Immer wieder trifft man Friedrichs „AEIOU" – vielfach gedeutet. Der Kaiser selbst hat als junger Mann in einem, zum Glück erhaltenen, Notizbuch unter die berühmte Folge von Vokalen eine dieser Deutungen notiert: »Austria erit in orbe ultima« – »Öster-

reich wird bis zum Weltenende bestehen«, eine freie Übersetzung, doch sinngemäß.

Herausgelöst aus Zeit und Zusammenhang, in der technokratischen Betrachtungsweise unserer Tage wird mancher Zeitgeist nur wenig mit diesem Satz anfangen können. Doch wenn wir dieses AEIOU als Friedrichs III. persönliche Zauberformel ansehen, als einen Satz, den der zeitlebens bedrängte Herrscher ebenso zeitlebens als Gegenmittel gegen Melancholie und Hoffnungslosigkeit gesagt und in Stein geschrieben hat, dann werden die fünf Buchstaben auch für uns Heutige begreifbar. Gerade das ausgehende 20. Jahrhundert mit seinem Hang zu einer nicht näher definierten allgemeinen »Esoterik« hat die Methode des »positive thinking« erfunden. Den Ausdruck hat Friedrich III. nicht gekannt, wohl aber die Methode.

Und er hat von der Geschichte recht bekommen, das Ende der Herrschaft der Ungarn in Wien hat er noch erlebt, die Heirat seines Sohnes Maximilian hat glückliche Folgen für das Reich gehabt, und daß »AEIOU« etwa nicht der Wahrheit entsprechen sollte, muß erst von der Geschichte bewiesen werden.

Als Friedrich zur Welt kam, bestand Habsburgs Besitz aus drei Teilen: Albrecht war Herr in Österreich ob der Enns und unter der Enns, Ernst besaß Innerösterreich, also Steiermark, Kärnten und Krain, und Friedrich IV. war der Herrscher über Tirol und die Vorlande. Aber dieser Onkel des späteren Kaisers Friedrich III. konnte gerade damals seine Herrschaft nicht ausüben – er war ein Gefangener des Königs Siegmund und saß in Konstanz fest. Sein Bruder Ernst verwaltete während der Abwesenheit des Bruders dessen Besitz und in dieser Zeit kam Friedrich zur Welt – und weil das in Innsbruck passierte, erhielt der Neugeborene den Namen des Onkels.

Als junger Mann hat Friedrich eine Fahrt in das Heilige Land gemacht, er wollte es seinem Vater gleichtun und Ritter des heiligen Grabes werden. Sein Leben lang hat er den Heiligen Georg ganz besonders verehrt – als den ritterlichen Triumphator über den Drachen, über den Unglauben. Immer wieder finden sich diese Spuren der Georgs-Verehrung der Habsburger in Österreich – bis heute, mehrere Mitglieder der gegenwärtigen Familie tragen diesen Namen, die Tradition fortsetzend von Ernst dem Eisernen, seinem Sohn Friedrich, dessen Sohn Maximilian.

In der Burg von Wiener Neustadt ist die Kapelle St. Georg geweiht. Ihre Außenwand, im Hof der alten Burg, zeigt 107

135

habsburgische Wappen und eine Statue Kaiser Friedrichs III. Für ihn war diese Kirche als letzte Ruhestätte geplant, doch sein Grab steht im Dom jener Stadt, die ihm zu seinen Lebzeiten so viele Probleme bereitet hat – in Wien. Der beinahe quadratische Innenraum von St. Georg zeigt an der Empore 93 Wappen der Herrschaften Habsburgs, die Decke zeigt die Wappen der habsburgischen Länder. Zu den Seiten des Altars sieht man die Oratorien für das Kaiserpaar, und die wundervollen Glasgemälde über dem Altar stammen aus den Niederlanden, aus der Zeit Kaiser Maximilians.

Die Burg, wie sie heute dasteht, hat fast nur mehr den Platz gemein mit dem Vorgängerbau aus der Gründungszeit der Stadt. Die Burg der Babenberger hat ein Erdbeben um die Mitte des 14. Jahrhunderts zerstört. 1378 hat man mit dem Neubau begonnen.

In Wiener Neustadt ist Friedrich III. Sohn Maximilian geboren und in Wiener Neustadt hat er seine letzte Ruhe gefunden. Nachdem der Kaiser in Wels gestorben war, hat nicht das von ihm selbst viele Jahre lang geplante und vorbereitete Prunkgrab in Innsbruck ihn aufgenommen, sondern die Georgskirche der Burg von Wiener Neustadt. Schon die berühmte Wappenwand und das Kaisergrab wären den Besuch dieser einstigen Hofkirche wert – aber den Besucher erwartet weit mehr. Die Glasmalereien in den Maßfenstern stammen aus der Zeit Maximilians, aus dem 15. und dem 16. Jahrhundert. Der Innenraum von St. Georg gilt als schönster spätgotischer Kirchenraum Österreichs.

Der Uhrturm im Hof führt uns in die andere Blütezeit von Wiener Neustadt – in die Regierungszeit Maria Theresias. 1752 ist dieser Turm entstanden, Nicola Pacassi ist sein Architekt.

Am 14. Dezember 1751 ordnete Maria Theresia an, daß die Burg von Wiener Neustadt als »adelige Kadettenschule« einzurichten sei, als Offiziersschule also. 1752 wurden die ersten Kadetten aufgenommen, 1755 wurden die ersten Absolventen ausgemustert. 1765 erhielt die neue Schule den Namen Militärakademie und unter dieser Bezeichnung existiert sie bis heute. Der erste Oberdirektor der Alma Mater Theresiana war Feldzeugmeister Graf Daun, einer von den vier Reitern rund um das Maria Theresien-Denkmal an der Wiener Ringstraße. Daun ist in der Geschichte Österreichs auch durch eine zweite Schöpfung seiner Kaiserin verewigt. Er war der erste Träger des Großkreuzes des neugeschaffenen Militär-Maria-Theresien-Ordens, den er gemeinsam mit Carl von Lothringen bekommen hat.

Die Militärakademie, deren Leitung Graf Daun übernahm, hatte ein anderes Aussehen als der heutige Bau. Daran war abermals ein Erdbeben schuld. Im Februar 1768 hat es in Wiener Neustadt und seiner Umgebung große Verheerungen angerichtet. Die alte Burg fiel ihm zum großen Teil zum Opfer, drei der vier Ecktürme mußten abgetragen werden. Allein der noch heute bestehende Rákóczyturm blieb stehen.

Daß gerade mit der Regierungszeit einer Frau viele militärische Erinnerungen verbunden sind, ist kein Zufall. Eben der Umstand, daß Kaiser Karl VI. sein Reich einer Tochter und nicht einem Sohn hinterlassen mußte, hat an den europäischen Höfen einerseits für Unruhe und andererseits für Hoffnung auf Landgewinn gesorgt. Von den ersten Tagen ihrer Regierung an mußte sich die junge Kaiserin verteidigen. Im Park der Militärakademie bewahrt ein Denkmal das Gedächtnis an die Gründerin dieser Institution, die Österreichs Geschichte wesentlich beeinflußt hat.

Zur Zeit Friedrichs III. bestand in Wiener Neustadt ein Kloster der Dominikaner. 1444 hat der Kaiser dieses Kloster mit seiner Kirche den Zisterziensern übergeben, doch heute denkt der Besucher dieses Neuklosters aus anderem Grund an Friedrich:

Am 3. September 1467 ist in Wiener Neustadt Eleonore gestorben, Friedrichs III. Gemahlin, eine Tochter des Königs von Portugal, Mutter des späteren Kaisers Maximilian. Mit sechzehn Jahren hatte sie geheiratet, drei Tage später sollte sie die Kaiserkrönung erleben. Friedrich, der wesentlich älter war, kam aus Österreich, Eleonore aus Portugal – vor den Toren der Stadt Siena kam es zum ersten Treffen. Im Dom von Siena hält ein Fresko den historischen Augenblick fest. Eine andere Darstellung der Kaiserin findet sich im Neukloster auf dem prunkvollen Grabdeckel Eleonores, einem Werk von Nikolaus Gerhaerts von Leyden.

Eleonore und ihrem Hof begegnen wir an vielen Stellen Österreichs. An diesem Kaiserhof lebte einige Zeit der Sekretär Enea Silvio Piccolomini. Er stammte aus der Toscana und hat den Weg Eleonores nach Wien von Anbeginn begleitet. Den Empfang in seiner sienesischen Heimat hat er ebenso organisiert wie die Romreise. Enea Silvio – er ist später Papst geworden – ist dank seiner umfangreichen Korrespondenz ein wichtiger Zeitzeuge. Wir begegnen ihm noch an anderen Orten Österreichs.

Die erste Spur Friedrichs in der Neuklosterkirche findet sich noch vor dem Kirchentor, links sieht man seinen Doppeladler. Das Grab der Kaiserin Eleonore liegt hinter dem

Der Gründerin
der
Militär Akademie
Kaiserin
Maria Theresia.
Dankbare Zöglinge
1862.

Hochaltar. Dem Besucher, der hierher kommt, darf nicht vorenthalten werden, daß hier auf dem Chor das Mozart-Requiem uraufgeführt worden ist.

Das Stadtmuseum von Wiener Neustadt beherbergt viele Schätze, die die enge Beziehung der alten Stadt zur Geschichte ihres Landes illustrieren – da gibt es ein Maria-Theresien-Zimmer und den berühmten Corvinus-Becher und Dokumente, Waffen, Kunst.

Aber auch wer nicht ein Museum besucht und nicht zielgerichtet auf den Spuren der Geschichte spazierengeht, wird hier auf Schritt und Tritt Österreich begegnen. Das alte Wappen über dem Tor der Militärakademie fällt auch dem Autofahrer auf, der auf die Grünphase der Ampel wartet, und der Fußgänger auf der anderen Straßenseite steht plötzlich und weiß Gott unerwartet einem Stück Spanien gegenüber.

Hier stand das alte Zeughaus – der Zweite Weltkrieg hat in Wiener Neustadt mit seiner florierenden Industrie ein bevorzugtes Ziel gesehen und furchtbare Verwüstungen angerichtet. Ihm sind nicht nur die Zeughäuser des 20. Jahrhunderts, die Flugzeugwerke und andere kriegswichtige Fabriken, zum Opfer gefallen, sondern auch viele historische Gebäude. Vom alten Zeughaus ist nur mehr das Tor zu sehen. Seine Inschrift nennt Ferdinand I. einen spanischen Prinzen und auch der Stil des Tores verweist auf Spanien. Ferdinand hat wohl in Deutschland regiert, doch geboren ist er in Spanien. Sein Bruder Karl V., der uns vor allem in seinem Alterssitz von Yuste vor Augen steht, einst Herr des Reichs, in dem die Sonne nicht unterging, ist im belgischen Gent zur Welt gekommen.

1503 in Alcalá de Henares bei Madrid geboren, hat Ferdinand seinen flämischen Bruder erst im November 1517 zum ersten Mal gesehen. Als Karl das Erbe seines Großvaters Maximilian antrat, überantwortete er seinem jüngeren Bruder zuerst die niederösterreichischen Herzogtümer. Zu ihnen gehörte die Hauptstadt, Wien, und Wien hatte damals schon eine jahrhundertealte Erfahrung im Umgang mit seinen Herrschern. Gerade in der Zeit, als der neue Landesherr daranging, seinen Besitz zu übernehmen, gab es im Wiener Gemeinderat eine starke Opposition gegen den Kaiser. Ihr Führer, Dr. Martin Siebenbürger, hatte den Bürgermeister zur politisch unbedeutenden Figur gemacht und war mit einer Abordnung der österreichischen Stände nach Spanien gezogen, um vor dem Kaiser selbst seine Beschwerden vorzutragen. Karl V. gewährte aber keineswegs neue Freiheiten, er rügte vielmehr die murrenden Österreicher und schickte sie wieder über Meer und Gebirge nach Hause.

Damit aber waren die Wiener nicht zufrieden. In einer Neuwahl entschieden sie sich für Siebenbürger als neuen Bürgermeister, der Kaiser bestätigte ihn – und wenige Monate später wird Ferdinand der neue Regent. Erst neunzehn Jahre ist er alt, und er beschließt, seine Regierung ohne Zaudern anzutreten. Er nähert sich von Linz aus Wien auf der Donau, geht in Klosterneuburg an Land und kommt nun nicht nach Wien, sondern nach Wiener Neustadt. Hier nun, in der »allzeit getreuen Stadt«, wird Gericht gehalten. Die Opposition um den schon zurückgetretenen Wiener Bürgermeister wird zum Gericht geladen, des Hochverrats für schuldig erklärt und im August 1522 auf dem Marktplatz von Wiener Neustadt hingerichtet.

So ist es denn auch kein Wunder, daß der junge Herrscher gleich nach dem Strafgericht sich der Absicherung seines Machtbereiches zuwandte. Ein Zeughaus an dieser Stelle, nahe der immer bedrohten Grenze im Südosten, aber auch nahe von Wien – der soeben hingerichtete Bürgermeister Siebenbürger war schließlich schon der dritte, dem dieses Schicksal widerfuhr. Und wer weiß, was den Wienern noch alles in den Sinn kommen konnte – auf die Wiener Neustädter Bürger hatte man sich stets verlassen können.

1524 war das Zeughaus fertig, es hat lange seiner Bestimmung gedient, später wurde es die Kaserne des Hausregiments von Wiener Neustadt, des Infanterieregiments Nr. 84 Freiherr von Bolfras, diese Funktion behielt das alte Zeughaus bis 1918, dann wurde es ein ziviles Wohnhaus. 1945 hat es den Bombenhagel nicht überstanden. Man hat es wohl wiederaufgebaut, aber vom Zeughaus Ferdinands I. ist – außer diesem eindrucksvollen Portal gegenüber der Militärakademie – nur ein kleines Tor in der Burggasse geblieben. Eine halbe Familiengeschichte findet sich über dem Renaissancebogen, Ferdinands Vorfahren werden genannt, sein kaiserlicher Bruder und endlich die Würden des Erbauers selbst. »Zum Schutze des Vaterlandes und zum Schrecken der Feinde« hat der Infant von Spanien und Erzherzog von Österreich das Zeughaus errichtet, lesen wir noch. Und noch ein Detail für den Besucher, der sich Zeit für das alte Tor nimmt: im Wappen sieht man im Zentrum des rechten unteren Viertels einen Herzschild mit einem Adler. Das ist ein weitgereister Adler – nämlich jener von Tirol. Wer im Kloster von Escorial war und in der Kirche Kaiser Karl V. in Lebensgröße hat knien sehen, ist diesem Adler auch dort ge-

genübergestanden. Auf dem Umweg über das Wappen der Spanischen Habsburger ist der Tiroler Adler schließlich hier an der damals ungarischen Grenze gelandet.

Beim Strafgericht des Jahres 1522 war ein Mann anwesend und sogar selbst als kaiserlicher Sekretär tätig, der für den jungen Erzherzog gewiß eine beruhigende Erscheinung war. Marx Treitzsauerwein war schon Sekretär von Kaiser Maximilian gewesen, dem Großvater Ferdinands. 1512 hat Treitzsauerwein für Kaiser Maximilian die Konzeption des »Triumphzugs« niedergeschrieben, den wir auch in diesem Buch finden, später schrieb er Maximilians Autobiographie nieder, den »Weißkunig«, während dieser Zeit starb er am 6. September 1527 in Wiener Neustadt in seinem Haus in der Keßlergasse 18. Immer wieder begegnen wir in der Geschichte diesem Tiroler von einfacher Herkunft. Sein eindrucksvolles Grabmal sieht man, geht man auf den Dom von Süden zu. Die Grabplatte selbst befindet sich im Inneren der Kirche.

Dieser Dom von Wiener Neustadt – wir sind auf einem Umweg nun in ihm angekommen – ist ein steingewordenes Geschichtsbuch. Er stammt aus der Gründungszeit der Stadt, hat die letzten Babenberger noch gesehen, 1246 war hier Friedrich II. der Streitbare aufgebahrt. Die alte Kirche wurde zur Bischofskirche erhöht, verlor die Kathedralenwürde wieder, erlebte schwerste Zerstörungen und steht heute wieder eindrucksvoll da als lebendiges Zentrum der Stadt, nahe dem Markt, nahe der alten Burg. Und die Habsburger spielen in der jahrhundertealten Domgeschichte eine Hauptrolle. In den 17 Jahren ihrer Ehe mit Ernst dem Eisernen hat Zimburgis von Masowien neun Kinder zur Welt gebracht, fünf von ihnen starben im Kindesalter. Der Erstgeborene, Friedrich III., hat in seinem letzten Lebensjahr das Kolossalgemälde des Heiligen Christophorus dem Dom gestiftet, im Chor des Doms. Gegenüber liegt das Grab des Bischofs Ignaz von Lovina, er war der Erzieher des späteren Kaisers Karl VI. Bis zur Barockisierung des Chors war der Raum geprägt vom Hochgrab der Kinder Ernsts des Eisernen, dann wurde es entfernt, geblieben ist die Deckplatte aus Marmor. Das Wappen des Hauses Österreich und die Wappen von Tirol, Kärnten, Krain und Steier zeigen zusammen mit der lateinischen Inschrift den Rang an, den die Kinder in der Welt eingenommen hatten: »Hier ruhen die Kinder des erlauchten Fürsten und Herrn von sehr berühmtem Stamme, des geliebten Erzherzogs Ernst von Österreich.«

Wenige Schritte entfernt sieht man, an der rechten Wand, das Monument eines Mannes, der über sein hohes kirchliches Amt hinaus Einfluß ausgeübt hat, als Politiker seinem weltlichen Herrn gute Dienste geleistet hat und schließlich wie im klassischen Drama auf diesem schmalen steilen Weg abgestürzt ist. Kardinal Melchior Khlesl ist im September 1630 im Bischofshof von Wiener Neustadt gestorben. Sein Leichnam ruht im Wiener Stephansdom, sein Herz ist vor dem Altar des Doms von Wiener Neustadt beigesetzt.

Hier, in seiner einstigen Bischofskirche, erinnert vieles an Khlesl, der selbst diesen Bischofssitz 42 Jahre lang innehatte. Er stammte aus einer evangelischen Bäckersfamilie, hatte konvertiert und dann eine schnelle Karriere gemacht. Doch Khlesl war nicht, was man heute einen Karrieremenschen nennt – ihn interessierten mehr die Taten, weniger die äußeren Würden. Die Macht an sich war ihm wichtig und so wurde er für seine Zeit und ihre Habsburger eine Art österreichischer Richelieu– ein Geistlicher mit Verständnis für die weltliche Macht, ein politischer Ratgeber mit geistiggeistlichen Zielsetzungen.

Er war der Führer der Gegenreformation, Ratgeber des Erzherzogs Matthias, der später seinem Bruder Rudolf II. auf den Thron folgte. Da aber war die große Zeit Khlesls schon zu Ende. Er war einige Zeit gefangen – in Schloß Ambras und im Kloster Georgenberg-Fiecht – und er war für einige Jahre in der Verbannung in Rom. Bei alledem und neben seiner Tätigkeit als Kardinal, als Bischof von Wien, an der Wiener Universität, wurde Klesl 77 Jahre alt. »Bonum certamen certavit« sagt von ihm die Inschrift unter seiner Büste, »er hat einen guten Kampf gekämpft.«

Im Chor über dem barocken Hochaltar erinnert wieder das »AEIOU« an Friedrich III., mit dem Doppeladler und der Jahreszahl 1467, davor die drei Wappen von Kärnten, Krain und Portugal.

Im linken Querschiff liest man an der Brüstung die Jahreszahl 1449 und wieder das »AEIOU«, und über dem Arkadenbogen erkennt man die Wappen der Länder Habsburgs.

1886 begann man mit dem Neubau des Westwerks des Doms. Die baufälligen Türme hatten diese große Restaurierung notwendig gemacht. In die Bauzeit fiel das fünfzigjährige Regierungsjubiläum von Kaiser Franz Joseph I., aus diesem Anlaß schenkte die Wiener Neustädter Sparkasse dem Dom eine neue Orgel für dieses Westwerk. 1899 wurde der historisierende Neubau eingeweiht und zu diesem Anlaß kam Franz Joseph selbst in den Dom.

Nach der Stille des Gotteshauses und einem Spaziergang

durch die nun den Fußgängern vorbehaltenen Straßen der alten Stadt trifft man auf eine sehr liebenswürdige Spur der Habsburger: Die Mariensäule auf dem Hauptplatz. Sie erinnert an die Hochzeitsfeiern der Schwestern von Kaiser Leopold I. 1678 haben in der Georgskirche der Wiener Neustädter Burg die Erzherzoginnen Maria Anna und Eleonore geheiratet. Für Eleonore war es die zweite Ehe. Sie hatte zuerst die klassische Vernunftehe einer Prinzessin eingehen müssen und 1670 den König von Polen, Michael Wisniowiecki, geheiratet. Nach dem Tode des Königs 1673 kehrte Eleonore nach Österreich zurück und bekam nun von ihrem kaiserlichen Bruder die Erlaubnis zur Heirat mit ihrer Jugendliebe – Herzog Karl von Lothringen. In Liebesdingen hatten Lothringer und Habsburger offenbar miteinander Glück. Und mit dieser Heirat steht Eleonore auch genau inmitten der großen Türkenbelagerung von 1683: Ihr Bruder war Kaiser, der Nachfolger ihres ersten Mannes war der Befreier von Wien, der polnische König Johann Sobieski, und am Sieg über die Türken hatte ihr zweiter Ehemann entscheidenden Anteil.

Das zweite Hochzeitsfest dieses Jahres wurde für die Erzherzogin Maria Anna und den damals erst 20jährigen späteren Kurfürsten Johann Wilhelm von Pfalz-Neuburg gefeiert. Das Paar lebte in Düsseldorf und wer dort das Denkmal für Johann Wilhelm betrachtet, den die Einheimischen nur Jan Wellem nennen, der wird sich unwillkürlich an Wiener Neustadt erinnern.

Überhaupt: Von der Stadt im südlichen Niederösterreich gehen viele Gedanken auf historischen Bahnen durch halb Europa: Maximilian I. und Burgund, Ferdinand I. und Spanien, Eleonore und Polen.

Wer weiterfährt in Richtung Neunkirchen, wird an Rom erinnert. Hier steht ein Gedenkstein für den Augenblick der Begegnung zwischen Josef II. und Papst Pius VI. im März 1783. Der Papst war – ein unerhörter Schritt – selbst aus der Heiligen Stadt gekommen, als die Reformen des Aufklärer-Kaisers der Kirche zu großen Schaden zuzufügen begannen. Kaiser und Papst fuhren dann gemeinsam weiter nach Wien – aber wir wollen in der Umgebung von Wiener Neustadt bleiben. Zu vieles gibt es hier zwischen Thernberg und Seebenstein und Gutenstein, als daß man sich von diesem ur-alten Teil Österreichs so schnell verabschieden könnte.

Seebenstein

Am 11. März 1815 schreibt Erzherzog Johann in sein Tagebuch: »Der Oeconomieverwalter des Neustädter Cadettenhauses, Steiger, hatte die schön gelegene alte Burg Seebenstein, dem Grafen Pergen gehörig, auf längere Zeit gepachtet und alterthümlich eingerichtet; nach und nach sammelte sich gar vieles – seine Bekannten besuchten ihn, vorzüglich jene aus dem Neustädter Cadettenhaus, aus Wien und der Umgebung von Neustadt. Eine fröhliche Versammlung vieler ihrem Kaiser und Vaterlande ergebener Menschen. Diese Zusammenkünfte nahmen den Anstrich ritterlicher Sitten in Kleidung, Kost und Sprache an; es entstanden Hochmeister, Oberritter und alle die Ämter eines Marschalls, Säckelmeisters, Minnesängers, Burgvogts. Jeder Theilnehmer gab sich einen entsprechenden Ritternamen.«

Die Burg der „Ritter zur Blauen Erde"

Johann selbst hieß »Hanns der Thernberger« und er übte das Amt des Hoch- und Großmeisters der Gesellschaft aus, der »Altritterlichen Gesellschaft zum Nutzen und Vergnügen der Wildensteiner zur Blauen Erde«. Zu den Gästen und Mitgliedern der Rittergesellschaft gehörten neben dem späteren »steirischen Prinzen« Johann auch der preußische Prinz Wilhelm, der viele Jahre später der erste deutsche Kaiser wurde, Karl August von Sachsen-Weimar, Goethes Freund und Dienstherr, und Josef von Eichendorff, der große Dichter der deutschen Romantik.

Gründer und geistiger Führer des Vereins der Wildensteiner war Anton David Steiger, den Johann in seinem Tagebuch erwähnt. Er hatte Seebenstein zum Sitz der neugegründeten Vereinigung gemacht. Zu ihren Zielen gehörte die Beschäftigung mit den Denkmälern der Vorzeit, die Sammlung von Geld für vaterländische Zwecke, für wohltätige Vorhaben. Ihr Wahlspruch war »Alles für Gott, Kaiser, Österreich und die Freundschaft«.

Solche Ideen kamen dem Denken Johanns sehr entgegen. Schon einige Jahre früher, im Dezember 1810, notierte er in sein Tagebuch: »Mir gehet ein alter Gedanke herum, Vereinigung der Guten, Erprobten zur Erhaltung des Guten in den Zeiten der nahenden Barbarey, wohin uns Napoleon, wenn er noch lange regieret, gewiß bringt.«

Der Kaiser selbst kam einmal zu den romantischen Rittern von Seebenstein und er war sehr beeindruckt – aber offenbar nicht genug. Vereinigungen mit geheimnisvollen Ritualen waren ihm an und für sich schon nicht angenehm – und diese nun wurde von seinem beliebten Bruder mit den manchmal recht unbequemen Gedanken geführt. Johann kam im Laufe seines Lebens immer wieder in den Zwiespalt zwischen Wollen und Dürfen, zwischen kaiserlicher Abstammung und demokratischer Sehnsucht. Schon sein Name war nur scheinbar österreichisch – denn er wurde so nach dem Stadtheiligen von Florenz, seiner Geburtsstadt, benannt. Und sogar der nach Erzherzog Johann benannte graue Lodenanzug mit den grünen Aufschlägen geriet in kaiserlichen Revolutionsverdacht – Franz I. ließ ihn für seine Beamtenschaft jedenfalls verbieten. Den Wildensteinern wurde ein ähnliches Schicksal zuteil: am 30. April 1823 wurde die Vereinigung von der Polizeibehörde für aufgelöst erklärt.

Das von den heutigen Besitzern eingerichtete Burgmuseum ist sehenswert. Durch den Wald führt ein kurzer Weg über einen Waldlehrpfad, der naturwissenschaftliche Bildungslücken schließt und außerdem sehr schön ist, zur Burg.

Thernberg

Erzherzog-Thronfolger Franz Ferdinand lebt in der Erinnerung als das Opfer von Sarajewo, als fanatischer Jäger, als ein zu früh abberufener Reformator, vielleicht als Gartenfreund. Nur, wer sein Leben besser kennt, schätzt ihn als Sammler.

Die Muttergottes in der Kirche von Thernberg stammt aus dem Jahr 1450 – und aus der Sammlung Franz Ferdinand.

Damit rückt ein Habsburger in das Bild der Geschichte von Thernberg, mit dem hier nicht von vornherein zu rechnen ist. In dieser stillen romantischen Landschaft, in der der Gedanke der Sommerfrische noch lebendig und begreifbar ist, hat ein anderer Habsburger seine Heimat – besser, eine seiner Heimaten – gehabt, Erzherzog Johann.

Die Burg entstammt dem 12. Jahrhundert, der Zeit als die Landschaft um Wechsel und Bucklige Welt erst besiedelt wurde. Im 15. Jahrhundert wurde die stille Beschaulichkeit kurz gestört – der Bürgermeister von Wien Konrad Vorlauf kam zu einem, freilich nicht freiwilligen, Besuch.

Dieser Wiener Bürgermeister hat etwas für die Stadt getan, das auch nach sechs Jahrhunderten sichtbar ist. Er und einige seiner Stadträte waren mit dem damals gerade in Bau befindlichen Südturm von St. Stephan nicht einverstanden, die Ausführung entsprach nicht den Bauplänen. So wurde der neue Teil wieder abgetragen und, diesmal den Plänen entsprechend, wiedererbaut.

In der Auseinandersetzung zwischen den Herzogen Ernst und Leopold mußten die Wiener sich für die eine oder andere Seite entscheiden – und da wurde Vorlauf Opfer eigener politischer Entschlüsse. Als er mit mehreren Gemeinderäten zu Verhandlungen nach St. Pölten reiste, wurden die Herren von einem politisch ambitionierten Raubritter überfallen und festgehalten. Von Purkersdorf, dem Ort des Überfalls, wurde Vorlauf nach Thernberg verschleppt, wo er einige Wochen im Burgverließ saß. Gegen ein Lösegeld bekamen die Wiener ihren Bürgermeister zurück, der allerdings die nächste Gelegenheit nützte, sich bei seinem Landesherrn noch unbeliebter zu machen und ihm selbst den Vorwand zur Verhaftung zu liefern, der wenige Tage später die Hinrichtung folgte. Ein Haus am Lobkowitzplatz, wo Gluckgasse und Spiegelgasse einander begegnen, trägt die Gedenktafel für den hingerichteten Gemeindevater.

Aus landesfürstlichem Besitz kam Burg Thernberg später zur Familie Wallsee, im 17. Jahrhundert erwarb eine Familie Thonradl die Herrschaft, und eines ihrer Mitglieder ist mit einem einzigen Satz in die Geschichte eingegangen. 1618 hatte der Dreißigjährige Krieg begonnen – mit dem zweiten Prager Fenstersturz. Die Protestanten kämpften zuerst in Verhandlungen, dann mit dem Schwert um ihr Recht. Am 11. Juni 1619 drang eine Gruppe aufgebrachter protestantischer Adeliger in die Hofburg ein, gelangte bis zum König und trug hier vehement ihre Wünsche vor. Soweit ist diese Geschichte verbürgt, der Rest mag Anekdote sein. Der Anführer der Gruppe war der Herr von Thernberg, Andreas Thonradl. Er soll den sich sträubenden König von Böhmen und Ungarn wenige Wochen später wird er als Ferdinand II. zum Kaiser gekrönt diskutierend in die Nähe eines Fensters gedrängt und ihn bei den Knöpfen seines Wamses festgehalten haben. Dazu habe er, sagt das Gerücht aus dem siebzehnten Jahrhundert, seinem König die Forderung gestellt, endlich die vorgelegte Petition zu unterschreiben. Und dieser Satz nun existiert in zumindest zwei Versionen. Einmal soll Thonradl für seine Forderung die nicht unkecke Formulierung gebraucht haben »Ferdl, gib dich, unterschreib'!«. Die andere Version stellt zwar ebenfalls eine unzweideutige Majestätsbeleidigung dar, ist aber durch den Gebrauch des Latein von wenigstens teilweise akademischer Wirkung: »Ferdinandule, subscribe!« Das heißt zwar immer noch »Ferdl, unterschreib!«, aber es zeigt, daß Thonradl auch im Affekt den Vokativ »Ferdinandule« sowie den Imperativ »subscribe!« beherrscht hat und zudem noch die Geistesgegenwart besaß, wenn schon Majestätsbeleidigung, dann schon mit Format, das Diminutiv »-ule« einzusetzen, denn ein simples »Ferdinande« war ihm zu wenig. Der in Wahrheit wohl nicht so gerufene und wohl auch nicht an den Knöpfen gepackte König Ferdinand kam im nächsten Moment bereits aus dieser Verlegenheit, denn, nun wird es wieder amtlich, man hörte plötzlich Trompetengeschmetter und Hufgetrappel, und 500 Reiter erschienen in der Hofburg, unverhofft, die Dampierreschen Kürassiere. Die Protestanten konnten entkommen, ihre Güter, auch Thernberg, wurden konfisziert. Das Kürassierregiment – im 19. Jahrhundert wurden die Kürassiere von den Dragonern übernommen – hatte bis 1918 als einziges Kavallerieregiment das Recht, eine Standarte zu führen.

Überall in Österreich – der Doppeladler

1774 errichtete die damalige Besitzerfamilie, mit Namen Menshengen, unterhalb von Thernberg ein neues Schloß. Das Schloß und auch die ältere Burg sind heute Ruinen. Doch Bergfried und Palas lassen noch einen Eindruck des einstigen Aussehens zu, so daß man sich vorstellen kann, wie Erzherzog Johann diese Landschaft gesehen hat, als er sich 1807 zum Ankauf von Burg und Schloß Thernberg und zur Übersiedlung entschlossen hatte.

1805 war der Erzherzog in seinen politischen Plänen für das geliebte Land Tiol gescheitert – die Österreicher mußten das Land räumen, Bayern und Frankreich hatten gesiegt.

Die topographische Erfassung der österreichischen Alpen in den folgenden Jahren führte Erzherzog Johann mit seinem Stab von Botanikern, Mineralogen, Malern und Historikern in viele verschiedene Gegenden. Thernberg wurde für Jahre das Zentrum dieser Tätigkeit. Zu einem behaglichen Wohnsitz gestaltet, wurde die Burg ein Anziehungspunkt für Gesinnungsfreunde Johanns, für patriotische Österreicher, für Naturschwärmer. In Thernberg legte Erzherzog Johann den ersten seiner Alpengärten an, der überhaupt der erste in Österreich war und ähnlichen Einrichtungen Vorbild wurde. Johann selbst hat dem Alpengarten von Thernberg noch andere folgen lassen – in Wien, in Gastein. Sein Sekretär, der ihm auch ein Freund war und sein Trauzeuge, Johann Zahlbruckner, hatte die Aufgabe übernommen, den Alpengarten von Thernberg zu pflegen, aber das war eine nicht zu bewältigende Aufgabe. Die klimatischen Bedingungen erwiesen sich als äußerst ungünstig, die Pflanzen hatten kein langes Leben. Wer heute nach Thernberg kommt und nach den Blumen und Bäumen Johanns fragt, der mag, mit Glück, eine Buche gezeigt bekommen, die aus dieser Zeit stammen soll. Ganz gewiß hat der Erzherzog Johann die Zusammenkünfte der »Wildensteiner Ritterschaft« auf Burg Seebenstein besucht, er war ihr Großmeister und hat den Namen getragen »Hans von Österreich, der Thernberger«.

Die Jahre auf Burg Thernberg haben der Historienmalerei und der wissenschaftlichen Erfassung der Alpenflora wichtige Impulse gegeben. Johann Knapp, Kammermaler von Erzherzog Anton, einem Bruder Johanns, hat in rund dreihundert Bildern Blumen der Alpen dargestellt, die später in einem Werk –»Icones plantarum alpinarum cura Archiducis Johannis peractae« – gesammelt wurden. Vom Bürgermeistergefängnis zum Blumenmaleratelier, von »Ferdinandule subscribe!« zu Berg-Alpenglöckchen und Mauer-Habichtskraut, Thernberg hat vieles erlebt.

Gaming

Im Ötscherland, von Arnstetten oder von Ybbs aus zu erreichen, wenn man über die Westautobahn kommt. liegt eine der größten Kartausen Mitteleuropas.

Der Begriff »Kartause« leitet sich vom ersten Kloster des Kartäuserordens ab, von der Eremitage im Gebirgsmassiv der Grande Chartreuse, woraus sich die lateinische Form »Cartusia«, die italienische Certosa, die deutsche Kartause ableitet. Nach der Regel ihres Gründers, des heiligen Bruno, leben Kartäuser und Kartäuserinnen in ihren Klöstern ein kontemplatives Leben, das nach Ausgeglichenheit strebt. Der Eremitenorden kam durch die Habsburger in die österreichischen Erblande. Die erste Kartause in ihrem Bereich war Mauerbach bei Wien, 1313 gegründet, nach Schnals in Südtirol folgte Gaming. Diese Gründungen existieren heute nur mehr als Bauwerke – die ebenfalls unter habsburgischer Ägide gegründete Kartause von Pletriach in Slowenien besteht seit 1403 als lebendiges Kloster.

Ein Gelübde stand, wie oft, am Beginn der Klostergründung von Gaming. Herzog Albrecht II., der neben dem Beinamen »der Weise« auch den Beinamen »der Lahme« führt, hatte 1322 um Heilung von seiner Lähmung gebetet, war teilweise geheilt worden, und 1330 schritt er an die Erfüllung seiner Verpflichtung. In den nächsten Jahren wurde die Klosterkirche erbaut, die Zellen und der Kapitelsaal wurden errichtet und von Papst und Ordensgeneralkapitel kamen die notewendigen Bestätigungen. Doch der Bau sollte nicht ausschließlich dem Klosterleben dienen. Albrecht II., eine eindrucksvolle Herrscherpersönlichkeit, die ihrer Zeit in vielen Gedanken voraus war, hatte Gaming auch für seine persönlichen Bedürfnisse geplant.

Denn die Gründungslegende mit der Bitte um Gesundheit entspricht mehr einer inneren Wahrheit, die wirkliche Geschichte sieht etwas anders aus.

Ein Gelübde freilich steht tatsächlich am Beginn von Gaming. Aber nicht die Lähmung war der Grund für Albrechts Gelöbnis. Im März 1330 erkrankte Albrecht II. an Polyarthritis, an Gelenkrheumatismus, die Gründung der Kartause Gaming im selben Jahr hängt damit nicht zusammen. 1322 haben die Brüder Albrecht und Leopold gemeinsam das Gelübde zum Klosterbau abgelegt, im Kampf gegen Ludwig

den Bayern, den Gegner ihres Bruders Friedrich. Aus einer Doppelwahl waren Ludwig und Friedrich als Könige hervorgegangen, nun ging es um die Lösung dieser Frage. Ludwig der Bayer blieb zwar siegreich, aber das Gelöbnis haben die Brüder gehalten. Leopold I. wollte den Klosterbau in der Nähe von Luzern errichten, daß schließlich Gaming gewählt wurde, hängt mit der Verlagerung der habsburgischen Politik in den Osten Österreichs zusammen.

Albrecht II. kam auf der Habsburg zur Welt. Seine Gemahlin Johanna von Pfirt stammte aus dem nahen Elsaß, die französische Version ihres Namens lautet Jeanne de Ferettes. 1332 wurde der Grundstein für die Klosterkirche gelegt. 1340 wird der Kapitelsaal geweiht. Doch von Baubeginn an steht fest, daß die Kartause nicht nur religiösen Zwecken dienen soll. Neben der Residenz in Wien wird Albrecht II. auch von Gaming aus regieren, und ihm und seiner Familie soll die Kartause auch Grablege sein.

Nach ersten Ehejahren ohne Kindersegen wird Johanna von Pfirt endlich Mutter von vier Söhnen und zwei Töchtern. 1351 stirbt sie und wird in der Gruft von Gaming beigesetzt. Sieben Jahre später, am 20. Juli 1358, stirbt Herzog Albrecht II., der letzte gebürtige Schweizer auf dem Herzogthron. Am 23. Juli wurde er an der Seite seiner Gemahlin bestattet. Ihm folgte Rudolf IV., der Stifter, der sich in wenigen Jahren Regierungszeit um sein Land außerordentlich verdient gemacht hat. Er bestätigte die Privilegien der Kartause, ebenso sein Bruder und Nachfolger Herzog Albrecht III.

1373 verstarb Albrechts III. Frau, Elisabeth von Böhmen, eine Tochter Kaiser Karls IV. Auch sie wurde in der Gaminger Gruft bestattet, als letztes Mitglied ihrer Familie.

Die Kartause überstand Türkenjahre und protestantische Unruhen, konnte trotz hoher Vermögensverluste durch den Kampf gegen die Türken ihre Klosterbauten erweitern und erneuern, freute sich 1670 über die Erhebung ihrer Priore in den Prälatenstand, Kaiser Leopold I. hatte ihnen dieses Privileg gewährt, und jubelte mit vielen anderen österreichischen Neubauten des Barock über das Ende von Türkennot und Protestanten-Unruhen – da kam am 27. Januar 1782 das Auflösungsdekret.

Das Inventar wurde versteigert, Teile fanden sich in den damals neu errichteten Pfarren wieder; so kam etwa das Chorgestühl in die Stadtpfarrkirche von Tulln, der Hochaltar in die Kirche von Ybbsitz.

1797 wurden die sterblichen Überreste der herzoglichen Familie in die Pfarrkirche von Gaming übertragen. Die Kartause begann zu verfallen.

Dieser Verfallsprozeß setzte sich durch Jahrzehnte und Jahrhunderte fort. Auch durch den Ankauf des desolaten Gemäuers durch das Stift Melk im Jahre 1915 kam es noch zu keiner Rettung. Wer noch in den Siebzigerjahren nach Gaming kam, konnte nur mit melancholischen Gedanken die Kartause wieder verlassen, was dem Grundgedanken des heiligen Bruno von Köln gar nicht entspricht. Man kann heute so leicht davon erzählen, weil durch einen privaten Besitzer die Rettung des alten Klosters in den Achtzigerjahren eingeleitet wurde und durch eine niederösterreichische Landesausstellung zum Thema »Kunst des Heilens« die vollständige Restaurierung der ungemein eindrucksvollen Anlage durchgeführt werden konnte. Wer Gaming gesehen hat, wird vielleicht Zeit haben für einen Umweg von wenigen Kilometern. Schloß Ernegg liegt nahe, es hat einst dem Oberstmundschenk Kaiser Ferdinands I. gehört, Wolfgang von Oedt, und kam 1656 in den Besitz der Grafen Auersperg. Graf Leopold Auersperg war Ackerbauminister unter Kaiser Franz Joseph. Das stille Schloß, von Wald umgeben, eignet sich als stilvolle Station auf einer Reise durch die Geschichte vorzüglich.

Das Kloster Neuberg an der Mürz in der Steiermark ist eine Gründung von Otto dem Fröhlichen, einem Bruder Albrechts des Weisen, und König Friedrich der Schöne, der älteste der Bürder, hat die erste Kartause Österreichs gegründet, Mauerbach. Auch diese Kartause wurde 1782 aufgehoben, sie diente später als Altersheim. Hier lag das Grab des Gründers bis zum Jahr 1789, dann wurde der Sarg nach Wien in den Stephansdom gebracht. Wer diesen Bau, der fast zur Gänze aus dem Barock stammt, gesehen hat, und vielleicht andere Kartausen wie etwa die berühmte Certose von Pavia kennt, wird das Erlebnis Gaming besonders interessant finden.

Kärnten

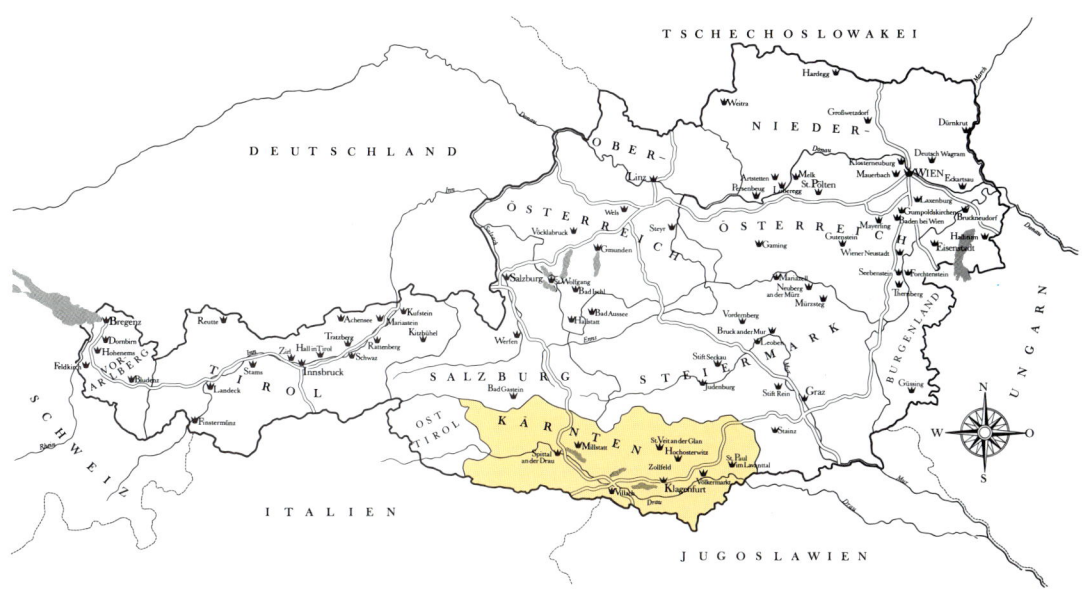

TSCHECHOSLOWAKEI
DEUTSCHLAND
NIEDER-
ÖSTERREICH
OBER-
ÖSTERREICH
SALZBURG
STEIERMARK
BURGENLAND
TIROL
VORARLBERG
OST
TIROL
KÄRNTEN
SCHWEIZ
ITALIEN
JUGOSLAWIEN
UNGARN
WIEN
Linz
Salzburg
St. Pölten
Innsbruck
Bregenz
Graz
Klagenfurt
N
W
O
S

KÄRNTEN
Millstatt
Spittal
an der Drau
St. Veit an der Glan
Hochosterwitz
Zollfeld
St. Paul
im Lavanttal
Völkermarkt
Klagenfurt
Villach
Drau

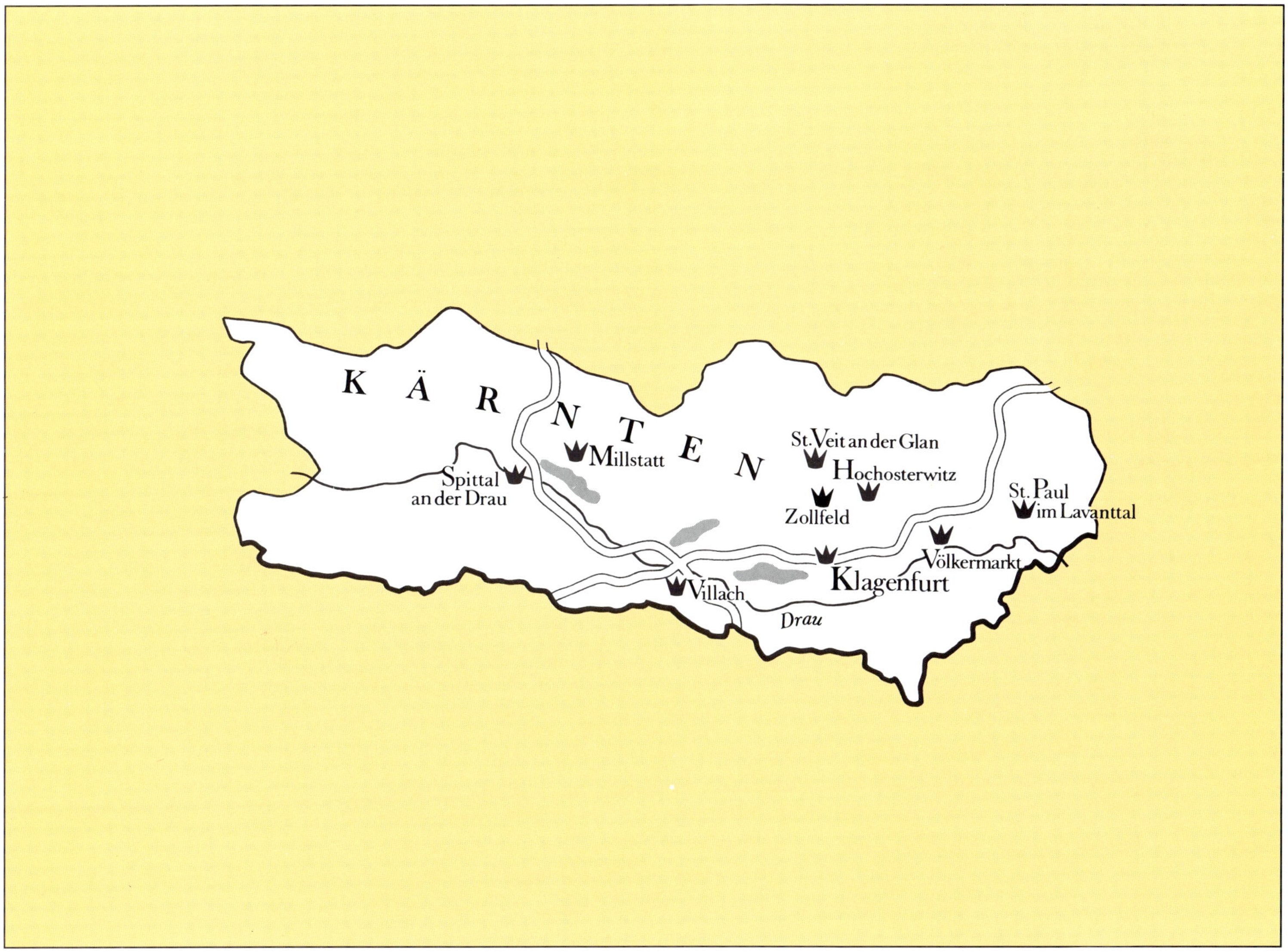

Klagenfurt

Im Zentrum der Kärntner Landeshauptstadt steht ihr Wahrzeichen, der Lindwurm. Ihn bedroht ein etwas unbeholfener Herakles mit einer Riesenkeule. Die Lindwurmsage entstammt einer nicht genau festzulegenden Zeit, ist Legende. Die wenige Meter neben der Lindwurmgruppe stehende Statue führt in die Wirklichkeit. Das Denkmal für Kaiserin Maria Theresia ist 1873 enthüllt worden, es diente als Ersatz für ein anderes, das weit bedeutender gewesen sein muß – sein Schöpfer war Balthasar Moll gewesen, es war das erste Denkmal für Maria Theresia in der Monarchie. Aber es war aus Blei und das war kostbar, und so wurde die Statue für die Unterstützung der Russen in ihrem Krieg gegen die Türken geopfert.

Als Maria Theresia ihre Regierung antrat, gehörte Kärnten schon seit rund vier Jahrhunderten zu Habsburgs Ländern. Mit dem Aussterben der Grafen von Görz und dem Erbschaftsvertrag, den die letzte Gräfin von Görz, Margarethe Maultasch, mit Rudolf IV. geschlossen hatte, fiel Kärnten gemeinsam mit Tirol an Österreich. Das war aber nur, soweit es Kärnten betrifft, ein formaler Akt. Denn tatsächlich waren die Rechtsansprüche der Maultasch auf Kärnten schon lange Jahre vorher, 1335, null und nichtig gewesen. Nach dem

Aussterben der Görzer in der männlichen Linie hatte Ludwig der Bayer die Habsburger Herzöge Otto den Fröhlichen und Albrecht den Weisen mit Kärnten belehnt. Damals war St. Veit an der Glan Residenzstadt, schon die Vorgänger der Görzer, die Herzöge von Spanheim, hatten die Burg von St. Veit zu ihrem Hauptsitz gemacht. Die politische Entwicklung im 16. Jahrhundert aber machte dem Status der Stadt als Residenz ein Ende. 1516 stellte der Kärntner Adel ein Heer gegen aufständische Bauern auf. St. Veit beschloß, sich an diesem Heer in keiner Weise zu beteiligen, und als der Aufstand niedergeschlagen war, sahen sich die Stände nach einer neuen Hauptstadt um. Klagenfurt war 1514 durch einen großen Brand fast gänzlich zerstört worden, nun überließ Maximilian I. die ausgebrannte Stadt den Ständen, also dem Klerus und dem Adel, die sich verpflichteten, mit eigenen Mitteln für den Wiederaufbau zu sorgen. Und dieser Wiederaufbau war dem Kaiser wichtig, er wollte keine unbefestigte Stelle in den Gebieten nahe der Grenze haben. Die Schenkungsurkunde hält die Voraussetzung fest, daß nur gemauerte, also keine hölzernen Häuser, in der Stadt stehen sollten.

Dennoch fiel auch die neue Stadt bald wieder einer Feuers-

Der Stolz der Stände: Wappensaal im Landhaus

Eine Hauptstadt, entstanden wie Phönix aus der Asche

brunst zum Opfer, im Jahr 1563. Das war gerade die hohe Zeit der Städteplanung, des Festungsbaus auf der Grundlage antiker städtebaulicher Vorschriften und moderner militärischer Erkenntnisse. Italien war führend auf diesem Gebiet und aus Italien kamen die Baumeister. Domenico dell'Allio baute nun das neue Klagenfurt: Häuser mit Arkadenhöfen, rechtwinkelig aufeinander treffende Straßen, eine quadratische Festungsanlage mit einem Graben, der vom Wasser des nahen Wörthersees gespeist wurde. Dazu mußte aber erst ein Kanal gebaut werden, er besteht noch heute, läßt seine einst militärische Bedeutung nicht erkennen und ist viereinhalb Kilometer lang romantisch. In die Mitte der Stadt ließen sich die Stände ihr Landhaus bauen – zuerst diente es als Zeughaus und als Münzstätte, dann wurde es mit seiner Regierungsfunktion ausgestattet. Die junge Hauptstadt war bald Ziel Allerhöchster Besuche: Kaiser Karl V., Erzherzog Karl II., Erzherzog Maximilian III. haben Klagenfurt als Reisestation genützt.

1660 kam der zwanzigjährige Kaiser Leopold I. zur Huldigungszeremonie nach Klagenfurt. Er verbrachte diese Tage im Palais Orsini-Rosenberg, es liegt am Neuen Platz und ist den Klagenfurtern als ihr Rathaus vertraut. Zur Erinnerung an diese Tage voll aufregendem Glanz wurde auf dem Platz vor dem Palais Orsini-Rosenberg eine hölzerne Statue errichtet, sie zeigte Leopold I. zu Pferd. An dieser Stelle hat man später Leopolds Enkelin Maria Theresia ein Denkmal errichtet.

Vom Neuen Platz führen wenige Schritte zum Landhaus, das sich an der Stelle der Burg befindet und nach dem großen Brand zwischen 1574 und 1590 erbaut worden ist. Der Bau gehört in die Reihe der bedeutenden Renaissancegebäude, die man immer wieder in Kärnten findet, denn hier hat die Barockisierung nicht so viele Opfer gefunden wie in anderen Landschaften Österreichs. Wer der Architekt des Gebäudes mit Türmen, Arkadenreihe, stimmungsvollem Innenhof war, steht nicht fest. Mitgearbeitet hat ein Baumeister aus dem Tessin, Anton Verda, er war auch bei der Gesamtplanung der Stadt nach dem Brand tätig. Um 1740 wurden Teile des Landhauses modernisiert, erhielten eine barocke Fassade, aber in vornehmer Schlichtheit, die ganz unzeitgemäß wirkt. Zur gleichen Zeit ließen sich die Kärntner Stände den Großen Wappensaal im zentralen Flügel des Landhauses von Joseph Ferdinand Fromiller mit Fresken ausstatten. Der Saal stellt ein ausgezeichnetes Beispiel für trompe l'oeil-Architektur dar, und wer schon die Augen emporgerichtet hat, um zu beobachten, wie sich das Bild beim Gehen verändert, wird sein Augenmerk auch auf das dargestellte Geschehen lenken wollen. Die Decke zeigt Kaiser Karl VI. bei der Erbhuldigung im Jahre 1728, an den Wänden sieht man die Huldigungszeremonie am Fürstenstein und gegenüber die Übergabe der Schenkung der Stadt Klagenfurt an die Stände durch Kaiser Maximilian I. Die Wände sind von 665 Wappen bedeckt, die meisten hat Fromiller selbst geschaffen. Doch da der Saal ja eine zur Zeit seiner Entstehung aktuelle Situation schildert und noch Wappen hinzukamen, von neu in die Kärntner Stände aufgenommenen Adeligen, haben noch andere Künstler außer Fromiller an dieser Wappenreihe mitgewirkt.

Das Deckenfresko läßt den Betrachter ahnen, wie der Prunk des aus Wien über Graz angereisten kaiserlichen Hofes gewirkt haben muß. Am 20. August 1728 kamen der Kaiser und seine Begleitung in 162 Wagen mit 628 Pferden an, mit Dienerschaft und Soldaten, Jagdgehilfen und Perückenmachern. In Begleitung des Kaisers, ihres Vaters, war auch die knapp elfjährige Maria Theresia in Klagenfurt.

In diesen Tagen im August 1728 eröffnete Kaiser Karl VI. die neue Straße über den Loiblpaß, daran erinnern zwei

Erbhuldigung für Karl VI.

Gedenksteine in Pyramidenform und ein Gasthaus. Peter Tschauko, ein Gastwirt, hatte dem Kaiser als Dolmetscher bei dem kurzen Besuch auf der Paßhöhe dienen dürfen, da er als einer der wenigen Bewohner sowohl das slawische Windisch als auch deutsch zu sprechen verstand, und Karl VI. selbst soll dem Gasthof einen neuen Namen gegeben haben – »Zum Deutschen Peter«, so heißt das Gasthaus noch heute.

Doch wir müssen zurück nach Klagenfurt. Maria Theresia kam wieder – als Großherzogin der Toscana, mit ihrem Gemahl Franz Stephan von Lothringen – auf dem Weg nach Florenz. Das war 1738, kurz nach der Eheschließung, und 1765 reisten Maria Theresia und Franz I. Stephan noch einmal durch Klagenfurt – es war die letzte Reise, sie führte nach Innsbruck zur Hochzeit des Sohnes Peter Leopold, und in den Tagen dieser Hochzeit starb der Kaiser.

In der kaiserlichen Reisegesellschaft hatte sich auch Erzherzogin Maria Anna befunden, eine der Töchter des Kaiserpaares. Sie war 1738 zur Welt gekommen, hatte als junges Mädchen das Unglück, durch eine schwere Krankheit

geschlagen und von einem Buckel entstellt zu sein, und begann sich von der Welt zurückzuziehen. Maria Anna lebte im adeligen Damenstift auf dem Hradschin in Prag, befaßte sich mit Naturwissenschaften und der Kunst, trat in Kontakt mit großen Wissenschaftlern wie dem Mineralogen Ignaz von Born – Freimaurerfreund Mozarts, das Vorbild des Sarastro – und lernte selbst die Kunst des Kupferstichs. Nach Maria Theresias Tod verließ sie dies Leben in Prag und Wien und zog nach Klagenfurt. Am 25. April 1781 führte sie ihren Entschluß aus, »das Land Kärnten und das Elisabethenkloster zu ihrem Wohnsitze zu erwählen.« Neben dem Kloster ließ sich Maria Anna ein kleines Palais erbauen, sie bediente sich dabei in der Tradition ihrer Eltern der Dienste Nicola Pacassis, dessen Bauten an vielen Stellen Österreichs zu finden sind.

Acht Jahre lebte die Erzherzogin in Klagenfurt, in einem Kreis von Gelehrten und Künstlern. Sie ließ nicht nur dem Kloster der Elisabethinen namhafte Beträge zukommen, sie finanzierte auch die ersten Ausgrabungen der römischen Stadt Virunum, unterstützt von ihrem Mitarbeiter Franz Joseph Graf Enzenberg. In diesen Jahren wurde in Klagenfurt eine Freimaurerloge gegründet, die der Erzherzogin zu Ehren den Namen »Zur wohltätigen Marianna« erhielt. Am 19.10.1789 ist Erzherzogin Maria Anna gestorben.

In ihrer Todesstunde trug sie den braunen Männerschlafrock, in dem ihre Mutter Maria Theresia gestorben war. Sie hatte sich dieses letzte Kleidungsstück der geliebten Mutter nach Klagenfurt mitgenommen. Wer heute das Kloster der Elisabethinen besucht, wird sehen, wie lebendig das Andenken an die Erzherzogin hier ist. Ihr einstiges Palais hat die Funktion des bischöflichen Palais übernommen. In der Kirche findet sich vieles aus josefinischer Zeit, und in der Gruft unter der Kirche hat Maria Anna ihre letzte Ruhe gefunden. Die einfache Grabinschrift hat sie selbst verfaßt.

Zu den zahlreichen Erinnerungsstücken gehören Rosenkränze aus dem Besitz Maria Theresias und Franz I. Stephan, viele Porträts der engeren Familie Maria Annas, und Kleidungsstücke, wie auch der braune Schlafrock, die in einem Schauraum, neben der prachtvollen alten Apotheke der Elisabethinen zu sehen sind. Maria Anna selbst ist da als Wachsfigur zu sehen.

Das Maria-Theresien-Denkmal am Neuen Platz ist in den Jahren des Aufenthaltes von Erzherzogin Maria Anna in Klagenfurt errichtet worden. Der k.k. Hofregistraturs-Accessist Joseph Kyselak, patriotisch gesinnter Wanderer durch

Österreich und Bayern, hat in seinen »Skizzen einer Fußreise«, das Buch ist 1829 erschienen, auch Klagenfurt beschrieben. Das Denkmal hat ihm nur wenig Freude bereitet: »…besitzt in der Mitte ein Bassin mit einem riesigen Lindwurme, der aber von Unkunst und Verwitterung entstellt, eigentlich gar Niemandem ähnelt; nebenan ist die aufgestellte Büste der Kaiserin Maria Theresia, von Blei, ebenfalls ohne besondere Vorzüge.« Kyselak gefielen die Klagenfurter besser als ihre Statuen: »Der Charakter der Einwohner erweckt den Wunsch des Fremden, wenn auch nicht der Stadt, doch der Bewohner sich länger zu freuen…«

Josef II. war 1783 zu Besuch in Klagenfurt, 20 Betten des Spitals der Elisabethinen hat er gespendet. Erzherzog Johann war als Achtjähriger zum erstenmal in der Kärntner Hauptstadt – sein Vater, Großherzog Pietro Leopoldo von Toscana, war Kaiser geworden, der Nachfolger seines Bruders Josef II., und nun reiste die Familie von Florenz nach Wien. Die Kriege gegen Napoleon brachten den Erzherzog immer wieder nach Klagenfurt. An ihn erinnern der Erzherzog-Johann-Park und das Erzherzog-Johann-Denkmal, die lange nach Johanns Tod, erst 1989, entstanden sind.

Kaiser Franz, der älteste Bruder von Erzherzog Johann, hat Kärnten und seine Hauptstadt besucht, auch sein Sohn Kaiser Ferdinand war hier. Kaiser Franz Joseph schließlich war schon mit zwanzig Jahren zu Gast in Klagenfurt, von diesem Besuch kündet noch die Radetzkystraße, die damals, 1850, angelegt wurde. Sie diente und dient als Weg zum Kreuzbergl, das anläßlich des Kaiseraufenthaltes mit neuen Wegen und zwei Gartenhäuschen ausgestattet wurde. Das eine von beiden steht noch, es trägt den großen Namen »Gloriette«. Später waren Kaiser Franz Joseph und Kaiserin Elisabeth noch öfter in Klagenfurt, und ihr Sohn Kronprinz Rudolf erschien zur Enthüllung des Maria Theresien-Denkmals und zur Grundsteinlegung des Landesmuseums.

Von Klagenfurt aus kann man »auf den Spuren der Habsburger« vieles erreichen – man reist weiter über Spittal nach Norden, besucht das Zollfeld, fährt nach Ferlach. Diese südlichste Stadt Österreichs ist berühmt für ihre alte Tradition der Jagdwaffenerzeugung. Sie soll auf Waffenschmiede zurückgehen, die Ferdinand I. 1558 aus Holland nach Kärnten berufen hat.

Aber man kann auch den Weg nach Westen und weiter nach Süden wählen – auf den Spuren Kaiser Franz Josephs. Im September 1899 fanden bei Klagenfurt die Kaiser-

Bei den Elisabethinen – Detail

manöver statt, alljährlicher Höhepunkt des militärischen Lebens. Der Leibkammerdiener Eugen Ketterl schildert den Kaiser aus seiner sehr persönlichen Sicht, und aus den Tagen der Kaisermanöver 1899 stammt die folgende Schilderung: »Es war nach den Manövern bei Klagenfurt, denen auch der Thronfolger Erzherzog Franz Ferdinand beiwohnte … daß sich der Kaiser zur neunzigjährigen Andreas-Hofer-Feier nach Meran begab. Die Fahrt glich einem Triumphzug. Der Kaiser hatte anstrengende Tage hinter – und vor sich. Auf meinen Rat hin trank er ein Glas Kognak.

›Geben Sie mir noch ein Glas!‹ meinte Seine Majestät, und nachdem er das dritte Glas geleert hatte, fügte er bei: ›Ich werde mich jetzt noch in meinen alten Tagen dem stillen Suff ergeben!‹

Tatsächlich war der Kaiser nachher so aufgeräumt, daß er von der Landesgrenze Lienz angefangen fast auf jeder Station ausstieg und ohne sich jemand vorstellen zu lassen, allen die Hand reichte und schüttelte, ja bis weit über die Lokomotive hinausging und die ganze Bevölkerung begrüßte. Ohne Kognak wäre das sonst bei Franz Joseph ein Ding der Unmöglichkeit gewesen, und wir kamen denn auch in Meran mit zweistündiger Verspätung an.«

Spittal an der Drau

Am 17. Dezember 1738 brachen Franz Stephan von Lothringen und Maria Theresia von Wien auf und reisten nach Florenz. Seit dem Juli 1737 war Franz Stephan als Erbe des Letzten aus dem Geschlecht der Medici Großherzog von Toscana. Allzulange hatte man diese Reise aufgeschoben und Franz Stephans junge Frau war in der kurzen Zeit ihrer Ehe schon zweimal Mutter geworden, zuletzt im Oktober 1738.

Der Prinz aus Lothringen kam aus einem Land, das jahrhundertelang von Frankreich beansprucht worden war und wenige Jahre nach dem Regierungsantritt Franz Stephans von den Franzosen besetzt wurde. 1736 hatte der König von Frankreich sein Ziel erreicht – Lothringen gehörte zu Frankreich. Als Ausgleich bekam Franz Stephan das Großherzogtum Toscana, dessen Herrscherfamilie, die Medici, am Aussterben war.

Kaiser Karl VI. hatte schon lange den jungen Prinzen als künftigen Schwiegersohn in Betracht gezogen – mit der politischen Lösung kam es nun auch zu einer familiären Entscheidung, der Lothringer bekam die Hand Maria Theresias. Über den Semmering, Bruck an der Mur, Judenburg, St. Veit an der Glan, Klagenfurt ging die Reise schnell dahin. Am 27. Dezember 1738 kam der reisende großherzogliche Hof in Spittal an der Drau an. Dem Schloß der Fürsten Porcia wurde die Ehre zuteil, daß dort das junge Paar Aufenthalt nahm. Ein sehr persönliches Ereignis ging nun in den Briefwechsel zwischen Kaiser und Schwiegersohn ein: am 27. Dezember 1738 schreibt Karl VI. dem jungen Paar: »… wünschte, daß nie ein größeres Unglück geschehe, um so mehr, als dieser Bruch, wohl etwa zu einer neuen Ganzmachung (welches Gott gebe) wird vielleicht geholfen haben. Denn in der Eng von ein Bett werden wohl artliche casus vorgegangen sein; nur moderato und das Übrige segne Gott.«

Das Bett des jungen Ehepaars war zusammengebrochen – und daß der Kaiser auf ein solches Detail in einem Brief eingeht und auch in wenigen Zeilen gleich zweimal Gott anruft, zeigt, wie wichtig ihm eine derartige Nachricht war. Das Reich wartete auf einen Thronerben.

Es wartete jahrelang vergebens. Der Spittaler Bettenbruch blieb ohne Thronfolgen. Erst 1741 sollte es soweit sein.

Der Name des Ortes läßt zu Recht Assoziationen zu – die Grafen von Ortenburg haben hier ein Spital gegründet. Es war für Kranke aus der Gegend um den jungen Ort gedacht, und für Pilger, die sündenbeladen über die Alpen Richtung Rom kraxelten, aber vor der nächsten Gletscherwanderung einen Zwischenstop nötig hatten. Das allererste Spital, dieser Ursprung der heutigen Stadt, lag ungefähr im Bereich der Pfarrkirche, das ortsnamengebende Hospital war ihr direkt benachbart.

Jetzt wollen wir einen kompliziert scheinenden, dafür aber kurzen und aufschlußreichen Sprung durch Geschichte und Geographie machen. Spittal gehörte lange Zeit zur Herrschaft der Grafen von Cilli. Ulrich von Cilli wurde im Jahr 1456 von Ladislaus Hunyádi erschlagen. Das ungarische Geschlecht der Hunyádi trug wesentlich zu den politischen Schwierigkeiten der Habsburger bei. Es mußte viel Wasser die Donau hinunterfließen, bis es zu einem alljährlich im Wiener Prater, bis in unsere Tage, abgehaltenen Pferderennen kommen konnte, das den Namen »Hunyádi-János-Gedenkrennen« bekam! Ladislaus nun büßte seine Tat

Spanien in Kärnten – das Schloß Gabriel Salamancas

mit dem Tod, sein jüngerer Bruder rückte nach und wurde schließlich König von Ungarn – Matthias Corvinus. Er nahm dem Kaiser seine Residenzstadt Wien weg und auch Spittal sollte sehr unter ihm und der magyarischen Soldateska zu leiden haben.

Das Erbe Ulrichs, des letzten der Grafen von Cilli, hatten die Landesherren, die Habsburger, angetreten. Friedrich III., ein für die verkehrstechnischen Möglichkeiten seiner Zeit unfaßbar mobiler Monarch, konnte Spittal gegen manchen Feind halten – nicht aber gegen die Ungarn und gegen die Türken, sie zerstörten den Markt im Jahre 1478.

Ferdinand I., der jüngere Bruder von Kaiser Karl V., kam 1522 als Statthalter seines Bruders nach Österreich. Er war in Spanien geboren, in Alcalá de Henares bei Madrid, war in der Obhut seines Großvaters Ferdinand V. von Aragon aufgewachsen und hatte in späteren Jahren, in den Niederlanden, in Österreich, stets Sehnsucht nach seinem Heimatland. Ihm verdanken wir manche unversehens auftauchende spanische Spur – in Wien, in Wiener Neustadt, in Spittal.

Sein Generalschatzmeister war der Spanier Gabriel von Salamanca, er erwarb 1524 die Herrschaft der Grafen von Ortenburg. Gabriel von Salamanca ließ ein neues Spital erbauen, doch er dachte nicht nur an notleidende Mitmenschen, sondern auch an sich selbst und ließ ein der Avantgarde seiner Zeit verpflichtetes Schloß errichten, einen der ersten Renaissancebauten nördlich der Alpen.

Das Schloß mag von außen auf den Besucher nicht übermäßig eindrucksvoll wirken – wer durch das große Tor in die Vorhalle und dann in den Hof geht, sieht einen der schönsten Schloßhöfe Österreichs. Heute ist in dem Schloß Gabriel von Salamancas eines der reichsten Heimatmuseen Österreichs untergebracht, sowohl, was die Quantität, als auch, was die Qualität der Sammlungen betrifft.

Da stehen hölzerne Maschinen und ein hierher verbrachtes Schulklassenzimmer, Schlitten und Skier, man sieht Bauernstuben und Küchengeräte, Waffen und Uniformen, und im glanzvollsten der Räume steht das Bett, das fürstliche, das nicht nur dem jungen großherzoglichen Paar diente, von dem eingangs die Rede war, sondern auch dem Kaiser der Franzosen, Napoleon I., und der armen Charlotte, Kaiserin von Mexico.

Darstellungen bezeugen die Existenz eines Hausgespenstes. Es handelt sich in diesem Falle um eine Dame, eine einstige Gräfin Salamanca. Ungewöhnlich, weil zu sehr dem praktischen Leben entsprechend, ist ihr berühmtester Auftritt. Sie hat einem Herrn, der nächtens aus seinem Zimmer auf den Gang gehen mußte, um seine verlöschte Kerze anzuzünden, dabei geholfen. Sie hielt eine Laterne in der Hand und bot sie dem Herrn an, der sich am nächsten Morgen erkundigte, wer denn die liebe alte Dame sei. Dann hat man ihm das Bild der längst verblichenen Gräfin gezeigt. Große Aufregung, allgemeines Interesse, wohl auch etwas Spott waren die Folge. Einer der Herren der abendlichen Tischrunde – die Gäste waren für mehrere Tage gebeten – trat während des Diners als Spukgespenst auf, mag vielleicht noch einen gewissen Erfolg gehabt haben, kam aber dann der verblichenen Gräfin Salamanca in die Quere. Sie, als Berufsgespenst, fand ihn, als Laiengespensterdarsteller, weniger komisch und schleuderte ihn durch die Luft. Er soll es dann geglaubt haben und wir wollen es auch glauben, damit wir in Ruhe durch das interessante Heimatmuseum von Spittal gehen können.

Unter den Besitzern des Schlosses wird man nicht nur die habsburgnahen Salamanca und Habsburg selbst finden, sondern auch zwei Familien, denen man selten, jedoch gerne begegnet – den Widmann und den Porcia. Das Schloß trägt den Namen der Fürsten Porcia, die es von 1662 bis 1916 besessen haben. Eines der Palais in der Wiener Herrengasse trägt auch den Namen dieser ausgestorbenen Familie und auch hier findet man einen schönen, freilich umgebauten Hof mit großartigen Bögen.

Die Widmann sind dem Venedig-Kenner ein Begriff – aber sie stammen eigentlich aus Kärnten. Ihr Palazzo, nahe von San Canciano, ist berühmt für seine Fassade von Baldassare Longhena. Die Widmann waren Kaufleute und Kärntner, wurden Patrizier und Venezianer. Ihr Gastspiel in Spittal war kurz. Der Besucher von heute sollte sich an ihnen kein Beispiel nehmen.

Millstatt

Der heilige Georg stand unter der großen Schar der Heiligen der römisch-katholischen Kirche dem Haus Habsburg durch die Jahrhunderte immer besonders nah. Als Reaktion auf die Eroberung von Konstantinopel durch die Türken 1453 wurde der alte Kreuzzugsgedanke wieder lebendig. 1467 gründete Kaiser Friedrich III. aus diesem Gedanken den St. Georgs-Ritter-Orden, Papst Paul II. bestätigte ihn und gab ihm die Privilegien des Deutschherrenordens.

Wie real die Türkenbedrohung in den Alltag der Jahrhunderte zwischen der Zeit Friedrichs III. und Karls VI. eingriff, das muß man sich vor Augen halten, um zu begreifen, daß militärische Vorbereitungen in diesem Zusammenhang nicht einfach Rache oder religiöse Schwärmerei, nicht näher faßbare Kreuzzugsgedanken aus vergangener Ritterzeit oder Abenteuerlust bedeuteten. Wenige Jahre nach der Gründung des Georg-Ordens standen die Türken an den Grenzen, 1470 befaßte sich der Landtag in Völkermarkt mit diesem Problem, 1473 verhandelte man in St. Veit. Die großen Jahreszahlen in diesem Zusammenhang – 1529, 1532, 1664, 1683, und fast alle folgenden Jahre geben nur einen groben Eindruck. Waren Kriege und Gegner sonst zumeist eingrenzbar, erfaßbar, wie die Hussitenkriege, die Kuruzzenaufstände, wie die Kriege mit der helvetischen Eidgenossenschaft, so schien die Türkengefahr kein Ende zu nehmen. Die militärische Stärke der Truppen des Sultans, ihre Grausamkeit, die Schnelligkeit der Reiterei, die soldatischen Qualitäten von Janitscharen und Bogenschützen und sogar der ausschließlich von den Türken geübte Gebrauch der Militärmusik ließen sie zudem zu einem Mythos werden. Jederzeit konnten sie auftauchen, immer war man ihnen ausgeliefert, Familie, Grund und Boden, das Leben, alles war ständig bedroht. Also mußten Maßnahmen zur Abwehr, aber auch einfach zur Beruhigung der Bevölkerung, vor allem der in Grenznähe lebenden, getroffen werden. Die Militärgrenze im Süden der Monarchie, ein breiter Grenzlandkordon unter militärischer Verwaltung, war eine dieser Maßnahmen. Der St. Georgs-Ritter-Orden ist auch unter diesem Aspekt zu begreifen.

Nach dem Tode seines Vaters erneuerte Kaiser Maximilian 1494 den Orden und schloß ihm eine Laienbruderschaft an. Er selbst wurde am 10. November 1511 St. Georgs-Ritter.

Sommer mit Geschichte

Die dem heiligen Georg geweihten Kapellen dieser Jahre stehen alle im Zusammenhang mit dem Orden – die St.Georgs-Kapelle in Hall, jene in der Burg von Wiener Neustadt.

Zur Zeit Friedrichs III. blickte das Kloster von Millstatt schon auf eine vierhundertjährige, zum Teil glänzende Geschichte zurück. Aber ein Brand hatte das Kloster gegen Ende des 13. Jahrhunderts in große Schwierigkeiten gebracht, aus denen es nicht mehr herausfinden konnte. Friedrich III. sorgte für die Aufhebung des Klosters Millstatt und ließ die freigewordenen Räume seinem jungen St. Georgs-Orden überantworten. Die Türken hat das nicht davon abhalten können, bei ihrem verheerenden Zug durch das Kärntner Land das Kloster der Georgs-Ritter zu zerstören. Kaiser Maximilian hatte den Soldaten des Sultans zwar eine schreckliche Niederlage bereitet – in einer Schlacht bei Villach –, aber damit war die Bedrohung noch lange nicht beseitigt.

Der St.Georgs-Orden konnte sich nicht wirklich entfalten. Maximilian I. ließ ihm jede nur mögliche Förderung zuteil werden, er verfaßte selbst ein Gebetbuch für die Georgs-

Ritter. In Augsburg ist das Gebetbuch entstanden – hier war der Hauptsitz der Fugger und der Welser, sie übernahmen die Finanzierung des kostspieligen Vorhabens. Der Humanist Conrad Peutinger beriet die Künstler und koordinierte den Fortgang der Arbeiten.

Millstatt ist dem Historiker vor allem ein Begriff wegen der hohen Qualität der ehemaligen Stiftskirche, wegen der berühmten Schreib- und Malschule, die unter dem Abt Heinrich von Andechs in der zweiten Hälfte des 12. Jahrhunderts in ihrer Blüte stand. Aus dieser Zeit stammt die »Millstätter Genesis«. Unter dem ersten Hochmeister der St.Georgs-Ritter, Johann Siebenhirter, wurde das Hochmeisterschloß errichtet, heute ist es ein Hotel.

Dem Orden war keine lange Existenz beschieden. 1598 wurde er aufgelöst. Die Verbindung des heiligen Georg zum Haus Habsburg aber bestand weiter: zu seinen bedeutenden Verehrern gehörte Erzherzog Franz Ferdinand. Er sammelte Darstellungen des Heiligen und brachte es auf 3750 Stück.

Erinnerungen an die St. Georgs-Ritter

Villach

Der Herbst 1532 brachte Kaiser Karl V. einige gute Wochen, nach mehreren persönlichen Erfolgen, die dieses Jahr ihm und dem Reich schon bereitet hatte. Am 23. Juli war der »Nürnberger Anstand« verkündet worden, ein Religionsfriede. Die Türken waren über die Steiermark hergefallen – ihr Sultan Süleyman der Prächtige selbst führte sie – waren dann auch nach Niederösterreich gekommen, aber nach schweren Kämpfen mit Karls V. Heer zogen sie im September wieder ab. Der Kaiser war selbst bei einem Gefecht dabei, auf den Hügeln vor Baden besiegten seine Soldaten die türkische Nachhut. Und am 4. Oktober zog Karl V. feierlich in Wien ein. Die nächsten Tage sind die einzigen, die er jemals in seiner Haupt- und Residenzstadt verbracht hat.

Die Reise führt nun in den Süden – und dabei kommt Karl V. zum ersten Mal nach Villach. Um diese Zeit beginnt man mit dem Bau von Schloß Porcia in Spittal, in Millstatt entsteht der Grabstein für den St. Georgs-Hochmeister Johann Geumann. Zwanzig Jahre später ist Karl V. wieder in Villach, dieses Mal nicht nur auf Durchreise, sondern für längere Zeit, und er hat schlimme Wochen hinter sich.

Am 1. Mai 1552 hatten sich König Ferdinand I. und der Kurfürst Moritz von Sachsen nach langen Verhandlungen über mehrere Punkte im endlosen Religionsstreit geeinigt. Der Vertrag von Linz wurde unterzeichnet, der Friede schien gewahrt. Doch eine Einigung war nicht in allen offenen Fragen erzielt worden. Am 18. Mai fiel die sächsische Armee in Tirol ein. Karl V. hielt sich in Innsbruck auf, er war krank und müde. Moritz von Sachsen war darüber informiert, er wollte »den Fuchs in seinem Bau fangen«.

Mit knapper Not konnte der Kaiser dem Kurfürsten entkommen. In Villach machte der Zug nach anstrengenden Märschen halt, Kaiser Karl und König Ferdinand nahmen hier Quartier und während in den nächsten Wochen Ferdinand weiterverhandelte, blieb sein Bruder in Villach. Bei seinem ersten Aufenthalt war er Gast der Freiherren von Khevenhüller, die sich in ihrem neuen Stadtpalais die Ehre gaben, den Kaiser zu beherbergen. Dieses Palais, heute das Hotel Post, steht am Hauptplatz Nr. 26. Beim zweiten Villacher Aufenthalt, dem viel längeren, zog Karl V. in das Haus des reichsten Kaufmanns der Stadt, er hieß Wilhelm Neumann und wir müssen uns kurz mit ihm befassen.

Er war der Bergherr des Bleibergwerks von Bleiburg, auch ein Quecksilbervorkommen sorgte für Neumanns Reichtum. Seine Tochter Anna war also eine gute Partie, und sie wußte mit diesem Kapital etwas anzufangen. Ihr Vater hatte kurz vor seinem Tod noch die Herrschaft Wasserleonburg und damit den Adel erworben. Anna heiratete zum ersten Mal mit 22 Jahren, wurde Witwe, heiratete wieder, und das wiederholte sich: mit 81 Jahren hat sie zum letzten Mal den Bund fürs Leben geschlossen, ihr Ehemann war 31 Jahre alt. Sie wurde, mit dem Vermögen des Vaters im Hintergrund, aber auch durch eigene Intelligenz, die reichste Frau des Landes, hinterließ unermeßlichen Grundbesitz, vor allem in der Steiermark. In Murau ist sie begraben.

Bei Anna Neumanns Vater also wohnte der Kaiser rund zwei Monate lang, und begann einen Krieg vorzubereiten. Von den Fuggern aus Augsburg kam ein Darlehen, aus Neapel ein anderes, doch es kam nicht zum Krieg, weil Bruder Ferdinand in Passau einen neuen Vertrag zustandebrachte. Ende Juli reiste der Kaiser wieder aus Villach ab.

Zu Ende des Jahrhunderts machte eine Großnichte Karls V. Station in Villach – Erzherzogin Margarethe, Tochter Maximilians II. Sie hätte eigentlich die Gemahlin von König Philipp II. werden sollen, aber sie wollte ins Kloster gehen. Der Kardinal von Mailand, Carlo Borromeo, bestärkte sie in diesem Vorhaben, und so trat die Habsburger Prinzessin in Madrid in das Kloster der »Descalzas Reales« ein.

Eine andere Margarethe, Tochter von Erzherzog Karl II. von Innerösterreich, reiste ebenfalls als Braut nach Spanien; auch sie machte Station in Villach, über Ferrara und Genua ging die Reise weiter, und 1599 hielt sie Hochzeit mit Philipp III. Daß ihr Bräutigam seinem Vater auf den Thron gefolgt und also König war, soll Margarete in Spittal erfahren haben.

In die Gegenrichtung, nämlich von Madrid über Barcelona und Genua, Mailand und Brescia und schließlich Villach unterwegs, war die Braut Leopolds I., die spanische Habsburgerin Margarita Teresa. Ihr zu Ehren fand in Wien die Aufführung der Oper »Il pomo d'oro« statt, ein Ereignis, das Musik- und Theatergeschichte gemacht hat.

Gäste des schon seit dem 18. Jahrhundert als Hotel dienenden ehemaligen Palais waren auch Charlotte, die unglückliche Frau von Kaiser Maximilian von Mexico, und sieben Jahre später, 1873, der fünfzehnjährige Kronprinz Rudolf.

In Maximilians I. »Theuerdank« spielt Villach als Schauplatz eine Rolle – hier ist der Kaiser nur knapp dem Tod entgangen, ein Kanonenrohr war explodiert.

Das Zollfeld

Wenn es eine Landschaft gibt, die als Symbol eines ganzen Landes gelten kann, dann ist es das Zollfeld.

Im Norden von Klagenfurt, an der Straße nach St. Veit, liegt der Ort Karnburg, zu Füßen des Ulrichsberges. In Karnburg hatte der ostfränkische König und spätere Kaiser Arnulf von Kärnten eine seiner Pfalzen. Hier fand der rituelle erste Teil der Huldigungszeremonie statt – am Fürstenstein, der heute im Kärntner Landesmuseum zu sehen ist. Von Karnburg und dem Fürstenstein ritt der Landesherr zur eigentlichen Zeremonie der Herzogseinsetzung, zum Herzogstuhl.

Von Karnburg nach Norden dehnt sich zu den Seiten des Glanflusses das Zollfeld. Römer und Kelten haben den Talboden besiedelt, die römische Stadt Virunum gegründet, Sitz eines Provinzstatthalters, später auch Bischofsstadt. Wenn auch von den Straßen und Plätzen dieser bedeutenden Siedlung nichts mehr zu sehen ist – die große Grabungsstätte liegt auf dem nahen Magdalensberg –, so spürt man doch diese römische Anwesenheit, hat man das Zollfeld einmal besser kennengelernt. In Mauern, privaten Häusern, Kirchenwänden finden sich Römersteine, Grabsteine, Ornamente. Der bekannteste wird wohl der Stein an der Kirche von Maria Saal sein, der einen Reisewagen der Römerzeit zeigt. A propos Maria Saal – der Name hat dieselbe Wurzel wie das »Zoll-« von Zollfeld – beides leitet sich von der früheren Bezeichnung Sol-Feld ab.

Auch der Herzogstuhl ist aus römischen Steinen zusammengesetzt worden. Abseits der großen Straße steht er, unter Bäumen, geschützt auch von einem Eisengitter. Zwei Sitze mit einer gemeinsamen Rückenlehne, ein wenig erhöht, haben für Jahrhunderte den eigentlichen Moment der Machtübernahme durch den neuen Landesherrn bedeutet, der vor dieser Zeremonie nicht offiziell anerkannt war.

Erst wenn der Landesherr am Fürstenstein sein Schwert in die vier Windrichtungen gestreckt hatte, wenn er danach auf dem Herzogstuhl Platz genommen und seinen Eid geschworen hatte, kam es zur Huldigung. Otto der Fröhliche, Albrecht der Weise, zuletzt Ernst der Eiserne unterzogen sich dieser Zeremonie. Friedrich III., der Sohn und Nachfolger Ernsts, ließ sich in St. Veit an der Glan huldigen – und es kam auch zu keinem Aufstand, offenbar war die Zeremonie zu dieser Zeit eher schon eine Formsache geworden. Aber auch spätere Habsburger zollten dem zum Mythos gewordenen Stuhl ihre Reverenz.

Im nahen Maria Saal begegnet der Besucher einem historischen Ereignis, an das er in dieser Landschaft wohl kaum gedacht hat: der zweiten Wiener Türkenbelagerung. Der Neubau der Kirche nach einem großen Brand wurde der Kirchengemeinde zu teuer, Kärnten war durch die Jahrzehnte des Türkenabwehrkampfes verarmt. Die Maria Saaler wandten sich an den Kaiser um Hilfe, und Leopold I. half. Die reiche Beute, die im Lager vor Wien nach der panischen Flucht der Türken zurückgeblieben war, half auch der Wallfahrtskirche von Maria Saal. Dem Nordturm fehlte eine Glocke, doch nun kamen türkische Kanonenrohre, 40 Zentner schwer, und aus ihnen goß man die neue Glocke. So oft ihr Weg auch in die Gegenrichtung führt, hier dienten die Kanonen am Ende dem Frieden. Seit dreihundert Jahren hängt nun die große Glocke in ihrem Turm und hat die Kriege überstanden, ohne wieder zu Kanonenrohren umgegossen zu werden.

Auf der anderen Seite des Zollfelds, Maria Saal gegenüber, liegt Schloß Tanzenberg. Dort hat Kaiser Maximilian als Kind einmal einen Monat verbracht, 1470, zusammen mit seiner Schwester. In diesem Jahr hatte Friedrich III. den großen Landtag nach Völkermarkt einberufen, also haben die Kinder den Vater offensichtlich auf einer seiner Dienstreisen begleitet. Wie ein Reisewagen der Römer ausgesehen hat, lehrt uns die Kirchenmauer von Maria Saal – und bis zum 15. Jahrhundert hatte sich da nur wenig verändert. So können wir uns zumindest ein Bild in groben Umrissen von Reisebedingungen des Spätmittelalters machen. Ein wirklicher Reisewagen, wie er zur Zeit Friedrichs III. in Gebrauch war, steht in Graz, der Wagen der Mutter Maximilians, Eleonore von Portugal. Aber wir bleiben noch in Kärnten.

Hochosterwitz

Hochosterwitz sieht so aus, wie eine Burg auszusehen hat, und wer einmal Siena, dem Mont St. Michel, Toledo oder Salamanca verfallen ist, wird diese Sucht immer wieder zu befriedigen suchen. Wir wollen die Vergleiche in nicht zu großen Maßstab verfallen lassen, aber auch Hochosterwitz kann eine gewisse Wiedersehn-Sucht erzeugen.

Die Burg der Herren von Osterwitz hatte schon seit dem 12. Jahrhundert den Ruf, die mächtigste und am schwersten einnehmbare des Landes zu sein. 1478 übergab der letzte Herr von Osterwitz seinen Besitz dem Kaiser, Friedrich III. Er war schwer verschuldet, ihm blieb keine andere Wahl. Diese Schuldenlast hatte aber einen Grund, der alles andere war als Leichtfertigkeit:

Die Türken hatten 1473 an der Grenze zu Krain, das heute zu Jugoslawien gehört, eine große Armee aufgestellt. Friedrich III. kam in die alte Herzogsstadt St. Veit an der Glan, man beriet sich über Gegenmaßnahmen. Schließlich wurde Wilhelm von Osterwitz beauftragt, das Heer der Kärntner Stände zu führen und mit den Streitmächten von Steiermark und Krain die Grenzen gegen die Türken zu schützen. In den nun folgenden Kämpfen kam Georg von Osterwitz, Wilhelms Bruder, in türkische Gefangenschaft.

Das Lösegeld für den nun in Konstantinopel jahrelang Gefangengehaltenen betrug die gewaltige Summe von 4000 Gulden. Boten brachten es in die Hauptstadt des Sultans. Georg von Osterwitz aber kehrte nicht mehr heim – er war kurz vor Eintreffen des Geldes gestorben. So fiel das Lehen zurück an den Landesherrn und kam, nach unruhigen Jahren und häufigem Besitzerwechsel, im Jahr 1509, schon zur Zeit Kaiser Maximilians also, als Pfand in die Verfügungsgewalt des Bischofs von Gurk, Matthäus Lang.

Lang war ein Mann voller Tatkraft – die 21 Jahre seiner Salzburger Regentschaft bezeugen das. Er begann, das vom Verfall bedrohte Bollwerk zu erneuern, und baute es aus. Der spätere Kardinal gehörte zu den Vertrauten des Kaisers. Er befestigte nicht nur Hochosterwitz, auch der Ausbau der bedeutendsten Burgen von Salzburg, Hohenwerfen und Hohensalzburg, fällt in seine Regierungszeit.

Auf den Bischof von Gurk folgte Christof Khevenhüller, als erster einer langen Reihe von Khevenhüllers. Die Familie

„Die Burg" an sich – Hochosterwitz

besitzt Hochosterwitz seit 1541. Die Khevenhüllers stammen aus Franken, im Dienste des Bischofs von Bamberg waren sie im 12. Jahrhundert nach Kärnten gekommen.

Auch Christof Khevenhüller trieb den Ausbau voran. Die Verteidigung des Landes war ihm nicht nur persönliches Anliegen als Grundherr, sie war ihm seit 1537 Beruf. Er war Generalkriegskommissar unter Ferdinand I., Kriegsminister also, und übernahm dazu noch 1541 das Amt des Kärntner Landeshauptmanns.

Die Burg, wie wir sie heute sehen, wie sie als Wahrzeichen von Kärnten vertraut und weitbekannt ist, entstand in der zweiten Hälfte des 16. Jahrhunderts. Im Burghof berichtet eine marmorne Tafel aus dem Jahre 1576, daß Georg Khevenhüller »diese Burg für sein Haus, hauptsächlich aber für den Staat aus eigenen Mitteln wieder instand gesetzt, mit Mauern umgeben, Bollwerken versehen und einem Zeughaus ausgerüstet« habe.

Georg war der Neffe des Christof Khevenhüller. Er war der Herr von Hochosterwitz seit 1571, war Geheimer Rat des Erzherzogs Karl von Innerösterreich, war Landeshauptmann von Kärnten.

Diese Karriere wird umso bemerkenswerter, als Georg Khevenhüller im Geiste der Reformation aufwuchs, Protestant blieb, auch in höchsten Hofämtern auf seiner Religion beharrte, und sich sogar einen eigenen Pastor nach Hochosterwitz holte. Die Gegenreformation hatte noch nicht in dem Maß begonnen, wie das wenige Jahrzehnte später, von Graz ausgehend, der Fall war. So wirkte Georg Khevenhüller als Oberstkämmerer und Obersthofmeister von Erzherzog Karl in Graz, als Oberststallmeister von drei Kaisern – unter Ferdinand I., Maximilian II. und Rudolf II.

Mit Erzherzog Karl verband Khevenhüller auch einer persönliche Freundschaft. Über dem 6. Tor, dem Manntor, berichtet eine Inschrift: »Zur ewigen Erinnerung an Karl von Österreich, den wahrhaft besten Prinzen von Burgund, Steiermark, Kärnten und Krain, welcher diesen Ort durch seine Gegenwart beehrt und durch sein Bild geschmückt und geziert hat.«

Die 14 Tore schützen einen steil emporführenden Weg, der sich dem Terrain anpaßt, hohe Brücken über steile Abgründe zieht, und tatsächlich einer Einnahme in der Zeit der ritterlichen Kriegsführung größte Schwierigkeiten entgegensetzen konnte. Doch die genial erdachte Anlage mußte sich auf diese Weise niemals bewähren. Georg Khevenhüller hat seine Siege gegen die Türken weit von hier errungen.

Völkermarkt

Das Stadtrecht erhielt der Ort sehr früh, 1242, ab 1261 wurden hier Münzen geprägt. Zum schnellen Aufstieg trug auch die 1217 geschlagene Draubrücke bei.

Der wirkliche Aufstieg allerdings folgte erst im 15. Jahrhundert. Völkermarkt erhielt 1443 das Weinniederlagsrecht, was seine Funktion als Markt noch mehr verbesserte. In diesen Jahren kam Kaiser Friedrich III. immer wieder hierher, er bewohnte die alte Burg, den Beginn des Stadtplatzes in seiner heutigen Form. Später erhielten die Bürger die Burg geschenkt, doch Friedrich III. bewohnte sie weiterhin, auch 1470, als er den großen Landtag für Steiermark, Kärnten und Krain nach Völkermarkt berief.

Dieses große Treffen weltlicher und geistlicher Fürsten sollte eine Lösung für das wachsende Türkenproblem finden. Ihm folgte wenige Jahre später ein Landtag in St. Veit an der

Heute Privatbesitz – Jagdhaus in der Lölling

Glan. Auch im 15. Jahrhundert bestimmte die Türkengefahr immer wieder die Politik, so blieb es bis in die Mitte des 18. Jahrhunderts.

Heute wie damals ist das Zentrum von Völkermarkt der große Hauptplatz. An ihrem nördlichen Ende haben die langen Häuserreihen ihr Prunkstück vorzuweisen – das heutige Neue Rathaus, die frühere herzogliche Burg. Schon vor den Habsburgern, zur Zeit der Herzöge von Görz, ist hier die Burg entstanden. Sie verlor ihre Bedeutung, als Klagenfurt Landeshauptstadt wurde, im 16. Jahrhundert. Umgebaut diente sie als Kaserne und erhielt schließlich 1954 ihre neue Würde als Rathaus. Die Stadtpfarrkirche St. Magdalena ist nahe, auch sie ist ein Baudenkmal aus ältester Völkermarkter Zeit, die beiden Türme und das Hauptportal sind zwischen 1240 und 1247 erbaut worden. Einer der Türme hat das Erdbeben des Jahres 1690 nur zur Hälfte überstanden. Aus der Zeit Friedrichs III., aus dem Jahr 1477, stammt die gotische Lichtsäule vor dem Portal.

Diese Zeit hat die wunderbare Atmosphäre der Kirche von Völkermarkt geschaffen. Die Frauenkapelle birgt einen Schatz: eine Pietà aus dem frühen fünfzehnten Jahrhundert, von innigem Ausdruck, mit guterhaltener bunter Fassung. Die Netzrippen des Chorgewölbes verdienen besondere Beachtung, und den riesengroßen heiligen Christophorus mit seinem weiten Mantel wird auch niemand vergessen, der ihn einmal gesehen hat. Wenn auch der Hochaltar und die Kanzel, die ja durchaus ihren Rang als Kunstwerke haben, Schöpfungen des Barock sind, so lassen sie doch der Kirche ihren gotischen Gesamteindruck, und so prägt immer noch Friedrich III. mit seiner Zeit den Hauptplatz und die Pfarrkirche.

Viele Grabsteine sind hier zu sehen, einer von ihnen gedenkt des Adam von Obdach, er ist 1540 gestorben – als Abt des Stiftes St. Paul im Lavanttal, als Träger einer vom Kaiser verliehenen Würde, die gerade in diesen Jahren eine schwere Bürde bedeutet hat, das Stift war heruntergewirtschaftet.

In der Nähe von Völkermarkt lag eines der von Erzherzog-Thronfolger Franz Ferdinand bevorzugten Jagdgebiete – die Lölling. In der Lölling hielt der Erzherzog sich oft und gern auf. Neben Konopischt in Böhmen, Eckartsau im Marchfeld und Blühnbach in Salzburg war Lölling ein Lieblingsjagdgebiet des außergewöhnlich treffsicheren Schützen.

St. Paul im Lavanttal

Auf einem Hügel, der Benediktinerregel entsprechend von weitem zu sehen, steht das Stift über dem Lavanttal. So mächtig der Bau wirkt, so reich war einst das Kloster. Nicht nur das weite Umland gehörte im 17. und 18. Jahrhundert den Benediktinern von St. Paul, auch viele Herrschaften in anderen Kärntner Gegenden, in Krain, Friaul und der Steiermark standen in ihrem Besitz. Viele dieser fruchtbaren Besitzungen waren von den Klosterbrüdern selbst erschlossen und gerodet worden. Dazu kamen Häuser in Klagenfurt, in Völkermarkt, Einkünfte aus Zöllen und ein Kupferbergwerk.

Im 11. Jahrhundert gründeten die Grafen von Spanheim das Kloster von St. Paul, die Benediktinermönche kamen aus Deutschland.

Nach einer Zeit des Wachsens und Gedeihens geriet St. Paul im frühen 16. Jahrhundert an den Rand des Ruins. Der Abt

Der Traum des Bücherwurms – St. Paul im Lavanttal

der Jahre von 1515 bis 1530 hieß Ulrich Pfinzing und er nützte das Stift als reiche Einnahmequelle für sich selbst. Er kam aus einer wohlhabenden Nürnberger Familie, die der Geschichte einen zweiten Spross von ganz anderer Art geschenkt hat. Melchior Pfinzing war, neben Marx Treitzsauerwein und Siegmund von Dietrichstein, im Dienste Kaiser Maximilians mit den umfangreichen Arbeiten zum »Theuerdank« befaßt. Seinen weitreichenden Verbindungen hatte der Bruder Ulrich es wohl zu verdanken, daß er Abt von St. Paul werden konnte, obwohl er Laie war.

Hundert Jahre später stand ein Mann von ganz anderer Art an der Spitze der Benediktiner von St. Paul, Abt Hieronymus Marchstaller und er gab dem Kloster innerlich und äußerlich eine feste Form. Der heutige Bau stammt zum größten Teil aus dieser Zeit. Auch hier dachte man an das große Vorbild, an das Kloster Philipps II. von Spanien, an San Lorenzo de El Escorial. Doch der Plan war zu aufwendig, nur ein kleiner Teil konnte verwirklicht werden.

Kaiser Josef II. scheint in den Chroniken aller Klöster Österreichs auf und zumeist ist die Erinnerung an ihn keine gute. Die Aufhebung von Orden und Klöstern, das Verbot aller kontemplativen Orden, die Umstände der Schließung von Stiftsbibliotheken und das Verschwinden bedeutender Buch- und Kunstschätze verdunkeln die helle Spur, die der Reformkaiser auf anderen Gebieten gezogen hat. Im Falle von St. Paul im Lavanttal kann man aber verstehen, daß da eine Reform nötig war. Denn das Kloster konnte sich von den Schulden der früheren Jahre nicht erholen, war zu zwei Dritteln mit Hypotheken belastet und so kam es 1782 zur Aufhebung des Klosters und zur Verteilung der Mönche auf andere Benediktinerabteien. Doch die Brüder und ihr Abt setzten sich zur Wehr und die Hofkommission hatte ein Einsehen. Die Aufhebung wurde zurückgenommen.

Aber die Entwicklung war nicht aufzuhalten, sie war schon zu weit gediehen. Die wirtschaftliche Lage von St. Paul besserte sich nicht und 1786 kam es schließlich wirklich zur Aufhebung des Stiftes. Der Abt dieser Jahre hieß Anselm von Edling. Er war eine im Kärntner Geistes- und Kulturleben angesehene Persönlichkeit, er gehörte zum Kreis von Erzherzogin Maria Anna, die in Klagenfurt lebte. Aber auch diese hohe Protektion konnte St. Paul nicht retten.

Die Gebäude begannen zu verfallen, zwanzig Jahre lang schon dienten sie nicht mehr ihrem eigentlichen Zweck. Da kam die Rettung durch das Ende eines anderen Klosters. St. Blasien im Schwarzwald war aufgehoben worden. Und

Vom Schwarzwald ins Lavanttal – Habsburgersärge

kurz nach dem Ende des Klosterlebens in diesem bedeuten-den Benediktinerstift bekamen die Mönche zuerst 1807 mündlich, am 3. Juli 1820 schriftlich die Erlaubnis zur Übernahme von St. Paul im Lavanttal.

»Wir Franz I., von Gottes Gnaden Kaiser von Österreich usw., verfügen: § 1. Nachdem Wir uns schon im Jahre 1807 allergnädigst entschlossen haben, den Fürstabt Berthold zu St. Blasien im Schwarzwalde mit denjenigen seiner Stifts-mitglieder, welche ihre Bereitwilligkeit erklärt hatten, in Unsere Staaten aufzunehmen, so haben Wir denselben St. Paul in Kärnten als den Sitz ihres künftigen Stiftes anzuwei-sen befunden …«

Die Mönche von St. Blasien kamen nicht alleine. Sie brach-ten aus ihrem aufgelassenen Kloster eine ungewöhnliche Fracht mit. Dazu gehörten nicht nur wertvolle Bücher aus der aufgelassenen Bibliothek, Handschriften, Kunstschätze, sondern vor allem die sterblichen Reste von dreizehn Mit-gliedern des Hauses Habsburg.

In St. Paul haben sie nun zu der Ruhe gefunden, die sie vor-her lange nicht gehabt haben. Die Gebeine von Anna, der

Gemahlin Rudolfs I., von Elisabeth, der Gemahlin Alb-rechts I., und anderen Habsburgern waren bis 1770 im Schweizer Kloster Königsfelden gelegen, das aber zu dieser Zeit schon seit langem aufgehoben war. Auf Veranlassung von Maria Theresia kamen diese Gräber nun nach St. Blasien, wo sie mit den Särgen aus der Habsburgergrabstätte im Münster von Basel vereint wurden. Seit 1818 liegen sie nun in der Habsburgergruft von St. Paul, unter dem Hoch-altar.

Wer das Stift besucht, wird vom Reichtum der Sammlungen, der Schönheit der Stiftskirche beeindruckt sein. Elfenbein-arbeiten, liturgische Gewänder, Schnitzereien und Porzellan birgt die Schatzkammer. Ein ungarisches Reliquienkreuz aus dem Besitz der Königin Adelheid aus dem 11. Jahrhundert, die bedeutende Münzensammlung, ein Elfenbeinrelief mit einer Darstellung der Himmelfahrt Christi, um 900 in Metz geschaffen, zählen zu den größten Schätzen der Benediktiner von St. Paul.

Andere bedeutende Kunstwerke finden sich in der Architek-tur von Stift und Stiftskirche. Michael Pacher, der Schöpfer des Altars von St. Wolfgang in Oberösterreich, ein Südti-roler aus Bruneck, hat hier mit seinem Bruder Friedrich ge-arbeitet. Schlußsteine und Fresken haben die Brüder ge-schaffen, Wappen, Heilige und Engel stellen sie dar.

Der Bibliothek alleine würde St. Paul schon einen großen Ruf verdanken – in einer Zeit wirtschaftlicher Probleme wurde in unserem Jahrhundert einmal eine Lutherbibel in die USA verkauft, sie ist im Besitz der Library of Congress in Washington. So schmerzlich ein derartiger Verlust sein mag – St. Paul kann ihn verkraften. Handschriften aus der Antike, frühe Drucke aus der Urzeit der Druckerkunst, ins-gesamt ca. 45 000 Bücher stellen einen bedeutenden Reich-tum dar.

Ebenso bedeutend ist die Gemäldesammlung, zu ihren Höhepunkten gehören Werke vom Kremserschmidt und von Peter Paul Rubens. Schon zur Zeit der Neugründung hat St. Paul sich vor allem auch dem Unterricht gewidmet. Das Stiftgymnasium erfreut sich eines hervorragenden Rufes, viele seiner Schüler haben einen erfolgreichen Weg ge-macht. So sind hier Vergangenheit, Gegenwart und Zukunft in geistiger und künstlerischer Atmosphäre vereint und für den Besucher spürbar und eine Freude, auch wenn er nicht wie ein Schüler einige Jahre, oder wie ein Mönch ein Leben hier verbringen will.

Steiermark

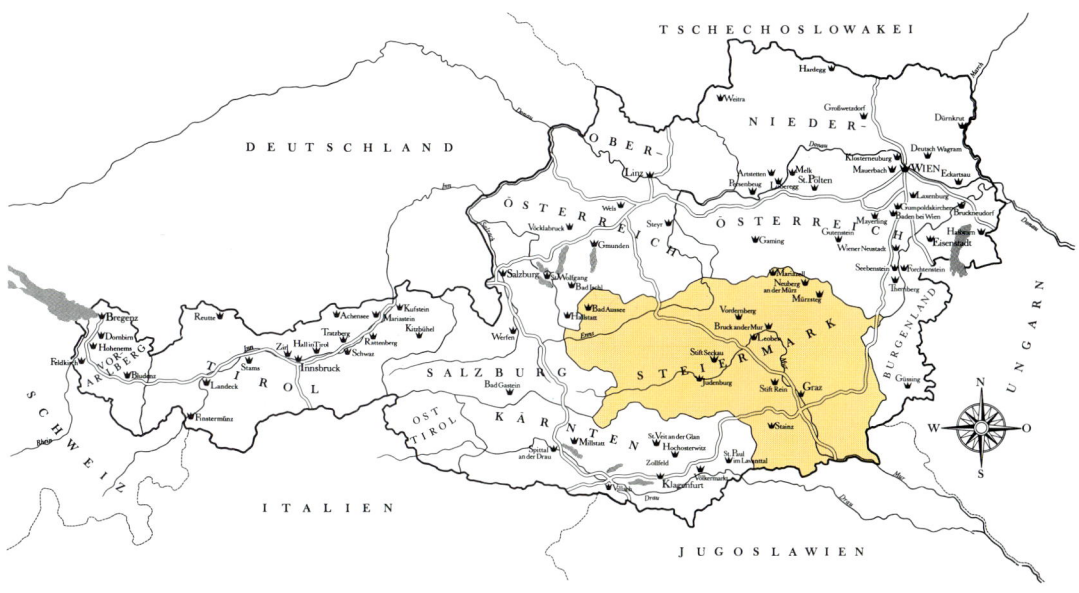

TSCHECHOSLOWAKEI
DEUTSCHLAND
NIEDER-
ÖSTERREICH
OBER-
ÖSTERREICH
SALZBURG
TIROL
OST TIROL
KÄRNTEN
STEIERMARK
BURGENLAND
UNGARN
SCHWEIZ
ITALIEN
JUGOSLAWIEN
WIEN
Linz
Salzburg
Innsbruck
Graz
Klagenfurt
Bregenz
Eisenstadt
St. Pölten
N
W
O
S

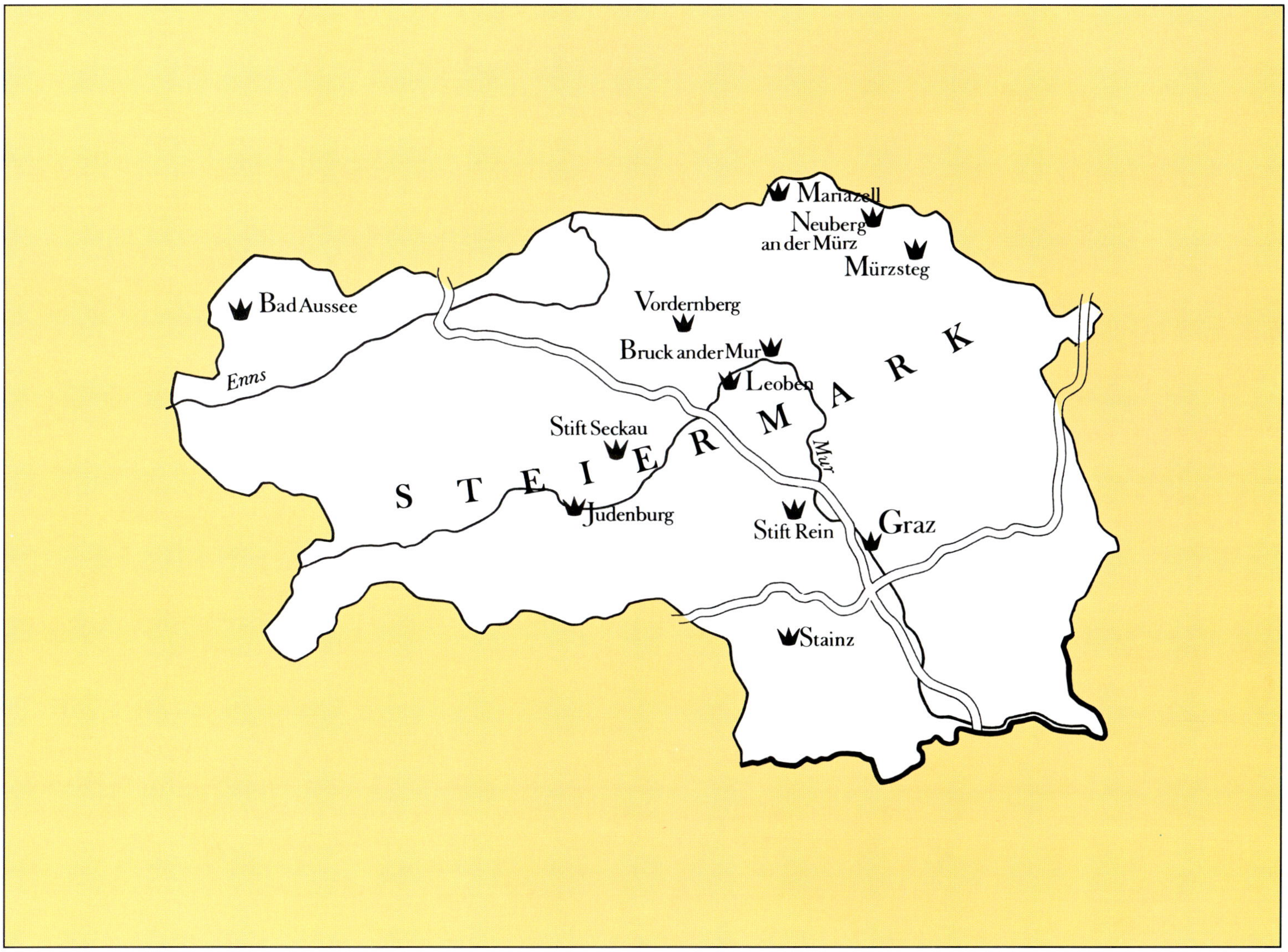

Mariazell
Neuberg an der Mürz
Mürzsteg
Bad Aussee
Vordernberg
Bruck an der Mur
Leoben
Enns
Stift Seckau
STEIERMARK
Mur
Judenburg
Stift Rein
Graz
Stainz

Graz

»Graz ist eine der schönsten großen Gegenden, die ich bis jetzt gesehen habe; die Berge rund umher geben die herrlichsten Aussichten und müssen in der schönen Jahreszeit eine treffliche Wirkung tun.«

»Spaziergang nach Syrakus« heißt die berühmte Reisebeschreibung von Johann Gottfried Seume, der auf seinem Weg von Sachsen nach Sizilien nicht nur Worte des Lobes findet. Graz aber hat es ihm angetan.

»Das Spital, gleich unten am Schloßberg, ein stattliches Gebäude, ist von Joseph dem Zweiten; und das neue, sehr geschmackvolle Schauspielhaus, mit einer kurzen, echt lateinischen Inschrift, von den Ständen.«. Das Landständische Theater war 1776 eröffnet worden, Seume kam am 14. Januar 1802 nach Graz. Der Direktor dieser Jahre, C. F. Domaritius, war ein Landsmann Seumes, er kam aus Weimar. Im Vorjahr hatte der große August Wilhelm Iffland an seinem Haus gastiert, kein Wunder also, daß Seume sich für das Theater interessierte, das er in der Folge sehr lobt. Das Gebäude steht noch – und vor dem heutigen Schauspielhaus steht, auf dem nach ihm benannten Platz, Kaiser Franz II. als Denkmal.

In das Spitalswesen von Graz hat Josef II. mehrfach einge-

griffen. 1784 wurde auf seine Veranlassung hin das Karmeliterkloster in ein Militärspital verwandelt. 1787/88 wird der Lambrechterhof in der Paulustorgasse zu einem Krankenhaus umgewidmet.

Etwas später stößt man in Seumes Grazschilderung auf eine heute schwer verständliche Stelle: »Die Grazer sind ein gutes, geselliges, jovialisches Völkchen; sie sprechen im Durchschnitt etwas besser deutsch als die Wiener.«

Der Name kommt aus dem Slawischen – Graz kommt von grad, von »Burg« also. Eine Burg stand am Beginn der Grazer Stadtgeschichte, um sie entwickelte sich eine Siedlung, die im 13. Jahrhundert ummauert wurde und seither als Stadt galt, wenngleich sie nicht offiziell dazu erhoben worden war.

Die erste erhaltene Urkunde, die Graz bestimmte Rechte im Mautwesen und der Gerichtsbarkeit zusicherte, stammt von Rudolf von Habsburg aus dem Februar 1281.

Im Dezember 1282 wurden die Söhne des ersten Habsburgers in unserer Geschichte mit den Herzogtümern Österreich und Steiermark belehnt – Albrecht und Rudolf erhielten die Länder »zur gemeinsamen Hand«.

Diese »gemeinsame« Hand hat die Steirer irritiert, man

Rom in der Steiermark – das Mausoleum

kannte ja schon damals genügend Fälle in der Geschichte, die zeigten, daß das nie gut geht. Also wurde ein Gesuch an Rudolf I. gerichtet, er möge die Belehnung abändern; im Frühjahr 1283 haben Adelige aus der Steiermark und aus Österreich diese Bitte geäußert, schon am 1. Juni 1283 kam König Rudolf der Bitte nach. In der Habsburgischen Hausordnung, im Vertrag von Rheinfelden, wurde Albrecht I. nunmehr zum alleinigen Herrn über Österreich, Steiermark, Krain und Windische Mark bestimmt.

Für Graz war ein späterer Vertrag, innerhalb des Hauses Habsburg abgeschlossen, von großer Wichtigkeit. Die Erbteilung des Jahres 1406 führte zu einer Tiroler und einer Steirischen Linie, Ernst der Eiserne war der erste in Graz residierende Habsburger, ab 1408 lebte er wieder in Wien. Und weil Ernst der Eiserne auch der erste Habsburger war, der den Titel »Erzherzog« trug, müssen auch wir kurz in Wien bleiben.

Rudolf IV., der Stifter, kam in Wien 1339 zur Welt, in Mailand ist er 1365 gestorben. In diesen 26 Jahren, von denen ja nur sechs für eigene Regierungsmaßnahmen blieben, hat Rudolf so zielbewußt und kräftig gewirkt, daß die Folgen durch Jahrhunderte spürbar waren. Schon als Kind war er Katharina, der Tochter des späteren Kaisers Karl IV. verlobt. Mit seinem Schwiegervater reiste er, vierzehnjährig, an den Rhein und nach Zürich, war ein Jahr später wieder in Zürich, nahm an der Seite seines Vaters Albrecht II. am Krieg gegen Zürich teil. Nach dem Tod des Vaters trat er seine Nachfolge an.

Um der »Goldenen Bulle«, ausgestellt von Karl IV. zum Zweck der Festlegung der Privilegien der Kurfürsten, etwas entgegensetzen zu können, das die Sonderstellung des Hauses Habsburg innerhalb des Reiches hervorhob, ließ Rudolf IV. von seiner Hofkanzlei mehrere Urkunden ausstellen, die angeblich weit älter waren und schon von Julius Caesar und Nero bestätigt worden sein sollten. Sie räumten dem Haus Habsburg eine weitgehend vom Reich unabhängige Stellung ein und gaben ihnen das Recht, ähnliche Insignien zu tragen wie die Könige. Karl IV. erkannte die Urkunden nicht an, die bekannteste von ihnen ist das »Privilegium maius«, sondern er übergab sie einem Schriftgelehrten zur Prüfung – Francesco Petrarca, der uns nur mehr als Dichter bekannt ist, prüfte und urteilte: Wer das gemacht habe, sei ein Erzschelm, wer es glaube, ein Esel. Rudolf mußte vieles wieder zurücknehmen für den Augenblick. Auch der Titel »Erzherzog« für die Mitglieder der Familie Habsburg zählte zu

den strittigen Privilegien, und Ernst der Eiserne – nun sind wir wieder in der Steiermark – war der erste, der diesen Titel wirklich beanspruchte.

1452 wurde Friedrich zum römisch-deutschen Kaiser gewählt. Neben Innsbruck, seiner Geburtsstadt, zog er vor allem Wiener Neustadt, Linz und Graz allen anderen Städten seines Reichs vor und machte sie zu Residenzen. In Graz hatte er schon als Erzherzog mit dem Bau einer Burg begonnen, 1433 wurde der Grund angekauft, innerhalb der Stadtmauer, und ab 1438 wuchs die Burg in die Höhe. Friedrichs Sohn Maximilian führte das Werk des Vaters weiter, in dieser Zeit entsteht die berühmte Doppelwendeltreppe, eindrucksvolles Zeugnis der großen Handwerkskunst der Bauhütten der Gotik.

Für Kaiser Ferdinand I. arbeitete der Baumeister Domenico dell' Allio an der Grazer Burg, für Erzherzog Karl II. Pietro Ferrabosco. Als die steirische Linie der Habsburger ein Ende fand und das ganze Habsburgerreich von Wien aus regiert wurde, kam es auch zum Abschluß der fast zweihundert Jahre währenden Bautätigkeit. Ihre Aufgabe hat die Hofburg von Graz niemals verloren: nach dem Ende der Monarchie wurde sie zum Sitz des Landeshauptmannes der Steiermark und der Landesregierung. Im 19. Jahrhundert hat man den Gebäudekomplex noch einschneidend verändert, mancher Teil wurde abgerissen, dennoch ist ein Eindruck der alten Burg möglich. Der Maximiliansbau steht noch, der Karlsbau ebenfalls, er geht auf Erzherzog Karl II. zurück, und auch die Friedrichsburg ist erhalten. Wer das Landesmuseum Joanneum besucht, wird dort auch eine Begegnung mit der alten Burg erleben: Steine mit den mehrfach deutbaren Buchstaben »AEIOU« Friedrichs III., Bilder, Wappensteine.

Immer wieder hört man, das »AEIOU« sei Friedrichs Devise gewesen, aber das stimmt nicht. Jeder Monarch hatte seine Devise, in lateinischer Sprache, so zum Beispiel Kaiser Franz Joseph I. »Viribus unitis« – mit vereinten Kräften. Friedrichs III. Devise hieß »Hic regit, ille tuetur« – dies regiert, jenes beschützt, womit Weisheit und Schwert gemeint waren. Dem »AEIOU« wurde dieser offizielle Rang nur duch Friedrichs Gewohnheit zuteil, dieses Buchstabensymbol anzubringen, wo immer es möglich war.

Das steirische Landesmuseum ist selbst eine Spur der Habsburger. Am 16. November 1811 übergab Erzherzog Johann seine Sammlungen den Ständen, stiftete damit ein Museum und eine Lehranstalt und gab dem neugeschaffenen Institut den Auftrag, es solle seine Sammlungen »versinnlichen, da-

Einsatzbereit – das Zeughaus

durch das Lernen erleichtern, die Wißbegierde reizen... jene schädliche Kluft zwischen dem Begriff und der Anschauung, der Theorie und der Praxis mehr und mehr ausfüllen helfen.« Das Joanneum ist zu einem vielseitigen Komplex angewachsen. Neben dem zentralen Gebäude in der Grazer Stadtmitte gehören auch das Grazer Zeughaus, die Sammlung in Schloß Stainz, die Außenstelle in Eggenberg und eine Reihe anderer Dependancen zum Landesmuseum Joanneum, das dem ursprünglichen Auftrag von Erzherzog Johann nachkommt und auch tatsächlich »sinnliche« Erlebnisse zu verschaffen weiß. Wer durch das Lapidarium im Schloßpark von Eggenberg spaziert, erlebt zu gleicher Zeit die Flora des Parks, aber auch die Fauna, es gibt hier seltene Vögel, die Antike, den Sonnenschein.

Wer durch die Sammlungen des Joanneums geht und bei unserem Thema bleiben möchte, darf nicht auf den Besuch der Abteilung für Kunstgewerbe verzichten. Hier finden sich wesentliche Zeugnisse der steirischen, ja der österreichischen Geschichte. Der Brautwagen der Eleonore von Portugal, der

Gemahlin Friedrichs III., ist hier zu sehen, er alleine wäre schon den Besuch wert. Aber auch der steirische Herzogshut befindet sich in diesem Teil der Sammlung, er ist der älteste der Erzherzogshüte, er stammt aus der Zeit Ernst des Eisernen, aus dem frühen 15. Jahrhundert. Der »Landschadenbundbecher« kommt aus Augsburg, aus dem Jahr 1571, und war ein Hochzeitsgeschenk für Erzherzog Karl II. und Maria von Bayern.

Seit 1892 gehört das Landeszeughaus zum Joanneum. Ist der Reisewagen der Kaiserin Eleonore die weltweit einzige Möglichkeit, einen echten Reisewagen aus der Gotik vor sich zu sehen, so hat man mit dem Besuch des Zeughauses wie in einer Zeitmaschine einen Weg in die Jahre des Dreißigjährigen Kriegs zurückgelegt, den man hier wie nirgendwo anders erleben kann. 29.000 Waffen und Harnische aus vier Jahrhunderten erwarten den Besucher.

Wer genügend Zeit hat und bei der Geschichte bleiben will, könnte noch das Garnisonsmuseum einplanen. Der Themenkomplex »Graz und die alte k. u. k. Armee« ist eine eigene Betrachtung wert. Die Hauptstadt der Steiermark war im 19. Jahrhundert und noch bis zum Ersten Weltkrieg bevorzugtes Pensionsziel der Offiziere. Viele von ihnen hatten schon während ihrer Dienstzeit in Graz gelebt, das ja, als Sitz des Hofkriegsrates und auch später, immer als Garnisonsstadt von Bedeutung war. Andere aber kamen aus entlegenen Teilen der Monarchie, um nach ihrer Pensionierung in »Pensionopolis« zu leben, wie der Spitzname für Graz lautete. Zu den prominentesten Offizieren in Pension zu dieser Zeit gehörte Ludwig von Benedek, der nach glänzender Laufbahn das Oberkommando bei Königgrätz hatte übernehmen müssen und verbittert in den Ruhestand ging, als er wußte, sein Name werde untrennbar mit dieser militärischen und europapolitischen Katastrophe verbunden sein. 1881 wurde er auf dem St. Leonhards-Friedhof in Graz beigesetzt. Seine Unglücksschlacht hatte Benedek 1866 geschlagen – da war Preußen der Feind, zwei Jahre vorher waren Österreicher und Preußen noch gemeinsam marschiert. In Schleswig, im höchsten Norden Deutschlands, war damals das Grazer Hausregiment gestanden und hatte im Namen des Deutschen Bunds gegen Dänemark gekämpft. Das k. u. k. Infanterieregiment Nr. 27 König der Belgier hat damals drei Offiziere verloren, deren Grabstätte auf dem Militärfriedhof der Stadt Schleswig liegt und dem Friedhofsbesucher historische Rätsel aufgeben wird. Daß die weißen österreichischen Uniformen einmal zum Stadtbild von Venedig gehört haben, ist uns vertraut, – aber ein österreichisches Regiment in Schleswig-Holstein?

Ein Kommandant des Grazer Hausregiments verdient ganz besondere Beachtung, der Oberst Alexander Graf Hartenau. Er war ein Sohn des Prinzen Alexander von Hessen-Darmstadt und in den Jahrzehnten, da auf dem Balkan neue Königreiche entstanden, denen die königlichen Dynastien fehlten, bot man dem Zweiundzwanzigjährigen die Krone Bulgariens an. Er nahm an, wurde den Bulgaren ein guter König, paßte aber nicht in die politischen Pläne des Zaren von Rußland. Er mußte abdanken, verließ Bulgarien und erlangte eine Offiziersstelle in der österreichischen Armee. Graf Hartenau wurde Oberst des Infanterieregiments Nr. 27, lebte in Graz und starb auch hier, erst sechsunddreißigjährig, im Jahr 1893. Oberst Hartenau ist allerdings nicht in Graz begraben – sein einstiges Königreich hat sich im Tod mit ihm versöhnt und ihm ein Grab in der St. Georgs.-Kapelle in Sofia bereitet. Und nun wollen wir noch an einen dritten Offizier denken, auch er hat in Schleswig-Holstein gekämpft und stammt aus der Steiermark. In Marburg geboren, das heute zu Jugoslawien gehört, hat Wilhelm von Tegetthoff eine schnelle Karriere bei der Marine gemacht. Als er 1864 die Seeschlacht von Helgoland kommandierte, war er erst 37 Jahre alt. 1866 blieb er in der Seeschlacht von Lissa siegreich. Ein Jahr später, im Winter 1867/68, brachte Admiral Tegetthoff den Leichnam des erschossenen Kaisers von Mexico, Maximilian, auf der Fregatte »Novara« nach Österreich zurück. Gegen Ende seines Lebens hielt Tegetthoff sich gerne in Graz und im nahen St. Radegund auf. Er ist mit nur 43 Jahren gestorben. Sowohl Graz als auch Wien ehren sein Andenken mit einem großen Denkmal.

Ein Gang durch die Grazer Kirchen bringt viele Begegnungen mit den Habsburgern der steirischen Linie. Wenn man das Zeughaus besucht, ist man dem Landhaus nahe, einem bedeutenden Renaissancebau des Architekten Domenico dell' Allio, und der Stadtpfarrkirche, deren Corporus-Christi-Kapelle aus der Zeit Friedrichs III. stammt.

Die Kathedrale des Bischofs von Graz-Seckau, der Dom von Graz, war zu Beginn seiner Geschichte die Residenzkirche Friedrichs III. Sie liegt ganz nahe der Burg, früher war sie mit einem eigenen Gang mit der Burg verbunden, ihren Rang als Hofkirche damit unterstreichend. Der Dom ist dem heiligen Ägydius geweiht. 1564 bestimmte Erzherzog Karl II. St. Ägydius zur Hofkirche, nach der Gründung der Universität wurde sie zur Universitätskirche.

Mausoleum Ferdinands II. – Detail

Wie in allen Gotteshäusern mit ähnlicher Geschichte finden sich auch im Grazer Dom verschiedene Stile nebeneinander: der Innenraum mit der hohen dreischiffigen Halle ist gotisch, das Netzrippengewölbe ist von höchster Vollendung. Über der Barbarakapelle liegt die Herrschaftskapelle aus dem Jahr 1449, als auf Geheiß Friedrichs III. im Zuge des Burgbaus auch die Kirche neu gebaut wurde. Diese Herrschaftskapelle stand der kaiserlichen Familie zur Verfügung. Immer wieder sieht man an den Wänden und in Steinen des Doms das »AEIOU«. Kaiser Friedrich III. selbst ist in einer Darstellung des heiligen Christophorus porträtiert, mit dem Herzogshut auf dem Kopf und dem Christuskind auf den Schultern. Der prunkvolle Hochaltar ist ein Werk des Barock, aus dem Jahr 1733, auch die barocke Inneneinrichtung entstammt dem 18. Jahrhundert.

Der Maler Pietro de Pomis stammte aus Lodi, in der Nähe von Mailand. Er war der Hofmaler Ferdinands II., sein Name ist vielfach mit der Grazer Geschichte verbunden. 1614 erhielt er den Auftrag, ein Mausoleum für Erzherzog Ferdinand, damals war er noch nicht Kaiser, zu errichten. Als Platz wurde eine Fläche in unmittelbarer Nähe der Hofkirche gewählt. Doch als Ferdinand Kaiser wurde und nach Wien zog, kam das Bauvorhaben ins Stocken – zudem hatte ja die Kapuzinergruft in Wien die Funktion als Begräbnisstätte der Habsburger ungefähr zur gleichen Zeit bekommen. 1637 wurde Ferdinand II. in seinem Mausoleum bestattet, doch die Särge seiner Familienmitglieder standen in Wien. Erst Leopold I. widmete seine Aufmerksamkeit wieder dem Mausoleum in Graz, Johann Baptist Fischer wurde mit Instandsetzung und Fertigstellung beauftragt. Die gesamte Gestaltung dient der Verherrlichung des Hauses Österreich. In den Wand- und Deckenmalereien sind Kaiser Leopold I. als Triumphator über die Türken, seine Ehefrauen und sein Sohn Josef dargestellt. Die Kuppel der Katharinenkapelle zeigt die Ahnen des Hauses Habsburg und alle Herrscher Österreichs bis zu Leopold I.

Den eindrucksvollen Blick von der Bürgergasse zur Front des Mausoleums verdanken wir einer späteren Zeit: die Freitreppe wurde erst im 19. Jahrhundert errichtet.

Erzherzog Ferdinand war erst 17 Jahre alt, als er 1595, direkt von der Jesuitenuniversität in Ingolstadt, nach Graz heim-

kehrte und die Regierung übernahm. Pietro de Pomis diente ihm nun als Maler, als Architekt. Die Stadt verdankt de Pomis neben dem Mausoleum vor allem den Bau von Schloß Eggenberg. Italienische Künstler dankten ihre große Beliebtheit damals nicht nur ihrem Können, sie wurden auch aus politischen Gründen geholt – Italien war von der Reformation nicht erreicht worden, das Land des Papstes schien immun gegen die neuen Ideen zu sein. So war italienischer Stil auch Ausdruck der Gegenreformation und in Graz mehr als woanders. Erzherzog Ferdinand war der erste Vorkämpfer der Gegenreformation. Viele seiner Bauten sind unter diesem Aspekt zu sehen.

Im Jahre 1600 wurden alle Bürger, die nicht bereit waren,

Mitten im Leben – Erzherzog Johann

sich zum katholischen Glauben zu bekennen, aus dem Land gewiesen. Beim Paulustor verbrannte man 10.000 Bücher ketzerischen Inhalts und an eben dieser Stelle ließ Erzherzog Ferdinand ein Kapuzinerkloster errichten. Sein Hauptaltarbild ist ein Werk von Pietro de Pomis, es zeigt den Erzherzog in seinem rechten unteren Eck, kniend, in Rüstung, als Streiter gegen die Reformation.Das nahe Paulustor trägt das Wappen des Erzherzogs in Marmor.

Eine Stadt wie Graz, mit einer großen und gut erhaltenen Altstadt und einer langen ereignisreichen Geschichte, hat natürlich auch zum Thema »Auf den Spuren der Habsburger« vieles zu berichten. Am bedeutendsten und auch am liebenswürdigsten sind die Spuren des steirischen Prinzen, die Spuren Erzherzog Johanns. Auf dem prominentesten Platz von Graz, nahe dem Rathaus, dem Landhaus, vom Straßenverkehr und von Marktständen umgeben, steht sein Denkmal, ein Symbol für einen Mann, der mitten im Leben, aber doch dem Alltag so enthoben seine Tage gestaltete, daß er den Überblick bewahren konnte.

Erst mit dem Verlust des geliebten Tirol wurde die Steiermark für Erzherzog Johann so besonders bedeutungsvoll. Auch Graz hatte unter Napoleon zu leiden gehabt – 1809 widerstand seine Festung auf dem Schloßberg sieben Tage lang dem übermächtigen Feind und ihr Major Hacker wurde in diesen sieben Tagen berühmt. Nach dem Frieden von Schönbrunn mußte die Festung 1810 geschleift werden, eine Geldsammlung unter den Bürgern der Stadt rettete wenigstens den Uhrturm und die »Lisl«, den noch höher gelegenen Glockenturm. Beide Bauten entstammen der Zeit Erzherzogs Karls.

In dieses gedemütigte Land kam der Erzherzog mit der tiefen Seelenwunde, die ihm das Tiroler Schicksal geschlagen hatte. Nun übertrug er alle Liebe von dem einen Alpenland auf das andere. Die Steiermark und ihre Hauptstadt verdanken ihm eine lange Reihe von modernen, auch heute noch bestehenden Institutionen: das Joanneum, die Landwirtschaftsgesellschaft, die Wechselseitige Brandschadensversicherungsanstalt, den Historischen Verein für Innerösterreich, die Montan-Schule von Vordernberg, später Leoben, das Anna-Kinderspital. Und wer Graz mit der Südbahn erreicht, bewegt sich ebenfalls auf einer Spur von Erzherzog Johann – er hat dafür gesorgt, daß die Strecke zur wirtschaftlichen Unterstützung der Steiermark auf dieser Trasse geführt wurde.

Das Ausseer Land

Das Salzkammergut ist nicht so groß, wie es wirkt. Das Salzkammergut zu durchreisen, bedeutet die Begegnung mit drei Bundesländern, vielen Seen und verschiedenen Berggipfeln und Pässen. Und alle diese Teile haben ihre eigene, ihre eigenartige Atmosphäre.

Während Bad Ischl oder Gmunden von hellem Licht geprägt sind, hat Hallstatt eine dunklere, geheimnisvolle Stimmung. Zwischen Gmunden und Ischl liegt, auch im oberösterreichischen Teil, Ebensee. Von da wieder ist es nicht weit an den Offensee, ein stilles wunderschönes Jagdgebiet Kaiser Franz Josephs, und hier vermeint man sich eher im Ausseer Land zu befinden.

Der Ort Ebensee liegt am Traunsee, von da zweigt die Straße ab an den Offensee, der acht Kilometer entfernt ist. 1869 hat Franz Joseph I. hier ein großes Jagdhaus gekauft, inmitten von wunderbarer Natur. Seine Tochter Erzherzogin Marie Valerie hat das Jagdgebiet und das Jagdschloß geerbt, ihren Nachkommen gehört der Besitz auch heute. Auf den Spuren Franz Josephs kann der Besucher zwar eine weite schöne Wanderung um den Offensee unternehmen, es gibt aber keine Schauräume im Jagdschloß. Wer sich noch intensiver mit der Geschichte dieser Gegend befassen möchte, besucht das Heimathaus Ebensee.

Den hohen Berg hinauf- und wieder hinunterzuklettern, wird wohl der mühevollste Weg sein, in das Ausseer Land zu kommen. Für gewöhnlich nimmt man die Straße über die Pötschen, einen Paß, der Aussee mit der Umwelt verbindet. Früher, vor dem Ausbau der Straße, hat der Paß weniger verbunden als eher getrennt und deshalb hat sich rund um Aussee die Tradition besser behaupten können als in anderen Landschaften Österreichs. Die Trennung war so perfekt, daß es im Ausseer Land Brauch war, sich von jemandem, der sich zur Pötschenüberwindung anschickte, um nach Ischl zu kommen, mit der Bemerkung zu verabschieden: »Der geht nach Österreich.«

Das Ausseer Land, prominentester Teil des steirischen Salzkammergutes, besteht aus Altaussee, Bad Aussee und Grundlsee. Wer gerne im Mittelpunkt steht, sollte seine Reise durch das Ausseer Land im Kurpark von Bad Aussee antreten. Dort ist mit einem Stein der geographische Mittel-

Lebendige Tradition: Anti-Disney-Land

punkt von Österreich markiert. Herzog Albrecht I., Nachfolger seines Vaters Rudolf von Habsburg, hat dem Ort schon 1295 das Marktrecht verliehen, und um diese Zeit begann der Aufstieg der kleinen Siedlung. Auch hier hängt die gesamte geschichtliche Entwicklung mit der Geschichte des Salzbergbaus zusammen. Wie an anderen Orten so war auch in Aussee das Salz in privaten Händen, bis 1452 Bergwerke, Handel und Transportrechte in landesfürstliche Verwaltung kamen – wodurch eben das Salz-Kammergut entstanden ist.

Seit 1868 darf sich Aussee als Kurort bezeichnen, das Recht wurde dem Ort von der Statthalterei des Herzogtums Steiermark verliehen, und seit 1911 trägt er den Titel »Bad«. Spätestens seit 1452 also hat diese ganze Seen- und Berglandschaft eine enge Beziehung zum Haus Habsburg, den Landesherren. Darüberhinaus aber hat es immer wieder noch andere, weitergehende Freundschaften eines Habsburgers mit einem bestimmten Teil des Salzkammergutes gegeben. Wer Bad Ischl sagt, meint auch Kaiser Franz Joseph, und das Ausseer Land hat eine innige Beziehung zu Erzherzog Johann.

Diese berühmte Liebesgeschichte zwischen einem Prinzen und einer Landschaft beginnt aber am Toplitzsee. Der Gedenkstein trägt ein falsches Datum. Hier sollte stehen »22. August 1819«. Von diesem Tag berichtet Erzherzog Johann in seinem autobiographischen Werk »Der Brandhofer und seine Hausfrau«:

»An einem schönen Morgen des Monathes Augustes, so wie sie in den Hoch Gebürgen zu seyn pflegen, warm, bey reiner Luft nicht wolkenlooß… ruhete am Ufer des kleinen Kammersees zunächst am Durchlaß des Waldes, welcher den Raum zwischen ersterem und dem Toplitz See bedecket, eine Gesellschaft von Männern. Auf einem Steinblock saß unter ihnen der Brandhofer…« – und damit meint der Erzherzog sich selbst, seit ihm der Brandhof bei Mariazell gehört. Die Gesellschaft, auch der Maler Jakob Gauermann ist dabei, fährt über den Toplitzsee, und in der Ferne sieht man »vier weiße Punkte«. Die Punkte erweisen sich als Mädchen in der weiß-grünen Tracht der Steiermark, wie sie in dieser Gegend üblich war und erfreulicherweise noch ist. Erzherzog Johann meint, keines dieser Mädchen je gesehen zu haben, das wird sich als Irrtum herausstellen. Eines der vier Mädchen ist Anna Plochl, Tochter des Ausseer Postmeisters, die spätere Frau des Erzherzogs, und er hat sie schon Jahre zuvor gesehen. Die größer gewordene Gesellschaft spaziert an den Grundlsee, besteigt nun ein größeres Schiff: »…mehr einem schwimmenden Gartenhaus gleich…«, und fährt zum Ladner, einer Schießstätte, die es heute noch gibt. Neben dem Schiff mit der fröhlichen Gesellschaft durchquert ein kleineres den Grundlsee und darauf sitzen drei Männer aus Mitterndorf, genannt die Jochhammerer, die Geige und Hackbrett spielen, »…die besten Spielleute der oberen Steyermark.«

Unter so glücklichen Umständen beginnt die Liebe zwischen den beiden Menschen mit der so unterschiedlichen Herkunft – zwischen dem in Florenz geborenen Prinzen aus kaiserlicher Familie und der 22 Jahre jüngeren Ausseer Postmeisterstochter. Das Haus am Meranplatz Nr. 37 war das Geburtshaus der Anna Plochl, es trägt eine Gedenktafel. Heute hat es denselben Namen wie der Platz – Meranhaus. Kaiser Franz Joseph hat die Ausseerin und den Sohn von Anna und Johann, Franz, in den Grafenstand erhoben. Die Grafen Meran sind auch heute im Besitz des Erbes ihres erzherzoglichen Stammvaters: in Stainz und Gastein und am Brandhof.

1804 ist Anna Plochl geboren, 1822 lernte sie den Erzherzog kennen, 1829 gab der Kaiser seinem Bruder die Heiratserlaubnis.

Die Beziehung Habsburgs zu Aussee bestand zu dieser Zeit schon seit Jahrhunderten. Die Spitalskirche zum Heiligen Geist, am Meranplatz gegenüber dem Plochlhaus liegt sie, besitzt einen gotischen Flügelaltar aus dem Jahre 1449, ein Geschenk von Kaiser Friedrich III., dessen Zeichen »AEIOU« in der Predella zu sehen ist. Auch die Pfarrkirche ist im Besitz eines Geschenks von Friedrich III.: der Glocke mit dem Namen Kunigunde. Hans Mitter aus Judenburg hat sie gegossen, sie trägt Friedrichs Wappen und das unvermeidliche AEIOU und hängt seit 1445 in ihrem Turm.

An Friedrichs Sohn Maximilian wird man am Chlumecky-platz Nr. 1 erinnert. Der Kammerhof hat viele Jahrhunderte lang der Salinenverwaltung gedient, bis 1924. Das Wappen über dem Eingang zeigt den Reichsadler, die Salinenverwaltung hat hier ein Museum eingerichtet.

Das Nebengebäude war früher das »adelige Freihaus« und hier hat Kaiser Maximilian mehrmals übernachtet, ein Gedenkstein erinnert daran.

Im nahen Altaussee wird man an Kaiser Franz Joseph denken, wenn man die Pfarrkirche besucht. Er hat den Umbau der alten Kirche gestiftet. Das Altarbild einer Seitenkapelle stellt die heilige Barbara dar, es ist ein Werk von Leopold Kupelwieser und ist als Geschenk von Erzherzog Ferdinand Max in die Kirche von Altaussee gekommen. Die Meßkapelle in Grundlsee, im Ortsteil Gößl, ist auch mit Hilfe einer habsburgischen Schenkung erbaut worden: Erzherzog Johann hat die Gemeinde unterstützt.

Das ganze Ausseer Land ist im 19. Jahrhundert auch eine Lieblingslandschaft der Aristokratie des Geistes geworden. Hugo von Hofmannsthal, Arthur Schnitzler, Richard Beer-Hofmann, Felix Salten, Hermann Broch, Lou Andreas Salomé kamen hierher, die meisten kamen immer wieder, kauften sich in einer der Gemeinden an, wurden Halbausseer. Hilde Spiel, Leo Perutz, Friedrich Torberg setzten in unserem Jahrhundert die Tradition fort, die um 1840 mit dem ersten dichtenden Sommerfrischler begonnen hat – mit Nikolaus Lenau. Und auch heute ist die Prominenzdichte zwischen Grundlsee und Bad Aussee ungewöhnlich. In der Zwischenzeit sorgt schon die Landschaft selbst für Nachwuchs von überregionaler Bedeutung: Barbara Frischmuth und Klaus Maria Brandauer stammen aus Altaussee.

Judenburg

Daß Judenburg im oberen Murtal durch mehr als 640 Jahre dem Reich der Habsburger angehörte, dazu hat die Stadt selbst beigetragen. Einer ihrer Bürger, von Beruf Eisenhändler, hatte genügend Vermögen und ausreichend Vertrauen zu dem neuen Landesherrn, so daß er eine große Summe als Darlehen für die Aufstellung einer Armee Rudolfs I. vorstreckte. 1277 gab er das Darlehen, 1278 war der Kampf zugunsten von Rudolf und gegen Ottokar Przemysl entschieden. Der König von Böhmen hatte freilich in Judenburg wenig Freunde – die Burg war der Witwensitz der letzten Babenbergerherzogin, Przmysl Ottokar hatte sie ihrer Erbansprüche wegen geheiratet und sich bald wieder von ihr getrennt ohne deshalb die erheirateten Besitzungen auch wieder aufzugeben.

Die günstige Lage der Stadt, an einer befahrenen Straße in den Süden, verhalf den Judenburgern zu bedeutendem Reichtum. So gab es hier schon um 1278 eine Schule, ungewöhnlich früh, und als die Judenburger im 14. Jahrhundert die Erlaubnis bekamen, ihr in den Hohen Tauern gewonnenes Gold selbst prägen zu dürfen, entstanden die ersten Goldmünzen Österreichs. Bis zum Meer war es zwar ein mühevoller Weg, aber die Judenburger hatten es nicht mehr gar so weit bis nach Venedig, also war ihre Verbindung zur Serenissima eng, das zeigte sich auf verschiedenen Gebieten. Im Fontego dei Tedeschi, der Handelsniederlassung der Kaufleute aus Deutschland, besaß Judenburg eine eigene Abteilung, und der Stadtturm, der freistehend neben der Stadtpfarrkirche auch als Kirchturm Dienst tut, wurde ab 1449 nach dem Vorbild des Campanile von San Marco errichtet.

Die Landesherren verfolgten die Entwicklung der gewerbefleißigen Stadt mit begreiflichem Wohlwollen. Rudolf IV. schenkte Grundstücke aus seinem Besitz nahe der Burg von Judenburg den Augustiner-Eremiten, die hier 1357 ein Kloster gegründet hatten. Friedrich III. zählte zu den großen Förderern von Judenburg. Zu Kaiserkrönung und Hochzeitsfest in Rom ist er den klassischen Weg nach Süden gezogen, dabei hat er Judenburg passiert. Mit seiner Vorliebe für die Residenz in Graz hat Friedrich III. – das ist seine Ordnungszahl als Kaiser, als steirischer Landesherr ist er Friedrich V., als römischer König Friedrich IV., das ist zu verwirrend und

Eine Vorahnung des Südens – der Campanile von Judenburg

also nicht durchzuhalten in einem Buch wie diesem – hat also Friedrich III. viel Zeit im Steirischen verbracht und somit auch die weitere Umgebung von Graz oft besucht. Eisenhandel und überhaupt die vielfältige Befassung mit Metallen hat den Judenburgern Wohlstand gebracht, Rudolf I. den erwähnten Kredit, Österreich die erwähnte erste Goldmünze und Karl V. einen Waffenmeister. Bei dem Feldzug des Kaisers gegen den Bey von Tunis war auch ein Steirer in den Reihen der Spanier. Vielleicht waren es auch mehrere Steirer, aber von diesem einen kennen wir Namen und Profession – er hieß Nikolaus Körbler und handelte auch mit Waffen.

Wenige Jahre später entstand das berühmte Grazer Zeughaus – das muß für Fachleute wie die Judenburger ein eminenter Glücksfall gewesen sein. Schon das erste Inventar nach dem Baubeginn im Jahre 1557 nennt 19.500 Waffen, da werden die Judenburger gute Gewinne gemacht haben. Zu den Hauptlieferanten für das Grazer Zeughaus gehörte Georg Lindl, ein Klingenschmied.

Die ehemalige Neue Burg, sie liegt zwischen der Burg-und der Herrengasse – ließ Ferdinand II., der spätere Kaiser, als Witwensitz für seine Mutter erbauen. Um 1600 wurde der Bau fertig, aber er diente niemals dem ursprünglichen Zweck. Dafür gab es nun einen repräsentativen Aufenthalt für Mitglieder des Fürstenhauses, wenn sie auf Reisen oder zur Jagd in die Gegend von Judenburg kamen – von Kaiser Leopold I. wissen wir von einigen Besuchen.

1797 hatte Napoleon als junger General in Oberitalien Sieg um Sieg an seine Fahnen geheftet, als er, nach der Kapitulation von Venedig, Kärnten erreichte. Ihm stand ein österreichisches Heer unter dem Kommando von Erzherzog Karl gegenüber oder genauer, es stand ihm eben nicht gegenüber, denn es wäre nicht stark genug gewesen. So setzte der Erzherzog auf eine Hinhaltetaktik. Von Süden näherte sich der französische General, im Pfarrhof der Stadtpfarrkirche bezog er Quartier. Der heutige Pfarrhof sieht zwar ganz anders aus, bildet aber in seinem Kern noch das Gebäude von einst. Am 5. April traf der österreichische Oberkommandierende in Leoben ein und am gleichen Tag schrieb Napoleon den Oberhäuptern der Serenissima den berühmten Brief, der zum Ende der alten Republik Venedig führte. Venedig starb in Judenburg.

Aus dem Augustinerkloster, auf den Grundstücken Rudolfs des Stifters, wurde später ein Jesuitenkolleg und das blieb es bis zur Aufhebung des Ordens in Österreich 1773.

Seckau

Im Juli 1140 kamen, von ihrem Erzbischof Konrad I. gesandt, aus Salzburg sieben Augustiner-Chorherren nach Feistritz und begannen sich ihrer Ordensregel entsprechend um die Seelsorge der Bevölkerung zu kümmern. Zwei Jahre später planten sie im nahen Seckau den Bau eines Klosters. 1164 wurde der neue Bau von Bischof Hartmann von Brixen eingeweiht.

1217 wurde von Erzbischof Eberhard II. von Salzburg eine Delegation nach Rom geschickt, die von Papst Honorius III. die Erlaubnis zur Errichtung eines Bischofssitzes in Seckau erbat und ein Jahr später wurde das neue Bistum errichtet. Von 1218 bis zur Aufhebung durch Josef II. im Jahre 1282 war Seckau Bischofssitz. Als das Chorherrenstift aufgelöst wurde, verlegte man den Bischofssitz nach Graz, in Erinnerung an ihren Ursprung heißt die Diözese seit dem Jahr 1786 Graz-Seckau.

Mehr als hundert Jahre war der Bau nun seiner Bestimmung beraubt. Dann aber erwarben zwei Grazer Domherren das verfallende Gebäude und übergaben es den Benediktinern. Seit 1883 ist Seckau wieder ein Kloster.

Früh schon hat hier der barocke Stil Einzug gehalten. 1625 begann man, das alte romanische Kloster umzubauen und zu erweitern und auch hier war der Escorial der Könige von Spanien, wie in mehreren Klöstern Österreichs, das Vorbild. Gerade Innerösterreich war immer ein Zentrum der Gegenreformation. Die in Graz residierenden Habsburger kämpften durch Generationen für ihre katholische Überzeugung, und aus diesem Gedanken ist auch der imposante Bau zu verstehen, der nun in Seckau entstanden ist. Peter Franz Carlone aus Leoben – seit 1658 Stiftsbaumeister – und Domenico Sciassia aus Roveredo in Graubünden, Dombaumeister in Lambach, gaben dem Kloster seine barocke Form.

Manches hat diesen Umbau, dieses ›aggiornamento‹ überdauert – die Kreuzigungsgruppe über dem Altar. Sie ist ein Zeugnis aus dem 12. Jahrhundert, aus der Gründungszeit des Klosters. Auch die beiden romanischen Türme entstammen dieser Zeit. Der Haupteingang in die Kirche und diese Kirche nun ist ein Abbild der Baugeschichte von Seckau. Der dreischiffige Raum mit den romanischen Bögen stammt aus der Frühzeit, das Kreuzrippengewölbe ist ein hervorragendes Beispiel gotischer Architektur.

Vom Mittelalter in die Gegenwart – von den Augustinern zu den Benediktinern

Wer allerdings auf den Spuren der Habsburger nach Seckau kommt, wird vor allem anderen Sehenswerten das Mausoleum von Erzherzog Karl II. besuchen. Er war der jüngste Sohn von Kaiser Ferdinand I. und Anna von Ungarn – ein Kind jener Zeit und jener Eheverbindungen, denen die habsburgische Politik das sprichwörtlich gewordene »bella gerant alii, tu felix Austria, nube« verdankt. Erzherzog Karl wurde in Wien geboren, im Juni 1540. Er war das zwölfte Kind seiner Eltern. In der Teilung, die im Testament des Kaisers aus dem Jahr 1554 verfügt wurde, fielen an Karl die innerösterreichischen Länder – Steiermark, Krain, Kärnten, Istrien, Fiume, Görz, Triest und der habsburgische Teil von Friaul. Doch die Pläne des Hauses Habsburg mit dem jungen Erzherzog gingen weit über dieses Gebiet hinaus. Lange wurde um eine Hochzeit mit der Königin von England, Elisabeth I., verhandelt und auch mit einer Ehe zwischen Karl und Maria Stuart spekuliert.

Doch aus diesen Plänen wurde nichts und 1571 heiratete Erzherzog Karl seine Nichte Maria von Bayern. 15 Kinder weisen diese Verbindung als eine wohl nicht nur politische Ehe aus.

Karl II. regierte von Graz aus. Seine Regierungszeit ist von bedeutenden Schwierigkeiten geprägt: Die Türken waren eine dauernde Bedrohung und der Großteil des Adels bekannte sich zu den Protestanten. Manche Zugeständnisse an das neue Glaubensbekenntnis waren notwendig, die Konzessionen führten zu der Vermutung, Karl II. selbst sei heimlich Protestant.

Andere Maßnahmen aber ließen den Argwohn, der sogar am Hof des Papstes Fuß gefaßt hatte, an Bedeutung verlieren. Karl holte die Jesuiten nach Graz, sie gründeten eine Lateinschule. Auch die Grazer Universität stammt aus der Regierungszeit Karls II., sie wurde wie das Gymnasium den Jesuiten überantwortet. Zur gleichen Zeit aber, 1586, wird im heutigen Paradeishof eine Schule der Stände eingerichtet. Dort lehrt der große Johannes Kepler, an der evangelischen Stadtschule, bis die Gegenreformation ihn vertreibt.

1587 hat Karl II. mit der Errichtung seines Mausoleums am Bischofssitz Seckau begonnen. Italienische Künstler haben es für ihn und seine Gemahlin geschaffen. Das prunkvolle Hochgrab ist geprägt vom geistlichen und weltlichen Machtanspruch seines Auftraggebers und wurde zum Vorbild für die anderen Mausoleen der Steiermark.

Stift Rein

Von allen in der Welt bestehenden Zisterzienserstiften ist Rein das älteste, 1129 ist sein Gründungsjahr. Als Rudolf von Habsburg in Österreichs Geschichte trat, war Stift Rein schon ein steirischer Großgrundbesitzer.

Hier fand am 19. September 1276 eine Versammlung statt, die die Steiermark vom Beginn der Habsburgherrschaft an auf die Seite des neuen deutschen Königs und österreichischen Landesherrn stellte. An diesem Tage schloß der steirische Adel einen Bund gegen den König von Böhmen, Ottokar Przemysl, und schloß sich Rudolf von Habsburg an. In großer Zahl waren die Adeligen des Landes vertreten – die Herren von Leibniz, Marburg, Stubenberg, Wildon und viele andere. Ihr Anführer war der Graf von Heunberg.

Vom Herrn von Wildon sollte man folgendes wissen: Er hieß mit vollem Namen Herrand von Wildon und war ein Schwiegersohn des Minnesängers Ulrich von Liechtenstein. Wie Ulrich von Liechtenstein ist auch Herrand von Wildon in der Manessischen Handschrift vertreten, der größten Sammlungshandschrift mittelhochdeutscher Liebeslyrik. Maximilian I. hat seine Werke übrigens sehr geschätzt.

Dieser »Reiner Schwur« war nicht von langer Dauer. Aber er führte vor allem dazu, daß in den Wochen nach dem 19. September die böhmischen Besatzungssoldaten das Land räumen mußten und er hielt immerhin bis zum Tode Rudolfs.

Die habsburgische Hausordnung, am 1. Juni 1283 im Kloster Rheinfelden in der Schweiz, nahe dem Stammsitz, beschlossen, hatte Albrecht zum Regenten über Österreich, die Steiermark, Krain und die Windische Mark bestimmt. Der Aufstand des Jahres 1292 wird niedergeschlagen, Albrecht schlägt die Truppen des Baiernherzogs bei Judenburg und die Steirer bei Kraubath.

Von Rein – Stift Rein ist eine Tochtergründung des Klosters Ebrach bei Würzburg – sind viele andere Gründungen ausgegangen. Kaiser Friedrich III. hat die Mönche von Rein nach Wiener Neustadt berufen, wo sie 1444 einen schon bestehenden Bau übernahmen und das Neukloster gründeten. Zwischen 1406 und 1409 ist die Kreuzkapelle des Stiftes Rein erbaut worden, sie ist noch heute erhalten. In diesen Jahren war Angelus Manse Abt von Stift Rein, er hat

Das älteste Zisterzienserstift der Welt – Tochtergründung des Klosters Ebrach bei Würzburg

Herzog Ernst den Eisernen beim Konzil von Konstanz (1414–1418) vertreten. Seit dem 15. Jahrhundert war die Beziehung der Äbte von Rein zu ihren habsburgischen Landesherren sehr eng – sie trugen den Titel eines »Erbhofkaplans«.

Aus dem Jahr 1450 stammt die Grabplatte für Herzog Ernst den Eisernen. In rotem Marmor ist der Habsburger dargestellt, in Rüstung und die Hand am Schwertgriff, den Herzoghut auf dem Kopf.

Die Reformation hatte fast überall in den Ländern Habsburgs Fuß gefaßt, in Rein gab es zeitweise nur mehr vier Patres. Die berühmte Anna Neumann, aus reichem Hause, sechs Mal verheiratet, diese außerordentlich vitale Frau also war einmal auch mit einem ehemaligen Abt von Stift Rein verheiratet gewesen, mit Ludwig von Ungnad, Freiherrn von Sonneck. Der Freiherr hatte sich zu den Protestanten bekannt, war als Protestant noch Abt des Stiftes gewesen und war dann zurückgetreten.

Die Gegenreformation hatte gerade in den Habsburgern der innerösterreichischen Linie eine starke Antriebskraft. Kaiser Ferdinand II., in Graz geboren, war von einer streng katholischen Erziehung und durch sein Studium an der Jesuitenuniversität von Ingolstadt geprägt. Als er starb, führte sein Sohn Ferdinand III. das gegenreformatorische Werk seines Vaters weiter.

Der Sieg des Katholischen Glaubens hat in vielen Bildern, Statuen, Neubauten seinen Ausdruck gefunden – und ganz wesentlich auch im Umbau der alten Klöster. Die »ecclesia triumphans«, die triumphierende Kirche, stellte sich in allem Glanz dar, verherrlichte Gott durch die jubelnde Schönheit der modernen Architektur.

Im Zuge der Umbauten der Klöster wurde auch Stift Rein, als letztes der steirischen Stifte erneuert. Man riß die alte romanische Basilika ab und Johann Georg Stengg erbaute die neue Kirche, die 1747 fertiggestellt wurde. Neben vielen anderen Kunstwerken in Rein verdient vor allem das Hochaltarbild Beachtung, eine »Heilige Nacht« von Johann Martin Schmidt, dem »Kremserschmidt«.

Aus der Zeit Rudolfs I. direkt in die Gegenwart führt ein Kinderkleid aus dem Besitze von Stift Rein. Hier wird das Kleid aufbewahrt, das der vierjährige Thronfolger Otto bei der Krönung seines Vaters Karl zum König von Ungarn getragen hat. Und damit reicht der Bogen vom Reiner Schwur im Jahr 1276 bis zur Königskrönung in Budapest im Jahr 1916.

Bruck an der Mur

Treueschwüre wie jener vom 19. September 1276 in Stift Rein hatten in der Geschichte zu allen Zeiten eine eher relative Bedeutung und waren nicht für die Ewigkeit gemacht. Als der steirische Adel sich mit Salzburg und Bayern gegen den Landesherrn Albrecht I. verbündet hatte, zog das starke Heer des neuen Bundes gegen die Stadt Bruck an der Mur, die der habsburgtreue Hermann von Landenberg mit einer kleinen Besatzung verteidigte. Die Stadt wurde Mitte Februar eingeschlossen, die Belagerer durften auf einen Erfolg rechnen.

Albrecht war nicht weit, er lag mit seinem Heer im damals steirischen Wiener Neustadt. Doch zwischen ihm und seinen neuen Feinden gab es eine kaum zu überwindende Hürde, den Semmering. Der Paß war tiefverschneit und schien so die Aufständischen vor ihrem Landesherrn zu schützen. Noch wenige Monate zuvor hatte Albrecht I., im Oktober 1291, in Graz mit Worten gekämpft, hatte sich um die Gunst der steirischen Adeligen bemüht – aber ohne Erfolg. Nun setzte er auf seine Tatkraft und auf den Überraschungseffekt. Hunderte Bauern und Soldaten schaufelten einen Weg über den Paß und Anfang März 1292 stand Albrechts Heer kurz vor Bruck. Kampflos gaben die Belagerer die Stadt frei und zogen ab. Wenige Tage später erlebten sie bei Kraubath eine vernichtende Niederlage.

Fast nichts erinnert heute an die Schwierigkeiten Albrechts, als der erste steirische Landesherr aus dem Haus Habsburg sein Land in Besitz nehmen wollte. Die Burg Bruck ist verschwunden, nur ein rekonstruiertes Burgtor und einige Steine sind zu finden.

Wie die nahe Stadt Leoben, so ist auch Bruck an der Mur von König Ottokar Przemysl neugegründet worden. Die alte Siedlung hatte schon seit der Jungsteinzeit bestanden, später haben sich die Römer hier niedergelassen. Aber dem großen Organisator Ottokar schien die Lage strategisch nicht günstig und so wurde ab 1263 sie Stadt planmäßig neu angelegt, zwischen den Flüssen Mürz und Mur, und zu ihrem Schutze wurde zu gleicher Zeit die Festung erbaut.

1377 wurde in Bruck Ernst der Eiserne geboren. Seit 1414 trug der kräftige große Mann mit starker Ausstrahlung den Titel eines Erzherzogs und war auch schon, durch den Tod seiner älteren Brüder Wilhelm und Leopold, Herrscher über jenen Landesteil, der später der innerösterreichische genannt wurde.

Erzherzog Ernsts erste Ehe war kinderlos geblieben. Seiner zweiten Ehe dagegen entstammen neun Kinder. Cimburgis von Masowien, seine zweite Frau, war in Warschau geboren und gehörte zu der polnischen Königsfamilie der Piasten. 1412 wurde ihre Ehe mit Ernst in Krakau geschlossen. In den zahlreichen Nachkommen dieser zweiten Verbindung lebte das Haus Habsburg weiter. Das erste Kind kam 1415 zur Welt – der spätere Kaiser Friedrich III.

Die Kunde von der gewaltigen Körperkraft und sein Beiname »der Eiserne« geben schon eine bestimmte Vorstellung dieses Erzherzogs. Eine Darstellung Ernsts in voller Rüstung, den Helm auf dem Kopf, ist im Besitz des Museums für Angewandte Kunst in Wien.

Cimburgis stand im Rufe großer Schönheit und auch sie verfügte über Körperkräfte, die für einen Mann ungewöhnlich gewesen wären: Mit bloßer Hand soll sie Nägel eingeschlagen haben und in der Lage gewesen sein, Hufeisen zu zerbrechen.

Ihr exaktes Geburtsdatum kennen wir nicht, sie ist zwischen 1394 und 1397 zur Welt gekommen. Somit war sie also zwischen 32 und 35 Jahren alt, als sie nach einem kurzen, doch außerordentlich ereignisreichen Leben in Türnitz in Niederösterreich starb. Im Stift Lilienfeld liegt ihre Grabstätte.

Über Ernst den Eisernen weiß man nicht vieles – einiges wurde schon erwähnt. Er war der einzige Habsburger, der das von Rudolf dem Stifter geschaffene – freilich auch erdachte – Privilegium maius so ernst nahm, daß er sich tatsächlich Erzherzog nannte. Erst nach der Bestätigung des Privilegiums wurde dieser Titel der Prinzen und Prinzessinnen des Hauses Habsburg wirklich rechtsgültig.

Der Leichnam Ernsts des Eisernen wurde in Stift Rein beigesetzt. In Bruck aber hat man seine Gedärme bestattet. Der Grabstein in der Stadtpfarrkirche mit seinen Wappen gedenkt noch des toten Erzherzogs.

Viele Ereignisse der Geschichte der Steiermark haben ihren Schauplatz in Bruck an der Mur. Im Kampf zwischen Reformation und Gegenreformation hat die Stadt ihre Rolle gespielt – 1578 versprach Erzherzog Karl II. von Innerösterreich auf dem Generallandtag größere Freiheiten in der Ausübung ihrer Religion. Dieses Versprechen ist als »Brucker Libell« in die Geschichte eingegangen. Damals bedrohten die Türken das Land, der Staat brauchte höhere Steuern – zwei Jahre später versuchte man wieder, das Brucker Libell rückgängig zu machen.

Auf der Reise zur Erbhuldigung nach Graz hat Kaiser Karl VI. in Bruck Station gemacht, in Begleitung der 11jährigen Maria Theresia, seiner Tochter, und des 20jährigen Franz Stephan von Lothringen, der damals schon als künftiger Schwiegersohn ausersehen war. Am 22. Juni 1728 kam der prunkvolle Zug in der Stadt an.

Wer Bruck besucht, wird viel Eindrucksvolles sehen und in Erinnerung behalten. Der wirtschaftliche Aufstieg der Stadt als Folge von Eisenindustrie und Murschiffahrt hat schon im 15. Jahrhundert begonnen, die reichgeschmückten Kirchen und manches palaisartige Bürgerhaus legen Zeugnis davon ab.

Hauptwerke vor allem der Spätgotik machen den Besuch von Bruck an der Mur zum Erlebnis: Das Kornmeßhaus am Hauptplatz – benannt nach seinem Bauherrn, dem Gutsbesitzer Pankraz Kornmeß, gilt als schönstes spätgotisches Bürgerhaus und bedeutendster Profanbau Österreichs. Der berühmte Schmiedeeisenbrunnen auf dem Hauptplatz hat sein Aussehen als Folge der Bauernunruhen in Oberösterreich – der Bartholomäusmarkt wurde von Linz nach Bruck verlegt. Dabei wird wohl auch ein Produkt eine Rolle gespielt haben, das steirische Bier, das einen guten Ruf in ganz Österreich besitzt. Die erste landesfürstliche Braugenehmigung des Landes erhielten die Bürger der Stadt am 15. September 1347 von Herzog Albrecht II.

Leoben

Leoben ist die zweitgrößte Stadt der Steiermark. Bekannt schon vor der ersten Jahrtausendwende hat Liuben, wie es damals hieß, sein Stadtrecht 1262 verliehen bekommen.

Der alte Markt lag an anderer Stelle als die zur Stadt erhobene neugegründete Siedlung. König Ottokar Przemysl II., der nach den Babenbergern auch in diesem Teil des heutigen Österreichs die Herrschaft erlangt hatte, war ein modern denkender Mensch, zu seinen politischen Plänen gehörte die Neugründung von Städten. Leoben ist ein weiteres Beispiel. 1261 beginnt die Neugründung, das Gelände innerhalb der engen Schlinge des Murflusses liegt strategisch günstig, und um 1280 ist das neue Leoben eine richtige Stadt – doch zu diesem Zeitpunkt ist Ottokar Przemysl II. schon zwei Jahre tot. Der mittelalterliche Stadtkern ist noch heute zu erkennen, er liegt zwischen Erzherzog-Johann-Straße, Glacis und dem Murfluß. Weniges hat sich von der ersten Mauer in unsere Zeit gerettet, der Freimann-Turm vor allem.

Deutlichster Hinweis auf die Gründung nach klassischer städtebaulicher Vorschrift ist allerdings das System der parallelen Straßen, die sich mit den Querstraßen im rechten Winkel treffen und die Häusergruppen in Quadrate teilen.

Über den Hauptplatz, ihn in der Mitte durchquerend, führt die Kärntnerstraße durch den Mautturm, den letzten Rest der Stadttore von 1280, und weiter über die Murbrücke. Ecke Hauptplatz/Kärntnerstraße liegt das Alte Rathaus, es stammt aus der Zeit Friedrichs III. Die Wappen, die das Haus in großer Zahl schmücken, sind jüngeren Datums – die letzten sind erst 1935 dazu gekommen; diejenigen im südlichen Teil, in Richtung zur Sauraugasse, stammen aus dem Jahr 1728. Sie symbolisieren Österreich, Steiermark, Kärnten, Tirol, Böhmen, Ungarn, Spanien, Portugal, Burgund und Sizilien sowie eine Reihe jener steirischen Städte, die nach dem Ende der Monarchie und der Teilung der Steiermark an Jugoslawien fielen: Pettau, Cilli, Marburg, die Gottschee.

Diese Wappenreihen sind typisch für Bauten aus der Zeit Maximilians I. und kommen wieder in Mode während der Regierung Karls VI. Beide Monarchen haben damit ihren Anspruch auf bestimmte Länder betont; so hat zum Beispiel Karl VI. niemals den Titel des Königs von Spanien abgelegt, auch wenn seine kurze Regierungszeit in Barcelona schon viele Jahre zurücklag und längst die Bourbonen nach langem Kampf den Thron von Spanien bestiegen hatten.

1711 kam Karl aus Spanien zurück, um seinem Bruder Josef I. auf den deutschen Kaiserthron zu folgen. Unerwartet und nach nur sechsjähriger Regierung war der Kaiser gestorben. So hatte also das Jahrhundert mit einem Krieg gegen Frankreich, den klassischen Gegner der Habsburger, begonnen, und mit einem Krieg gegen Frankreich ging es auch zu Ende. 1797 stand der junge General Napoleon Bonaparte mit 44.000 Soldaten in Österreichs Süden. Seine Lage war nicht sehr günstig, der große Taktiker erkannte das schnell und zog Verhandlungen einer Schlacht vor. Sein Gegner war Erzherzog Karl. Von Klagenfurt näherten sich die Franzosen, die Österreicher standen ihnen in beinahe gleicher Truppenstärke gegenüber. In Judenburg bezog Napoleon Quartier, in Leoben Erzherzog Karl.

Der Bürgermeister dieser Tage hieß Dirnpöck und er verfaßte einen Bericht über »das Daseyn der Franzosen in Leoben«. Die Ankunft des kaiserlichen Prinzen in der Stadt, zwischen Reitern und Kanonen, Pferden und quartiersuchenden Offizieren, muß den Bürgern eine große Beruhigung bedeutet haben. »Am 5ten April abends kamen Seine Kaiserliche Hoheit der Erzherzog Karl allhier an und bezogen das Quartier in dem Gasthaus zum Schwarzen Adler. Die Empfindungen, die die Bewohner Leobens bei dem Anblick des königlichen Helden beseelten, sind nicht zu beschreiben.«

Nach dem Vorfrieden von Judenburg kam es in Leoben zur Begegnung zwischen den Oberkommandierenden. Napoleon wohnte nun im Stift Göß, zu Verhandlung und Vertragsunterzeichnung wählte man einen als neutral erklärten Ort. Im Gartenhaus des Gewerken Josef Egger von Eggenwald wurde nach tagelangen Verhandlungen der für Österreich noch günstige Vertrag unterzeichnet, ihm folgte der formelle »Friede von Campoformido«. Dieser Ort in der Nähe von Udine hat seither einen Buchstaben verloren und heißt jetzt Campoformio. Die Leobener nennen das Haus im Eggenwaldschen Garten das Napoleon-Haus, heute ist es ein Museum.

Das Museum von Leoben ist ein wunderbarer Führer durch die Stadtgeschichte, es liegt im ehemaligen, von Erzherzog Ferdinand 1613 gegründeten Jesuitenkolleg.

Eng mit dem Leben der Stadt ist die Montanuniversität verbunden – sie geht auf eine Gründung Erzherzog Johanns zurück, der in Vordernberg den Vorläufer dieser Hochschule 1840 ins Leben gerufen hat.

Vordernberg

»Am 10. Hornung 1822 war der Brandhofer in der Residenz-stadt. Es starb an diesem Tage ein theurer Oheim, welchen er sehr liebte, 84 Jahre alt; dieser vermachte ihm ein ansehn-liches Legat, welches ihn im Stande setzte, einen längere Zeit gehegten Vorsatz auszuführen. Nach genommener Rücksprache mit seinem Freunde Xaver von Peball schloß er bei seinem Aufenthalte in Gratz den Ankauf eines Radwer-kes in Vordernberg ab. Schon am 1. April übernahm er das-selbe.« Erzherzog Johann meint an dieser Stelle seines auto-biographischen Werks »Der Brandhofer und seine Hausfrau« mit dem »theuren Oheim« den Herzog Albert von Sachsen-Teschen, Schwiegersohn Maria Theresias, und mit »Hor-nung« ist der Monat Februar gemeint.

Der Haupterbe war Erzherzog Karl, der Adoptivsohn des be-tagten Herzogs Albert, ein Bruder von Erzherzog Johann. Doch auch für den steirischen Prinzen blieb genug, daß er manche seiner wirtschaftlichen Projekte nun in die Tat um-setzen konnte.

1817 hatte Johann gemeinsam mit seinem Bruder Erzherzog Ludwig eine Englandreise unternommen, keine Vergnü-gungsreise freilich, sondern eine offizielle Mission in Vertre-tung des kaiserlichen Bruders. Der Erzherzog wäre lieber, wenn schon gereist werden mußte, in das geliebte Tirol ge-fahren oder in der Steiermark geblieben, aber an Wider-spruch war nicht zu denken und so machte er nun das Beste aus der Zeit in England. Staunend erlebten die Brüder eine andere Welt – der uralte James Watt erklärte ihnen die von ihm erfundene Dampfmaschine, in Portsmouth besuchten die Prinzen den Hafen und wagten die Reise auf den Grund des Meeres – in einer Taucherglocke, und eines Tages sahen sie »einen Wagen mit einem Rauchfang anlangen, der 12 bis 14 Wagen nach sich zieht, die keine Bespannung und keine Menschen zur Bedienung haben.«

Erzherzog Johann merkt sich, was er kennengelernt hat, und er trennt sehr genau zwischen dem, was er für falsch und dem, was er für richtig hält. Die Eisenbahn hat in ihm einen überzeugten Förderer, das Alltagsleben der Arbeiter aber will er seinen Österreichern ersparen. »… war Birmingham der Feuerherd aller theilweisen Volksaufstände, Plünderungen und Unordnungen gewesen, weil es die größte Anzahl sol-

cher Menschen in sich schloß, die keinen eigenen Herd, und kein Vaterland haben…« 1825 schon, sieben Jahre vor der Eröffnung der ersten Pferdebahnlinie, fordert Erzherzog Johann: »Wenn die Eisenbahn von Budweis bis Mauthausen im Zeitraum zweyer Jahre zu Stande kömmt, ist nur das eine Glied jener Kette vollbracht – welche um jenen großen und dauernden Nutzen zu bringen, ganz da stehen soll, nämlich die weitere Verbindung von Mauthausen … Eisenerz, Vor-dernberg, Leoben, Bruck, Gratz bis Triest. So eine Verbin-dung zwischen Triest und Prag und dann weiter auf der Moldau und Elbe bis Hamburg, welch neues Leben für den Handel, und welch Leben in allen den Provinzen…«

Das war eine großzügige Vision, eine zu großzügige, die daher in dieser Form auch nicht zustande kam. Was der Erzherzog selbst dazu tun konnte, das hat er getan. Seine Pionier-offiziere – Johann hatte unter anderem auch die Funktion eines Geniedirektors inne, unter Genietruppen verstand man damals die Pioniere – übernahmen die Mappierung, also die kartographische Erfassung des Semmeringgebietes zum Zwecke der Trassenplanung der Bahn in den Süden. Im Grazer Industrieverein, seiner eigenen Gründung, hielt der Erzherzog einen Vortrag über die Vorteile der Bahn nach Triest.

Vordernberg war seit dem Mittelalter ein Zentrum der Eisen-verhüttung. Bis zu 14 Radwerke standen hier in Betrieb. Vieles davon ist heute noch zu sehen, die Landschaft ist ein großes Industrie-Freilichtmuseum. Und da die Geschichte der Technik eng mit der Sozialgeschichte zusammenhängt, muß man auch manches Wohnhaus zu den Schaustücken dieses Freilichtmuseums rechnen.

Eine lange Reihe von Bauten verdient in Vordernberg be-sondere Aufmerksamkeit. Quer durch die Jahrhunderte läßt sich die Geschichte des alten Industrieortes verfolgen. Vor allem sind da die Hochöfen zu nennen, die hier »Radwerke« heißen. Nummer zwei war im Besitz von Erzherzog Johann, nur mehr Ruinen sind davon erhalten. Von diesem Radwerk ist die Rede in dem eingangs zitierten Brief, 1822 hat der Erzherzog es erworben.

»M:G:Th:R:…« so redet Anna Pochl ihren Verlobten, ihren späteren Mann Erzherzog Johann manchesmal an. Wer ein Radwerk besaß, der war ein Radmeister, und diese Abkür-zung bedeutet: »Mein Guter Theurer Radmeister…«

Stainz

»Ich sitze in meinem ruhigen Stainz, vier Stunden von Graz, betrachte die schöne Natur, durchwandere Täler und Wälder, besteige die Berge, von wo man das gesegnete Land übersieht, höre das Volk, ihre Anliegen, etc., tröste oder brumme, wo es nottut, und so verfließen manche Stunden – …«, schreibt Erzherzog Johann am 27. Oktober 1843 an den Grafen Prokesch. Zu diesem Zeitpunkt ist der Erzherzog 61 Jahre alt. Seit drei Jahren ist er im Besitz des ehemaligen Augustiner-Chorherrenstifts, wo 1229 die ersten Chorherren eingezogen waren. Aus dem Mittelalter hat sich nur ein kleiner Teil des großen Bauwerks erhalten, wie Teile des Pfarrhofs, alle anderen Bauteile entstammen dem 17. und 18. Jahrhundert.

Das Stift wurde also zum Schloß – heute noch ist es im Besitz der Nachfahren von Erzherzog Johann – und schließlich teilweise auch zum Museum. Das steirische Landesmuseum Joanneum, an sich schon eine Spur der Habsburger, hat hier seine volkskundliche Sammlung für Wirtschaft, Arbeit und Nahrung untergebracht. Arbeitsgeräte, Keramik, Majolikagefäße, zwei Wohnstuben aus dem 16. Jahrhundert, Pfeifen, Uhren und Zinngefäße lassen das bäuerliche Leben der Vergangenheit wieder aufleben. Ein Raum des Museums ist dem einstigen Schloßherrn gewidmet, dem Museumsgründer Erzherzog Johann.

Stainz war nicht die erste Erwerbung Johanns. Schon 1807 hatte der Erzherzog Schloß und Gut Thernberg in Niederösterreich gekauft, im Grenzgebiet zur Steiermark. 1818 erwarb er den Brandhof bei Mariazell, 1822 das Weingut Pickern in der Südsteiermark, das heute zu Jugoslawien gehört.

Diese Erwerbungen hatten nicht so sehr wirtschaftliche, als viel eher demonstrativ pädagogische Gründe. In Thernberg befaßte Johann sich mit der Landwirtschaft, mit botanischen Studien, mit einem seiner Alpengärten. Diese Erfahrungen konnte er nutzen, als er aus dem Brandhof einen bäuerlichen Musterbetrieb werden ließ. Und mit dem Weingut, das in einer für diesen Landwirtschaftszweig ungewöhnlichen Höhe lag, führte der Erzherzog den Beweis, daß man auch in solcher Lage guten Wein anbauen könne.

Nur zehn Jahre war Erzherzog Johann alt, als sein Vater, Kaiser Leopold II., nach nur zweijähriger Regierungszeit starb.

Wenige Jahre vor Johanns Geburt hatte Herzog Albert von Sachsen-Teschen über Leopold nach Wien berichtet: »Man ist überrascht von der Fülle der Kenntnisse in Physik, Naturgeschichte und Landwirtschaft, er hegt große Sorgfalt für die Hebung des Ackerbaus, der Industrie und des Handels, als der Quelle des Gemeinwohls.«

Diesen Prinzipien des Vaters hing auch der Sohn, das dreizehnte der großen Schar von Kindern, an. Dieser väterliche Einfluß wurde noch unterstützt durch die, wieder vom Vater bestimmten, Lehrer. Hier sind vor allem zwei Schweizer zu nennen: Graf Mottet und Johannes von Müller.

Mottet war Hauptmann im Ingenieurcorps, als er 1791 die Erziehung des neunjährigen Erzherzogs übertragen bekam. Er erzog Johann ganz im Sinne seines Lehrmeisters Rousseau: Wie sehr dieser Einfluß über Jahrzehnte nachwirkte, das bezeugt das Leben des Erzherzogs, das geht auch aus seinen eigenen Tagebüchern hervor: »Es hatte von frühester Jugend mein Erzieher in mir den Keim gepflanzt für etwas ganz anderes als das Treiben der großen Welt…«, lesen wir da unter dem 20. Januar 1822.

Johannes von Müller, der zweite Lehrer von Schweizer Abstammung, der einen wesentlichen Einfluß auf den Geistes- und Lebensweg des Erzherzogs nahm, hatte sich schon als junger Mann einen Namen gemacht. Die »Geschichten der Schweizer Eidgenossenschaft«, in 5 Bänden, 1780 publiziert, wurde die bekannteste Darstellung der Geschichte der Eidgenossenschaft, das Buch galt um die Wende vom 18. zum 19. Jahrhundert als das maßgebliche Werk, dem weitere Bücher von Johannes von Müller folgten. 1793 wurde er Hofrat bei der Geheimen Hof- und Staatskanzlei in Wien. Seine Jahre als Prinzenerzieher haben ihn in der Geschichte weniger bekannt gemacht als sein Umschwenken zu Napoleon: Nach einer langen Zeit im Dienste des Hauptgegners der Franzosen, Kaiser Franz I., tritt er am Hofe des Napoleonbruders König Jérôme das Amt eines »Generaldirektor des Unterrichtswesens des Königreichs Westphalen« an.

Aber seine Verdienste um Erzherzog Johann darf man über diesen Schritt nicht vergessen, der anders aussieht, befaßt man sich näher damit. Johannes von Müller wäre diese Beschäftigung wert, leider fehlt hier der Raum dafür.

Vieles von dem Gedankengut der beiden Schweizer Erzieher, vieles von Rousseaus Lehre und Natursicht ist im Leben des Erzherzogs spürbar. Wer einen Herrn im steirischen Trachtenanzug sieht, wird nicht gleich an Sozialprobleme denken – und doch wäre das eine richtige Assoziation. Erzherzog Johann hat mit seinem Vorbild prägend gewirkt und er hat auch auf diesem Gebiet zielbewußt als Menschenfreund gehandelt. Berühmt sind seine Worte in einem Brief an Anna Plochl: »Als ich den grauen Rock in der Steyermark einführte, geschah es um ein Beispiel der Einfachheit in Sitte zu geben, so wie mein grauer Rock, so wurde mein Hauswesen, so mein Reden und Handeln. Das Beyspiel wirkte, der graue Rock, von manchen verkannt, von den Besseren erkannt, wurde ein Ehrenrock und ich ziehe ihn nie mehr aus, ebensowenig weiche ich von meiner Einfachheit, lieber gebe ich mein Leben her.«

Schloß Stainz kam 1840 für die Summe von 250 000 Gulden in den Besitz von Erzherzog Johann. Es war ein gutes Jahr für die Steiermark: Ebenfalls 1840 gründete der Erzherzog die »Steiermärkisch-ständische berg- und hüttenmännische Lehranstalt« in Vordernberg, Vorläufer der heutigen Montanuniversität von Leoben, und wenige Monate zuvor entstanden mit seiner Unterstützung die Statuten des »Geognostisch-montanistischen Vereins«, dessen Zweck die Erforschung aller Arten nutzbringender Mineralien war.

Ein Jahr vorher, am 11.3.1839, war der einzige Sohn des Erzherzogs und seiner Frau, die inzwischen zur Freifrau von Brandhofen erhoben worden war, geboren worden: Franz, späterer Graf von Meran. Wir möchten annehmen, daß Erzherzog Johann in diesen Jahren ein glücklicher Mann war. Am 23.7.1850 wurde Erzherzog Johann von seinen Stainzer Mitbürgern auch noch zum Bürgermeister gewählt.

Mürzsteg

Der Name des kleinen Ortes ist mit dem des kaiserlichen Jagdschlosses identisch. Wird er erwähnt, so denkt man zuerst an das Schloß und dann an den Ort. Aber aus einem Jagdhaus des nahen Stiftes Neuberg an der Mürz ist schließlich auch der Ort gewachsen, allerdings erst gegen Ende des 18. Jahrhunderts.

Das Jagdschloß Kaiser Franz Josephs I. wurde 1870 errichtet. In den Jahren davor hat der Kaiser, wenn er das Mürztal der Jagd halber besucht hat, in Neuberg an der Mürz gewohnt. Zuerst hat sich Kaiser Franz Joseph ein einfaches Haus im sogenannten Schweizer Stil errichten lassen, 1879 wurde der Bau erweitert und schließlich 1902 zu einem Schloß umgebaut. Die Türmchen, die Holzschindeln, die Innenausstattung stammen aus dieser Zeit.

Eugen Ketterl, der letzte Kammerdiener von Kaiser Franz Joseph, hat seinem Herrn durch mehr als zwanzig Jahre gedient. In seinen Erinnerungen schreibt er über den Jäger Franz Joseph: »Jeder freie Augenblick, den der Kaiser sich gönnte, galt, wenn sich nur irgendeine Gelegenheit dazu bot, der Jagd. Franz Joseph war ein ›Gentlemanjäger‹… Zum Unterschied vom deutschen Kaiser, der sowohl auf Hoch- wie auf Niederwild stets in der ›königlich preußischen Hofjagduniform‹ jagte, trug unser Kaiser immer das gleiche, echt jägerische und unscheinbare Gewand: Lodenjoppe, Wadenstrümpfe, runden, gamsbartgeschmückten Hut, genagelte Schuhe, nackte Knie und kurze Lederhosen, die infolge langen Gebrauches und der Einwirkung von Regen, Schnee und Sonnenschein in der Farbe völlig ausgelaugt und stark zusammengeschrumpft waren;…«

Diese Kleidung und die Gewohnheit, auch oft in kleiner Begleitung auf die Jagd zu gehen, führten zu manchen, von Eugen Ketterl beglaubigten Begegnungen: »So traf er einmal auf der Jagd einen Holzknecht, der den Kaiser nicht erkannte.

›Jaga, habt's a Feuer?‹ redete er den Monarchen an.

›Geht's auf den Hahn?‹ forschte der biedere Eingeborene weiter. ›Ja, warum?‹ fragte der Kaiser.

›No‹, brummte der andere, ›weil, wann's d' so laut dischkurierst, dir der Hahn was pfeifen wird!‹

Der Monarch lächelte. Da stieß der kaiserliche Begleiter den Holzknecht an und raunte ihm zu, wen er da vor sich habe.

185

Der Holzknecht lüftete den Hut und meinte rasch gefaßt: ›Nix für ungut, Herr Kaiser! Is guat gmoant g'wesen!‹
Wer sich von der Jagdbegeisterung Franz Josephs erwartet, es habe daher auch opulente Wildpretessen gegeben, täuscht sich. Die Einrichtung der kaiserlichen Jagdschlösser war bescheiden und die der Küchen dieser Schlösser ebenfalls. Auf der Jagd selbst, auch wenn noch so illustre Gäste anwesend waren, wurden nicht wie zur Zeit Franz I. Stephan geräumige Zelte aufgebaut, man stellte einige Tische und Sessel mitten ins Grüne und tischte auf. Bei diesen Gelegenheiten wurde vor allem Geselchtes mit Kraut und Knödeln serviert und der »Kaiserschmarren« erfreute sich Allerhöchster Beliebtheit.

Neben Mürzsteg gab es eine ganze Reihe besonders beliebter Jagdschlösser, vor allem Offensee und das Jagdhaus am Langbathsee, beide in der Nähe von Ebensee im Salzkammergut, außerdem manches Jagdgebiet, das heute nicht mehr zu Österreich gehört, wie zum Beispiel Gödöllö in Ungarn. Anläßlich der Krönung Franz Josephs I. zum König von Ungarn wurde ihm dieses große Revier von den Ländern der Stephanskrone geschenkt. In Ischl wurde an Jagdtagen schon um drei Uhr Früh gefrühstückt, dann ging es in das Jagdgebiet am Jainzen oder in eine andere Gegend. Mehrere Denkmäler zeigen Franz Joseph als Jäger, wie etwa das Denkmal bei Mariazell. Das schönste von ihnen ist die Statue, die Kaiser Franz Joseph vor einem soeben erlegten Hirschen zeigt, wenige Kilometer außerhalb von Bad Ischl.

Mürzsteg ist heute im Besitz des Staates. Ein anderes steirisches Jagdschloß ist im Besitz der Familie Hohenberg, der Nachkommen also von Erzherzog Franz Ferdinand. Radmer liegt in der Nähe von Leoben, seine Wallfahrtskirche ist von Erzherzog Ferdinand III. gestiftet worden. Wer nach Radmer mit der Eisenbahn kommt, wird das Bahnhofsgebäude besonders beachten, es wurde 1873 errichtet und ist weitgehend in originalem Zustand.

Neuberg an der Mürz

Man wandert durch das Mürztal, oder man reist mit dem Auto oder dem Bus an, erfreut sich an den dichten Wäldern und der unzerstörten Landschaft, die auch von der Architektur hier noch mit Ehrfurcht behandelt wird, und steht plötzlich ohne vorherige Warnung vor einem gotischen Dom von beträchtlichem Ausmaß. Der hölzerne Dachstuhl dieser gelungenen Überraschung ist der größte seiner Art in ganz Österreich.

Die Landschaft war einsam, nur als Jagdgebiet des Hochadels, nicht als Siedlungsgebiet genützt, als 1327 Otto der Fröhliche das Kloster begründete. Der Abt von Stift Heiligenkreuz in Niederösterreich hatte ihm dazu geraten. Der Ort in dem engen Tal entsprach der Regel der Zisterzienser – die Einsamkeit diente der Weltflucht, und auch die Landschaftsform war geeignet. Wie Heiligenkreuz, wie Zwettl ist auch das Kloster Neuberg in einem Tal gelegen, an einem Flüßchen umgeben von hohen Bergen.

Die Heiligenkreuzer besiedelten das neue Kloster und nahmen den Kirchenbau in Angriff. 170 Jahre mußten vergehen, bis die Kirche fertig war – in der Form, wie wir sie heute noch sehen. Viele Hindernisse hatten sich dem Werk der Mönche entgegengestellt, Heuschreckenplagen, die Pest, und als Folge davon die Verarmung der Bevölkerung.

1379 wurde im halbfertigen Klosterbau der »Neuberger Vertrag« unterzeichnet. Die Brüder Albrecht III. und Leopold III. teilten ihre Länder – Albrecht erhielt Ober- und Niederösterreich, Leopold Steiermark, Kärnten, die Windische Mark, Länder in Friaul, Tirol und die Besitzungen im heutigen Vorarlberg.

Das AEIOU von Friedrich III. ist in der Kirche mehrfach zu sehen – der Kaiser führte den Bau Ottos des Fröhlichen weiter. Aus seiner Zeit stammt auch der Schlußstein mit dem Doppeladler über dem Hochaltar.

Die Steiermark hat vieles aus gotischer Zeit in die Gegenwart retten können. Zu den Höhepunkten gotischer Kunst zählen die Kirche Maria Straßengel, die Doppelwendeltreppe in der Grazer Burg, der Klosterbau von Neuberg an der Mürz. Nicht nur der gotische Bau mit seiner mächtigen Halle an sich, sondern auch viele seiner Details sind von auffälliger Qualität. Der Kreuzgang erinnert natürlich an sein Vorbild

in Stift Heiligenkreuz, die große Halle hat nicht ihresgleichen im ganzen Land. Der Stifter und seine Familie sind im Kreuzgang zu sehen. Ein Gemälde im nördlichen Flügel zeigt Otto den Fröhlichen.

1786 wurde das Stift aufgrund der Dekrete Josefs II. aufgehoben. Die ehemalige Klosterkirche wurde nun Pfarrkirche, die Klosterräume verfielen oder dienten profanen Zwecken. Ein Teil wurde im Auftrag Kaiser Franz Josephs restauriert und als Jagdaufenthalt genützt, eine reiche Ausstellung berichtet vom Jäger Franz Joseph.

Im Chor des Kapitelsaals liegt die Stiftergruft, hier wurden Otto der Fröhliche und mehrere seiner Familienmitglieder beigesetzt.

Der Tabernakel des Marienaltars mit der schönen lebensgroßen »Neuberger Madonna« aus dem 14. Jahrhundert ist ein Geschenk von Kaiserin Maria Theresia und neben dem Kirchenbau an sich, dem Jagdmuseum und der herrlichen Landschaft ein weiterer Grund zum Besuch von Neuberg an der Mürz, zumal man ja diesen Besuch bequem mit einer Fahrt nach Mariazell verbinden kann.

Das Bahnhofsgebäude stammt aus dem Jahr 1879, besitzt einen ehemaligen Warteraum für die Gäste des Kaisers, ja wohl auch für die kaiserliche Familie selbst und sonnt sich selbst noch immer in diesem imperialen Glanz.

Mariazell

Inmitten einer Landschaft, die trotz aller Veränderungen in diesem Jahrhundert und trotz aller Konzessionen an Industrie, Tourismus und Verkehr noch ihre Ursprünglichkeit bewahrt hat, liegt der bedeutendste Wallfahrtsort Mitteleuropas.

Die Magna Mater Austriae, die große Gnadenmutter Österreichs, bedeutet auch für die Ungarn als Magna Domina Hungarorum, für böhmische Katholiken als Magna Mater Bohemiorum ein Heiligtum.

Die Wunderkraft der Muttergottes in den Bergen veranlaßte den lahmen Markgrafen Heinrich von Mähren (1198–1222) zu einer Wallfahrt; er wurde geheilt und ließ eine Kapelle aus Stein erbauen. So gewann gerade in der mährischen Heimat des Markgrafen der Ort an Ruf, auch die Böhmen kamen in steigender Zahl.

Am Beginn der ungarischen Wallfahrten nach Mariazell steht König Ludwig I. (1342–1382). Er hatte in der Nacht vor einer Schlacht eine Marienstatue in der Form jener von Mariazell gesehen, hatte gegen eine bedeutende türkische Übermacht den Sieg errungen und trug nun zum Ausbau der Kirche bei. Der hohe gotische zentrale Turm stammt von Ludwig I.

Die heutige Form der Kirche geht auf Kaiser Ferdinand III. zurück. Er war 1642 zum ersten Mal nach Mariazell gekommen und auf seine Veranlassung hin wurde der Baumeister Domenico Sciassia aus Roveredo mit dem Bau beauftragt. Nun wuchsen den alten gotischen Bauteilen neue barocke zu, so ist die Hauptfassade mit den drei Türmen entstanden. Im Zuge solcher Umgestaltung ist oft alles Ältere beseitigt oder unkenntlich gemacht worden, in Mariazell hat Sciassia eine Verbindung gefunden. Er selbst hat in der Kirche seine letzte Ruhestätte, unter der Kanzel. Zu dieser Zeit war der Ausdruck Magna Mater Austriae schon ein Begriff – er geht auf Kaiser Ferdinand II. zurück. Die Verbindung des Kaiserhauses zum bedeutendsten Wallfahrtsort des Reichs war natürlich immer eine enge. Schon Herzog Albrecht II. hatte den Marienaltar gestiftet und einen Chor anbauen lassen. Das silberne Gitter mit dem Doppeladler vor dem von J. B. Fischer von Erlach geschaffenen Hauptaltar ist eine Stiftung von Maria Theresia und Franz I. Stephan – Kaiser Franz Joseph hat Mariazell mehrmals besucht.

Der Ort und sein Gnadenbild haben einen weltweiten Ruf. Eine Kapelle in der Basilika wurde 1956 von der spanischen Regierung gestiftet, in Chicago gibt es einen kleinen Stadtteil mit dem Namen Mariazell und einer Nachbildung der Madonnenstatue. Eine andere Kopie der Gnadenmutter von Mariazell hat Erzherzogin Leopoldina, die Gemahlin des Kaisers von Brasilien, Dom Pedro, in ihre neue Heimat nach Rio de Janeiro mitgenommen, wo sie in der Kapelle Nossa Senhora da Gloria verehrt wird.

Einem Onkel der Kaiserin von Brasilien ist die Landschaft um Mariazell zur Heimat geworden: Erzherzog Johann. 1818 hatte der Bruder des Kaisers den Gutshof am Nordabhang des Seebergsattels erworben, ihn ausgebaut und einen landwirtschaftlichen Musterbetrieb entwickelt. Erzherzog Johann übernahm für sich den Hausnamen und ließ sich der »Brandhofer« nennen. In seinem Tagebuch, das unter dem von ihm selbst gewählten Titel »Der Brandhofer und seine Hausfrau« erschienen ist, erzählt er die Geschichte seiner Liebe zu der Ausseerin Anna Plochl, vom ersten Zusammentreffen bis zur Geburt des ersehnten Kindes. Diese Geburt und die Hochzeit haben im Brandhof stattgefunden.

Burgenland

TSCHECHOSLOWAKEI
DEUTSCHLAND
NIEDER-
OBER-
ÖSTERREICH
ÖSTERREICH
SALZBURG
STEIERMARK
KÄRNTEN
TIROL
OST TIROL
VORARLBERG
BURGENLAND
UNGARN
SCHWEIZ
ITALIEN
JUGOSLAWIEN
WIEN
Linz
Salzburg
Innsbruck
Graz
Klagenfurt
Bregenz
Eisenstadt
Bruckneudorf
Halbturn
Forchtenstein
Güssing
N
S
W
O

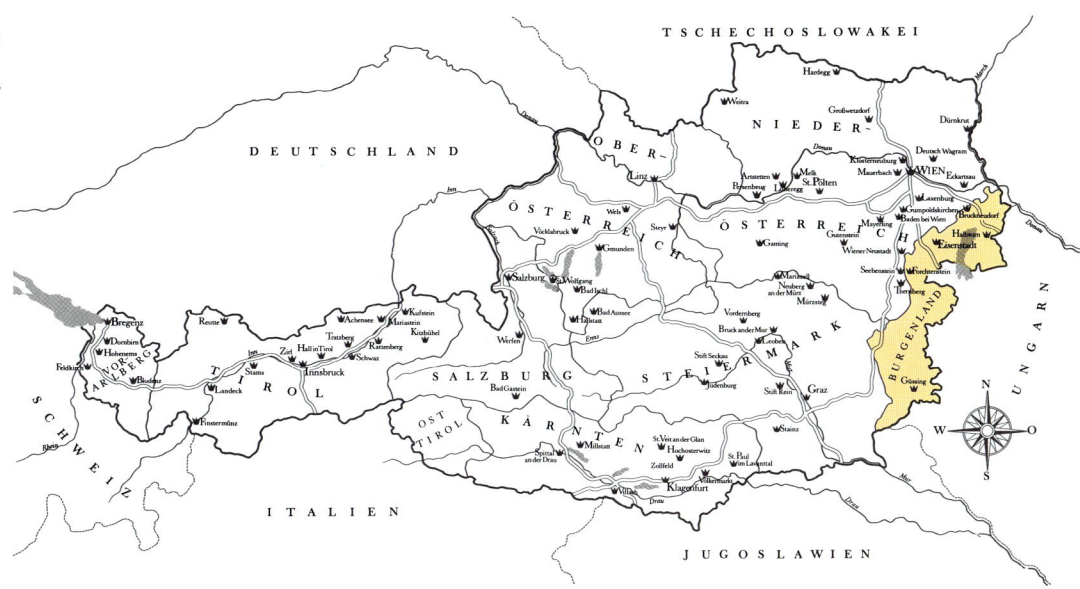

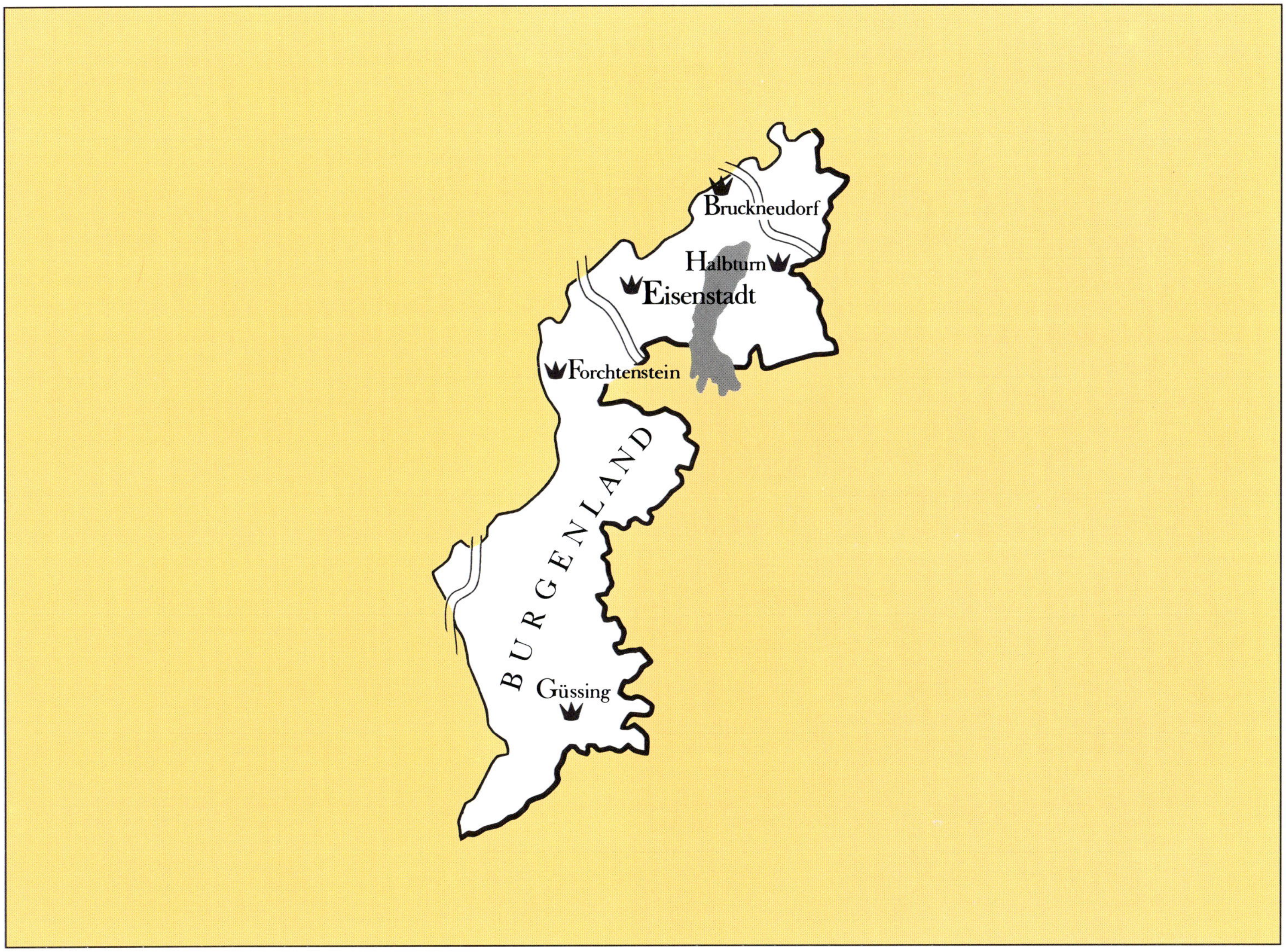

Bruckneudorf
Halbturn
Eisenstadt
Forchtenstein
BURGENLAND
Güssing

Burgenland

Eisenstadt

Das Burgenland war bis zum Ende der Monarchie Westungarn. Aber so einfach ist das nicht, wie es sich liest. Denn während auf der österreichischen Seite des Leithaflusses die Monarchie ihre letzten Tage erlebte, lebte sie auf der ungarischen Seite weiter. Und auch die Entscheidung, ob diese Landschaft nun der westlichste Teil Ungarns bleiben oder der östlichste Österreichs werden sollte, war nicht leicht.

Die nach dem Friedensvertrag von St. Germain eingesetzte Kommission bestand aus Franzosen, Engländern, auch Japanern, aber nach einem Jahrtausend des Zusammenlebens ließen sich nur schwer die Grenzen erkennen zwischen ungarischen und deutschen, kroatischen und gemischten Gebieten. Freischärler für Ungarn, die offizielle ungarische Gendarmerie, Freischärler für den König, das junge österreichische Bundesheer, sie alle zogen von neuem in den Kampf.

1921 war es endlich soweit und das umkämpfte Land war auch de facto ein österreichisches Bundesland. Es fehlte ihm nur noch Name, Wappen und Hauptstadt. Sein Name hat nichts mit den Burgen dieses Landes zu tun, er wurde den Hauptorten der Komitate entlehnt, der ungarischen Regionen, aus denen das neue Land geschaffen wurde, und die

hießen Ödenburg, Eisenburg, Wieselburg und Preßburg. Das Wappen bildete man aus Elementen der Wappen der Grafen von Mattersdorf-Forchtenstein und der Grafen von Güssing. Das gewachsene und somit natürliche Zentrum dieses Gebiets, die Stadt Ödenburg, war bei Ungarn verblieben und hieß fortan nur noch Sopron. Auf der Suche nach einer neuen Hauptstadt machte Eisenstadt das Rennen. Für ihre ungarischen Bewohner hieß und heißt die Stadt Kismarton, für die große jüdische Gemeinde Asch.

Durch zwei Jahrzehnte war das burgenländische Leben nun von einer wunderbaren Vielfalt geprägt, vom Zusammenleben evangelischer und katholischer Christen, von Zigeunern, von assimilierten und von orthodoxen Juden, von deutsch, ungarisch, kroatisch sprechenden Menschen – bis zum März 1938.

Aus dem großen Österreich der vielen Völker und Sprachen war ein kleines Land geworden, doch das Burgenland erinnerte noch an diese Generalprobe für ein geeintes Europa. Eine leise Ahnung davon ist auch heute noch zu verspüren, und daß dieses Zusammenleben dreier Bevölkerungsgruppen einen so friedlichen Alltag ergibt, beweist, daß dies möglich ist.

Ein Hauch vom „Esterhàzyschen Feenreich" – das Schloß

Zwei Superlative hat Westungarn in sein neues Heimatland Österreich mitgenommen – den höchsten Berg des Ungarlandes, den Geschriebenstein, und die kleinste Stadt Ungarns, die königliche Freistadt Rust.

Den gleichen Status einer königlichen Freistadt hat auch Eisenstadt besessen. 1622 hat Kaiser Ferdinand II. die Herrschaft dem Grafen Nikolaus Esterházy übergeben. Fortan blieben die Geschicke von Eisenstadt eng mit den Esterházys verbunden, die 1687 in den Fürstenrang erhoben wurden.

Auf vielfältige Weise spielen die Esterházys eine große Rolle in der österreichischen Geschichte und da vor allem sympathischerweise in der Kulturgeschichte, weniger in der Kriegs-

geschichte. Joseph Haydn war dreißig Jahre als Kapellmeister im Esterházyschen Dienst, in Esterháza und in Eisenstadt. Sein erster Dienstherr war Fürst Nikolaus, der Prachtliebende. Er kam zur Wahl und zur Krönung Josefs II. nach Frankfurt als böhmischer Gesandter. In »Dichtung und Wahrheit« schreibt Goethe über ihn: »Fürst Esterházy ... war nicht groß, aber wohlgebaut, lebhaft und zugleich vornehm anständig, ohne Stolz und Kälte.«

Und später schildert Goethe die Ereignisse des Krönungstages, des 3. April 1764: »Wir bewunderten die verschiedenen glänzenden Darstellungen und die feenmäßigen Flammengebäude, womit immer ein Gesandter den andern zu überbie-

Einigkeit in der Vielfalt: Eisenstadt-Kismárton-Asch, deutsch-ungarisch-jüdisch

ten gedacht hatte. Die Anstalt des Fürsten Esterházy jedoch übertraf alle die übrigen…«

In Eisenstadt mag man vor allem an das »Esterházysche Feenreich« erinnert werden, wie es bei Goethe später noch genannt wird, aber auch Joseph Haydn ist hier beinahe allgegenwärtig. Zwar ist er nicht hier geboren, sondern in Niederösterreich, in Rohrau, und sein letztes Wohnhaus, in dem er auch gestorben ist, steht in Wien. Aber das Haus, das Haydn während der langen Jahre in Eisenstadt bewohnt hat, ist den Besuch wert, und die Melodie, die er für seinen Kaiser Franz II. geschaffen hat, ist nicht nur in Konzerten zu hören, die das »Kaiserquartett« auf ihr Programm setzen, sondern Tag für Tag allabendlich, im Deutschen Fernsehen – die Kaiserhymne.

Diese Melodie, geschrieben als ein »patriotisches Lied«, ist aber erst 1797 uraufgeführt worden – »Gott erhalte Franz den Kaiser…«. Joseph Haydn hatte sie unter dem Eindruck des »God save the King«, das er während seines England-Aufenthalts immer wieder gehört hatte, verfaßt. Damals allerdings wohnte er schon in Wien.

Im Gebiet der untergegangenen jüdischen Gemeinde von Eisenstadt steht das Landesmuseum, Zeugnis des blühenden Lebens dieser Gemeinde. Seine Anfänge hat das Museum in den Sammlungen von Sandor Wolf, einem prominenten Mitglied der jüdischen Gemeinde. Wolf war ein hochkultivierter Sammler, der sein Vermögen auch als Mäzen einzusetzen wußte.

Das Landesmuseum berichtet also vom königlich-ungarischen Kismarton, von den Gemeinden des heutigen Burgenlands und hat vor allem Schätze aus einer Zeit, als es noch keine römisch-deutschen Kaiser und keine Könige von Ungarn gab, sondern als die Provinz Pannonien keine Leitha-Grenze kannte und vom Kaiser in Rom regiert wurde.

Hier erfahren wir, daß der Brauch des Fahnenschwingens in Neckenmarkt immer noch mit einer großen Fahne geübt wird, die eine Muttergottes mit dem Kind auf einer Fahne mit dem Doppeladler zeigt, wir sehen ein Aquarell einer militärischen Feier in der Ebene vor Eisenstadt, eine ungarische Grenztafel mit dem Königswappen, mit der Stephanskrone – aber wir sehen vor allem immer wieder, wie eng die Beziehung dieses Landes zu einem seiner wichtigsten Produkte auch aus historischer Sicht ist:

Ein Faßboden, gewiß drei Meter hoch, zeigt die österreichische Kaiserkrone, von den Reichsinsignien umgeben. Eine Inschrift zeugt für Kaisertreue und Bürgerstolz: »Arbeit ist des Bürgers Zierde / Segen ist der Mühe Preis. Ehrt den Kaiser seine Würde / Ehret uns der Hände Fleiß.« Ein Doppeladler und die Jahreszahl 1888 vervollständigen den patriotischen Faßboden, der in seinem gewaltigen Ausmaß dennoch in Eisenstadt selbst starke Konkurrenz hat. Ein anderer Faßboden zeigt eine andere Krone – die Stephanskrone Ungarns, neben dem ungarischen Wappen und der Jahreszahl 1880. Und er trägt eine Inschrift, die daran erinnert, daß die Familie Wolf, die einstigen Besitzer dieses Hauses, vom Weinhandel lebte: »Es lebe hoch – die Familie Wolf.«

Dem Schloß Esterházy gegenüber liegen die einstigen Stallungen. Dort hat der Weinausschank schon Tradition und so kann man auch hier zwischen Krautstrudel und burgenländischem Wein der Spur der Geschichte folgen. Das größte Faß Österreichs beherrscht den großen Gastraum. Sein Boden zeigt das Wappen der Esterházy, vom Goldenen Vlies umgeben. Und im Vorraum ist ein weiterer Faßboden zu sehen, der für die Weltausstellung in Wien 1873 geschnitzt worden ist. Er zeigt die österreichische Kaiserkrone und die Porträts von Kaiser und Kaiserin. Freilich kommen Franz Joseph I. und Elisabeth auf den Faßboden wie im Sprichwort »der Pontius ins Credo« – daß sie besondere Weinfreunde gewesen wären, kann man nicht behaupten.

Elisabeth war aber eine wirkliche Freundin dieses Landes. Sie liebte Ungarn mit großer Konsequenz – sie hat perfekt ungarisch gesprochen. Und sogar während der Jahrzehnte des Kommunismus hat »ihre« Brücke in Budapest ihren Namen behalten: Erzsebét-hid.

Güssing

Am 22. März 1459 kam in der Burg von Wiener Neustadt Kaiser Maximilian zur Welt. Gerade in diesen Tagen konnte sich sein vom politischen Glück nicht verwöhnter Vater Kaiser Friedrich III. an einem Ziel wähnen, das erst seine Urenkel wirklich erreichen sollten. Er war zum König von Ungarn gewählt worden. Wenige Wochen zuvor hatte eine Versammlung ungarischer Magnaten in der Burg Német Ujvár, das war der ungarische Name der Burg Güssing, den Kaiser zum König von Ungarn gewählt.

Der Herr von Güssing, Nicolaus Ujlaky, der Wojwode von Siebenbürgen, hatte die Versammlung einberufen. Ujlaky hatte selbst vergeblich auf die Krone Ungarns gehofft. Indem er sich nun an die Spitze der »deutschen Partei« stellte, wollte er zumindest verhindern, daß sein Gegenspieler Matthias Hunyadi das begehrte Ziel erreichen konnte.

Aber er täuschte sich wie sein neugewählter König. Hunyadi kam an sein Ziel. Er nahm den lateinischen Namen des Raben in seinem Wappen an und ging als Matthias Corvinus in die Geschichte ein. Aus niederem Adel, aber von Einfluß schon alleine durch bedeutenden Grundbesitz, stand Matthias Hunyadi in natürlichem Gegensatz zu den ungarischen Magnaten, die den homo novus zugleich verachteten und fürchteten. König Matthias aber, mit neuem Selbstbewußtsein ausgestattet, verstand den magyarischen Adel zum Seitenwechsel zu bewegen. Nur wenige Jahre nach dem Schwur von Güssing zählten die Mitverschwörer Ujlakys zu den Gefolgsleuten des jungen Königs.

Diese Königswürde war, beinahe wörtlich, dem Sohn Albrechts II. Ladislaus Postumus in die Wiege gelegt worden. Im Alter von zwölf Wochen war er nämlich vom Erzbischof von Gran gekrönt worden. Sein Vormund war Friedrich III.. Da Ladislaus mit nur siebzehn Jahren an Leukämie starb und damit der habsburgische Erbanspruch bestand, war Friedrichs Hoffnung auf die Stephanskrone nicht unrealistisch gewesen. Was ihm blieb, waren der Titel und das Wappen eines Königs von Ungarn – die Stephanskrone und die Macht über Ungarn war in den Händen von Matthias Corvinus.

Schon viele Jahre vor der mißglückten Königswahl des Jahres 1459 hatte Güssing eine Rolle in der Politik gespielt. Die »Güssinger Fehde« wird der Aufstand gegen Albrecht I., den ältesten Sohn Rudolfs von Habsburg, genannt. Güssing wurde von den Soldaten des Habsburgers erobert, aber dann dem ungarischen König Andreas übergeben.

Als die Burg an die Ujlaky gefallen war, verblieb sie bei ihnen bis zum Jahre 1524. Zwei Jahre vor seinem Tod in der Türkenschlacht von Mohács (1526) wurde Güssing vom ungarischen König Ludwig dem Obermundschenk Franz Batthyány übergeben und im Besitz der Grafen Batthyány ist die Burg bis heute.

In diesem 16. Jahrhundert, in der Zeit Balthasar Batthyánys, wurde Güssing zum kulturellen Zentrum. Der Burgherr war ein bedeutender Humanist, die Gegenreformation war in vollem Gang, doch hier, hinter der ungarischen Grenze, lagen die Dinge anders.

Unter Kaiser Maximilian II. war der bedeutendste Botaniker seiner Zeit, Charles de l'Escluse aus Arras, Präfekt der Hofgärten in Wien. Er ist unter seinem Humanistennamen Carolus Clusius berühmt geworden. Österreich verdankt ihm die erste Beschreibung der Flora in weiten Teilen Niederösterreichs und des Burgenlands. Er hat Einfluß gehabt auf die Einführung der neuen und geheimnisvollen Kartoffelpflanze, er hat in Schönbrunn eine der noch seltenen Kastanien gesetzt.

Clusius war Protestant. Als Rudolf II. seinem Vater auf den Thron folgte, gab er einige Jahre später den Widerständen nach und entließ den berühmten Hofgärtner. Clusius lebte nun in dürftigen Verhältnissen, bis er in seine niederländische Heimat heimkehrte und in Leyden eine Professur bekam. In den Jahren bis dahin fand er für einige Zeit Aufnahme in Güssing. Als Gast von Balthasar Batthyány konnte er dort in Ruhe arbeiten, in Güssing entstand sein Werk über die Flora Pannoniens.

Auf einem steilen Berg erhebt sich die Burg Güssing. Sie ist zum Teil Ruine, aber in ihrer Gesamtheit wirkt sie auf ihrer Höhe beherrschend wie eh und je, und wenn auch dieses Symbol heute längst nicht mehr wirkliche Macht bedeutet, der Eindruck ist geblieben. Die kleine Stadt schmiegt sich an den Burgberg und gibt ein Bild, das die Geschichte lebendig werden läßt.

Der Besucher von Güssing wird eine weitgehend intakte, nach einer großen Ausstellung auch sehr bekannte Burg erleben, mit Rittersaal, Rüstkammer, Kapelle. Und wenn er Glück hat, trifft er noch auf Einheimische, die ganz sicher wissen, daß Kaiserin Maria Theresia gar nicht so selten durch die Räume geistert.

Forchtenstein

»Die Menge der hier aufgehäuften Schätze ist märchenhaft. Die Goldschmiedkunst und Juwelierarbeit des XV. bis XVII. Jahrhunderts ist nächst der Kaiserlichen Schatzkammer in Wien in der ganzen Monarchie nirgends so reich wie hier vertreten.«

Das »Kronprinzenwerk«, jene großzügige vielbändige Schilderung der Monarchie Österreich-Ungarn, diese auf Initiative des Kronprinzen Rudolf geschaffene Landeskunde, kommt ins Schwärmen. »Märchenhaft« nennt sie die Schatzkammer von Forchtenstein und erreicht damit die Nähe des auch ins Märchenhafte führenden Grades von Begeisterung wie er Johann Wolfgang von Goethe erfaßt, als er in Frankfurt das »esterházysche Feenreich« erlebt und später schildert.

Die Burg Forchtenstein zählt zu Österreichs bedeutendsten Festungsbauten. Von ihrem steil aufragenden Dolomitfelsen schaut sie weit ins Land. Um 1300 ist Forchtenstein entstanden, als eine der Folgen der »Güssinger Fehde«, auf die wir lieber in Güssing näher eingehen wollen. Die Grafen von Mattersdorf hatten auf der Verliererseite gestanden, ihre Burg wurde geschleift und sie errichteten nun eine neue Burg, sie war mächtiger geplant und höher gelegen. Aber es half ihnen nicht viel; die Familie der Mattersdorfer-Forchtensteiner erlebte zwar um die Mitte des 14. Jahrhunderts noch einen kleinen Machtaufschwung, aber dann verließ sie die Geschichte. Der letzte Forchtensteiner, Graf Wilhelm, verpfändete seine Besitzungen an Herzog Albrecht VI. von Österreich, der sie bald darauf durch Kauf erwarb und weiter an seinen Bruder, den späteren Kaiser Friedrich III. verkaufte. Und zu diesen von den Habsburgern neuerworbenen Herrschaften zählten auch Burg und Grafschaft Forchtenstein. Im Jahr 1451 war dieser Besitzwechsel abgeschlossen.

1622 verpfändete Kaiser Ferdinand II. Forchtenstein und so kamen Burg und Herrschaft zu jenem Geschlecht, das seit dem Mittelalter an Macht und Ansehen wachsend schließlich beinahe den gesamten nördlichen und mittleren Teil des heutigen Burgenlandes erworben hatte – zu den Esterházys. Graf Nikolaus nahm Forchtenstein zuerst als Pfand, wenige Jahre später, 1626, wurden die Herrschaften Eisenstadt und Forchtenstein erblicher Besitz der Esterházys. Der neue Be-

sitzer und später sein Sohn Paul bauten die Burg von Grund auf um, die Burganlage gewann nun auch repräsentative Bedeutung neben der zuvor rein militärisch-strategischen. Übrig blieb von der mittelalterlichen Wehranlage nur der Bergfried, auf den alle einschlägigen schmückenden Beiworte zutreffen – mächtig, gewaltig, eindrucksvoll. Fünfzig Meter ist er hoch, fünf bis sieben Meter stark sind seine Mauern, zwölf schwere Geschütze, die »Zwölf Apostel«, standen im obersten Stockwerk bereit.

Unter Paul Esterházy wurde der neue Wohnkomplex gesichert. Es waren die Jahre zwischen den Schlachten von St. Gotthard-Mogersdorf und Peterwardein, zwischen der Wiener Türkenbelagerung und der Belagerung von Belgrad durch den Prinzen Eugen, die Jahre zwischen 1664 und 1717, Jahre voll höchster Gefahr für eine Festung in einem Grenzland, das nicht nur einmal erlebt hatte, wie schnell und verheerend der Krieg hereinbrechen konnte. Die Verstärkung der Befestigungen von Forchtenstein erreichte ihr Ziel: als einzige der Festungen Westungarns war Forchtenstein uneinnehmbar, hielt 1683 den Türken stand, und konnte unzähligen verzweifelten Flüchtlingen Schutz bieten.

Als nun die Türken besiegt waren, als man begann, in barockem Jubel »alla turca« zu musizieren, der Bedrohung aus dem Osten in Fresken und Skulpturengruppen voll von gefangenen Türken zu gedenken und sich auf die Siege des Prinzen Eugen verließ, da stimmten auch die Esterházys in das Freudenkonzert ein und begannen Schlösser zu bauen anstelle von Burgen.

Paul Esterházy, zum Fürsten erhoben, ist 1713 gestorben. Er bewohnte noch Burg Forchtenstein. Seine Nachkommen zogen nach Eisenstadt, bewohnten ihr Stadtpalais in Wien, zeigten so ihre Loyalität gegenüber dem Herrscherhaus – ihr weites Land sollte kein Staat im Staate sein. Sie waren wohl mächtig, aber mächtige Vasallen der Habsburger. Unter all den Führern der ewig revolutionsbereiten Magyaren finden sich zwar die Namen Zrinyi und Béthlen, Batthyány und Andrássy, aber kaum Esterházy.

Forchtenstein diente fortan dem großen Familienarchiv, den Sammlungen, als Arsenal. Dieses Arsenal ist nicht als Museum angelegt, sondern als allzeit bereite Waffenkammer. Der Grundherr hatte ja im Kriegsfall Regimenter aufzustellen und mußte sie ausrüsten.

Esterházyschen Husaren begegnet man nicht nur in der Geschichte von Österreich und Ungarn. Auch in Frankreich und Holland finden wir sie. Nach dem Kuruzzenaufstand – er

Schatzkammer und Familienarchiv, Bollwerk und Zeughaus

Die Waffensammlung – Rüstung für Mann und Roß

war 1711 niedergeschlagen – wurden Tausende der ehemaligen Rebellen in die kaiserliche Armee aufgenommen. Andere aber zogen es vor, das Land zu verlassen und so bildete sich z. B. in der französischen Armee ein erstes eigenes Husarenregiment. Graf László Bercsényi war sein Kommandeur, es besteht noch heute und trägt immer noch Namen und Wappen der Bercsényis.

1733 wurde das französische Husarenregiment Valentin Esterházy aufgestellt. Und wenn uns das auch weit weg von Forchtenstein und seiner Waffenkammer bringt, jetzt muß doch noch ein kleiner Sprung quer durch die Geschichte gemacht werden. Dieses erste der französisch-ungarischen Husarenregimenter war mit einem kleinen Detachement im amerikanischen Freiheitskampf vertreten. Bercsényi-Husaren, durchwegs Ungarn, kämpften an der Seite der jungen Union und einer von ihnen wurde zum Organisator der jungen US-Cavalry: Oberst Kováts Mihaly. Am 11. Mai 1779 ist er bei Charleston gefallen.

Ein Esterházy war Kommandeur des einzigen holländischen Husarenregiments nach dem Frieden von Aachen 1748.

Und 1742, während der sorgenvollen ersten Jahre der Regierung Maria Theresias, hatte Paul Anton Esterházy ein Husarenregiment aufgestellt.

Zurück zu den Habsburgern. Der erste von ihnen, der Forchtenstein besaß, war Herzog Albrecht VI. Er war eine ungemein zwiespältige Erscheinung – »wild und männlich« nennt ihn die »Österreichische Chronik« von Jakob Unrest. Er konnte rachsüchtig und grausam sein, aber auch weitsichtig und voller Durchschlagskraft.

Albrecht war der sechs Jahre jüngere Bruder Friedrichs III., und diese sechs Jahre ließen ihn ein Leben lang nicht ruhen. Stets trachtete er, sein eigenes Land zu bekommen, nicht nur Regent zu sein, wo des kaiserlichen Bruders Disposition es eben zuließ. Die Regentschaft in den Vorlanden hatte Albrecht auf Widerruf übertragen bekommen, da begann er 1457 einen offenen Kampf um einen sicheren Teil des väterlichen Erbes. Im gleichen Jahr gründete er übrigens auch die Universität von Freiburg im Breisgau, der Hauptstadt der Vorlande.

Albrecht gelang es, die unzufriedenen Wiener – wann waren die schon nicht unzufrieden? – auf seine Seite zu bringen

und den Bruder in der Hofburg zu belagern. Bündnisse hatten ihn mit den Hauptfeinden Friedrichs III., mit Georg von Podiebrad und mit Matthias Corvinus, mit den Herren von Böhmen und von Ungarn, vereint. Aber es kam, wie es kommen mußte – auch gegen ihn erhoben sich die Wiener. Eine plötzliche Erkrankung sollte dem unruhigen Leben des Herzogs in seinem 45. Jahr ein Ende setzen.

Wer Forchtenstein im Rahmen einer Führung kennengelernt hat, dem ist auch das große »L« aufgefallen, das das Wappen der Esterházy prägt. Es erinnert daran, daß die Familie ihren Fürstenrang von »L«eopold I. erhalten hat – und dieser Zeit verdankt die Burg eine wahre Sehenswürdigkeit. Der tiefste Brunnen der Welt – 142 Meter tief ist er – entstand im Hof von Forchtenstein zwischen 1660 und 1690, in der Regierungszeit Leopolds I. also. 500 türkische Gefangene haben ihn gegraben, gebohrt, aus dem Fels gemeißelt. Erleichtert, daß man den Strapazen dieser Zeit nicht mehr ausgesetzt ist, geht man nach der Führung in eines der einladenden Weinlokale der näheren Umgebung.

Viele Jahre lang war der tiefe Graben vor der Burg allsommerlicher Schauplatz von Festspielen. Hier hat man Werke von Franz Grillparzer aufgeführt und so hat in Forchtenstein ein Habsburger für einige Wochen ein Theaterleben geführt, der niemals wirklich hierhergekommen ist – Kaiser Rudolf II. In seinem Drama »Ein Bruderzwist im Hause Habsburg« führt Grillparzer nicht nur den Kaiser in seiner Prager Burg vor, da erscheinen auch Erzherzoge und Generäle in großer Zahl auf der Besetzungsliste, historische Persönlichkeiten allesamt, und es ist schade, daß die Zeit den Festspielen auf Forchtenstein ein Ende gesetzt hat. Franz Grillparzer hat auch dem ersten König aus dem Haus Habsburg, Rudolf ein Denkmal gesetzt – in »König Ottokars Glück und Ende«. Der Feuilletonist Ludwig Speidel hat von Grillparzer gesagt, er sei in Wirklichkeit ein verwunschener Habsburgerprinz, der sich bei Tag in einen Archivdirektor verwandle.

Halbturn

»Du hast Dein Glück in meine Hand gelegt und mir Dein Herz geöffnet, sei gewiß, daß es gut bei mir aufgehoben ist und daß ich niemals gegen Deinen Willen handeln werde.«
Das Geheimnis, um das es in dieser Briefstelle geht, betrifft die Allerhöchsten Kreise: Maria Theresia rät ihrer Tochter Marie Christine – sie nahm unter der großen Kinderschar die absolute Vorzugsposition ein –, in einer Herzensangelegenheit zu schweigen. Sie selbst werde sie zu einem glücklichen Ende bringen.
Maria Theresia hält Wort. Ihre Tochter Marie Christine darf als einziges der Kinder eine wirkliche Liebesheirat eingehen.
Im Frühjahr 1765 sind die zitierten Zeilen geschrieben worden, wenige Monate später ist Maria Theresia Witwe.
Wieder einige Monate später wird der Plan in die Wirklichkeit umgesetzt. Marie Christine heiratet am 8. April 1766 den Mann, den sie sich wünscht – Herzog Albert von Sachsen-Teschen. In Schloßhof findet die Hochzeit statt, im Marchfeld.
Nun gilt es, dem jungen Paar, vor allem dem mittellosen jungen Herzog, eine entsprechende Stellung zu verschaffen.
Eines Tages wird die Statthalterschaft der österreichischen Niederlande neu zu besetzen sein – die Stelle ist Albert zugedacht. Bis dahin wird er die glänzende Position eines Locumtenens und Generalkapitäns des Königreichs Ungarn innehaben, eines Statthalters also.
Schon im Februar 1766, wochenlang vor der Hochzeit, übergab Maria Theresia ihrer Lieblingstochter den Besitz Magyarova, Ungarisch-Altenburg, mit Mannersdorf, das Fürstentum Teschen, Bargeld, Obligationen, ein Schlösschen in Laxenburg, und – Schloß Halbturn.
Das junge Paar erwartet ein Jahr nach der Hochzeit das erste Kind – doch das Kind stirbt am Tage der Geburt, die Mutter benötigt Monate zur Erholung.
Als ihnen klar geworden war, daß an Kinder nicht zu denken war, adoptierten Albert und Marie Christine den Neffen Karl, Sohn des geliebten Bruders Leopold, des Großherzogs der Toscana. Und über diese Linie hat sich die Herrschaft Halbturn bis heute im Familienbesitz erhalten.
Nur eineinhalb Kilometer ist die ungarische Grenze von hier entfernt – und auch das nur politisch. Die ganze Atmosphäre des Ortes, des Schlosses, die vielen der gewaltsamen Verän-

Ein frühes Werk des großen Lukas von Hildebrandt – Schloß Halbturn

derung widerstehenden Details berichten von der gemeinsamen österreichisch-ungarischen Familiengeschichte dieses Landes, dieses Ortes. Félthorony heißt er auf ungarisch, der »halbe Turm«.

Nach den Türkenkriegen, nach den schweren Zeiten der Kuruzzenkämpfe – der ungarische Aufstand war in vollem Gang – mußten ganze Landstriche neu besiedelt werden. Joseph I., Karl VI. und Maria Theresia holten Siedler aus entlegenen Gegenden in dieses Grenzland, und mancher Name von Ausseer Herkunft erhält sich seit Jahrhunderten in diesem einstigen Westungarn.

1714 wurde die Kirche von Halbturn eingeweiht – der ältere Bruder, Kaiser Joseph I., regierte, als man ihren Bau begann, der jüngere war auf den Thron gefolgt, als man den Bau fertigstellen konnte.

Die Kirche hatte einst fünf Altarbilder – aus dieser Zeit stammen die beiden Darstellungen des heiligen Karl Borromäus und der heiligen Elisabeth, die zu den Seiten hängen. Sie erinnern an das Kaiserpaar zur Zeit der Erbauung der Kirche – Karl VI. und Elisabeth von Braunschweig-Wolffenbüttel.

Für einen Augenblick wollen wir zurückgehen, in die Geschichte des Jahres 1714. Ein Jahr zuvor waren die Österreicher aus Barcelona zurückgekehrt – Karl VI. regierte seit dem Tod seines Bruders Joseph als Kaiser, seit 1711 also. Und Elisabeth, seine Gemahlin, hatte wohl bis 1713 bei den habsburgtreuen Katalanen ausgeharrt, mußte dann aber aufgeben und nach Wien zurückkehren. Viele Erinnerungen an sie und an Karl, der als König von Spanien – bis zum Ende des Spanischen Erbfolgekriegs – als Karl III. zu zählen ist, leben in Katalonien weiter – die Kirche Santa María del mar, dort haben Karl und Elisabeth geheiratet, zählt zu den bedeutendsten Schätzen Barcelonas.

Die in Madrid regierende Linie der Habsburger war mit Karl II. im Jahre 1700 ausgestorben. Kaiser Leopold I. hatte seinen jüngeren Sohn Karl für den spanischen Thron bestimmt. Doch auch Frankreich meldete Erbansprüche an und so kam es zum Spanischen Erbfolgekrieg. Der plötzliche Tod von Karls älterem Bruder, Kaiser Joseph I., machte Karl zum letzten lebenden männlichen Habsburger. Im Januar 1712 zog er als Kaiser Karl VI. in Wien ein.

Zu den großen Leidenschaften Karls VI. zählten die Musik und die Jagd. Halbturn, das er von den Grafen Harrach erworben hatte, wurde ihm der liebste Jagdaufenthalt. Der Stil, das Maß, die gesamte Schloßanlage werden ihm vertraut gewesen sein. Ihr Architekt, Lukas von Hildebrandt, war als Nachfolger Johann Bernhard Fischer von Erlachs Hofbaumeister. Seine Entwürfe prägten das Bild der Habsburgermonarchie in allen ihren Teilen.

Die Fronten des Schlosses zum Park und zum Hof hin sind beinahe gleich. Beide krönt ein mächtiger Doppeladler aus der Zeit Karls VI. Für ihn bedeutete Halbturn schließlich weit mehr als andere Schlösser. Von einer Jagd in Ungarn, von frohen Tagen in Halbturn im Oktober 1740, kehrte der Kaiser kränkelnd heim nach Wien, verlebte noch einige Tage in hohem Fieber in seinem Schloß Favorita und starb. Die männliche Linie des Hauses Habsburg war erloschen. Kaiserin Elisabeth Christine machte Halbturn zu ihrem Witwensitz.

1750 stirbt die Kaiserin. Ihre Tochter Maria Theresia läßt Schloß Halbturn von dem Architekten Franz Anton Hillebrandt umbauen.

Dieser Umgestaltung verdankt das Schloß sein wichtigstes Kunstwerk. Das Deckengemälde von Franz Anton Maulbertsch ist 1765 entstanden, als erstes Werk des großen Freskenmalers für den Kaiserhof. Maria Theresia wird ihn immer wieder heranziehen: In Innsbruck gestaltet er den Riesensaal der Hofburg, unter Joseph II. erhält er einen Auftrag in der Hofkirche in Wien, der Augustinerkirche.

Am 31. Mai 1765 werden Maulbertsch 1200 Gulden Honorar für seine Arbeit in Halbturn angewiesen. Kurze Zeit später geht das Schloß in den Besitz der Lieblingstochter Maria Theresias über, sie vererbt es ihrem Gemahl Albert von Sachsen-Teschen. In gerader Linie gelangt das Schloß auf dem Erbweg über Erzherzog Karl an dessen Sohn Albrecht. Ihm folgt sein Neffe Erzherzog Friedrich, der im ungarischen Teil der Monarchie über unermeßlichen Landbesitz verfügt.

Der Zweite Weltkrieg läßt ein geplündertes Schloß zurück, wenige Jahre später wird auch das noch durch einen Brand zerstört, der nur den Mittelteil des Hauptgebäudes verschont, den Saal mit dem Maulbertsch-Fresko. Nach jahrzehntelangen Restaurierungs- und Wiederaufbauarbeiten ist das Schloß Halbturn, nunmehr im Besitz eines Enkels von Erzherzog Friedrich, alljährlich Schauplatz großer Ausstellungen, ein fester Punkt im Programm eines Reisenden in diesem Grenzgebiet, nahe dem Neusiedlersee, am Ausgangspunkt der ungarischen Tiefebene.

Bruckneudorf

1814 – Napoleon war besiegt. Der Wiener Kongreß begann über die europäische Ordnung nach den Kriegen zu beraten. Der große Korse hatte Europas Armeen das Fürchten beigebracht – aber immerhin hatte sich auch Erzherzog Karl bei Aspern, hatten sich Andreas Hofers Tiroler am Berg Isel als ernsthafte Gegner erwiesen. Nun konnte man also die neuerworbene Ruhe genießen, konnte tanzen und Soldaten zu friedlichen Zwecken aufmarschieren lassen.

1814 fand bei Bruckneudorf ein großes Manöver der Sappeure und Mineure statt, die zu den Technischen Truppen zählten. Die Mineure spielten bei Belagerungen und bei der Verteidigung von Festungen eine große Rolle – Minen zu legen und zu sprengen, feindliche Minen aufzuspüren und unschädlich zu machen, war ihre Aufgabe. Und die Sappeure hatten Gräben auszuheben, den vorrückenden Truppen mit neuen Gräben neue Deckung zu verschaffen und endlich die Sappen zum Einsatz zu bringen – geflochtene Körbe, mit Erde gefüllt, der Deckung dienend. Geheimnisvoll muten uns die Rangbezeichnungen an: Fourierschützen, Obersappeure, Minenmeister. Längst sind all diese Bezeichnungen und die kornblumenblauen Uniformen verschwunden. 1814 zeigten sie hier, an der damals ungarischen Grenze, ihr Können. Sie hatten ein vielleicht beeindrucktes, jedenfalls aber eindrucksvolles Publikum: Dem Manöver wohnten die Kaiser von Österreich und Rußland bei, die Könige von Preußen, Bayern und Dänemark.

1867 wurde in Bruck ein großes Truppenlager angelegt und mit dem benachbarten Bruck wuchs auch Bruckneudorf. 1898 entstand hier eine selbständige Gemeinde und bekam den Namen Királyhida, »Königsbrücke«. Wer jetzt aufhorcht, hat einerseits recht und andererseits den »Schwejk« von Jaroslav Hašek gelesen. »Schwejks Erlebnisse in Királyhida« erzählt vom Infanterieregiment 91, das tatsächlich in Bruck und Királyhida lag, bis 1918. Zu seinen Soldaten zählte auch Jaroslav Hašek, dessen Schilderung des Brucker Lagerlebens man ja an entsprechender Stelle nachlesen kann: »Bruck an der Leitha erstrahlte, ebenso wie auf der anderen Seite Királyhida leuchtete, Zisleithanien und Transleithanien. In beiden Städten, in der ungarischen sowie in der österreichischen, spielten Zigeunerkapellen, strahlten die

Fenster der Kaffeehäuser und Restaurants, sang und trank man.« So harmlos bleibt es nicht, aber das ist eine andere Geschichte. Wir bleiben in Bruckneudorf.

Wo die österreichisch-ungarische Grenze verlief, dort gehen heute Burgenland und Niederösterreich ineinander über. Immer noch gibt es hier ein Truppenlager, immer noch versuchen sich junge Soldaten die langen Abende zu vertreiben. Nur die Zigeunerkapellen treten seltener auf.

An die Zeit des Böhmerwälder Infanterieregiments 91 erinnert ein Denkmal – hier sieht man Kaiser Franz Joseph in ungarischer Uniform, auf ehemals ungarischem Boden als Ferencz Joszef, König von Ungarn. Es ist die einzige derartige Darstellung, die es auf heutigem österreichischen Boden gibt. Jaroslav Hašeks Schauplätze sind allesamt nicht beliebig erdacht, sie sind erlebt. Und wie Hašek tatsächlich das Gasthaus »Zum Kelch« und seine Stammgäste gut gekannt hat, so war er eben auch selbst als Soldat in Bruckneudorf, war mit dem Ort vertraut, und auch die meisten der handelnden Personen hatten lebendige Vorbilder. Im Militärlager Királyhida waren Oberleutnant Lukasch und Hauptmann Sagner wirklich Vorgesetzte des schreibenden Soldaten Hašek, bevor sie Romanvorgesetzte des braven Soldaten Schwejk wurden. Und auch die weltberühmte Haupt- und Titelfigur ist nur teilweise eine Geburt der Phantasie. Der echte Schwejk hieß Strašlipka und besaß die Fähigkeit, lange Zeit kompliziert vor sich hin zu reden, womit er seinen Mitmenschen so sehr auf die Nerven fiel, daß er zumeist seinen Willen durchsetzen konnte. Jaroslav Hašek hat auch sich selbst porträtiert. Der Einjährig-Freiwillige Marek, der Student, dessen intellektuelle Natur keine gute Voraussetzung für einen Befehlsempfänger ist, in ihm steckt Jaroslav Hašek.

Wien

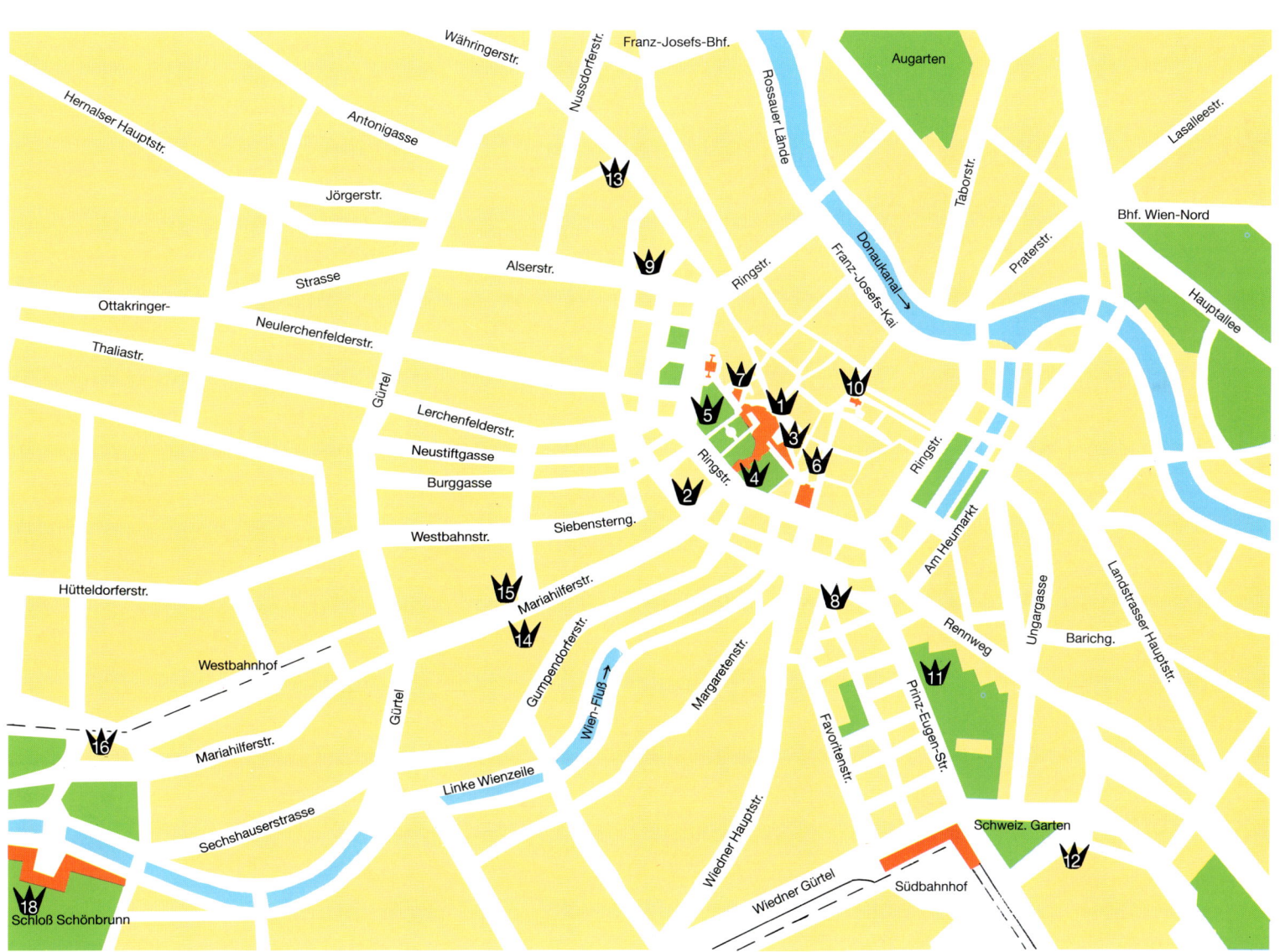

Wien

Wien

Als das Haus Habsburg in die Geschichte Österreichs trat, war Wien schon mehr als 1000 Jahre alt. Die Babenberger, Landesherren seit 976, hatten zuerst in Melk, später in Klosterneuburg residiert. Herzog Heinrich II. Jasomirgott – er trägt diesen Beinamen wegen seiner Gewohnheit, Willensentscheidungen mit der Redewendung abzuschließen »Ja, so mir Gott helfe« – machte Wien 1156 zu seiner Residenz.

Die ummauerte Siedlung beginnt aufzublühen. Heinrich II. baut seine Burg an einem Platz inmitten der alten römischen Lagerstadt, der heute noch mit seinem Namen auf seine glänzende Vergangenheit hinweist: Am Hof. Und Heinrich II. sorgt für internationales Flair – seine Frau ist die byzantinische Prinzessin Theodora Komnena, die Sitten, Gebräuche, ihren Hofstaat und damit einen späten oströmisch-griechischen Glanz in die junge Residenz bringt.

Bald wird den Oströmern ein Nachkomme von Westrom, ja des gesamten römischen Reichs gegenüberstehen – für Jahrhunderte wird Wien Residenz der Kaiser des Heiligen Römischen Reichs Deutscher Nation. Mit dem Aussterben der Babenberger stellt sich die Nachfolgefrage. Der letzte Babenbergerherzog Friedrich II. der Streitbare hat mit Konsequenz die Berechtigung seines Beinamens bewiesen, hat sich nicht nur mit den eigenen Bürgern und mit Kaiser Friedrich II. angelegt, sondern auch mit seinen Nachbarn. Er fällt in einer Schlacht gegen die Ungarn am 15. Juni 1246.

Damit ist das Geschlecht der Babenberger im Mannesstamm erloschen. Zwei Schwestern und eine Nichte machen ihre Ansprüche geltend. Der Papst bestätigt zwar die Rechtmäßigkeit der Ansprüche der Nichte Herzog Friedrichs, doch sie kann sich nicht durchsetzen. 1251 wählen die österreichischen Stände den König von Böhmen, Ottokar Przemysl, zu ihrem Herzog. Er zieht nach Wien, und ein Jahr später heiratet er die Witwe von König Heinrich VII., eine Schwester des letzten Babenbergers, Margarete. Damit will er seinen Anspruch festigen – aber es kommt anders.

Die ungeklärten Zustände im deutschen Reich finden nach Jahrzehnten ein Ende. Mit dem Tod von König Wilhelm von Holland hatte das Interregnum begonnen. Die uneinigen Kurfürsten hatten sich nicht entscheiden können, und so kommt es zur Doppelwahl. Richard von Cornwall und Alfons von Kastilien sind gleichzeitig König, 1273 wird nach dem Tod Richards wiedergewählt, am 1. Oktober entscheiden sich die Kurfürsten für den Grafen von Habsburg. Ottokar Przemysl sieht sich in seinen Hoffnungen betrogen,

selbst deutscher König zu werden. Nun weigert er sich, die Einziehung der Reichslehen zu akzeptieren, die in den Jahren der Unsicherheit vergeben worden waren. Doch diese Maßnahme, Basis einer neuen Ordnung, braucht das Reich. 1275 wird über den König von Böhmen die Reichsacht verhängt.

Ottokar Przemysl baut in diesen Jahren eine neue Burg – er scheint sich auf sein Glück zu verlassen. Nun wählt er eine freie Fläche, die am Rand des alten römischen Siedlungsgebietes liegt. Ottokars Burg bildet den Beginn der vielhundertjährigen Baugeschichte der Wiener Hofburg. Der Schweizertrakt entspricht in seinem Grundriß diesem Beginn, in seinen Mauern verbirgt sich die mittelalterliche Burg. Der Innere Burghof diente als Turnierhof.

Schließlich gibt Ottokar Przemysl dem Druck nach, Rudolf von Habsburg zieht nach erfolgreichem Kampf in Wien ein. Zum Ende des Jahres 1276 scheint das Problem gelöst zu sein. Aber der Böhmenkönig gibt noch immer nicht auf. Er nützt die Zeit zur Rüstung eines neuen Heeres. Und er hat immer noch Parteigänger – der Krieg hat zu einer Steuererhöhung

geführt, Wien ist auf seinen neuen Herrscher nicht gut zu sprechen. Im Frühsommer 1278 zieht Ottokar wieder gegen Rudolf ins Feld, sein Heer nähert sich Wien.

Doch in diesen Tagen ist die Stimmung in der Hauptstadt wieder umgeschlagen – König Rudolf bestätigt die alten Rechte der Stadt, gibt ihr den Status der reichsfreien Stadt zurück, den sie schon von Friedrich Barbarossa erhalten und später wieder verloren hatte, und so kann Rudolf sich dem Problem zuwenden, das ihm Ottokar bereitet. Die Schlacht am 26. August beendet den jahrelangen Streit.

1282 werden Rudolfs Söhne gemeinsam mit den Ländern Österreich, Steiermark, Krain und der Windischen Mark belehnt. Die Regierung der Brüder hat keine lange Dauer, 1283 wird Albrecht, der älteste Sohn Rudolfs von Habsburg, alleiniger Landesherr, sein Bruder Rudolf wird entschädigt.

Die Hofburg hat alle diese Ereignisse schon miterlebt. Sie ist seit den Tagen Ottokar Przemysls gewachsen, hat das eine Mal einen in Mode gekommenen Baustil mitgemacht und sich hingegeben, hat sich beharrlich auch zu verweigern gewußt, und so erlebt man sie nun als ein Stein gewordenes

An jedem Mittag, pünktlich wie die Uhr – die Wachablösung

Geschichtsbuch. Nebeneinander sehen wir Gotisches und Renaissance, Barock, Klassizismus, Historismus, begreifen diese Stadt in der Stadt als Regierungssitz, Repräsentationsbau, Museum, Ballsaal. Um alles Wissen über die Hofburg, ihre Geschichte, über die Ereignisse, die sie gesehen hat, zu vereinen, bedarf es einer Bibliothek. Diese Bibliothek gibt es, sie liegt in der Hofburg und trägt heute den Namen Nationalbibliothek. Aus der kaiserlichen Hofbibliothek ist sie hervorgegangen. Karl VI. gab den Auftrag zu ihrem Bau und beide Fischer von Erlachs haben an ihr gebaut. Der Vater Johann Bernhard hat 1723 begonnen, der Sohn Joseph Emanuel hat das Werk 1726 vollendet. Die Anfänge der gewaltigen Büchersammlung lagen damals allerdings schon Jahrhunderte zurück.

Heute besteht die Nationalbibliothek einerseits aus einem repräsentativen Prachtpalais für alte Bücher, Landkarten und Globen, andererseits aus einer praxisbezogenen modernen Arbeitsbibliothek. Die zahlreichen Nebenstellen und Spezialsammlungen sind für das geistige Leben dieser Stadt unerläßlich, und daß dank der Voraussicht Karls VI. der Weg hierher und nicht an den Stadtrand führt, ist ein Glück für jeden Benützer. Die Nationalbibliothek trägt außerdem zu dem barocken Überangebot von Ausstellungen und Museen bei, die dem Besucher der Hofburg geboten werden.

Der Besucher wird zuerst vielleicht etwas über das Leben des Hausherren erfahren wollen – die Schauräume sind der Öffentlichkeit zugänglich, es gibt Führungen durch die Kaiserapartements. Seit Kaiser Ferdinand I., seit dem 16. Jahrhundert, haben die Monarchen die Hofburg bewohnt, vorher diente sie nur zeitweise als kaiserlicher Wohnsitz. In den Schauräumen wird man vor allem der langen Regierungszeit Kaiser Franz Josephs begegnen, vom Schreibtisch bis zum Zigarrenschränkchen.

Der Kaiser hatte die Gewohnheit, der täglich zur Mittagstunde stattfindenden Wachablösung im Burghof zuzusehen. Die Wiener kannten seine Fenster, und dort sah man ihn also, wenn er nicht in Ischl, auf Reisen oder in Budapest war. Diese Wachablösung war ungemein beliebt, viele Darstellungen bezeugen das. Wenn da ein Zug Tiroler Kaiserjäger von einer Einheit der Bosniaken abgelöst wurde – die Einheiten waren immer mit ihrer Regimentskapelle ausgerückt – wenn der rote Fez und der schwarze Federhut, Balkan und Dolomiten, Moslems und Katholiken einander gegenüberstanden, bekamen die Zuschauer eine Ahnung von der Weite ihrer Heimat.

In der Michaelerkuppel liegt der Eingang zur »ehemaligen Hoftafel- und Silberkammer«. Kaiserliches Porzellan, Besteck, Gläser, kurz alles, was man eben für eine Hoftafel und für den täglichen Gebrauch benötigt hat, ist hier gesammelt. Vieles davon wird verwendet – wie ja überhaupt die Hofburg nicht nur ein Museum, sondern ein lebendiger Wirtschaftskörper ist. Die Pracht der Staatsbankette der Republik rührt von der kaiserlichen Silberkammer her.

Im Schweizerhof befindet sich der Eingang zur Weltlichen und Geistlichen Schatzkammer. Hier erlebt der Besucher einen Blick in die Geschichte Europas, wie man ihn auf so wenigen Quadratmetern nirgendwoanders finden kann. Da sind die Krone des Heiligen Römischen Reichs und die sogenannte Hauskrone, die Rudolf II. hat machen lassen, die spätere österreichische Kaiserkrone. Da sind die Insignien, die schon die Staufer getragen haben: der Kaisermantel mit den Kamelen, die Alba aus dem 12. Jahrhundert, das Reichsevangeliar, der Säbel Karls des Großen. Das reiche burgundische Erbe, das Maximilian durch seine Heirat dem Haus Österreich gebracht hat, wird im Glanz der Prunkgewänder deutlich, in den Insignien des Ordens vom Goldenen Vlies. Die Wiege von Napoleons Sohn, des Herzogs von Reichstatt, steht in einem der Erinnerung an Napoleon und Marie Louise gewidmeten Raum.

Gleich beim Eingang zur Schatzkammer liegt der Aufgang zur Hofburgkapelle. Wenn man Glück hat und einen Platz bekommt, kann man hier die Folgen der Musikbegeisterung Maximilians I. genießen. Am 20. Juli 1498 gründete er die Hofmusikkapelle, zu ihr gehörten auch die Kapellenknaben, und aus ihnen gingen die Wiener Sängerknaben hervor.

Diese Institution hat es heute weit schwerer als zur Zeit ihrer Gründung, geeigneten Nachwuchs zu finden. Von den Stimmbruchproblemen abgesehen, gibt es auch noch andere Schwierigkeiten, die dem Fernsehzeitalter entsprechen. Der ungebrochene Weltruf, auch er ein Beweis für die Wahrheit des Kosenamens »Musikstadt« für Wien, hat freilich auch heute seine Anziehungskraft. Zur Zeit der Gründung kamen die Knaben aus allen Himmelsrichtungen. Die Gründungsurkunde nennt »Adam von Lüttich, Bernhard von Bruck an der Leitha, Johannes von Gmunden, Stefan von Ybbs« und andere junge Sänger aus verschiedenen Regionen von Maximilians Reich.

Die Musik steht auch im Zentrum eines anderen Teils der Hofburg. Im jüngsten Flügel, der Neuen Burg auf dem Heldenplatz, liegt die Sammlung alter Musikinstrumente. In zwölf Sälen lernt man eine ungemein reiche Sammlung kennen, die von der Entwicklung der Tasteninstrumente, von Spinett und Cembalo zu Hammerklavier und Konzertflügel bis zu Instrumenten aus dem Besitz von Johannes Brahms, Ludwig van Beethoven, von Haydn und Schubert reicht. Die Musikpflege stand im Hofleben der Habsburger hoch in Ehren, viele Mitglieder des Hauses haben ja selbst komponiert. Die Reihe der kaiserlichen Komponisten führt lückenlos von Ferdinand III. (1608–1657) zu Karl VI. (1685–1740). Und auch später noch gab es in der Familie nicht nur ausübende Musiker wie Kaiser Franz II. (I.), sondern auch Komponisten wie Erzherzog Maximilian Franz, den Dienstherrn des jungen Beethoven, Erzherzog Rudolf, Schüler und Mäzen Beethovens, oder, beinahe in unserer Zeit, Erzherzog Johann Salvator. Von der Musiksammlung sind es nur einige Schritte zum Ephesosmuseum, das eine Folge der österreichischen Ausgrabungen in Kleinasien darstellt, die seit dem 19. Jahrhundert bis heute durchgeführt werden. Ihm benachbart ist die Hofjagd- und Rüstkammer, die Kaiser Friedrich III. begründet hat. Stücke aus der Türkenbeute der Kriege im 16. und 17. Jahrhundert, Harnische und Prunkrüstungen aus dem Besitz von Erzherzogen und Kaisern machen den Besuch zu einem einmaligen Erlebnis. Das nahe Völkerkundemuseum besitzt eine umfangreiche Sammlung, die zum guten Teil von den Reisen österreichischer Forscher herrührt. Vieles davon ist aus den Hofsammlungen und aus dem Besitz von Erzherzog Ferdinand II. aus Schloß Ambras in das Museum für Völkerkunde gekommen. Ein schnelles Wort zur Sammeltätigkeit: manchmal kommt jemand auf die Idee, man möge den »Federschmuck Moctezumas« den mexikanischen Indianern wiedergeben. Damit ist ein ungemein kostbarer Kopfschmuck aus dem 16. Jahrhundert gemeint. Anhand dieses einen Beispiels kann der Besucher feststellen, welches Glück die Hofsammlungen, die Kunstbegeisterung von Kaiser Rudolf II., Erzherzog Ferdinand von Tirol und Erzherzog Leopold Wilhelm für die Nachwelt darstellen. Solche Federkronen gab es in großer Zahl, und nicht alle wurden als Kriegsbeute nach brutalem Raub in die Ferne verschleppt. Aber alle sind zerstört, unachtsam gelagert, nicht richtig behandelt worden. Weshalb also eine Sammlung auf ihr Prunkstück verzichten soll, nur weil sie es besser behandelt hat und es deswegen noch existiert, läßt sich nicht einsehen. Und auch die großen Bildersammlungen stellen zu einem guten Teil Werke dar, die direkt für einen Kaiser oder einen Erzherzog angekauft wur-

Folgen der Musikbegeisterung Maximilians I. – die Wiener Sängerknaben

Das Erbe der Kunst- und Wunderkammern: das Kunsthistorische Museum

den. Wenn eines Tages der Obelisk von San Pietro in Rom wieder in Ägypten stehen wird und die Quadriga von San Marco in das heimatliche heutige Istanbul zurückgekehrt ist, dann sollte auch das Museum für Völkerkunde den grünen Federschmuck nach Amerika schicken…

Die Ringstraße ist die direkte Folge einer Entscheidung Kaiser Franz Josephs. Wo früher Stadtmauern und Basteien die alte Stadt schützten und einengten, hat das Boulevardzeitalter sich breit gemacht. Und wie auf der einen Seite, auf dem Heldenplatz, Prinz Eugen und Erzherzog Karl vom vergangenen militärischen Ruhm Österreichs künden, so stellt das Denkmal auf der anderen Seite Kaiserin Maria Theresia in eine Gruppe von reitenden Generälen, denen zu Fuß die besten Köpfe des Maria Theresianischen Zeitalters zur Seite stehen: Zwischen dem ungarischen General Hadik und dem niederländischen Arzt van Swieten, unter Ratgebern, denen Nationalismus fremd war, sitzt die große Kaiserin neben Männern aus halb Europa.

Die beiden Museen zu ihren Seiten sind das Naturhistorische und Kunsthistorische Museum. Wer die Bildersammlung des Rijksmuseums in Amsterdam und den Prado in Madrid kennt, wird sehen, wie verwandt gerade diese Sammlungen sind, die ja schließlich auch in ihren Anfängen eine ähnliche Geschichte haben. Am 17. Oktober 1891 hat Kaiser Franz Joseph das Kunsthistorische Museum zum ersten Mal besucht, anläßlich der Eröffnung. Das klingt nicht so sehr erwähnenswert, ist es aber doch. Denn andere Museen hat der Kaiser nicht genau an ihrem Eröffnungstag zum ersten Mal durchschritten, wie etwa das Heeresgeschichtliche Museum, und dennoch feiert man dort als offiziellen Eröffnungstermin nicht irgendein anderes Datum, sondern den Tag des ersten Besuchs durch Kaiser Franz Joseph I.

Im Kunsthistorischen Museum hat er vieles sehen können, was mit seiner Familie zu tun hatte. Aus den persönlichen Sammlungen der Habsburger ist ja das Museum zusammengewachsen.

Am anderen Ende des Komplexes der Hofburg wartet ein Museum auf seine Besucher, das auf seinem Gebiet in der Welt unübertroffen ist. Man durchquert die Hofburg, geht an der Augustinerkirche nicht vorbei, sondern geht hinein – wir kommen auf sie zurück – danach spaziert man weiter durch die Augustinergasse in Richtung Oper und macht vor der großen Stiege halt. Hier ist der Eingang in die Graphische Sammlung Albertina. Was dieses Haus an Schätzen birgt, ist weltberühmt. Hauptwerke von Albrecht Dürer,

Raffael, Leonardo da Vinci sind hier zu finden, natürlich immer mit Beispielen aus ihrem graphischen Oeuvre. Die Sammlung ist aus der Vereinigung des Kupferstichkabinetts der Hofbibliothek mit der Sammlung von Herzog Albert von Sachsen-Teschen entstanden. Dieser Schwiegersohn Maria Theresias hatte mit Hilfe des Grafen Durazzo, des Botschafters in Venedig, eine bedeutende Anzahl wichtiger Blätter erworben und hat seine Sammlungen auch schon wissenschaftlich erfassen lassen. Dieser Graf Durazzo war ein begabter Mann. Er diente Habsburg nicht nur als Diplomat, nicht nur als Kunstagent, sondern auch als Theaterdirektor. Das Problem des Defizits löste er mit Hilfe von Spieltischen, die im Parterre des Hoftheaters aufgestellt wurden. Dieses Theater existiert nicht mehr – das alte Burgtheater am

Michaelerplatz. Albert von Sachsen-Teschen hat sein Palais dem Adoptivsohn Erzherzog Karl vererbt, von ihm ging es auf Erzherzog Albrecht über, und ihn sehen wir von seiner Rampe aus auf die Staatsoper zureiten.

Geht man nun weiter, die Rampe entlang, so kommt man nach ganz kurzem Spaziergang in den Burggarten, und hier steht man den Denkmälern des ersten Lothringers auf dem Kaiserthron, Franz I., und seines Ururenkels gegenüber, des Kaisers Franz Joseph. Franz I. Stephan sitzt zu Pferd, aber da das Denkmal, seltener Fall, der natürlichen Größe des Menschen entspricht, wirkt es so ungewöhnlich.

Franz Josephs Gemahlin Kaiserin Elisabeth ist in einem Standbild im Volksgarten, auf der anderen Seite der Hof-

burg, dargestellt. 1906 wurde es enthüllt, es entspricht dem Stil seiner Zeit, dem Secessionsstil.

Zu Lebzeiten ist die Kaiserin kaum einmal so inmitten der Spaziergänger und der spielenden Kinder gesessen wie ihr Denkmal. Ihr Tod hat sie noch mehr zur Legende werden lassen. In der Kapuzinergruft ist Kaiserin Elisabeth beigesetzt worden, an der Seite ihres toten Sohnes Rudolf.

Im Zuge der Gegenreformation waren die Kapuziner um das Jahr 1600 nach Wien gekommen. 1617 stiftete Anna, die Gemahlin von Kaiser Matthias, einen Konvent und eine Kirche auf dem damaligen Mehlmarkt, dem heutigen Neuen Markt. Das Kloster sollte auch für die Kaiserin und den Kaiser Begräbnisstätte sein, ein Jahr später schon starb Anna. In ihrem Testament hatte sie noch Kloster und Grablege bedacht.

Der Mehlmarkt war einer der belebtesten Plätze Wiens und weit größer als heute. Hier wurde vor allem gehandelt, und damit Taschendiebe und unehrliche Händler im Trubel nicht zu üppig werden konnten, veranstaltete man auf dem Mehlmarkt das »Bäckerschupfen« als Strafe für zu klein gebackenes Brot, und auch der Pranger stand hier. 1622 erfüllte Kaiser Ferdinand II., der Nachfolger des 1619 verstor-

benen Matthias, die Testamentsbedingungen von Kaiserin Anna. Feierlich wurde der Grundstein gelegt. 1632 konnte man die Kirche einweihen, 1633 wurden Kaiser Matthias und Kaiserin Anna in die Gruft überführt.

In der Folge setzte sich die Gruft bei den Kapuzinern als Allerhöchste Begräbnisstätte durch. Immer wieder mußte sie erweitert werden, unter beinahe jedem Kaiser wurde an ihr gebaut. Einige der vielen Bauherren und Baumeister seien hier noch erwähnt:

Die Maria-Theresien-Gruft wurde von zwei Männern gebaut, deren Kunst Österreich wesentlich mitgestaltet hat, beide waren Habsburg und Österreich verbunden, aber aus verschiedenen Windrichtungen. Jean Nicolas Jadot war ab 1753 als Hofarchitekt in den Niederlanden tätig, früher stand er in den Diensten Franz Stephans, des Großherzogs der Toscana

18. September 1898 – Die Beisetzung von Kaiserin Elisabeth in der Kapuzinergruft

und späteren Kaisers. Der Triumphbogen an der Porta San Gallo in Florenz zählt zu seinen Werken, und nun arbeitete Jadot an der Gruft für Maria Theresia und Franz I. Stephan. Ihm zur Seite stand Nicola Pacassi, der Hofarchitekt, der den barocken Teil von Laxenburg geschaffen hat. Weitere Umbauten folgten, eine der letzten Erweiterungen entsprach einem Wunsch von Kaiser Franz Joseph I. Der kroatische Hofarchitekt Cajo Perisič errichtete die Franz-Josephs-Gruft.

Die vorläufig letzte Bestattung fand im Frühjahr 1989 statt. Damals wurde Kaiserin Zita, Kaiser Karls Witwe, zu Grabe getragen.

Nicht nur die Kapuziner und ihre Gruft haben in der Geschichte eine enge Verbindung zum Kaiserhaus gehabt – die erste Kirche, die Rudolf von Habsburg zu einem kirchenpolitischen Akt wählte, war die Minoritenkirche. Schon die Babenberger hatten den Bauplatz den Minoriten übergeben. 1277 hielt Rudolf I. hier eine Versammlung ab, in der offene Fragen wegen verschiedener kirchlicher Lehen besprochen wurden. Und im, längst verschwundenen, Konvent der Minoriten war König Ottokar nach verlorener Schlacht aufgebahrt worden. König Rudolfs Gemahlin, Königin Anna, ließ eine purpurfarbene Decke über den toten einstigen Gegner breiten. Dreißig Wochen lang lag der präparierte und einbalsamierte Leichnam im Kloster der Minoriten. 1784 wurde die alte gotische Kirche den in Wien lebenden Italienern übergeben. Schon damals hatte sie diesen eigenartig flachen Turm – die Spitze haben 1683 die Türken abgeschossen –, und bei diesem sehr italienisch wirkenden Provisorium ist es geblieben.

Lange Zeit hatte die Minoritenkirche als Grabstätte der Habsburger gedient. Im Tympanon über dem Nordportal ist König Friedrich der Schöne dargestellt, ihm sitzt seine Gemahlin gegenüber, Elisabeth von Aragon. Sie starb nur sechs Monate nach dem unglücklichen Friedrich und war in der Minoritenkirche begraben, bis die Aufklärung und die Übergabe der Kirche im Jahre 1784 der Begräbnistradition der Minoriten ein Ende machten. Spurlos sind Gräber, Statuen, Sarkophage verschwunden, wurden zerschlagen, als Baumaterial verwendet, zum Pflastern der Straßen gebraucht. Eines der verschwundenen Gräber der Minoriten war jenes der Margarethe Maultasch, die Habsburg ihr Land Tirol vererbt hat. Ein Fragment ihres Grabmals – es zeigt den Tiroler Adler – ist im Arkadengang zu sehen, rechts vom Haupteingang. Das Hauptportal gilt als das schönste Kirchenportal in Wien. Die Figur, die am rechten Rand des rechten Spitzbogenfeldes über dem Tor steht, stellt Herzog Albrecht II. den Weisen dar.

Die nahe Kirche St. Michael liegt gerade der Hofburg gegenüber und hat immer wieder eine wichtige Rolle im Leben der Hofburg gespielt. Hier hat sich in den frühen Jahren der Regierung Karls VI. ein Ereignis zugetragen, auf das wir näher eingehen wollen: Der Morgen dieses Tages brachte die Geburtsstunde eines der berühmtesten Bauwerke von Wien. Am 22. Oktober 1713 um zehn Uhr Früh fand sich auf Befehl des Kaisers der gesamte Hofstaat in der Michaelerkirche ein, und mit ihm kamen die hohen Beamten und die hohen

Geistlichen, alles, was Rang und Namen hatte. Und niemand wußte, was Kaiser Karl VI. vorhatte. Die Glocken der Wiener Kirchen läuteten, von großem Gefolge begleitet kam der Kaiser in die Kirche und bat den Erzbischof von Wien, die Reliquien des heiligen Karl Borromäus zu nehmen und mit ihnen einen Zug nach St. Stephan anzuführen.

Der ganze prunkvolle Zug schritt nun über den Graben, an der Pestsäule vorbei, zum Dom. Dort angekommen, ging der Kaiser zum Hochaltar, und er gelobte in einem langen Gebet, das er selbst verfaßt hatte, dem heiligen Karl Borromäus eine Kirche zu bauen – wenn der Heilige endlich Wien von der Pest befreien könne.

Seit dem Februar 1713 waren in Wien rund zehntausend Menschen an der Seuche gestorben, die erst wenige Jahrzehnte zuvor in der Residenzstadt gewütet hatte – die Pestsäule Leopolds I. stammt aus dem Jahr 1679. Im Februar 1714 war die Pestgefahr wieder gebannt. Die Kirchen und die Gasthäuser wurden geöffnet, das Leben kehrte auf Plätze und Märkte zurück. Nie wieder ist die Pest nach Wien gekommen.

Der Platz für die neue Kirche war schon bestimmt worden, nun wurde ein Baumeister gewählt – Johann Bernhard Fischer von Erlach wurde berufen, ein Grazer. Im Februar 1716 wurde der Grundstein gelegt, 22 Jahre später die Kirche eingeweiht. Und Karl VI. erlebte noch, zwei Jahre vor seinem Tod, daß seine Worte über dem Portal angebracht wurden – »Vota mea reddam in conspectu timentium Deum« – »Ich will mein Gelöbnis erfüllen im Angesicht derer, die Gott fürchten.«

Von Karl VI. für Karl Borromäus – Karlskirche

Sieg über die Türken, Sieg über die Pest – Leopold I. an der Pestsäule am Graben

Auch die Votivkirche ist die Folge eines Versprechens, ihr Name deutet darauf hin. Zu den Gewohnheiten Franz Josephs I. in seinen ersten Regierungsjahren gehörte ein alltäglicher Spaziergang über die Basteien. Als das Attentat, das ein junger ungarischer Schneidergeselle auf Kaiser Franz Joseph am 18. Februar 1853 auf der Kärntnerbastei verübt hatte, glücklich hatte verhindert werden können, wurden die Helfer belohnt. Der Fleischhauer Josef Ettenreich war zu Hilfe geeilt und hatte sich auf den bewaffneten Attentäter gestürzt – der Bürger bekam, was er sich am sehnlichsten wünschte, ein »von« vor seinen Namen. Den anderen Traum des Wieners jener Tage, ein Eckhaus in guter Lage, hatte er schon. Es steht an der Ecke Schleifmühlgasse und Margaretenstraße und verkündet mit Hilfe einer Tafel laut seinen Ruhm.

Der erste Helfer war der berufenste gewesen – der Adjutant des Kaisers, Graf O'Donell. Und der Graf wurde, ebenso wie der Bürger, seinem Rang entsprechend belohnt – er bekam den Baugrund für ein Schlößchen. Und da ja zweifelsfrei

Die Wiener Generalität vor der Votivkirche. Zweiter von links – im Gespräch – Erzherzog Friedrich

noch jemand Dritter mitgewirkt hatte, daß der unselige Schneider nicht an sein Ziel gelangen konnte, so wurde auch diesem Dritten, nämlich Gott, etwas gegeben – und er bekam seine Kirche.

Es war gar nicht einfach gewesen, den Platz für die neue Kirche gerade an dieser Stelle zu bekommen. Noch galt der Bereich zwischen der Stadtmauer und den Vorstädten als wichtig für die Verteidigung der Hauptstadt, das Militärkommando wehrte sich. Da aber der Proponent des Komitees für die Votivkirche ein Bruder des Kaisers war, Erzherzog Ferdinand Maximilian, entsprach man schließlich dem Wunsch, und wenige Jahre danach gab es ja keine Stadtmauer mehr.

Am engsten dem Kaiserhof verbunden waren immer die Hofkirche St. Augustin und die Domkirche St. Stephan. Die Augustinerkirche ist dem Komplex Hofburg direkt verbunden, sie besaß offiziellen Rang. Kaiser Franz Joseph und Elisabeth Prinzessin in Bayern haben hier geheiratet, Erzherzog Karl hat als Napoleons Stellvertreter in der Eheschließung per procuratorem aus der blutjungen Erzherzogin Marie

Louise die Kaiserin der Franzosen gemacht. Die Augustinerkirche ist auch den toten Mitgliedern des Hauses verbunden. Hier liegt die Herzkammer, in der die Herzen der in der Kapuzinergruft Beigesetzten bestattet wurden.

Ein Kunstwerk von hohem Rang ist das Grabmal für Erzherzogin Marie Christine. Ihr Witwer, Herzog Albert von Sachsen-Teschen, hat es, von Canova geschaffen, in der Augustinerkirche aufstellen lassen, und es hat starke Parallelen zu Antonio Canovas Werk in der Kirche der Frari in Venedig, einem Meisterwerk. Dort, bei den Franziskanern, ruht neben Monteverdi und Tizian Antonio Canova selbst. Der trauernde Löwe, der pyramidenförmige Eingang finden sich in Venedig wie in Wien. Die Gründung der Augustinerkirche führt in die Frühzeit der Habsburger in Österreich. Friedrich der Schöne hat Kirche und Kloster 1327 gestiftet.

Der eigenartig anmutende Brauch, die Herzen in einer eigenen Urne zu bestatten, kommt von Ferdinand IV., Sohn von Kaiser Ferdinand III., der schon zum König von Böhmen gekrönt war, aber mit nur einundzwanzig Jahren an den

Die römisch-deutsche Kaiserkrone in der Schatzkammer…
… und in der Kapuzinergruft

Pocken starb. Er hatte im Testament bestimmt, daß man sein Herz »unserer Lieben Frau zu Loreto« unter die Füße legen und begraben sollte. Damit war eine Kapelle gemeint, die Eleonora von Gonzaga, Ferdinands II. Frau, hier hatte bauen lassen, eine Imitation der Kapelle von Loreto in Italien.

In der Stephanskirche, in der Herzogsgruft, stehen die Särge von Friedrich dem Schönen, Rudolf dem Stifter und einer Reihe anderer Mitglieder des Hauses Habsburg, beigesetzt, als die Kapuzinergruft noch nicht bestand. Das eindrucksvollste Grab aber liegt im rechten Seitenschiff, das Hochgrab für Kaiser Friedrich III. Wien hat diesem Kaiser argen Kummer bereitet – hat ihn in seiner eigenen Burg belagert, sich dem Matthias Corvinus geöffnet und jahrelang dem Kaiser den Zutritt verwehrt.

Gleich neben dem Dom, am Stephansplatz Nummer 6, findet man das Dom- und Diözesanmuseum. Zu seinen Beständen gehören Grabtuch und Porträt von Rudolf IV., jenem Herzog, der in nur sechs Jahren Regierungszeit sehr viel geleistet hat, auch im Dombau. Von all den vielen Gräbern in St. Stephan, St. Augustin, in der Minoritenkirche und bei den Kapuzinern ist eines das berühmteste, ein Hauptwerk barocker Bestattungskultur. Das Grabmal für Franz Stephan von Lothringen und Maria Theresia ist ein Werk von Balthasar Moll. Es zeigt das Kaiserpaar auf dem Sarkophag nicht wie in vorbarocker Zeit scheinbar schlafend, gerüstet für den Kampf, nicht wie im Manierismus mit aufgestütztem Haupt und geschlossenen Augen, sondern in vollem Leben, ernst und ruhig, mit den Attributen des Herrschers, doch auch wie ein Liebespaar. Dieses Grabmal führt damit vor Augen, wie hier durch eine glückliche Verbindung zweier Menschen auch eine glückliche Verbindung zweier Geschlechter zum Vorteil eines großen Landes zustande kam. Die Erbin der Habsburger, Maria Theresia, und der letzte angestammte Herzog von Lothringen, Franz Stephan, begründeten eine neue Dynastie, das Haus Habsburg-Lothringen. Dieser Bruch in einer Entwicklung wird aber aus dem Ablauf der Geschichte nicht deutlich – die Harmonie dieser Verbindung zeigt sich auch darin. Und so wirkt das Grabmal weniger als Memento mori, ist nicht vom Schmerz geprägt

Am Sarg Karls VI. – die Krone von Kastilien
Die österreichische Kaiserkrone

wie Canovas Werk in der Augustinerkirche, sondern es spricht gleicherweise vom Tod und von der Liebe, wie der Triumphbogen in Innsbruck.

Das kaiserliche Grabmal, Triumph des Bildhauers, setzt auch den Schlußstein einer Entwicklung. Nach Maria Theresias Tod im Jahr 1780 ist der bisherige Mitregent Kaiser Josef II. nun von keinerlei Rücksichten auf die Mutter mehr behindert. Zu den vielen Reformen seiner Regierungszeit gehört auch die radikale Rückführung des pompe funèbre auf einfachste Bestattungsriten. Keine Prunksarkophage, schmucklose mehrfach verwendbare Särge werden nun vorgeschrieben. Der Kaiser macht bei sich selbst keine Ausnahme in der Sparsamkeit, nicht im Tod und nicht im Leben. Sein Sarkophag ist bescheiden, und vom Erbe seines finanzgenialischen Vaters schenkt er dem Staat die unfaßbare Summe von 20 Millionen Gulden.

Viele seiner Reformen mußte der Kaiser noch in seinen letzten Lebenswochen zurücknehmen. Wer sich übrigens für die Frage, mit wievielen Pferden ein Erzherzog und mit wievielen der Kaiser zur Grabstätte geleitet wurde, besonders interessiert, kann in einem eigenen Museum mehr über derartige Spezialfragen erfahren. Die für das Bestattungswesen zustän-

Die Liebe und der Tod – Franz Stephan und Maria Theresia

dige Magistratsabteilung der Stadt Wien hat eine große Sammlung, sie ist der Öffentlichkeit zugänglich und befindet sich im 4. Bezirk, in der Goldegg-Gasse 19.

Von Kaiser Josef ist, trotz einer Regierungszeit von immerhin 25 Jahren, im Gedächtnis der Österreicher nicht allzuviel geblieben. Die Aufhebung der Leibeigenschaft, sein Reformeifer – daran mag man sich erinnern. Eine wirklich lebendige Spur freilich gibt es auch noch – das Burgtheater. Am 23. März 1776 erhob Kaiser Josef II. mit einem Handschreiben das Theater »nächst der Burg« zum »Hof- und Nationaltheater«. Hinter diesem Schritt stand nicht die Freude am Spektakel, sondern, man ist versucht zu sagen »im Gegenteil«, die Aufklärung. Gotthold Ephraim Lessings Ideen standen Pate, »gute regelmäßige Originale« wurden gefordert »und wohlgeratene Übersetzungen.« Josef II. selbst führt einige Zeit das Theater, das Niveau steigt an und die Finanzprobleme werden kleiner, auch ohne den von Josef II. nicht geschätzten Casinobetrieb. Eine der Bestimmungen Josefs fiel erst gegen Ende des zwanzigsten Jahrhunderts, das berühmte Vorhangverbot.

Josefs allererster berühmter Auftritt war einer, in dem er eher passiv war – der berühmte Schwur »vitam et sangui-nem« des ungarischen Adels in der königlichen Burg von Preßburg, der einstigen Hauptstadt von Ungarn.

Ungezählte Darstellungen zeigen die junge Regentin, den Thronfolger auf dem Arm, drei Monate ist er zu diesem Zeitpunkt alt. Daß die Ungarn damals tatsächlich in lateinischer und nicht in ungarischer Sprache ihrer Königin »Leben und Blut« geschworen haben, ist verbürgt. Der fast neunzigjährige Primas von Ungarn Fürstbischof Esterhàzy hat Maria Theresia begrüßt – auf Latein, und sie hat dem Kirchenfürsten in Latein geantwortet. Die Glasbilder in Laxenburg stellen auch den Schwur von Preßburg dar.

Bevor wir nun die Hofburg und ihre nähere Umgebung verlassen, müssen wir noch einen Blick in eine weltberühmte Institution tun, die Karl VI. gegründet hat – die Spanische Reitschule. Zwischen Augustinerkirche und Michaelerplatz liegt der Renaissancehof mit den Stallungen, ihm gegenüber befindet sich die Winterreitschule, ein Werk von Johann Bernhard Fischer von Erlach, vollendet von seinem Sohn Joseph Emanuel im September 1735. Auftraggeber war Kaiser Karl VI., sein großes Reiterbild erinnert an ihn, und heute wie eh und je wird ihm von den Reitern ein zeremonieller Gruß entboten.

Die Herren Lipizzaner im Dienstpalais

Dieser Raum hat große Feste gesehen, hat 1848 im Juli den Reichstag beherbergt, in den Revolutionstagen, und war wenigstens zweimal in Gefahr, eine andere Verwendung zu bekommen. Die Keimzelle der Spanischen Hofreitschule war der »Spanische Reitstall«, 1572 von Kaiser Maximilian II. gegründet und damit eine sichtbar gewordene Spur der Jahre, die der Kaiser als Jüngling in Spanien verbracht hatte. Mit diesem Gründungsjahr ist die Spanische Reitschule das älteste derartige Institut der ganzen Welt – und wohl auch das berühmteste. Die ersten Hengste waren aus Südspanien gebracht worden, aber schon bald wurde in Lipizza bei Triest ein Hofgestüt gegründet und ab 1580 hatte dieses Gestüt die

Aufgabe, für den Nachwuchs zu sorgen. So erlebt nun der Gast der Vorführungen in dem herrlichen Saal Karls VI., er ist 19 Meter breit und 57 Meter lang, einen Höhepunkt der Reitdressur, gewachsen aus arabischer, spanischer und neapolitanischer Zuchttradition.

Nach dem Ersten Weltkrieg und dem Ende der Monarchie wurde die berühmte Institution im letzten Moment gerettet, ihr Kommandant, Graf van der Straten, hat damals dieses Kunststück zustandegebracht, in fast hoffnungsloser Lage. Lipizza, die jahrhundertealte Heimat der Lipizzaner, war an Italien gefallen, die junge Republik Österreich hatte ganz andere Sorgen als Fragen von Dressur und Zucht, und man brandt hat ihn für den großen Österreicher, der von französisch-italienischer Herkunft war, errichtet. Nach seinem Tod und auf verschlungenen Erbwegen kam das Belvedere an das Haus Habsburg. Drei Kaisern aus dem Hause Habsburg hat Prinz Eugen von Savoyen gedient – Leopold I., Josef I. und Karl VI. Er war Präsident des Hofgerichtsrates, also Kriegsminister, und hat als Feldherr nicht nur seinem Land gedient, sondern die Geschichte Europas mitgeschrieben. Es ist Mode geworden, in den Siegen des Prinzen eine imperialistische Absicht zu sehen – aber hätte die kaiserliche Armee mit ihrem Feldherrn damals weniger erfolgreich gegen die Türken gekämpft, so hätten die Expansionsbestrebungen des Sultans kein Ende gefunden, und Wien wäre vielleicht bei einer neuerlichen Belagerung gefallen.

Der Prinz hat das sogenannte Untere Belvedere bewohnt, das Obere Belvedere diente stets eher der Repräsentation. Heute ist im Unteren Belvedere das Österreichische Barockmuseum untergebracht, im Oberen Belvedere erwartet die Österreichische Galerie ihre Besucher. Wer sie besucht, steht vor einem Querschnitt durch österreichisches Kunstschaffen von Jahrhunderten, vor Werken von Waldmüller und Schiele, von Klimt und Ender, und begegnet auch dem Prinzen Eugen. Balthasar Permoser hat Prinz Eugen von Savoyen in einer Apotheose verherrlicht.

Die wunderbaren barocken Gittertore haben anfänglich einen Schloßpark im Marchfeld geschützt, jenen von Schloß Hof. Ihrer Schönheit wegen wurden sie hierher übertragen. Erzherzog Franz Ferdinand hat Schloß Belvedere zur Vorbereitung auf seine Regierung genützt, er hatte hier seine Kanz-

Rossebändiger

war nahe daran, die edlen Pferde einem profanen Zweck zuzuführen. Van der Straten kämpfte damals bei den neuen staatlichen Stellen um die alte kaiserliche Institution und er hatte Erfolg. Nach dem Zweiten Weltkrieg stand wieder die Zukunft der Spanischen Reitschule auf dem Spiel, dieses Mal waren der amerikanische General Patton und der österreichische Oberst Podhajski die Retter.

Diese Nachkriegszeit fand ihren Abschluß im Staatsvertrag, der am 15. Mai 1955 Österreich die Freiheit wiedergab. Die vier Siegermächte des Weltkriegs zogen ihre Truppen ab. Unterzeichnet wurde dieser Vertrag im Schloß Belvedere, dem barocken Prunkbau des Prinzen Eugen. Lukas von Hilde-

leien – aber dazu ist es ja nicht mehr gekommen. In einem Nebengebäude ist der Komponist Anton Bruckner gestorben.

Vom Belvedere führt ein kurzer Spaziergang über den Gürtel zum Arsenal, in dessen Zentrum das Heeresgeschichtliche Museum seine Besucher erwartet. Inmitten einer militärischen Zwecken gewidmeten Anlage steht der Bau im maurisch-byzantinischen Stil, Theophil Hansen war sein Architekt. Er hat die Ringstraße mitgeprägt.

Auf zwei Stockwerken erlebt man hier österreichische Geschichte vom Dreißigjährigen Krieg bis in die jüngere Vergangenheit. Vieles davon hat nichts oder wenig mit Militärgeschichte zu tun. Da gibt es eine Unzahl von Schiffsmodellen, Erinnerungen an die k.u.k.Marine, an die Seeschlacht von Lissa, den Küraß des Prinzen Eugen von Savoyen, ein türkisches Prunkzelt von 1683, einen Brief Wallensteins, den Säbel von Feldmarschall Radetzky. Die vielen Uniformen aus den letzten Jahrzehnten der Monar-

Prinz Eugen – der Feldherr. Statue von Balthasar Permoser
Prinz Eugen – der Bauherr. Das Schloß von Lukas von Hildebrandt
Prinz Eugen – der Hausherr. Entrée ins Belvedere

Schützten einstmals Schloß Hof im Marchfeld – die Tore zum Belvedere

Soldatenglück – die Ruhmeshalle. Das Heeresgeschichtliche Museum

chie lassen uns ahnen, wie anders, wieviel bunter es auf den Straßen damals zugegangen sein muß. Wir erfahren etwas über die militärische Ballonfahrt, sehen eine ganze Reihe von Uniformen von Kaiser Franz Joseph, werden über die Entdeckung von Franz-Joseph-Land am Nordpol informiert. Gerade die vielen nichtmilitärischen Aspekte machen dieses Museum auch für Besucher interessant, die sonst jedes Armeemuseum meiden.

Für Militärärzte gedacht war eine Institution, die Josef II. begründet hat. Sein Leibarzt Giovanni Brambilla gab ihm den Rat, ein Institut zur Ausbildung von Ärzten für die Armee zu errichten. Zwischen 1783 und 1785 führte Isidor Canevale seinen Entwurf aus. Nicht nur diese beiden Italiener wirkten am Josephinum, wie diese »medico-chirurgische Militär Academie« genannt wurde, mit. Die Herstellung von Wachspräparaten war eine in Italien in Blüte stehende Kunst. Josef II. erwarb 192 Wachspräparate, Schöpfungen von Felice Fontana, die dem Kennenlernen der Anatomie dienten. Heute sind sie bestaunte Museumsobjekte. Das Institut hat nur bis 1872 bestanden.

Das Josephinum liegt noch im Bereich der Universität, anderen Instituten nahe, in der Währingerstraße 25. Verläßt

Soldatenelend – der Kriegsbeginn. Der Wagen von Sarajewo, daneben ein Porträt des ermordeten Erzherzogs

man den Stadtkern über die Mariahilferstraße, so ist man schon halb auf dem Weg nach Schönbrunn und kann vorher auf diesem Weg gleich mehrere Erlebnisse haben. Joseph Haydn, dessen Kaiserhymne, ein für Kaiser Franz II.(I.) geschriebenes »patriotisches Lied«, in seinem »Kaiserquartett« und als die Hymne Deutschlands weiterlebt, hat in einer Seitengasse, die heute seinen Namen trägt, die letzten Jahre verbracht. Haydn ist in diesem Haus, seinem eigenen, auch gestorben. Wien besitzt eine ganze Reihe von Musikergedenkstätten, dieses Wohn- und Sterbehaus Haydns gehört zu den bedeutendsten.

Das k. u. k. Hofmobiliendepot wurde 1918 aufgelassen, aus ihm entwickelte sich die Bundesmobilienverwaltung. Das Haus in der Mariahilferstraße 88 hat noch unter Kaiser Franz Joseph gedient. Hier wird jeder Antiquitätenfreund schwere Stunden mitmachen, denn man kann ja nichts von alldem, was man da sieht, kaufen. Das kann man zwar in keinem Museum, aber dieses ehemalige kaiserliche Depot wirkt wie ein großes Antiquitätengeschäft, eher wie eine Antiquitätenmesse. Zu zeigen war nicht die ursprüngliche Auf-

gabe dieser Einrichtung, sondern zu konservieren, zu erhalten, instandzusetzen. Denn erst seit 1924 dient das Haus dem Museumszweck. Österreichische Wohnkultur lernt man hier kennen, quer durch die Stile und Epochen. Und da die Sammeltätigkeit nicht mit dem Ende der Monarchie aufgehört hat, gibt es hier immer wieder etwas Neues. Komplett eingerichtete Räume, mit Möbeln, Vorhängen, Lampen, Bildern, Tapeten geben Nachhilfeunterricht in Stilkunde.

Das Technische Museum wurde 1908 gegründet, 1913 hat Kaiser Franz Joseph das Gebäude in der Mariahilfer-Straße 212 eröffnet. Tausende von Exponaten berichten von der Entwicklung der Technik von ihren Anfängen bis heute. Vieles davon hat, wie das Haus selbst, mit den Habsburgern zu tun. Wir finden Modelle aus dem Besitz von Erzherzog Johann, den Hofsalonwagen von Kaiserin Elisabeth, eine große Abteilung ist der Postgeschichte, eine noch größere der Eisenbahngeschichte gewidmet. Die frühen Eisenbahnwaggons sehen noch aus wie Postkutschen, und bevor wir uns nun zu wirklichen Kutschen begeben, in der Wagenburg im nahen Schönbrunn, wollen wir noch schnell einen Umweg machen.

Kaiser Franz Joseph hat für Kaiserin Elisabeth zwischen 1882 und 1886 die Hermes-Villa im Lainzer Tiergarten erbauen lassen, in einem ehemaligen kaiserlichen Jagdrevier. Dort findet man nun, nach einem schönen Spaziergang durch den Park, einen Bau des Historismus, mit weiten Nebengebäuden, die der Erholung der Lipizzaner der Spanischen Reitschule dienen. Das originale Inventar der Villa ist nur ein Grund für einen Besuch, ein zweiter sind die wechselnden Ausstellungen des Historischen Museums der Stadt Wien. Das Schlafzimmer von Kaiserin Elisabeth wird von Fresken des Salzburgers Hans Makart geprägt, der zu seiner Zeit als Künstler, aber auch als Mann bei der schönen Welt hysterische Anfälle ausgelöst haben soll. Er hat einer ganzen Zeit seinen Namen gegeben und dem berühmten Festzug zur

Als träte jeden Augenblick Herr Biedermeier bei der Tür herein…
Das ehemalige Hofmobiliendepot

Am Hof. Rechts das Kriegsministerium, davor das Denkmal für
Feldmarschall Radetzky, das seit 1912 am Ring steht

Silbernen Hochzeit des Kaiserpaares im Jahr 1879, den Makart gestaltet hat, begegnet man in unzähligen Darstellungen. Wenn man auf eine der Wiener Habsburgerspuren nicht, aber schon gar nicht hinweisen muß, so ist es Schönbrunn. Aber selbst hier kann man, wenn die Warteschlange zu den Führungen zu lang ist, auch außerhalb der kaiserlichen Wohn- und Repräsentationsräume vieles sehen.

Vor allem sollte man unter gar keinen Umständen die Wagenburg versäumen. Da stehen, mit naturgetreu gestalteten, täuschend echt wirkenden Holzpferden Kutschen in langer Reihe – so muß es während des Balls bei Hof, während einer Gala-Aufführung der Hofoper ausgesehen haben. Über 100 historische Wagen, Schlitten, Sänften werden hier gezeigt, die ältesten sind um 1700 gebaut worden. Reitzeuge, Livreen, Schabracken, Bilder sind nicht nur für den Pferdefreund interessant. Manche der hier gezeigten Wagen haben eine große Vergangenheit – der Kinderwagen des Königs von Rom, des Sohnes von Napoleon, oder der Imperialwagen, der achtspännig und nur zu höchsten Anlässen fuhr.

1972 hat die Spanische Reitschule ihr 400. Jubiläum gefeiert, damals wurde der Imperialwagen mit Bespannung und Kutschern vorgeführt. Der Eindruck, den dieses goldglänzende Riesenfahrzeug macht, wenn Lakaien seine mannshohen Räder durch einen Griff in die Speichen mitdrehen, wenn acht edle Pferde dem auf hohem Kutscherbock regierenden Wagenlenker gehorchen – von Kutscher kann hier keine Rede sein – diesen Eindruck kann man schwer nacherzählen, den muß man haben, und in der Wagenburg wird dem Besucher immerhin eine Ahnung vermittelt.

Auch für Spaziergänger, die durch die Alleen wandern, sich zum Lesen oder zum Nachdenken auf eine Parkbank setzen und keine historischen oder kunsthistorischen Beweggründe für ihren Schönbrunnbesuch haben, ist dieser imperiale Park ein großes Erlebnis. Ein großer Teil war noch in der Monarchie dem Publikum zugänglich, der Kaiser behielt für sich nur einige hundert Quadratmeter. Vieles hat dieser Schloßpark erlebt – den Tiroler Garten, den sich Erzherzog Johann einrichtete, in dem er einsam saß, vor einem nachgebauten kleinen Tiroler Haus, und seiner Sehnsucht nach dem verlorenen Land Tirol nachhing, und den Chorknaben Joseph Haydn, der auf dem Baugerüst turnte, das zu Maria Theresias Zeit aufgestellt wurde. Die Kaiserin selbst soll Haydn, den Knaben, zur Raison und vom Gerüst gerufen haben. Aber vielleicht ist diese Geschichte nur die Revanche der Haydn-Fans für die absolut verbürgte Geschichte mit dem kleinen

Wolfgang Amadeus Mozart, der die Kaiserin um den Hals genommen und sie abgeküßt hat. In Leopold Mozarts Briefen kann man dieses Ereignis nachlesen.

Eine Stadt mit einer Geschichte wie Wien ist natürlich reich an Schlössern, an schloßartigen Bauten. So gab es also auch hier vor dem Baubeginn von Schönbrunn eine ganze Reihe von Palästen – von der Hofburg abgesehen. Karl VI. ist in der Favorita gestorben, heute im 4. Bezirk, seit der Zeit Maria Theresias und bis heute eine Nobelschule.

Generationen von Diplomaten haben sich hier ihr Rüstzeug besorgt. Und Maximilian II. hat sich das Neugebäude erbauen lassen, einen frühen Vorläufer von Schönbrunn, schon mit einem Park voll exotischer Pflanzen und mit einer Menagerie. Der erste Elefant in Wien sollte hierher kommen, aber er hat nicht durchgehalten. 1522 war er in der Residenzstadt eingetroffen, im Gefolge seines Herrn, eben Maximilian II., und beim Stubentor, am Ende der Wollzeile,

Das Josephinum (rechts), eine weitsichtige Gründung…
… und ihre Verherrlichung. Glasfenster in Laxenburg

baute man für ihn ein provisorisches Gehege. Aber bis die Menagerie im Neugebäude fertig war, lebte dieses Wunder des 16. Jahrhunderts nicht mehr.

Maximilian II war auch der erste eigentliche Bauherr von Schönbrunn, wenn auch an diesen Vorläufer nichts mehr erinnert. Anstelle der mittelalterlichen Katterburg ließ Kaiser Maximilian II. ein Jagdschloß errichten, das hat den Dreißigjährigen Krieg überstanden. Vielleicht stünde es noch heute so da, aber dann kamen die Türken, die Vorstädte wurden zum Zweck der Verteidigung zerstört, um dem Feind keine Deckung zu bieten, und was nicht die Österreicher selbst zerstört hatten, das fiel nun den Türken zum Opfer – auch das Jagdschloß Maximilians II.

Inmitten der Natur, weit von der Stadt entfernt, hat Kaiser Leopold I. zwölf Jahr nach der Türkenbelagerung von 1683 zu bauen begonnen. Die Furcht vor einer Rückkehr der Soldaten des Sultans kann nicht mehr groß gewesen sein, und Prinz Eugen stand ja mitten in seiner Siegesserie.

Johann Bernhard Fischer von Erlach hatte den Schloßbau entworfen. Versailles, klassisches Vorbild dieser Jahre für jede Hofhaltung, war auch für ihn die Idealvorstellung. Daß der Plan in einfacher Form durchgeführt wurde, war wahrscheinlich ein Glück. Leopolds Sohn Josef I. baute weiter an Schönbrunn, unter dessen Nachfolger, Kaiser Karl VI., wurde der Bau 1713 abgeschlossen.

Maria Theresia liebte Schönbrunn, sie kannte es ja von Kindheit an, und sie begann, dreißig Jahre nach der Fertigstellung, mit ihrem Hofarchitekten Nicola Pacassi neu zu

planen, umzugestalten, zu erweitern. Die Parkanlage wurde nun gestaltet, 1775 war die Gloriette, ein Werk von Johann Ferdinand Hohenberg, fertig. 1400 Räume hat das Schloß – Salons, Zimmer, Kabinette, Kammern, Prunksäle.

Kaiser Josef II. hat Schönbrunn nicht geschätzt, erst unter Leopold II. ist das Hofleben wieder in das Schloß eingezogen, doch nur für kurze Zeit.

1805 nahmen Napoleons Truppen Wien zum ersten Mal ein. Der Kaiser der Franzosen fand Gefallen an Schönbrunn, die Adler auf den Obelisken vor dem Ehrenhof stammen von ihm. Am 18. August 1830 ist in Schönbrunn Erzherzog Franz Joseph zur Welt gekommen, sein Leben lang war er dem Schloß verbunden. Es hat den jungen Kaiser gesehen, seine 68 Jahre während Regierungszeit begleitet und ihm in sei-

nen letzten Stunden gedient. Am 21. November 1916 ist
Kaiser Franz Joseph in Schönbrunn gestorben.

Das Schloß selbst und die Wagenburg sind nur zwei der Ziele
des Schönbrunn-Besuchers, aber es gibt da ja noch die
Menagerie, die auch ihren architekturhistorischen Wert hat,
und im 19. Jahrhundert hat man das große Palmenhaus gebaut. Rund um das Schloß sind kleine Palais und Villen entstanden, Katharina Schratt und Johann Strauß waren Nachbarn des kaiserlichen Schlosses. Am Hietzinger Platz wurde
ein Haus für k.u.k. Gäste erbaut, das heutige Postgebäude
stand dem Außenminister zur Verfügung, der Jugendstil-
prachtpavillon am Wiental ist eine kaiserliche Bahnstation.
Schönbrunn ist voll von Überraschungen, vielfältig – wie
Wien, wie Österreich.

Mitglieder des Hauses Habsburg
Eine Auswahl

ALBRECHT, GRAF VON HABSBURG, gest. 1239 oder 1240 auf einer Fahrt in das Heilige Land, Vater von Rudolf I.

ALBRECHT I., KÖNIG, Sohn Rudolfs I., geb. 1255, ermordet 1308 bei Brugg/Schweiz.

ALBRECHT II., »DER WEISE« oder »DER LAHME«, HERZOG VON ÖSTERREICH, Sohn Albrechts I., geb. 1298 auf der Habsburg, gest. 1358 in Wien.

ALBRECHT III., HERZOG, Sohn Albrechts II., geb. 1349 oder 1350 in Wien, gest. 1395 in Laxenburg.

ALBRECHT, ERZHERZOG, Sohn von Erzherzog Karl (dem »Sieger von Aspern«), Sieger der Schlacht von Custozza 1866, General-Inspektor des Heeres, geb. 1817 in Wien, gest. 1895 in Arco.

ALBERT VON SACHSEN-TESCHEN, also kein Habsburger, Schwiegersohn von Franz I. Stephan und Maria Theresia, Gemahl von Erzherzogin Marie Christine. Begründer der Albertina. Das Denkmal für Erzherzog Albrecht auf der Rampe steht ebendort, weil der Erzherzog auf dem Erbweg über seinen Vater Erzherzog Karl das Palais besessen hat.

ANNA VON MEDICI, Gemahlin von Erzherzog Ferdinand Karl von Österreich-Tirol, geb. 1616 in Florenz, gest. 1676 in Wien.

ANTON VIKTOR, ERZHERZOG, Hoch- und Deutschmeister, Protektor der »Gesellschaft der Musikfreunde« in Wien, Sohn von Großherzog Peter Leopold, dem späteren Kaiser Leopold II.

BIANCA MARIA SFORZA, KAISERIN, die zweite Gemahlin von Kaiser Maximilian I., geb. 1472 in Mailand, gest. 1510 in Innsbruck.

CLAUDIA VON MEDICI, Gemahlin von Erzherzog Leopold V. von Österreich-Tirol, geb. 1604 in Florenz, gest. 1648 in Innsbruck.

ELEONORE VON PORTUGAL, KAISERIN, Gemahlin von Kaiser Friedrich III., geb. 1436 in Torres Vedras, Portugal gest. 1467 in Wiener Neustadt.

ELISABETH VON GÖRZ, KÖNIGIN, Gemahlin von König Albrecht I., Tochter von Graf Meinhard II. von Görz-Tirol, Gründerin des Klosters Königsfelden/Schweiz, geb. ca. 1262, gest. 1313 in Königsfelden.

ELISABETH CHRISTINE, KAISERIN, Gemahlin von Kaiser Karl VI., Tochter von Herzog Ludwig Rudolf von Braunschweig-Wolfenbüttel, geb. 1691 in Wolfenbüttel, gest. 1750 in Wien

ELISABETH, KAISERIN, Gemahlin von Kaiser Franz Joseph I., Tochter von Herzog Maximilian in Bayern, geb. 1837 in München, ermordet 1898 in Genf.

ERNST DER EISERNE, ERZHERZOG, Sohn von Leopold III., geb. 1377 in Bruck an der Mur, gest. 1424 in Bruck an der Mur.

EUGEN, ERZHERZOG, Hoch- und Deutschmeister, aus der Linie Erzherzog Karl, geb. auf Schloß Seelowitz in Mähren 1863, gest. in Meran 1954.

FERDINAND I., KAISER, Sohn von Philipp dem Schönen, Enkel von Maximilian I., geb. 1503 in Alcala de Henares bei Madrid, gest. 1564 in Wien.

FERDINAND II. VON ÖSTERREICH-TIROL, ERZHERZOG, Sohn von Kaiser Ferdinand I., geb. 1529 in Linz, gest. 1595 in Innsbruck.

FERDINAND II. VON INNERÖSTERREICH, ERZHERZOG, später Kaiser, Haupt der Gegenreformation, Sohn von Erzherzog Karl II. von Innerösterreich; geb. 1578, gest. 1637 in Wien.

FERDINAND III., KAISER, Sohn von Ferdinand II., geb. 1608, gest. 1657 in Wien.

FERDINAND KARL VON ÖSTERREICH-TIROL, Sohn von Leopold V., geb. 1628, gest. 1662 in Kaltern.

FERDINAND III., GROSSHERZOG VON TOSCANA, Sohn von Kaiser Leopold II., geb. 1769 in Florenz, gest. 1824 in Florenz.

FERDINAND I., »DER GÜTIGE«, KAISER, Sohn von Kaiser Franz II. (I.), während der Revolution 1848 in Ölmütz zugunsten seines Neffen Franz Joseph zurückgetreten, geb. 1793 in Wien, gest. 1875 in Prag.

FERDINAND MAXIMILIAN, ERZHERZOG, KAISER VON MEXIKO, Sohn von Erzherzog Franz Karl, geb. 1832 in Wien, erschossen 1867 in Queretaro, Mexiko.

FRANZ I. STEPHAN, KAISER, der erste Lothringer in der Reihe der Kaiser aus dem Haus Habsburg, Gemahl von Kaiserin Maria Theresia, geb. 1708 in Nancy, gest. 1765 in Innsbruck.

FRANZ II. (I.), KAISER, der letzte römisch-deutsche Kaiser, der erste Kaiser von Österreich (daher die Zählung I./II.). Sohn von Kaiser Leopold II., geb. in Florenz 1768, gest. in Wien 1835.

FRANZ KARL, ERZHERZOG, Sohn von Kaiser Franz II. (I.), Bruder von Kaiser Ferdinand I., tritt in der Thronfolge zurück zugunsten seines Sohnes Franz Joseph, geb. 1802 in Wien, gest. 1878 in Wien.

FRANZ JOSEPH I., KAISER, Sohn von Erzherzog Franz Karl, geb. in Wien-Schönbrunn 1830, gest. in Wien-Schönbrunn 1916.

FRANZ FERDINAND, ERZHERZOG, Thronfolger, Sohn von Erzherzog Karl Ludwig, Neffe von Kaiser Franz Joseph I., geb. 1863 in Graz, ermordet 1914 in Sarajewo.

FRANZ SALVATOR, ERZHERZOG, Sohn von Erzherzog Karl Salvator, Gemahl von Erzherzogin Marie Valerie, geb. 1866 in Altmünster, gest. 1939 in Wien.

FRIEDRICH I., »DER SCHÖNE«, KÖNIG, Sohn von Albrecht I., geb. 1289, gest. 1330 in Gutenstein.

FRIEDRICH IV. VON ÖSTERREICH-TIROL, »MIT DER LEEREN TASCHE«, Sohn von Herzog Leopold III., geb. 1382, gest. 1439 in Stams.

FRIEDRICH III., KAISER, Sohn von Herzog Ernst dem Eisernen, geb. 1415 in Innsbruck, gest. 1493 in Linz.

FRIEDRICH, ERZHERZOG, aus der Linie Erzherzog Karl, Bruder von Erzherzog Eugen, Oberbefehlshaber der k. u. k. Armee, geb. 1856 auf Schloß Seelowitz in Mähren, gest. 1936 in Mosonmagyarovár.

GISELA, ERZHERZOGIN, Tochter von Kaiser Franz Joseph I., Gemahlin von Prinz Leopold von Bayern, geb. in Laxenburg 1856, gest. 1932 in München.

HELENA, ERZHERZOGIN, Tochter von Kaiser Ferdinand I., geb. 1543 in Innsbruck, gest. 1574 in Hall in Tirol.

JOHANN, ERZHERZOG, Sohn von Pietro Leopoldo I., später Kaiser Leopold II., geb. 1782 in Florenz, gest. 1859 in Graz.

JOHANN SALVATOR, ERZHERZOG, Sohn von Großherzog Leopold II. von Toscana, »Johann Orth«, geb. 1852 in Florenz, gest. wahrscheinlich 1890 vor Kap Hoorn, 1911 für tot erklärt.

JOSEF I., KAISER, Sohn von Kaiser Leopold I., geb. 1678 in Wien, gest. 1711 in Wien.

JOSEF II., KAISER, Sohn von Franz I. Stephan, geb. 1741, gest. 1790.

JUAN D'AUSTRIA, illegitimer Sohn von Karl V. und Barbara Blomberg aus Regensburg, Sieger in der Schlacht von Lepanto, geb. 1547 in Regensburg, 1578 gest. bei Namur.

KARL V., KAISER, als König von Spanien Carlos I., Sohn von Philipp dem Schönen, Enkel von Kaiser Maximilian I. In seinem Reich »ging die Sonne nicht unter«. Geb. 1500 in Gent, gest. 1558 in San Jeronimo de Yuste.

KARL VI., KAISER, Sohn von Kaiser Leopold I., jüngerer Bruder von Kaiser Josef I., letzter Habsburger im Mannesstamm, geb. 1685 in Wien, gest. 1740 in Wien.

KARL II. VON INNERÖSTERREICH, ERZHERZOG, Sohn von Kaiser Ferdinand I., geb. 1540 in Wien, gest. 1590 in Graz.

KARL I., KAISER VON ÖSTERREICH, Sohn von Erzherzog Otto, Enkel von Erzherzog Karl Ludwig, geb. 1887 auf Schloß Persenbeug, gest. 1922 auf Madeira.

KARL, ERZHERZOG, Sohn von Kaiser Leopold II., Sieger der Schlacht von Aspern, geb. 1771 in Florenz, gest. 1847 in Wien.

KARL LUDWIG, ERZHERZOG, Sohn von Erzherzog Franz Karl, Bruder von Kaiser Franz Joseph I., geb. 1833 in Wien, gest. 1896 in Wien.

LEOPOLD I., KAISER, Sohn von Kaiser Ferdinand III., geb. 1640 in Wien, gest. 1705 in Wien.

LEOPOLD II., KAISER, Sohn von Kaiser Franz I. Stephan, Bruder von Kaiser Josef II., geb. 1747 in Wien, gest. 1792 in Wien.

LEOPOLD I., HERZOG, Sohn von König Albrecht I., Bruder von König Friedrich dem Schönen, geb. 1293, gest. 1326 in Straßburg.

LEOPOLD III., HERZOG, Sohn von Herzog Albrecht II., geb. 1351 in Wien, gefallen 1386 bei Sempach.

LEOPOLD V., ERZHERZOG VON ÖSTERREICH-TIROL, Sohn von Erzherzog Karl II. von Innerösterreich, geb. 1586 in Graz, gest. 1632 in Schwaz.

LEOPOLD II., GROSSHERZOG VON TOSCANA, Sohn von Großherzog Ferdinand III., geb. 1797 in Florenz, gest. 1870 in Rom.

LUDWIG, ERZHERZOG, Sohn von Kaiser Leopold II., Bruder von Kaiser Franz II. (I.), geb. 1784 in Florenz, gest. 1864 in Wien.

LUDWIG VIKTOR, ERZHERZOG, Sohn von Erzherzog Franz Karl, Bruder von Kaiser Franz Joseph I., geb. 1842 in Wien, gest. 1919 in Salzburg.

MARGARETA, Tochter von Kaiser Ferdinand I., geb. 1536 in Innsbruck, gest. 1566 in Hall in Tirol.

MARGARETHE, Tochter von Kaiser Maximilian II., geb. 1567 in Wien, gest. 1633 in Madrid.

MARGARETE, KÖNIGIN VON SPANIEN UND PORTUGAL, Gemahlin von König Philipp III., Tochter von Erzherzog

Karl II. von Innerösterreich, geb. 1584 in Graz, gest. 1611 im Escorial.

MARIA VON BURGUND, erste Gemahlin des späteren Kaisers Maximilian I., Tochter von Herzog Karl dem Kühnen von Burgund, geb. 1457 in Brüssel, gest 1482 in Brügge.

MARIA ANNA, ERZHERZOGIN, Tochter von Kaiser Franz I. Stephan, geb. 1738 in Wien, gest. 1789 in Klagenfurt.

MARIE ANTOINETTE, Tochter von Kaiser Franz I. Stephan, Königin von Frankreich, Gemahlin von Ludwig XVI., geb. 1755 in Wien, gest. 1793 in Paris.

MARIA CAROLINA, Tochter von Kaiser Franz I. Stephan, Königin von Neapel-Sizilien, Gemahlin von König Ferdinand IV. geb. 1752 in Wien, gest. 1814 in Hetzendorf bei Wien.

MARIE CHRISTINE, Tochter von Kaiser Franz I. Stephan, Gemahlin von Herzog Albert von Sachsen-Teschen, mit ihm Statthalterin der Niederlande, geb. 1742 in Wien, gest. 1798 in Wien.

MARIA LUDOVICA, KAISERIN, Gemahlin von Kaiser Franz II. (I.) in dessen dritter Ehe, geb. 1787 in Monza, gest. 1816 in Verona.

MARIE LOUISE, Tochter von Kaiser Franz II. (I.), Kaiserin der Franzosen, Großherzogin von Parma, Gemahlin Napoleon Bonapartes, geb. 1791 in Wien, gest. 1847 in Parma.

MARIA THERESIA, KAISERIN, Tochter von Kaiser Karl VI., Gemahlin von Kaiser Franz I. Stephan, geb. 1717 in Wien, gest, 1780 in Wien.

MARIE VALERIE, Tochter von Kaiser Franz Joseph I., Gemahlin von Erzherzog Franz Salvator, geb. 1868 in Ofen, Ungarn, gest. 1924 auf Schloß Wallsee, Niederösterreich.

MAXIMILIAN I., KAISER, Sohn von Kaiser Friedrich III., geb. 1459 in Wiener Neustadt, gest. 1519 in Wels.

MAXIMILIAN II., KAISER, Sohn von Kaiser Ferdinand I., geb. 1527 in Wien, gest. 1576 in Regensburg.

MAXIMILIAN III., der Deutschmeister, Sohn von Kaiser Maximilian II., geb. 1558 in Wiener Neustadt, gest. 1618 in Wien.

MAXIMILIAN D'ESTE, ERZHERZOG, Hoch- und Deutschmeister, Sohn von Erzherzog Ferdinand Karl und Maria Beatrix von Este, geb. 1782 in Mailand, gest. 1863 auf Schloß Ebenzweier, Altmünster, Oberösterreich.

OTTO DER FRÖHLICHE, HERZOG, Sohn von König Albrecht I.,

geb. 1301 in Wien, gest. 1339 auf der Reise von Graz nach Wien.

OTTO, ältester Sohn von Kaiser Karl I. und Kaiserin Zita, geb. 1912 in Reichenau, Niederösterreich, lebt in Pöcking, Bayern.

PHILIPP DER SCHÖNE, Sohn von Kaiser Maximilian I., Gemahl der Prinzessin Johanna von Kastilien (»Johanna die Wahnsinnige«), geb. 1478 in Brügge, gest. 1506 in Burgos.

PHILIPP II., KÖNIG VON SPANIEN, Sohn von Kaiser Karl V., geb. 1527 in Valladolid, gest. 1598 im Escorial.

RUDOLF I., KÖNIG, Sohn von Graf Albrecht von Habsburg, geb. 1218, gest. 1291 in Speyer.

RUDOLF IV., DER STIFTER, HERZOG, Sohn von Herzog Albrecht II., geb. 1339 in Wien, gest. 1365 in Mailand.

RUDOLF II., KAISER, Sohn von Kaiser Maximilian II., lebte in Prag, geb. 1552 in Wien, gest. 1612 in Prag.

RUDOLF, KRONPRINZ, Sohn von Kaiser Franz Joseph I., geb. 1858 in Laxenburg bei Wien, gest. 1889 in Mayerling.

RAINER, ERZHERZOG, Sohn von Erzherzog Rainer Josef, einem Sohn von Kaiser Leopold II., geb. 1827 in Mailand, gest. 1913 in Wien.

SIGMUND DER MÜNZREICHE, HERZOG VON ÖSTERREICH-TIROL, Sohn von Herzog Friedrich IV., geb. 1427 in Innsbruck, gest. 1496 in Innsbruck.

SIGMUND FRANZ, ERZHERZOG VON ÖSTERREICH-TIROL, Sohn von Erzherzog Leopold V., geb. 1630 in Innsbruck, gest 1665 in Innsbruck.

SOPHIE, ERZHERZOGIN, Prinzessin von Bayern, Gemahlin von Erzherzog Franz Karl, geb. 1805 in München, gest. 1872 in Wien.

STEPHANIE, Prinzessin von Belgien, Gemahlin von Kronprinz Rudolf, geb. 1864 Schloß Laeken/Belgien, gest. 1945 in Pannonhalma, Ungarn.

ZIMBURGIS VON MASOVIEN, Gemahlin von Herzog Ernst dem Eisernen, geb. zwischen 1394 und 1397 in Warschau, gest. 1429 in Türnitz, Niederösterreich.

ZITA, KAISERIN, Gemahlin von Kaiser Karl I., Tochter von Herzog Robert von Parma, geb. 1892 in Pianore/Lucca, Italien, gest. 1989 in Zizers, Graubünden.

Literatur

DIE HABSBURGER, EIN BIOGRAPHISCHES LEXIKON, herausgeg. von Brigitte Hamann, Ueberreuter, Wien, 1988

AUF DEN SPUREN VON KARL V., Peter Lahnstein Paul List Verlag München, 1979

ÖSTERREICH IN FARBE, Gerhard Tötschinger und Hilde Schmölzer, Verlag Kremayr & Scheriau Wien, 1983

DIE GESCHICHTE UNSERER WELT, H. G. Wells, deutsch von Otto Mandl (Hrsg.), Paul Zsolnay Verlag Berlin-Wien-Leipzig, 1927

DIE ÖSTERREICHER IN BERLIN, Tibor Simanyi, Amalthea Verlag Wien-München, 1987

ES WAR EINMAL – KAISER FRANZ JOSEF I. IN DER SOMMERRESIDENZ ZU ISCHL, Hans Simkowsky, Verlag Dr. Hans Simkowsky Wien, 1959

ITALIENISCHES WIEN, Luisa Ricaldone, Herold Druck und Verlagsges.m.b.H. Wien, 1986

GESCHICHTE DER PHOTOGRAPHIE, Trumler/Bors/Zoch; Landesverlag Linz, 1989

KAISER FRANZ JOSEPH, persönliche Erinnerungen von Albert Freiherrn von Margutti, Manz'sche Verlags- und Universitätsbuchhandlung Wien-Leipzig, 1924

BILDER ZUR GESCHICHTE TIROLS, Festgabe des Landes Tirol zur Feier der Vereinigung Tirols mit Österreich 1363–1963

HARDEGG, PERLE DES THAYATALES, W. Eyndhoffen; Volksbildungsverein der Stadt Hardegg, 1971

DIE BURG HOCHOSTERWITZ, von Georg Khevenhüller-Metsch, im Selbstverlag, o. J.

THRON ODER LIEBE, Katalog. Ulrich Graf Arco-Zinneberg, Erzherzog Franz Ferdinand Museum Artstetten, 1990

ERZHERZOG JOHANN GEDÄCHTNISAUSSTELLUNG, Katalog, Joanneum Graz, 1959

UNIFORM UND PARTITUR, Katalog, Heeresgeschichtliches Museum Wien, 1984

DAS IST ÖSTERREICHS MILITÄRMUSIK, Eugen Brixel, Gunther Martin, Gottfried Pils Verlag Styria Graz-Wien-Köln, 1982

BADEN – EIN REISEFÜHRER, Gerhard Tötschinger. Edition Roetzer Eisenstadt, 1978

LANDESCHRONIK STEIERMARK, Herausgegeben von Walter Zitzenbacher, Verlag Christian Brandstätter Wien-München, 1988

DIE FAMILIEN BALTAZZI-VETSERA IM KAISERLICHEN WIEN, Heinrich Baltazzi-Scharschmid und Hermann Swistun Hermann Böhlaus Nachf. Wien-Köln-Graz, 1980

ICH SOLLTE KAISERIN WERDEN. Lebenserinnerungen der letzten Kronprinzessin von Österreich-Ungarn, von Stephanie von Belgien, Fürstin von Lonyay; verlegt bei Koehler & Amelang in Leipzig, 1935

DER ALTE KAISER, WIE NUR EINER IHN SAH, Eugen Ketterl; Verlag Fritz Molden, Wien-München-Zürich-Innsbruck, 1980

HABSBURGER SCHREIBEN BRIEFE, Privatbriefe aus fünf Jahrhunderten, Herausgegeben von Emil Schaeffer, E. P. Tal-Verlag Wien-Leipzig, 1935

IM SCHATTEN DER HOFBURG, Juliana von Stockhausen; F. H. Kerle-Verlag Wilhelm Rühling, Heidelberg, o. J.

DIE LETZTEN HABSBURGER IN AUGENZEUGENBERICHTEN, Herausgegeben von Hans Flesch-Bruningen, Karl Rauch Verlag KG Düsseldorf, 1967

KATHARINA SCHRATT, DIE HEIMLICHE FRAU DES KAISERS, Georg Markus, Amalthea-Verlag, München-Wien 1982

ERZHERZOG FRANZ FERDINAND UND ARTSTETTEN, Aichelburg, Wladimir, Verlag Orac Wien, 1983

ALBERTINA-STUDIEN, Koschatzky, Walter, Dritter Jahrgang, Heft 3, 1965

DIE WELT VON GESTERN, Zweig, Stefan, Bermann Fischer Verlag Stockholm, 1944

ISCHL UNTER KAISER FRANZ JOSEPH I., C. Markolin/P. Huemer, Blick-Verlag Bad Ischl, 1980

WIEN. EINE GESCHICHTE, Thomas Chorherr, Ueberreuter

MARIA THERESIA UND IHRE ZEIT, Katalog der Ausstellung in Wien, Schloß Schönbrunn, 1980

BURGENLANDS BURGEN UND SCHLÖSSER Harald Prickler

LANDESCHRONIK STEIERMARK, Walter Zitzenbacher (Hrsg.)

HERZOGLICHES ZWISCHEN GMUNDEN UND EBENZWEIER, Elfriede Prillinger, in „Das Salzkammergut", Oberösterreich-Kulturzeitschrift, 2/1981 Oberösterreichischer Landesverlag.

DAS TIROLER UNTERLAND, von Erich Egg, Verlag St. Peter Salzburg, 1971

KAISER KARL, Persönliche Aufzeichnungen, Zeugnisse und Dokumente, herausgegeben von Erich Feigl, Amalthea-Verlag, München-Wien 1984

DER BRANDHOFER UND SEINE HAUSFRAU, Erzherzog Johann von Österreich, Bearbeitet und eingeleitet von Walter Koschatzky, Verlag Leykam, Wien-Graz, 1982

HERZOG ALBERT VON SACHSEN-TESCHEN, Walter Koschatzky und Selma Krasa, Österreichischer Bundesverlag, Wien, 1982

Personenregister

Ortsregister